ピアノと暮らす

日本におけるクラシック音楽文化の受容と展開

本間千尋
Chihiro HONMA

晃洋書房

は し が き

「眠っているピアノ，ありませんか」．私たちは新聞等でこうした広告を度々目にする．ピアノは，高度経済成長期にはサラリーマン家庭の1か月平均実収入では到底買えなかった憧れの楽器であった．しかし現在では，ピアノは "断捨離" される運命にある．一体いつから日本という国は，ピアノが邪魔物となる国になったのだろう．

毎年夏には日本最大のピアノコンクール「ピティナ・ピアノコンペティション」が行われる．その参加者は，昨今では毎年延べ3万人にも達している．コロナ禍以前は，4万人以上であった．6月から全国で予選が始まり，8月の終わりに全国大会が行われる．幼稚園児から大人までのピアノ学習者が，夏休みを返上してピアノの前に座っていることは想像に難くない．

私は幼少の頃からピアノを習わされたが，ピアノはあまり好きではなかった．演奏はほぼ素人で，私にしてみればピアノにさしたる思い入れもなかったので当然である．しかしこれまでの人生を振り返ると，ピアノを弾けなかった時の記憶はない．そばにピアノがあることが日常だった．好きではないが練習しなければならないもの，それがピアノだった．ピアノに対し私と同様な思いを抱いている人は，昔も今も多いだろう．好きでなかったらやらなければ良いのに，でも自分の子どもにはやらせたい，否，やらせなければ，と思ってしまう．

現在の日本では，子どもに音楽を学ばせる場合，親はピアノを選択することが多く，ピアノには日本の伝統楽器以上の親しみを感じている．良くも悪くも，ピアノほど日本人のライフスタイルに影響を及ぼしてきた楽器はないだろう．また，日本ほどピアノという楽器がライフスタイルに影響を及ぼしてきた国もないだろう．明治期に移入されてからわずか140年くらいの間に，日本はピアノ文化後発国の域を脱し，ピアノの経験者や国際コンクールの参加者は，本場西欧を凌ぐ程になった．今の日本では，ピアノがある風景は特別でも何でもない．ピアノを購入し，練習や趣味で演奏をするピアノ文化を，特殊な文化とは思わなくなっている．西欧の楽器であったピアノにもかかわらず，なぜ日本はピアノ文化とまで言いうる国になったのだろうか？

社会学においては，ピアノは階層分析をする際の指標の一つにもなってきた．

ピアノ文化は，学歴や社会的地位の高い人の文化とされている．同学歴の場合，ピアノが弾ける女性の方が，エリート男性と結婚するチャンスが多いとする説もあった．1990年代になっても，ピアノ文化はそのように捉えられていた．一方，私が幼かった息子に必死にピアノをやらせていた1980年代から90年代の頃，周囲からは「勉強が遅れてしまうので，ピアノをやめさせた方が良い」と何回か忠告された．しかし今の日本社会では，ピアノを習うと頭が良くなると言われることもある．ピアノをめぐる言説は様々で，ピアノ文化と日本人の関係は一筋縄ではいかないようである．日本のピアノ文化は従来の研究だけでは充分に解明されない，もっと深く複雑な背景があるのではないかと考えざるを得ない状況にある．

　文化は世代から世代へと受け継がれていくものであるが，前の世代の到達点は次の世代の出発点であり，次の世代は前の世代の文化を受け継ぐだけでなく，それを礎としながら新しい文化を創造してもいく．西欧で生まれたピアノ文化も，そうした過程を経て欧米社会で育まれてきた．そして異国の地である日本に伝えられ，育まれてきた．本書の主題は，日本におけるピアノ文化の「受容の歴史」を，社会学の見地に立って描くことにある．日本が西欧文化であるピアノを好んで聴取し，演奏するようになったのはいつ頃からなのか．さらに楽器としてのピアノやピアノ文化をどのように受け入れてきたのか，またどのように受け入れているのか．とはいえ，本書は時間軸に沿ってピアノにのみ焦点を当てるわけではない．あくまでも本書の主体は，ピアノ文化を育んできた「人間」である．明治から現在に亘り，日本人が西欧文化であるピアノを自分たちの文化にしてきた過程を明らかにするが，重要な点は，人々の生活の中で考察することにある．ピアノという西欧の楽器が日本社会に及ぼした影響，そして家の中にピアノがある日常がどのように生成し，それがどのような意味を持っていたのかを検討する．こうした作業を通して，祖父母や親世代が生きてきたこの国の，そう遠くない過去を見つめ，同時に現在の自分自身の足元を見つめ直すだけではなく，日本社会の特質を垣間見ることが可能となろう．

　本書の特徴は，ピアノに関わった当事者の主観的な思いに迫ったところにある．具体的には，ピアノに憧れを持った人やピアノを習ったことがある人，子どもにピアノを習わせた人，さらにはピアノ講師の方々の，内面の世界を明らかにしようとした．インタビューによって，親の子どもに対するまなざしや，

女性の生き方，家族の中でピアノを弾くことについてどのような意識を持っていたか，そしてそれらがどの様に変化したのか，を詳細に問うことに努めた．

　インタビューで表現された声は，少しでもピアノ文化を経験したことがある人には，思い当たる節があるかもしれないし，新たな発見に繋がることもあろう．私は戌人してからも断続的にピアノを学んでいたが，小さい頃は母に言われても，一生懸命にピアノの練習をしなかった．にもかかわらず，息子には幼少期から有無を言わさずピアノをやらせ，毎日，勉強よりもピアノの厳しい練習を強制した．息子は小学生の頃からコンクールに参加し，高校では音楽の道へ進むことを考えていたが，高3の秋に突如ピアノを止め，好きな道に進んだ．これは私にとり，それまでの自分やピアノがあった日常を振り返る契機となった．こうして私は，日本のピアノ文化の研究を志すに至った．親子2代，物心つく頃からピアノに関わってきたが，ともにピアノの道へ進まなかった．そうであるからこそ，娘の視点で，さらには母親の視点で，日本の偽りのないピアノ文化の姿を客観的に記すことが出来ると思っている．日本は自国に適した方法でピアノ文化を受容し，その結果，現在のような日本ならではのピアノ文化を創造したと思われる．そうした軌跡を明らかにしたい．

v

目　　次

はしがき

序　章　いま，日本のピアノ文化を問い直す ……………………………… *1*
1.　本書の背景　*1*
2.　先行研究の紹介と検証　*2*
3.　本書の目的　*8*
4.　研究の手法と本書の構成　*10*

第 I 部　ピアノ文化を読み解く道

第 1 章　文化資本としてのピアノ文化 ………………………………… *19*
1.　ブルデュー理論における趣味と文化資本　*20*
　　1.1　趣味の選択／1.2　文化資本とピアノ
2.　ブルデューにおける音楽の意味　*28*
3.　ブルデュー理論の展開　*32*
4.　現代社会の文化資本　*34*

第 2 章　ハイブリッドモダンとしてのピアノ文化 ……………… *40*
1.　ポストモダンとモダンの変容　*41*
　　1.1　ポストモダンの再考／1.2　二つのモダン変容パターン
2.　ハイブリッドモダン　*44*
3.　ハイブリッドモダンと文化的オムニボア　*47*
　　3.1　文化的オムニボア論／3.2　音楽文化の変容

第Ⅱ部　憧れが現実に

第3章　近代音楽文化と日本におけるクラシック音楽の導入 ……… 59

1. 西欧近代における音楽文化　　*60*

    1.1　高級芸術としてのクラシック音楽／1.2　ピアノの誕生とジェンダー

2. ハイブリッドモダンとピアノ文化　　*65*

    2.1　ピアノの発展／2.2　ピアノ文化のハイブリッド化

3. 日本への洋楽移入と音楽教育の創設　　*70*

4. 日本におけるピアノ文化の萌芽　　*75*

第4章　戦前におけるピアノ文化とクラシック音楽の担い手 ……… 85

1. 戦前における生活構造の変化　　*86*

    1.1　新中間層の形成／1.2　都市家族と子ども

2. 階層文化の形成　　*91*

3. 都市の新中間層とピアノ文化　　*101*

    3.1　女学生とピアノ文化／3.2　戦前の日本のピアノ文化と西欧近代の
    ピアノ文化

4. クラシック音楽の愛好とベートーヴェン受容　　*112*

第5章　戦後日本の都市化と音楽文化 …………………………………… 121

1. 人口動態と世帯経済から見る日本の都市化　　*122*

2. 子どもの捉え方の変容　　*125*

3. 母親の夢としてのピアノ文化　　*130*

4. 家庭のなかの音楽　　*137*

第6章　日本におけるピアノ文化の普及 ………………………………… 147

1. ヤマハ音楽教室の誕生と拡大　　*148*

    1.1　音楽教室誕生の背景／1.2　音楽教室の拡大／1.3　ヤマハブランド
    浸透の背景と女性講師の思い

目　次　vii

 2.　ヤマハ音楽教室と日本のピアノ文化　*160*

  2.1　音楽教室の教育的意義／2.2　新しい生き方とピアノ文化

 3.　ハイブリッドモダンとしてのピアノ文化の誕生　*171*

第7章　1980年代以降の「高級なアマチュア」の誕生 ……………… *181*

 1.　クラシック・ブームの到来とピアノ文化　*182*

  1.1　クラシック音楽とオシャレなライフスタイル／1.2　ブーニン・シンドローム

 2.　音楽大学の変化と「高級なアマチュア」の誕生　*187*

  2.1　音楽大学の変化と受験教育／2.2　ピアノコンクールの意義と高級なアマチュア

 3.　贅沢趣味と受験競争　*198*

  3.1　インタビュー調査から読む高級なアマチュア／3.2　高級なアマチュアとして選択した贅沢趣味

 4.　ステイタスとしての高級なアマチュア　*212*

 5.　ピティナ・ピアノコンペティションとハイブリッドモダン　*216*

第8章　音楽文化の多様化 ……………………………………………… *225*

 1.　もう一つのピアノ文化　*226*

 2.　ピアノ文化と文化資本　*242*

 3.　ピアノ文化とハイブリッドモダン　*248*

  3.1　ピアノ文化の成熟と日本の音楽文化／3.2　文化的オムニボアと「軽やかな聴取」／3.3　土着の再発見

終　章　日本のピアノ文化——誕生と創造の軌跡 ……………… *267*

 1.　歴史社会学的視座から見たピアノ文化　*267*

  1.1　ピアノ文化の萌芽期／1.2　ピアノ文化の普及期／1.3　ピアノ文化の成熟期

 2.　ジェンダーの視点から見たピアノ文化——女性の束縛と解放——　*273*

3. 階層文化としてのピアノ文化——「文化資本」概念から——　　*279*

4. ピアノ文化における川上源一と福田靖子
　　　　　　　　　　　——「ハイブリッドモダン」概念から——　　*283*
　　　4.1　川上と福田の業績／4.2　川上と福田の視点

あ と が き　　*293*

初 出 一 覧　　*297*

参 考 文 献　　*299*

人 名 索 引　　*309*

事 項 索 引　　*310*

序　章
いま，日本のピアノ文化を問い直す

1.　本書の背景

　18 世紀初頭，イタリアのフィレンツェでピアノという楽器が誕生し，その後 19 世紀にアルプス以北の西欧で生まれた西欧モダンのピアノ文化は，欧米社会で育まれ，日本社会にも伝えられた．現在日本では，子どもに楽器の演奏技術を学ばせる際には，親はピアノを選ぶ場合が多く，我々は自国の伝統楽器である琴や三味線よりも，西欧の楽器であるピアノの方に親しみを感じるほどである．またピアノは，その楽器一台でオーケストラのすべてのパートを演奏し，さらには多様な音楽を表現できる楽器である．ピアノに限らずその他の楽器を学ぶ上で基礎となり，様々な音楽のジャンルと深くかかわっている．ピアノ文化は日本の音楽文化全般に大きな影響を与えて来たとも考えられる．
　ピアノという楽器が日本社会に普及し，多くの人々が趣味やレッスンでピアノを弾くようになったものの，日本におけるピアノに関する研究は，演奏法やピアノ曲の作曲者などに関する音楽学の分野に偏っていた．日本ではピアノ文化を社会学的見地から研究したものは，あまり多くはない．そうした背景には様々な理由が考えられるが，一般的には社会学的な分析の対象としてピアノ文化をどのように扱ったら良いのかという問題がある．第二次世界大戦後，三四半世紀以上経った今日，ピアノ文化は都市部に限らず日本全国に浸透し，日本社会においてピアノ文化が持つ意味合いは大きく変化したと考えられる．それ故日本社会においてピアノ文化が果たした役割と機能を明らかにするためには，歴史社会学的視座に立ってピアノ文化を相対化し，その上で議論を展開することが不可欠である．
　そこで本書は，ピアノ講師や一般の人々へのインタビューを時間軸上に展開させながら，日本のピアノ文化の受容を社会学的，歴史学的に考察し，日本社

会におけるピアノ文化の受容について考察する．それは単に日本におけるピアノ文化の変容を時間軸に沿って検討するだけではない．その時々のピアノ文化の意味を理論的な基盤に立って考察し，その上で 140 年に及ぶ日本のピアノ文化の社会的歴史的機能を明らかにすることをねらいとする．こうしたピアノ文化の新たな歴史社会学的分析は，日本のピアノ文化に関する従来の研究を補うことになり，さらには日本社会を読み解く一つの手がかりとなるだろう．

　本書は，大きな枠組みとしてクラシック音楽文化を射程に入れ，その上でピアノ文化の受容に焦点を当てる．西欧の楽器であるピアノの演奏技術は，明治 4 (1871) 年の岩倉使節団に随行した 5 人の女子留学生によって，初めて本格的に習得されたと言われている．その後明治政府によって音楽教育として洋楽の摂取が踏み切られ，明治 12 (1879) 年に音楽取調掛 (1887 年に「東京音楽学校」と改称) が創設されたことにより，ピアノの演奏技術は日本で学ばれるようになった．すなわち日本のピアノ文化は，クラシック音楽の普及に随伴して広まって来たという側面がある．したがって，日本社会におけるクラシック音楽という枠組みの中で，ピアノ文化を捉えることが必要不可欠となろう．

　ピアノ文化と一口に言っても，その捉え方は多様である．例えば，ピアノを弾くことはもちろん，ピアノのコンサートに行く，CD でピアノ曲を観賞する，ピアノ曲について文献を読む等も広義にはピアノ文化と考える．しかしながら日本のピアノ文化では，ピアノを購入して弾くことがライフスタイルの都市化・洋風化と不可分の関係にある．人々はピアノのレッスンをしたり，楽しみながら弾くことによって，生活を豊かにしてきた．そのため本書では，ピアノ文化を「ピアノで，レッスンをしたり演奏して楽しんだりすること」と定義する．なおここで言うピアノとは，アコースティックピアノのみならず電子ピアノ等も含んでいる．

2. 先行研究の紹介と検証

　『音楽公論』が評論や研究記事を主とする総合音楽雑誌として創刊されたのは，昭和 16 (1941) 年 11 月のことであり，昭和 18 (1943) 年 10 月に廃刊となった．クラシック音楽に関する評論や研究記事が掲載されていたとはいえ，ピアノ文化を含むクラシック音楽が，日本社会において音楽文化の一つとして定着し，社会的側面から研究対象となるのは戦後のことである．しかも概ね

序　章　いま，日本のピアノ文化を問い直す　*3*

1980 年代以降のことである．それは，1979 年にフランスの社会学者ピエール・ブルデュー（Bourdieu）が『ディスタンクシオン』を発表し，その中で「文化資本」概念を主張したことと無縁ではない．日本におけるクラシック音楽の研究には，音楽学や美学などの領域を除くと，大部分がその根底にブルデューの「文化資本」概念が潜在していることからも明らかであろう．またブルデューの文化資本論は，ピアノ文化そのものの「受容」の様相を明らかにするためにも重要な概念である．ただピアノという楽器が日本社会に普及し，多くの人々が趣味やレッスンでピアノを弾くようになったものの，日本においてピアノに関する研究は，この 10 年間に研究の進展がみられはするものの，それまでは主に演奏法や作曲者などに関する議論に片寄ってきたことは否めないであろう[1]．

　日本ではピアノ文化を社会学的見地から研究したものは多くはないが，それでもピアノが社会学分野において研究対象となる場合，ほとんどが階層論の視点から議論がなされ，大部分がブルデューの「文化資本」概念を前提としている．「文化資本」概念は，ピアノ文化を社会的文脈の中に位置づける最も有効な手段であると考えられ，ピアノ文化はブルデューの文化資本論や文化的再生産論とも関連して，階層分析における指標としても重要視されてきた．さらに日本におけるピアノ文化は，ブルデュー理論における文化資本の「身体化された文化資本」「客体化された文化資本」「制度化された文化資本」という三形態に対応して，「演奏技術」「楽器としてのピアノ」「音大進学」という具体的な事柄が，それぞれの文化資本の条件に適合するため，研究素材としても注目に値する．すなわちピアノ文化は，階層分析において差異を示す文化資本として位置づけられてきたのである．例えば片岡栄美は，1995 年に実施された SSM 調査[2]を基にして，ピアノ文化を含むクラシック音楽と階層に関する一連の研究を蓄積している．

　片岡は文化資本論の視点からクラシック音楽に注目している．片岡は，まず 1995 年 SSM 全国調査威信票のデータを使用して，文化への威信評価を測定した．それによると，文化活動の序列性は多くの人々の共通認識になっており，

---

[1] なお 2021 年には，それまで楽器産業の研究を蓄積していた田中智晃により，『ピアノの日本史』（名古屋大学出版会）が発刊された．

[2] 社会階層と社会移動全国調査（The national survey of Social Stratification and social Mobility）のこと．1955 年以来，日本の社会学者によって 10 年に一度行われ，社会階層や不平等，社会移動，社会意識，職業，教育などがテーマとなっている．

高いと評価された上位は，「社会的活動」(68.4)，「歌舞伎・能・文楽」(65.9)，「クラシック音楽の音楽会・コンサート」(65.9) であった．低いと評価されたものは，「パチンコ」(27.7)，「スポーツ新聞や女性週刊誌を読む」(39.1)，「カラオケ」(39.8) であった．さらに経験者率から，文化活動における傾向として，年齢が高く，学歴資本や相続文化資本を多く持っている女性の方がハイ・カルチャーに参加しやすく，若い年齢層や男性，あるいは相続文化資本や学歴資本が少ないと，大衆文化志向が強いことを見出した．その結果，日本は，性や世代による文化的趣味の違いが大きく，文化的棲み分けが強い社会であると主張した (片岡 2000)．クラシック音楽に関しては，クラシック音楽は "正統文化" であり，相対的には学歴や社会的地位などの高い階層に属する人々の趣味としてみなされる傾向があるとしている (片岡 1998a：87-112；片岡 1998b：249-261)．さらに片岡によると，クラシック音楽などのフォーマルな芸術文化は，女性の教育的地位を高め，婚姻市場でのライフチャンスを高めることに一定の役割を果たしている．すなわちクラシック音楽や，美術的文化教養を早くから身体化してきた女性ほど，配偶者の職業威信や経済的地位が高くなる．同じ学歴であれば，文化資本の高い女性は，地位の高い男性と結婚するチャンスが高いとしている (片岡 1998c)．また片岡は，ブルデューの文化的再生産論を基盤に一連の論文を蓄積し，この他にも社会階層と音楽趣味に関連する分析を行っている[3]．

　米澤彰純は，正統文化と見なされる文化であっても，大衆的な人気が不可欠であるとし，クラシック音楽会へ行く人を例にとって，市場という視点から，日本におけるクラシック音楽の社会学的あり方を分析した．それによると，クラシック音楽は高い階層の人々が顧客である雰囲気を持ってはいるが，どのような階層の人々からのアクセスに対しても，絶対的な障壁は設けていられないという．同時にクラシックの音楽会に集う人々には，階層的属性の隔たりが存在することも示されている．コンサート会場には，高等教育を受けた者，子どもの頃クラシック音楽に親しんだ者，センスの良い振る舞いや趣味を心掛けている者，大都市居住などというような特性を持った人々が足を運ぶ比率が高まり，階層的隔たりが見られたという (米澤 1998)．米沢の分析からは，クラシック音楽会へ行く人の階層的属性の隔たりに文化資本の多寡が影響を及ぼしていることが明らかとなり，これにより「文化資本」概念が階層研究と関連し

---

　3 ）片岡 (1999：147-162)，片岡 (2008：13-25) を参照のこと．

て，クラシック音楽やピアノ文化を社会的文脈の中に位置づける有効な手段とみなし得る．

　一方ピアノ文化そのものの受容を社会学的に明らかにしたものは，あまり多くはないが，代表的なものとして以下の研究が挙げられる．これらの研究においてもブルデューの文化資本論は重要な概念となっている．

　水野宏美は，ヨーロッパ，アメリカの近代家族をも視野に入れて，親子関係の変容を考察するためにピアノ文化に注目した．特に日本の親子関係の変容は，神奈川県鎌倉市を対象にして，家族研究の視点から戦前と戦後のピアノ文化をインタビュー調査によって検証している．水野は，日本の20世紀前半頃から高度経済成長期以前までの都市の中産階級を「19世紀近代家族」，戦後の高度経済成長期において成立したサラリーマン家庭を「20世紀近代家族」として分類した．それによると，日本の19世紀近代家族（戦前）のインフォーマントは，生活が困難を極めた第二次世界大戦中にも非常に恵まれた環境の中でピアノ文化を経験し，ピアノ文化は経済・教育・ジェンダー・資本の四つの要因を含む階層的な証になっていたという．それに対し，20世紀近代家族（戦後）ではピアノ文化が大衆化し，さらに親が主導権を取ってきた教育のあり方が多様化し，ピアノ文化もレッスンを受けるだけでは，差別化を図ることは困難になったとみなしている．水野は，ピアノ文化は，19世紀近代家族の台頭，20世紀近代家族の大衆化，さらには近代家族の揺らぎというように，常に社会の変化と親子関係の流動化の最先端を通り過ぎてきたと指摘している（水野2001：59-91）．

　高橋一郎は，戦後の日本においては「中流文化」と「中産階級文化」が同等の意味で使用される場合が多いとして，「中流文化」という語をキーワードとしてピアノに焦点を当て，家庭と階級文化について考察している．高橋は，従来の「中産階級」の文化分析は，文化の伝達様式に関心が払われ，内容に関する関心は薄かったとして，日本社会の文脈に即して日本の「中産階級文化」の内容を検討した．高橋によると，西欧における正統的な「高級文化」は，階級の家庭文化を基盤としているのに対し，近代日本における正統的な「高級文化」は学校で教える「西欧文化」であるため，特定階級の家庭のハビトゥスと親和性が弱い．そのため高橋は，ピアノという文化資本が戦後社会において普及した過程に注目し，その上でピアノが象徴する文化の意味を検討した．彼によると，戦後の日本において「ピアノ」，そして「中流文化」は，「中産階級文

化」ではない．なぜならこの「中流文化」は，「中産階級」ではなく「大衆層」を主な担い手としていたからである．その一方で高橋は，この「中流文化」は「大衆文化」でもないとしている．すなわち音楽教室の普及で大衆化したピアノ文化は，その受容者層にとっては，「大衆文化」からの差異化を図る「高級文化」として表象されており，「中産階級文化」ではなく，大衆層を主要な支持基盤とする「高級文化」こそが，ピアノの階層文化論的な意味であると強調している（高橋 2001：156-174）．

　井上好人は，幼少時のピアノ教育によって獲得された「身体化された文化資本」としての文化芸術的素養の転換可能性に注目し，戦後日本に流通してきたピアノ教育言説を検証した．井上は，世間でよく言われている「ピアノを弾けば頭が良くなる」といった言説に対し，ピアノのレッスンが受験科目の点数にプラスの効果をもたらす要因になることには懐疑的である．ただこの言説は，上層ノンマニュアル層の家庭に付随する財力以外の文化的要因が東大入学のチャンスを増大させ，さらにはそうした家庭の子弟がピアノのお稽古に通っていたことが，上層ノンマニュアル層の子弟が獲得する象徴的な文化資本としてマスコミ等に取り上げられたと分析している．また井上は，近年の音楽教育，とりわけピアノレッスンの形態や意味の変化，さらには日本のピアノ教育をも検討している．それによると現在の家庭での音楽教育は，「音楽教室」によるすそ野の拡大というよりも個人の指導者の下でのレッスンを中心として，コンペティションによる学習者の個別化，選別化が進行し，音楽教育熱は密室化した空間の中でひそやかなブームであり続けていると主張している（井上 2008：1-6）．

　　以上が文化資本論を基盤にしたピアノ文化の研究である．ブルデューの文化資本論は，階層研究においてピアノ文化を捉える際の基盤になり，またピアノ文化そのものの受容を社会学的に明らかにするためにも重要な概念であることが示された．ただ総じて言えることは，階層分析に関連する研究では，最初にピアノ文化を文化資本と捉え，それを統計的に証明するという研究に傾いていることである．これは文化序列や階層構造の問題とも結びつくが，宮島喬が指摘しているように，今日多くの先進社会ではマスメディアによる文化普及の影響力が大きく，文化が階層構造と結びつくという見方はその妥当性が揺らいでいる（宮島 2000：203）．したがってある文化がこれまでの調査で高い評価を受

け，文化資本として効力を持っていたとしても，文化と階層の関係が流動的に
なった現代社会では，依然としてその文化が，文化資本として効力を持ってい
るかどうかは疑わしくなる．また，現在の日本社会では，クラシック音楽と
人々の関わり方は非常に様変わりし，それに伴いピアノ文化との関わり方も変
化していることは否めない．そのため従来のピアノ文化＝文化資本という評価
に囚われずに，ピアノ文化の分析に新たな視点を加えることが必要となろう．
　一方ピアノ文化の受容に関する研究では，ピアノ文化が文化資本であること
に関しては一致し，その研究の視点や手法は多岐に渡ってはいるものの，いく
つかの課題が浮き彫りになった．水野，高橋は共に，音楽教室の増加がピアノ
文化の大衆化を招いたことは指摘している．しかしながら，なぜ音楽教室がピ
アノ文化の大衆化を招いたのか，そしてその過程がどのようなものだったかは
明らかにしていない．さらに水野の親子関係とピアノ文化の受容を捉えた研究
も，高橋のピアノ文化と中流文化に関連する研究も，対象となるピアノ文化は，
主に戦前から楽器としてのピアノが普及した高度経済成長期に焦点が当てられ
ている．すなわち，高度経済成長期を含む30年間くらいの受容に限定されて
いるのである．確かに日本のピアノ文化を創った礎は，高度経済成長期のピア
ノ文化の普及であるが，その後の日本におけるピアノ文化の進化には，様々な
要因が絡んでいる．それ故高度経済成長期終焉以降のピアノ文化に関する，多
面的な分析が必要である．井上は，高度経済成長期終焉以降のピアノ文化に言
及しており，いくつかの興味深い論点が見られる．しかしながら1980年代以
降の日本社会において，ピアノ文化が社会とどのように関わり，いかなる意味
付与がなされて現在に至っているのか，その実情が充分に捉えきれているとは
言い難い．
　日本社会におけるピアノ文化の受容と音楽大学への進学率等を見たとき，高
度経済成長期と，それ以降では大きく異なっている．現在は単にブルデューの
文化資本という用語だけで，日本のピアノ文化をめぐる状況を語ってしまうこ
とには違和感を禁じ得ない．人々の演奏技術が高度になり，単にピアノを弾く
だけでは文化資本とはならなくなったと言っても過言ではない．加えてピアノ
文化のそうした状況にもかかわらず，日本のピアノ文化は衰退することはなく，
文化としての成熟度を増している．そこには日本社会特有の，ピアノ文化の受
容とピアノ文化に対する意識が潜んでいることが予想される．そこでこうした
問題を捉えるためには，インタビュー調査が有効である．そのため本書では，

先行研究の応用・分析とともに，音楽関係者や一般の人々にインタビュー調査を実施し，日本におけるピアノ文化の受容を具体的に考察する．

3.　本書の目的

　本書の目的は，日本社会におけるピアノ文化の受容を明らかにすることである．日本のピアノ文化は，西欧モダンのピアノ文化を単に受け継いで来ただけではない．明治期に移入した西欧モダンのピアノ文化を創意に富んだ手法で受容し，日本独自のピアノ文化を創造した．本書では，日本におけるピアノ文化を歴史的な視座に立ち相対化して，その社会的意味を問い直し，それを踏まえて日本のピアノ文化の受容を明らかにする．

　日本社会では近代音楽が導入された明治期から現在に至る過程で，ブルデューが「貴族的な楽器」と称したピアノをめぐる活動，すなわちピアノ文化の受容において，ブルデューが主張したような，ピアノ文化は特定の階級に属する人々の文化という現象が果たして受け継がれてきたのだろうか．「階級」ということばは，西欧社会ではそれ自体の中に経済的要因のみならず，生活様式を示す意味合いをも含んでいる．その西欧社会で，ピアノ文化は「文化資本」であり，階級文化として受容されてきた．高橋が指摘するように，西欧社会ではピアノは中流階級のライフスタイルと分かちがたく結びついていたため，この階級に到達していないものは自らの住居にピアノを持ちこむことはないのである．それは騒音や設置スペースの問題というよりは，階級のライフスタイルの問題だからである（高橋 2001：165）．日本においてもピアノ文化は，移入された当初は上流階級の文化であり，その後も戦前においては一部の人々だけの文化であった．ただ日本社会では，階級ということばが経済的要因に直結する傾向がある．それ故ピアノ文化は，戦後の国民所得が増加した高度経済成長期に，「大衆文化」からの差異化を図るある種の「高級文化」として，大衆層を支持基盤として広く社会に普及した．多くの親は子どものためにピアノを購入し，クラスの大半の女の子がピアノのレッスンに通い，その結果，音楽大学へ進学してピアノ講師という職業を選択する女性も増加した．そこでは，ピアノ文化はブルデューの言う文化資本という側面をも持っていた．

　ところが 1980 年代以降になると，日本社会では音楽大学への進学者は次第に減少する．しかしながらピアノ文化は衰退することはなかった．むしろ文化

としての成熟度を増しているようにも考えられる。なぜなら一般的なピアノ学習者の中に、それまで多くは存在しなかった、アマチュアでありながら高度な演奏技術を持ち、ピアノコンクールへ参加する者が増加しているからである。そのため現在は、単にピアノを弾くだけでは、ピアノ文化は「差異化機能を伴う文化資本」としての役割を果たせなくなっている。ピアノ文化が文化資本として「差異化機能」を持つためには、高度な演奏技術の獲得が必要となった。それは従来のように、ピアノ文化が常に社会階層を分析するための指標になるとは限らなくなったことでもある。こうした状況は、先述した高橋の指摘のように、ピアノと階級が結びついた西欧ではあまり見られない。

　一方明治期からの140年間の日本社会の中でピアノ文化が進化した様相を見ると、日本は元来ピアノ文化を持たない状況において、西欧モダンのピアノ文化を、単に受け継いで模倣して来ただけではない。特に第二次世界大戦後の日本社会におけるピアノ文化の受容は、社会学的に極めて特徴的である。高度経済成長期の広範な普及の様相や、その後の日本社会におけるピアノ文化の成熟度を見ると、日本のピアノ文化が持つ意味を、西欧社会におけるような特定な階級に属する人々の文化、と解釈することには疑問が生じる。情操教育という言葉に象徴されるように、むしろ教育という日本的なシステムの中で受容されてきたと言える。その背景には、楽器メーカーが創設した音楽教室によりピアノ教育のシステムが整備され、それを土台としてピアノ文化が西欧以上に一般社会に普及したという社会的事象がある。楽器メーカーがピアノ文化の基盤整備を行ったと言っても過言ではなく、そうした状況は日本以外では考えられない。加えて、このようなピアノ文化をめぐる日本特有の例は、他にもいくつかあげられるかもしれない。こうしてみると西欧モダンのピアノ文化は、明治期に移入されてからの140年の間に、日本固有の進化を遂げたと言えるのではないだろうか。すなわち日本は、西欧の模倣ではない独自のピアノ文化を創造したと考えられる。

　また日本のピアノ文化の成熟は、日本の音楽文化のあり方にも影響を及ぼしていることが予想される。今日多くの人々が、コーラスやアマチュアオーケストラなどの参加型音楽活動を楽しんでいることも、日本におけるピアノ文化の成熟がもたらした一側面だと言えるだろう。こうした背景にも、西欧のピアノ文化には無い我が国特有の、ピアノ文化の受容やピアノ文化に対する意識が潜んでいるに違いない。したがって日本社会におけるピアノ文化の真の姿を捉え

るためには，ブルデューの階級文化論における「文化資本」の視座に加え，新たなピアノ文化を分析する枠組みが不可欠である．ブルデュー理論のみで，日本のピアノ文化をめぐる状況を検討することには限界がある．

　そこで本書では，日本のピアノ文化は日本独自のピアノ文化であるという仮説のもとで，日本におけるピアノ文化の受容を明らかにするために，二つの理論的枠組みを用いて考察する．一つはブルデューの「文化資本」概念であり，もう一つは厚東洋輔の「ハイブリッドモダン」概念である．ブルデューによる「文化資本」概念の視座からは，日本のピアノ文化を，その受容層に注目して分析する．それにより日本のピアノ文化が持つ文化資本としての役割が，日本社会の変容とどのように関連しているのか認識できるだろう．さらに従来，文化資本として象徴されてきたピアノ文化の，日本における社会的機能も明らかになる．厚東の「ハイブリッドモダン」概念の視座からは，西欧におけるピアノ文化の受容を踏まえて，明治期に移入された日本のピアノ文化を歴史的に分析する．日本においてピアノ文化は，西欧とは異なる手法で受容されてきたと予想され，そこには日本独自の創意工夫があったものと考えられる．この分析により，日本におけるピアノ文化の特質が明らかになるだろう．

　以上のように本書は，ブルデューの「文化資本」概念と厚東の「ハイブリッドモダン」概念を通して，日本の社会的文脈の上に立ってピアノ文化の受容を検討する．そして日本のピアノ文化は，西欧モダンのピアノ文化を単に受け継いで来ただけではなく，移入されてから今日までの 140 年に及ぶ時間の中で，日本特有の変質を遂げ，日本独自のピアノ文化になったことを明らかにする．この二つの理論的枠組みを用いて，日本におけるピアノ文化の受容を検討することは，これまで「文化資本」概念に限られていた日本のピアノ文化の分析に，新たな知見をもたらしてくれることが期待できる．また同時に，日本社会の特質も明らかとなろう．

4．研究の手法と本書の構成

　本書では，ピアノ文化の受容を歴史的にも検討することが前提となるために，まず対象となる時期の，ピアノ文化に関連する既存研究の分析が必要となる．従来の研究においては，日本のピアノ文化の受容を検討する場合，大部分は階層分析の視点から行われた量的調査によって議論が展開されてきた．したがっ

序　章　いま，日本のピアノ文化を問い直す　*11*

て議論がピアノ文化の受容に関する，大まかな傾向を把握することに留まって
いた．そうした問題を解決するために本書では，日本のピアノ文化の受容を考
察する過程で，受容者側からの視点をも取り入れて議論を進める．その場合，
質的調査であるインタビューは，既存研究の分析を超えた当事者たちの語りと
して重要な意味を持つ．日本のピアノ文化の受容を具体的に捉えるには，イン
タビュー調査が有効である．ピアノ講師や一般の人々のインタビューを，時間
軸上に展開させながら考察を深めたい．なおインタビュー調査は半構造化形
式で行い，一人につき要する時間は1時間から1時間30分程度である．

　さらにピアノ文化を歴史的に検討するためには，140年に及ぶ日本における
ピアノ文化の受容を，便宜上いくつかの時代に区分することが必要であろう．
本書におけるピアノ文化の時代区分は，ピアノの普及率や日本の社会的状況を
考慮に入れ，研究対象とする明治期から現在までのピアノ文化の受容を，三つ
の時期に区分する．第一期は，「ピアノ文化の萌芽期」であり，ピアノ文化が
日本に移入された明治期から第二次世界大戦の終了までとする．第二期は，
「ピアノ文化の普及期」で，戦後から高度経済成長期を含む1980年頃までであ
る．この時期は，団塊の世代の子どもたちである第2次ベビーブーム（1971～
1974）が到来した時期でもあり，民間の音楽教室等でピアノ文化は急速に浸透
した．第三期は，「ピアノ文化の成熟期」であり，1980年代から現在までとす
る．この時期にクラシック音楽とピアノ文化がともに，従来とは異なった意識
で人々に受容されるようになり，音楽文化も多様化した．以上が本研究を進め
るうえでの時代区分である．

　本書は，日本社会におけるピアノ文化の受容について歴史的に考察するが，
それは単に日本におけるピアノ文化の受容を時間軸に沿って概観するだけでは
ない．その時々のピアノ文化の意味を，理論的な基盤に立って考察し，その上
で140年に及ぶ日本におけるピアノ文化の受容を捉えたい．P．ブルデューの
「文化資本」概念と厚東洋輔の「ハイブリッドモダン」概念は，日本における
ピアノ文化の社会学的研究には欠かすことのできない理論的枠組みである．そ
の理由は，ピアノ文化は高級音楽であるクラシック音楽であり，日本において
もその受容層が限定されていた時期や，さらには社会階層における上昇移動の

4）インタビュー手法の一つで，あらかじめ質問項目を定めておき，参加者の回答内容に応
　じて深く掘り下げたいポイントがあれば，柔軟に質問を追加して詳細を聞く調査方法．

機能を持った時期が認められるからである．また日本のピアノ文化は西欧モダンのピアノ文化の移入であり，それが日本社会のなかで固有の変質を遂げ，日本独自のピアノ文化になったと考えられるからである．こうした独自の変容を通して形成された日本のピアノ文化の特質を，日本の社会的歴史的文脈から明らかにするためには，階層論的視座に立ち，各時期におけるピアノ文化の内実を把握する理論的枠組みとしての「文化資本」概念と，文化論的視座に立ちピアノ文化を捉える理論的枠組みとしての「ハイブリッドモダン」概念が有効である．ただ，この二つの理論的枠組みをそれぞれ別々の時期に用いて，ピアノ文化の受容に関する分析を進めるものではない．本書では，日本のピアノ文化を「ハイブリッドモダンのピアノ文化」と捉える．西欧モダンのピアノ文化が日本社会において大きく変容する時期には，ピアノ文化の文化資本としての意味も変容することが推測される．その複雑な変容を検討するには，階級論的分析と文化論的分析の両方が欠かせない．そこで時間軸に沿って日本のピアノ文化を考察する過程で，二つの理論的枠組みを関連させながら分析を進めることにする．

　本書は，第Ⅰ部「ピアノ文化を読み解く道」，第Ⅱ部「憧れが現実に」から構成される．

　第Ⅰ部では，本書の理論的枠組みを明らかにする．第1章では「文化資本」概念に焦点をあて，文化資本と趣味＝テイストとの関わりや，ブルデューの音楽観，ブルデュー理論の展開について検討する．さらにブルデューがなぜ文化資本という概念を必要としたのか，また文化資本にはどのような形態があるのかも検討する．これは日本のピアノ文化がこれまで文化資本として位置づけられてきた背景や，ピアノ文化における日本特有の意味を見出す一助となろう．

　第2章は，最初に「ハイブリッドモダン」概念について概観する．従来のピアノ文化の研究では，厚東の「ハイブリッドモダン」概念は注目されることがなかったからである．そして「ハイブリッドモダン」概念への理解を進めた上で，「ハイブリッドモダン」概念と「文化的オムニボア」論の関連や，日本の土着文化との関連について検証する．第二次世界大戦後の日本のピアノ文化は，社会学的にみて非常に特徴的であり，また現在の日本の音楽文化は多様化している．そうした文化的変容は，「ハイブリッドモダン」概念で捉えることによって浮き彫りになるだろう．

　第Ⅱ部は第3章から第8章で構成される．各々の章は概ね時代順に配されて

いる．第3章，第4章は「ピアノ文化の萌芽期」，第5章，第6章は「ピアノ文化の普及期」，そして第7章，第8章は「ピアノ文化の成熟期」と位置づけている．ただ対象が文化という性格上，章ごとに時代がはっきりと区切られない部分もあることは言うまでもない．

　第3章では，最初に近代の西欧社会における音楽文化について，ジェンダーの問題なども含めて考察する．日本のピアノ文化の受容における独自性を論じるためには　西欧の音楽文化に対する理解が不可欠である．そして日本における西洋音楽の導入が如何なるものだったのかを検討する．日本のピアノ文化の受容は，移入当時は上流階級の一部の人々に限られていたが，明治後期になると一般庶民でも富裕層において受容されるようになる．そうした状況を，文学作品等から探っていく．

　第4章では，主に第一次世界大戦終結後の戦間期の音楽文化について，具体的にインタビュー調査を示しながら考察する．加えて西欧近代のピアノ文化とこの時期の日本のピアノ文化を，女子教育の視点から検討する．また戦前のクラシック音楽の愛好についても明らかにするが，これは戦後の音楽文化の理解を深めるためにも重要な意味を持つ．

　第5章では，第二次世界大戦後間もない頃から高度経済成長期前半頃までのピアノ文化の受容を考察する．この時期は，戦前に誕生した都市家族が全国的に一般化し，それに伴い，戦前は都市の新中間層に限られていたピアノ文化の受容層が次第に拡大した．その背景には，親のまなざしが子どもに注がれるようになったことと，戦前ピアノ文化を受容できなかった母親たちのピアノに対する憧れがあった．親のまなざしの変化は当時の資料によって，また母親たちのピアノ文化に対する憧れは，50代後半から60代を迎えている人々のインタビュー調査で具体的に検討する．加えて戦前のクラシック音楽愛好家の戦後の状況や，クラシック音楽の愛好が家族に及ぼした影響を，インタビュー調査から分析する．

　第6章では，高度経済成長期の中盤頃から，高度経済成長期が終焉してから数年後の1980年くらいまでのピアノ文化の受容を考察する．考察の対象として，当時急速に拡大した「ヤマハ音楽教室」を取り上げる．日本におけるピアノ文化の受容は，ヤマハ音楽教室に代表される民間の音楽教室の開設によって，昭和30年代後半から急速に普及する．また今日の日本における音楽文化の状況を考慮すると，ヤマハ音楽教室の意義はピアノ人口を著しく増加させたばか

りでない．したがって本章では，日本におけるピアノ文化の歴史において重要な意味を持つヤマハ音楽教室を，当時のヤマハの社長であった川上源一の著書を参考にしながら検討する．

　第7章では，1980年代以降のピアノ文化の受容を考察する．1980年以降のピアノ文化の受容は，高度な演奏技術を獲得したアマチュアが誕生するなど，ピアノ文化の普及の途上であったそれまでとは大きく異なってくる．そうした状況を，音大志願者の減少を統計資料で示し，さらにインタビュー調査を用いて明らかにする．またこの時期は，アマチュアも参加可能なピアノコンクールである「ピティナ・ピアノコンペティション」が新たに創設された時期であり，コンクールに参加するピアノ学習者が増加する．ピアノコンクールを活用したピアノ文化の受容や，ピアノコンクールの意義も検討する．

　第8章では，現在の日本社会における音楽文化の多様化について考察する．現在の日本社会におけるピアノ文化は成熟期を迎えている．ピアノ文化に対する意識が各人によって異なり，各々が自らに適合した形でピアノ文化を受容している．ピアノ文化を人々はどのように受容しているのか，またどのように捉えているのかを詳細なインタビュー調査を行って具体的に検討する．その上で，ピアノ文化が音楽文化全般とどのように関連しているのかを論じ，現在の日本におけるピアノ文化の意味を考察する．

　そして終章では，最初に本書のこれまでの議論をまとめる．その上で，ジェンダーの視点からピアノ文化を再考し，さらに「文化資本」概念の視座から日本のピアノ文化と階層文化について総括する．そして「ハイブリッドモダン」概念の視座から，日本のピアノ文化の受容に新機軸を見出した「ヤマハ音楽教室」の創設者川上源一，そして「ピティナ・ピアノコンペティション」を考案した福田靖子，両者の業績とその意義を総括する．

　なお本書における西暦と和暦の記述様式であるが，西欧に関する記述は西暦を用いた．一方日本に関する記述様式は，明治期から昭和期の高度経済成長期頃までは，便宜上和暦を先に記述し，後のカッコ内に西暦を記述した．日本の場合，高度経済成長期頃までは和暦による記述の方が，時代観をより捉えやすいと考えるからである．1980年代以降は西暦で記述し，後のカッコ内に和暦を記述している．

　本書では17名のインタビュー調査を実施した．インタビューは半構造化形式で行い，一人につき1時間から1時間30分程度を要した．インタビュー調

査を実施した対象者は，以下の通りである．年齢はインタビューを実施した時点の年齢である．なおインタビューはＦさんを除いて，全て録音した．Ｆさんは，電話での会話を口述筆記した．

インタビュー調査対象者一覧

名前	性別	属　　性	年齢	インタビュー日時
Ａさん	女性	ピアノ講師	50代	2010 年 8 月 19 日 2024 年 1 月 30 日
Ｂさん	女性	ピアノ講師	30代	2010 年 9 月 9 日 2011 年 11 月 25 日
Ｃさん	女性	ピアノ講師	50代	2010 年 9 月 16 日
Ｄさん	女性	声楽・ピアノ講師	60代	2010 年 9 月 17 日
Ｅさん	女性	ピアノ講師	60代	2015 年 5 月 28 日
Ｆさん （電話）	女性	元ピアノ講師	60代	2022 年 11 月 21 日 2023 年 1 月 16 日
Ｏさん	女性	主婦	80代	2011 年 4 月 9 日
Ｐさん	女性	主婦	60代	2011 年 7 月 30 日
Ｑさん	男性	フランス人留学生	20代	2011 年 10 月 3 日
Ｒさん	女性	研究者	30代	2011 年 10 月 29 日
Ｓさん	女性	主婦	50代	2010 年 11 月 25 日 2015 年 4 月 8 日
Ｔさん	女性	主婦	60代	2013 年 5 月 24 日 2013 年 7 月 5 日
Ｕさん	女性	高齢女性	90代	2015 年 6 月 3 日
Ｖさん	女性	主婦	50代	2015 年 5 月 21 日
Ｗさん	女性	主婦	50代	2015 年 5 月 28 日
Ｘさん	女性	主婦	50代	2015 年 6 月 12 日
Ｙさん	女性	主婦	50代	2015 年 6 月 12 日

第Ⅰ部　ピアノ文化を読み解く道

第1章
文化資本としてのピアノ文化

　日本において，ピアノ文化を含むクラシック音楽が音楽文化の一つとして，社会学の分野において研究されるようになったのは，概ね1980年代以降であり，大部分はその根底には，フランスの社会学者P. ブルデューの「文化資本」概念が伏在している．「文化資本」概念は，主に階層研究において用いられてきた理論的枠組みであるが，クラシック音楽の社会学的研究においては特に重要視されている．クラシック音楽が階層構造の上層に位置する人々の趣味で，その受容者層を社会的文脈の中に位置づけるために，最も有効な手段であると考えられているからである．

　さらに「文化資本」概念は，ピアノ文化そのものの受容を社会学的に明らかにするためにも重要な概念である．その理由として以下の点が考えられる．第一に，ピアノ文化は，ブルデューの主張する「身体化された文化資本」，「客体化された文化資本」，「制度化された文化資本」という，文化資本の三形態の要件を全て満たす文化資本であることである．なかでも「制度化された文化資本」としてのピアノ文化は，「音楽大学進学」という学歴が戦後の日本女性に新しい生き方を提示したので，「文化資本」概念は戦後における日本のピアノ文化を分析する上で欠かせない．第二に，ピアノ文化が日本に移入された明治期，その先進的な文化を受容できたのは上流階級の一部の人々であり，その後受容者が増加したといっても，戦前においてピアノ文化を受容できたのは，「文化資本」と「経済資本」を有する特定の階層の人々に限られていたからである．戦前の日本では，ピアノ文化は，他者との差異化を示すための紛れもない文化資本だった．第三に，戦後の高度経済成長期に広く社会に浸透したピアノ文化は，大衆化したといってもそれは階層構造における上昇移動のための文化資本であり，階層分析をする上で不可欠な指標として機能したからである．以上が，従来のピアノ文化の受容に関する研究において，「文化資本」概念が理論的枠組みとして用いられてきた主な理由である．

20　第Ⅰ部　ピアノ文化を読み解く道

　ブルデューは，趣味の選択は文化資本と関連しているとし，なかでも音楽は最も「階級分類作用」が強いと主張した．本章では，ブルデューが，その最も階級分類作用が強いとする音楽をどのように捉えていたのかを検討し，音楽の階級分類作用について考察する．そして，ブルデュー理論の展開を概観したうえで，現在の日本社会における文化資本について考察する．現在の日本社会では，ピアノ文化の文化資本としての機能は曖昧になってきたと考えられる．ただそれは，ピアノ文化を「文化資本」概念によって検討することが無意味であるということではない．むしろ従来のピアノ文化が持っていた文化資本としての機能が，どのような理由で曖昧になったのかを検討することで，現在の日本社会における文化資本とは如何なるものなのかを明らかにしたい．

1.　ブルデュー理論における趣味と文化資本

1.1　趣味の選択

　我々は自由に「趣味」を選択しているのだろうか．大方の人はこの問いに対し「YES」と答えるであろう．しかしながらブルデューの答えはそうではない．ブルデューは著書『ディスタンクシオン』（1979＝1990a）おいて，あらゆる文化的慣習行動や文学・絵画・音楽などの選好といった趣味や美的感覚が，教育水準や出身階層に密接に結びついていると主張した．

　我々が趣味という場合，一般的には切手や骨董品を収集したり，映画を観賞したり，あるいはゴルフをしたりといった余暇を楽しむ行為を指す．一方趣味ということばは「あの家の家具は趣味が良い」といった使い方をするように，テイストであり，それはその人の感覚のあり方でもある．日本人にとって両者は同じ趣味ということばで表現されるが，同じ位相に並ぶものではない．しかしながら前者の趣味行為の選択には，根底に後者の趣味＝テイスト，すなわち好みの傾向が存在している．ブルデューは，この根底的な趣味を各個人の顕在化した選好とし，それはハビトゥスに依存するという．ブルデューは「ハビトゥスとは身体化された歴史である」（ブルデュー　1990b：177）と述べる．それは積み重なった過去が現在を規定するもので，言わば日常生活における行為や態度を習慣化する潜在意識のようなものといえ，各個人の家庭環境や教育程度によっても異なってくる．

　ハビトゥスは「もろもろの性向の体系として，ある階級・集団に特有の行

動・知覚様式を生産する規範システム」であり，「各行為者の慣習行動は，否応なくこれによって一定の方向づけを受け規定されながら，生産されてゆく」（ブルデュー 1990a：vi）．我々が自由に選択していると思っている趣味は，実は各個人の過去の時間の積み重ねによって決定づけられているのである．ブルデューは次のように述べる．

　　趣味（すなわち顕在化した選考）とは，避けることのできないひとつの差異の実際上の肯定である．趣味が自分を正当化しなければならないときに，まったくネガティヴなしかたで，つまり他のさまざまな趣味にたいして拒否をつきつけるというかたちで自らを肯定するのは，偶然ではない．趣味に関しては，他のいかなる場合にもまして，あらゆる規定はすなわち否定である．そして趣味 goûts とはおそらく，何よりもまず嫌悪 dégoûts なのだ．つまり他の趣味，他人の趣味にたいする，厭わしさや内臓的な耐えがたさの反応（「吐きそうだ」などといった反応）なのである．（ブルデュー 1990a： I，88，強調はブルデュー）

　ブルデューは，他人の趣味は内臓的嫌悪であるとさえ言う．石井洋二郎は，そうした「内臓的嫌悪は，趣味がいわゆる味覚と同様，いかに行為者の身体に深く浸透したハビトゥスの一側面であるか，それだけにどれほど強烈な差異創出の契機となりうるかを物語っている」と指摘している（石井 1993：208）．ブルデューにとって，趣味は弁別作用を持つものである．それ故ブルデューは，「趣味は分類し，分類されるものを分類する」（ブルデュー 1990a： I，11）と主張した．趣味は人々によって分類され，また人は趣味によって分類されるという．趣味は単なる選好の違いではなく，社会的な差別化をも含意するのである．

　趣味を議論するうえで不可欠な概念がハビトゥスであるが，ブルデュー理論においてハビトゥスと密接な関係にあるのが「資本」概念である．ハビトゥスは日常生活における行為や態度を習慣化する潜在意識のようなものであるため，身体化した形態の文化と捉えることができ，清水亮は，ハビトゥスを作りだすための環境的条件のようなものが文化資本であると述べる（清水 1994：262）．

　本来，資本という概念は経済学に由来するものであり，何らかの貨幣価値を持っているものを指す．しかしながらブルデューは資本概念を文化や経済，社会関係までに拡張した．ブルデューの資本概念は，ニック・クロスリーによると，「さまざまな種類の資源を分類するものであり，その資源とは，社会的行

為者が自分の企図を成就させるために投入でき，しかもそれらの資源は価値があるために，行為者が追い求め，蓄えようとするものである」（クロスリー2008：50）．ブルデューにとって資本とは，交換システムの内部において一つの社会関係として作動し，物質的なものと象徴的なものの区別なく，あらゆる財までに拡張され，支配の土台となるものである（ハーカーほか 1993：20-21）．たとえば，ピアノが弾けるという能力を，さらなる財を獲得するために利用することができた場合，その能力は交換関係にまで持ち込まれているので資本とみなされる．すなわち個人が獲得し，所有し，利潤を得るための諸価値の総体が，ブルデューの資本概念である．

　以上のように趣味はハビトゥスに依存し，それは文化資本や経済資本などの客観的な条件に支配される．そのためブルデューは，『ディスタンクシオン』において，職業による社会的位置空間に趣味やライフスタイルから見える生活様式空間を重ね合わせ，階級社会と言われるフランスの，1960 年代から 1970年代の社会構造を視覚化した．さらにブルデューは，そこから人々が占める社会的位置を全体の布置連関のなかで関係的に捉えることを試みた．それによると，ブルデューが「趣味は分類し，分類されるものを分類する」と主張したように，趣味と階級との間には集団を規定する文化資本の比重に応じて，一定の照応関係があることが明らかになった．

　『ディスタンクシオン』では，ハビトゥスと同様に「文化資本」概念が特に重要な位置を占める．石井は，「文化資本」とは，経済資本のように数字的に定量化することはできないが，金銭，財力と同じように，社会生活において一種の資本として機能することができる種々の文化的要素のことだとしている．そしてブルデューが「文化資本」という言葉を使う場合は無形の蓄積物を指すことが多く，それは，はっきりと目に見えるわけではなく，直接的に所有の事実を確認できるわけでもないが，それでも潜在的には何らかの蓄積物を前提としており，いざという時にはいつでも武器として動員できるという共通点を持った特性ばかりであるとする（石井 1993：25-26）．すなわち，文化資本とは行為者がそれを持っていると有利になるような文化的な資源のことだということができる．さらに文化資本は〈場〉との関係において存在する．

　ブルデューの言う〈場〉とは，ある関与対象によって結びつけられた人々の構成する社会的圏域であり，社会空間全体をマクロコスモスとすれば，その内部に多様な形で成立する複数のミクロコスモスである（石井 1993：98-99）．〈場〉

には，「学校の〈場〉」，「医療の〈場〉」，「企業の〈場〉」，「文学の〈場〉」など様々な〈場〉があり，同じ要素であっても〈場〉が異なるとその位置づけが変わり，資本として発揮する効力が異なってくる．資本の効力が決定される各々の分野が〈場〉なのである．行為者が社会的位置や権力を獲得しうるのは，獲得した文化的要因が特定の分野で通用する限りにおいてである．そして各々の〈場〉において，文化資本の効力も決定されるのである（ブルデュー 1990a：Ⅰ, 176-177).

　ブルデューによれば，文化資本は「身体化された文化資本」「客体化された文化資本」「制度化された文化資本」という三種類の形態をとる．そしてこれら三種類の文化資本は，いずれも個人のハビトゥスの形成に影響を与えるものであり，趣味の選択にも一定の役割を果たすものである．本書で考察するピアノを弾いて楽しむという行為も，これら文化資本，及びハビトゥスと深い繋がりがある．またそれは文化資本の親から子への継承である文化的再生産とも強く関連する．なぜなら文化資本の蓄積が，経済資本と結びついてピアノを弾いて楽しむという行為を可能にしているからである．

1.2　文化資本とピアノ

　ブルデューは文化資本という概念が必要になった背景を，「文化資本の三つの姿」（ブルデュー 1986：18-36）の中で次のように説明している[1].

　　文化資本という観念が欠くべからず仮説として必要になったのは，まずはじめに，次のような事情を考察するためであった．

　　　つまり，「学歴における成功」を手にするために，さまざまな社会階級出身の子どもたちが学校で発揮する力能に不均等があることを，どう考えたらよいのかである．すなわち学歴市場において，さまざまな階級や一階級内の諸部分に属する子どもたちが，それらの階級や階級内諸部分のあいだでなされる文化資本の分配にさいして，獲得することのできる特定の利益について考察するためである．（ブルデュー 1986：18-19）

---

1 ）文化資本という用語が初めて用いられたのはパスロン（Passeron）との共著『再生産──教育・社会・文化』（1973＝1991）においてである．1960 年代フランスの学生の学業成績と出身階級との関係を説明するための概念として考案された．

ブルデューにとって，教育と文化資本は結びついている．彼は，中間階級出身の子どもたちは学校教育において有利な条件に恵まれていると論じている．なぜなら学校がその価値を認めている文化資本は，中間階級の家庭が所有している教養・文化的諸形態と親和的だからである．中間階級の子どもは，生まれた時から無意識に文化資本を身体化する環境に恵まれている．考え方や話し方，語彙の豊かさといったハビトゥスの中に文化資本を体現し，学校教育はこうした文化資本を変換して，彼らが資格やよい職業を得るのを助けているというのである（クロスリー 2008：51-57）．

ブルデューは，この文化資本を，「身体化された文化資本」「客体化された文化資本」「制度化された文化資本」という三種類の形態に分類している．第一の「身体化された文化資本」で示される「身体化された」という表現は「身についた」ということであり，これは「ハビトゥス」の概念と多くの点で重なる．ブルデューは「ハビトゥスとは身体化された歴史である」と述べるが，身体化された文化資本は，その保有者にハビトゥスとして組み込まれているのである．また同時に各々のハビトゥスは，「たがいに差異化され」，また「差異化作用を持っている」（ブルデュー 1990b：72）．特定のハビトゥスを自然に振る舞えるようになるには，長い時間を必要とする．そのため習得し始めた時期の早さの差が，資本の差になってくるのである．そして，ハビトゥスと同じく「身体化された文化資本」の「大部分の特性は，その基本的な様態において，文化資本というものが身体に結びついており，身体化を前提にしているという事実からひきだされる」（ブルデュー 1986：21，強調はブルデュー）が故に，重要な意味を持つことになる．

いずれにせよこの「身体化された文化資本」は，個体の身体から離れてはそれ自体として存在することのない文化的諸能力である．さらに「身体化された文化資本」は行為主体が自ら獲得したものであり，不可視で最も隠蔽されやすいため，相続されたものとは捉えにくい．しかしながら「身体化された文化資本」は，日常的に繰り返される生活の中で，周囲の行為者から無意識に獲得されたものであり，身体に取りこむ＝獲得するまでに多くの時間を必要とする．

2）ブルデューは『ディスタンクシオン』において，INSEE（国立統計経済研究所）によって決められた職業カテゴリーを採用し，その職業カテゴリーを「支配階級（上流階級）」「中間階級」「庶民階級」の３層に分類している（石井 1993：75）．

それ故親から子への，強い再生産の傾向を無視することはできない．ブル
デューは，「身体化された文化資本」について，各個人がその獲得を続行でき
る時間は，「その家族がその個人に保証できる自由時間の長さにかかわってい
る．すなわち，経済的必要性からの自由であり，それこそが，最初の蓄積を可
能にする条件なのである」と述べている（ブルデュー 1986：24）．そのため経済
的事情から常に労働を強いられ，自由時間がない家族の場合は，「身体化され
た文化資本」の蓄積は困難になる．加えてこの「身体化された文化資本」は，
「客体化された文化資本」「制度化された文化資本」と密接に結びついている．

　第二の「客体化された文化資本」は，絵画や書籍，あるいは高価な楽器など
のように物質と化した文化資本，すなわち個人が持つことのできる文化的財で
ある．文化的な財といってもそれが物である以上，その獲得に必要とされるの
はあくまでも経済的要因であり，時間をかけて蓄積した知識や感性は要求され
ないように思われる．しかしながら，それは誤った認識であるという．単に経
済的に可能という理由のみで文化的財を獲得したところで，それを有効に活用
できなければ相応の利潤を生むことは不可能で，「客体化された文化資本」と
しての意味はない．「客体化された文化資本」が機能するためには，それらを
用いるための「身体化された文化資本」を有することが前提となるのである．
「客体化された文化資本」は，文化的財の価値を認識し，楽しみ方や解釈の仕
方を熟知し，それを実践することで文化資本としての効果を発揮する．そのた
め「客体化された文化資本」の多寡で，「身体化された文化資本」の多寡を予
想することも可能となる．

　ブルデューは，以下のように述べている．

　　　文化的な財は物質的な獲得の対象となるが，そのためには経済資本が前
　　提になる．そしてまた，象徴的な獲得の対象ともなるのだが，そのために
　　は文化資本が前提になるのである．……行為主体は，この客体化された資
　　本を思いのままにできるその度合いに応じて，ということは，かれらの身
　　体化された資本の程度に応じて，利益を手にすることができるということ
　　である．（ブルデュー 1986：25-26）

「客体化された文化資本」は，物質という形をとることによって個体間にお
いてその蓄積が継承されることは可能であるが，それはただ所有権が移転した
に過ぎない．「客体化された文化資本」と「身体化された文化資本」が組み合

わされることによってはじめて，この二つの状態における文化の蓄積は，個体間で相続することが可能になるのである．さらに質の良い文化的な財，すなわち「客体化された文化資本」は，そこに存在することによって様々な効果をもたらすため，生まれた時からそうした文化的財に囲まれた環境で成長すると，その教育的効果は大である．

　第三の「制度化された文化資本」は「第二のものとは別途に考えるべき客体化の形式」（ブルデュー　1986：20）であり，資格という形で社会的に認証され制度化される．その代表的なものは学歴である．「制度化された文化資本」は，「身体化された文化資本」を試験によって資格，免許という形態に置換したものであると言え，職業選択に多大な影響を与える．そのため「制度化された文化資本」は経済資本への転換が容易な資本と言える．

　以上が文化資本の三形態であるが，ブルデューは文化資本の獲得様式においても差があることに言及している．

　　音楽が，（今日のようにハイファイステレオや，あるいはラジオによって）単に聴かれるだけではなく，実際に演奏されるような家庭（ブルジョワの回想録によく出てくる「音楽をたしなむ母」というのがそれである）に育ったり，ましてや「貴族的な」楽器——とりわけピアノ——を幼少の頃からたしなんだりすれば，少なくとも音楽にそれだけ深い親しみをもつという効果があるだろう．それはコンサートを通じて，ましてやレコードだけによって音楽に触れた人々が，つねに音楽に対していささか距離をおいた，傍観者的な，そして自ら望んでそれについて客観的に論じようとする傾向をもった関係をとるのと，はっきり区別される．これはちょうど，絵画をだいぶ成長してから，美術館のほとんど学校のような雰囲気のなかではじめて見出した人々が絵にたいしてとる関係が，はじめから美術品の満ちている世界に生まれた人々が絵にたいして保っている関係と区別されるのと，ほとんど同じことである．後者の人々にとって美術品とは，世代から世代へと蓄積されてきた家庭に伝わる親しみ深い所有物であり，彼らの豊かさと良い趣味を客観的に証しだてるものであって，ときにはジャムや刺繍のあるクロス類などと同じように，「自家製のもの」であったりもするのである．（ブルデュー　1990a：Ⅰ，118）

文化資本とは，持続によって現在も利用することが可能な過去と言え，上述のブルデューの主張からも明らかなように，文化資本の価値は，時間をかけることでしか獲得することができないため，獲得し始めた時期の早さの差が資本の差となる．

　またそうした文化資本は，利益を生み出す行為に結びつくか否かによってその価値に差が生じ，文化資本の配分によって序列的な空間が創り出される．さらにこの文化資本の配分に対応した序列的な空間は階層となり，その階層性に応じたハビトゥスが形成される．人々の行為は，こうした階層化されたハビトゥスに従って行われ，社会的な評価を受け，また階層化される．そしてその階層に対応した文化資本によりハビトゥスが形成され，この循環が再生産である（清水 1994：262）．こうした階層の再生産には経済資本も影響するが，文化資本が強く影響し，三形態の文化資本には再生産の傾向が顕著である．すなわち文化資本の保有率が高い家庭の子どもほど高学歴で，その子どもが親になった時，彼らの子どもも親の文化資本を相続して高学歴になる傾向が強い．こうした文化資本の相続と蓄積は，経済資本における相続と蓄積にも影響を与え，階層も再生産されるのである．それが文化的再生産であり，ブルデューはそうした文化的再生産に学校教育が大きな役割を果たしていると述べている．

　ピアノ文化を，ブルデューの理論的視座から捉えてみよう．なおここでいうピアノを弾くという行為は，クラシック音楽と呼ばれるピアノの作品を弾くことを意味する．ピアノを趣味として弾くためには，まず楽器としてのピアノと，ピアノに対するハビトゥスが必要になる．次に鍵盤と音の関係が理解できていることや，楽譜を読む能力などピアノに関する知識，また楽譜を具体的な音として表現できるだけの技術を必要とする．さらにはそれらが身についた慣習行動となっていなければならない．これが，ピアノを弾くという一連の行為である．ピアノは言うまでもなく，「客体化された文化資本」になる．しかしながらピアノという楽器が内在する意義は，単に「客体化された文化資本」それだけではない．ピアノを所有するには経済資本が必要であるが，同時にピアノを弾きたいというハビトゥスをも所有している必要があり，そのためには，家庭内にそうしたハビトゥスを形成する文化資本を持ち合わせていなければならないのである．加えて家庭内で演奏技術を相続できなかった場合は，家庭外にピアノ講師を求める経済資本と，ピアノの演奏技術を身体化する時間が不可欠となる．それ故に個人の顕在化した選好であるピアノを趣味として弾くという行

為が，何らかの弁別作用を持つのである．

　本書の対象であるピアノは，文化的財として物質と化した文化資本であり，「客体化された文化資本」になる．しかしながらピアノ文化が意味するところは，単に「客体化された文化資本」それだけではないことは，ブルデューの主張からも明らかであろう．

2.　ブルデューにおける音楽の意味

　ブルデュー理論の視座の独自性は，経済的要因こそが階層的構造を決定する重要な要素として考えられがちな社会的階層の議論の場に，文化的要因を取り入れたことであろう．社会的階層に関わる問題を学術的に明らかにしようとする場合に，研究素材として特に注目されるものの一つがクラシック音楽であり，その際，議論の基とされているのがブルデューによる文化的再生産論や文化資本論である．ブルデューは，教育システムの機能を，支配階級がその文化を再生産しその支配を維持していくものとして捉えた．学校教育は一見平等に見えるが，中立的に知識や技術を提供するわけではなく，支配階級の文化を再生産し社会的地位の伝達を助けるものである．この再生産過程の特徴を文化的側面から明らかにしようとするのが文化的再生産論であり，そこにおいては，子どもが親から受け継いだ文化資本が一定の役割を果たしている．それを解明するためにブルデューは，「階級分類作用」を持っている文化として，音楽に注目した．

> 音楽の趣味ほど自分の属する「階級」があらわになり，それを通して避けようもなくある階級に分類されてしまうものもないのだが，それはもちろん，コンサートに足を運んだり自分で「貴族的」な楽器を演奏したりするということ（条件がまったく同じとすれば，これらの行為は劇場や美術館へ行ったりすることにくらべて，また画廊を訪れることにくらべてさえも，普及度は低い）が，それを可能にするような条件がなかなか得られないだけに，他のどんな行為にましても階級分類作用を持っているからである．（ブルデュー　1990a：I，30）

　ブルデューは 1960～1970 年代の調査から，文化的ヒエラルヒーと社会的ヒエラルヒーが「文化資本」の比重に応じて一定の照応関係にあることを明らかにし，その結果，上記のように，「音楽の趣味ほど自分の属する『階級』があ

らわになり，それを通して避けようもなくある階級に分類されてしまうものも
ない」と主張したのである．

　ブルデューは文化資本が影響を及ぼす指標として，クラシック音楽の作品の
好みに焦点を当てた．その根拠をブルデューは次のように説明する．

　　　音楽や絵画のように正統的な分野に近づけば近づくほど，またこれらの
　　　世界の内部でもさまざまなジャンルや作品がその正当性の度合いにした
　　　がってヒエラルキー化されているわけだが，その中でもより正統性の高い
　　　とされるジャンルや作品に近づけば近づくほど，学歴資本の差は，知識面
　　　でも選好面でもますます重要な差へと結びついてゆく．（ブルデュー 1990a：
　　　Ⅰ，25）

　ブルデューは「上流階級」467 人，「中間階級」584 人，「庶民階級」166
人に 16 曲の作品を提示して[3]，それらの曲を知っているか，作曲者名を答えら
れるかたずね，その中から 3 曲好きな曲を挙げるように求めた[4]．提示された
16 曲（作曲者）とは，『ラプソディー・イン・ブルー』（ガーシュイン），『ラ・ト
ラヴィアータ』（ヴェルディ），『左手のための協奏曲』（ラヴェル），『小夜曲』
（モーツァルト），『アルルの女』（ビゼー），『剣の舞』（ハチャトリアン），『火の鳥』
（ストラヴィンスキー），『シェエラザード』（リムスキー＝コルサコフ），『フーガの技
法』（バッハ），『ハンガリー狂詩曲』（リスト），『子供と魔法』（ラヴェル），『美し
き青きドナウ』（ヨハン＝シュトラウス），『神々の黄昏』（ワーグナー），『四季』
（ヴィヴァルディ），『平均律クラヴィーア集』（バッハ），『持ち主のない槌』（ブー
レーズ）である（ブルデュー 1990a：Ⅰ，484）．

　16 曲の選好の結果は，支配階級全体でいえば，『四季』，『ハンガリー狂詩
曲』，『小夜曲』がベストスリーになるが，文化資本の高い教授・芸術制作者は
『四季』，『小夜曲』がともに 51％でトップになり，『平均律クラヴィーア集』
は 32％，『フーガの技法』が 31％になる．一方，『アルルの女』，『美しき青き

3）「支配階級（上流階級）」「中間階級」「庶民階級」において，支配階級は文化資本の高い
　　順に教授・芸術制作者，自由業，管理職・上級技術者，商・工業経営者である．同様に
　　中間階級は新興プチブル，一般技術員・小学校教員，事務労働者・一般管理職，職人・
　　商人である．庶民階級は単純耕作者，農業労働者，単純労働者，熟練工などである．三
　　つの階級の職業カテゴリーの詳細は『ディスタンクシオンⅡ』481-485 を参照されたい．
4）提示された 16 曲の結果は，ブルデュー（1990a，Ⅰ，472）を参照されたい．

ドナウ』,『剣の舞』,『ラ・トラヴィアータ』は一桁の数字である．次に中間階級であるが，文化資本の豊かな新興プチブル層は『四季』47％,『小夜曲』34％,『ハンガリー狂詩曲』と『ラプソディー・イン・ブルー』はともに25％なり，好みの傾向は支配階級と近い．しかし，中間階級でも事務労働者・一般管理職になると,『美しき青きドナウ』53％,40％,『アルルの女』36％になる．この傾向は職人・商人ではさらに強化され『美しき青きドナウ』60％,『アルルの女』41％,『ハンガリー狂詩曲』34％になる．バッハの二つの作品については明らかな特徴があり，新興プチブル層と一般技術院・小学校教員では10を超えるが，事務労働者・一般管理職，職人・商人では1％から3％になる．庶民階級では『美しき青きドナウ』66％,『アルルの女』42％,『ハンガリー狂詩曲』33％,『ラ・トラヴィアータ』28％となり，バッハの二つの作品は『フーガの技法』2％,『平均律クラヴィーア集』1％となる．

　これらの結果からブルデューは,『平均律クラヴィーア集』『ラプソディー・イン・ブルー』『美しき青きドナウ』に注目し，次のように述べる．

> 　アンケートに挙げた音楽作品の中でも,『平均律クラヴィーア集』（バッハ）と『左手のための協奏曲』（ラヴェル）（あとで見るように，これらの曲はともにその獲得および消費のされかたの点で他の曲からは区別される）の二曲は，シュトラウスのワルツや『剣の舞』（ハチャトリアン）などといった，時には劣ったジャンル（いわゆる「軽音楽」）に属しているとして，また時には通俗化しているからという理由でおとしめられている音楽（というのも卓越化と上昇志向との弁証法的関係によって,「通俗化」した正統的な芸術作品は価値を失った「凡庸な芸術」の範疇へと追いやられてしまうのだ）に，対置されるわけである．これはちょうど，シャンソンの分野ではブラッサンスやフェレがゲタリやペチュラ・クラークに対置されるのと同じことであり，いずれの場合にも，こうした差異は学歴資本の差に対応しているのである．（ブルデュー　1990a：Ⅰ，26）

　ブルデューは，支配階級に特徴的で文化資本の豊かな層に偏る指標として『平均律クラヴィーア集』をあげ，職業カテゴリーによる数字の開きが少ない作品として『ラプソディー・イン・ブルー』を，さらに社会空間の中間から下方で，文化資本の貧しい層に偏る作品として『美しき青きドナウ』をあげている．『平均律クラヴィーア集』を好むのは，上流階級でも特に教授・芸術制作

者層において高い割合を示している．『美しき青きドナウ』は最もポピュラーな曲であり，庶民階級は言うまでもなく中間階級でも好まれるが，上流階級・芸術制作者では好む割合が極端に少なくなっている（ブルデュー 1990a：I，28）．

　さらにブルデューは，正統的な芸術作品ほど分類＝等級づけの作用の強いものはなく，大まかな対立関係だけにかぎって言うなら，三つの趣味世界を区別することができるとして，「正統的趣味」「中間的趣味」「大衆的趣味」を設定した．この三つは，文化に対する各階級の関係を特徴づける基本原理となる．上述の音楽作品についてみると，正統的趣味とは正統的作品への嗜好で，『平均律クラヴィーア集』『フーガの技法』『左手のための協奏曲』などがあげられる．中間的趣味に該当するものは『ラプソディー・イン・ブルー』『ハンガリー狂詩曲』などである．そして大衆的趣味に関しては『美しき青きドナウ』『ラ・トラヴィアータ』『アルルの女』などをあげ，これらは通俗化によって評価の落ちてしまった音楽であり，庶民階級において最も頻繁にみられる趣味であり，学歴資本とは反比例の関係を示すとしている（ブルデュー 1990a：I，26-27）．

　以上の分析にはいくつかの問題点[5]が潜在しているとも考えられるが，これが音楽の趣味から階級を捉えようと試みたブルデューの分析である．この知見を通してブルデューは，音楽の趣味ほど自分の属する「階級」があらわになるものはない，と主張したのである．

　ブルデューの音楽作品によるこの分析は，芸術の普遍的・自律的価値，音楽の自律性を無視した分析であると指摘することも可能である．本当にヨハンシュトラウスの作品は，バッハの作品よりも芸術的価値が劣っていると言えるのか．文化的価値に関するこれらの問題に対して，『ディスタンクシオン』ではブルデューの直接的な解答はない（石井 1993: 198）．しかしながらブルデュー

5）まずアンケートの選曲がやや意図的で，統計処理が単純なクロス集計のみである．さらに 16 曲が，同じ条件で選択されていない．曲名をあげている場合もある一方で，そうでない場合もある．例えば『平均律クラヴィーア集』は 1 巻と 2 巻から成る鍵盤楽器のための作品で，各巻がそれぞれ長短 24 調による 24 曲で構成されている．全 48 曲は演奏される回数が均等ではなく，第 1 巻の 1 番ハ長調はグノーの『アヴェ・マリア』の伴奏に使われる有名な曲で，認知・選考の度合いは階級を超えて高いと思われる．加えて音楽関係者以外の支配階級が，全 48 曲を認識しているのか疑問である．また『ラ・トラヴィアータ』（日本では『椿姫』の名で上演されるオペラの原題）は，オペラのなかで歌われる全曲を指したのか，あるいは有名な『乾杯の歌』を指したのか不明である．

は，こうした問題に対し，『ディスタンクシオン』の序文において，「芸術作品との出会いというのは，普通人々がそこに見たがるようなあの稲妻の一撃といった側面などまったくもってはいない」（ブルデュー 1990a：I，6）と述べている．ブルデューにとって芸術作品は，それを保有する手段を持つ行為者にとってのみ，そのようなものとして存在する象徴財である．そしてそのような手段は，行為者の認知的分類システムのなかで，ある程度の芸術力能[6]に到達することによって獲得されるのである（ハーカーほか 1993：203）．すなわちブルデューは，芸術作品が文化的正統性を持つことができるのは，芸術作品として構成し提示することのできる生産者と，芸術作品を受容するだけの能力を備えた受容者が出現し，同時に種々の理論や概念，技法などから成る一定の価値体系を内包した芸術〈場〉が歴史的プロセスを経て形成され，その構造が，生産者と受容者の保有するハビトゥスと一致するからである，としている（石井 1993：198-199）．いかなる作品も，その生産と受容にまつわる社会的な諸条件から切り離して存在することはできないのである（石井 1993：198-199）．それ故，我々が芸術作品に感じる「美しい」という気持ちは，その背後に自身を卓越化しようとする意図が隠ぺいされている．芸術に対する「純粋」な視線であると認識しているものが，実は社会における弁別作用を伴う指標となっていることをブルデューは指摘しているのである．換言すれば，芸術作品の文化的正統性に対する理解は，芸術作品の生産者と受容者の認知的分類システムのなかで，ある程度の芸術力能に到達することによって獲得されるものであり，それは両者の文化資本が同程度であることが不可欠であることを意味している．芸術作品の生産者と受容者における文化資本の程度に大きな差が存在する場合，歴史的プロセスを経て形成された一定の価値体系を内包した芸術〈場〉が，芸術作品の生産者と受容者の保有するハビトゥスと一致することはなく，芸術作品の文化的正統性に対する理解には至らないと言える．

3．ブルデュー理論の展開

　社会学においてクラシック音楽に注目した研究は，愛好家集団の階層や文化的再生産の問題を解明することを目的とするようになっており，多くが文化再

6）「芸術力能」という語句は原文のママ．

生産論を起点として行われている．そこではブルデューの研究スタイルがそのまま継承されたわけではなく，ブルデュー理論を計量分析によって検証しようとする試みだった．その先鞭をつけたのは，アメリカのディマジオであると考えられる．

ディマジオらは，アメリカのハイスクールの学生約 3000 人を対象に，オーケストラ・コンサートの鑑賞への興味や芸術的活動への参加などの要素で文化資本を測定し，ブルデューの仮説に関する理論の検証を行った．その結果，再生産仮説は女子には確認されるが，文化資本は上層階級の再生産に関しては相対的に影響が低いという結論に達している（Di Maggio 1982；Di Maggio and Mohr 1985）．

サリバンは，イギリスの義務教育最終年（16 歳）の 465 人の生徒を対象に，文化資本と教育達成との関連について分析している．生徒には読書，テレビ視聴，音楽の好み，ハイ・カルチャーイベントへの参加，言語能力と文化的知識のテストについて質問する．さらに親の文化資本については，家にある本の数，読書習慣，音楽とメディアの消費，ハイ・カルチャー活動への参加，家で議論する話題で測定する．その結果文化資本は社会階級と関連し，親から子へと世代間移動が立証され，また文化資本の所有は，GCSE（一般中等教育試験）の成績に有意な効果を与えることが示された（Sullivan 2000）．

またジョージは，ドイツの都市フランクフルトと地方の低中山地オーデンヴァルトの学生約 2000 人（当初は 2897 人が参加）を対象に，親と子どもの間の文化資本の継承，ライフコース（16 歳～35 歳）における文化資本の安定性，教育達成と職業的地位に対するライフコースの異なった時点での教育的背景と文化資本の長期的影響を分析した．子どもの文化資本の指標として，16 歳時には楽器の練習回数，クラシック音楽を聴いた回数，芸術に関し友人と会話した回数，読書回数が組み込まれ，35 歳時にはクラシックコンサート，劇場などへ行く回数，クラシック音楽，ジャズを消費する回数，文章を書く回数などが組み込まれている．この分析によると，両親と子どもの間には文化資本の強い継承性があり，フォーマル文化への志向は，青年期から大人へのライフコースにわたり，非常に安定していることが明らかになった．この安定性はブルデューのハビトゥス仮説に合致している．子ども時代や若い時代に，習得されたスキームとしていったん確立されてしまうと，ハビトゥスは安定性を持ち，それは経済的，文化的，社会的資源に対する現実的な対処とは対照をなすもの

34 第Ⅰ部　ピアノ文化を読み解く道

であることが示された（Georg 2004）．

　階級と文化に関するブルデューの実証研究は日本においても検証が試みられ
たが，それは文化的作品に対する選好や，文化鑑賞能力に関する分析ではない．
日本ではブルデュー理論を実証するために，まず各種文化の計量化が試みられた．
　宮島喬・藤田栄典・志水宏吉は 1987 年に首都圏の四年制大学 17 校の学生
1367 人を対象に，文化の階層性や文化的再生産の過程が検証できるか調査を
行った．すでに複雑な文化的・教育的過程と選別の過程を経てきた青少年を対
象に，まず彼らがある種の文化的活動に対してどのように思うか，5 段階で評
価させた．「上品である」の 100 点満点から，「どちらともいえない」（50 点），
「やや上品である」（75 点），「あまり上品でない」（25 点），「上品でない」（0 点）
の点数をスコア化すると，文化的活動には明瞭な序列化が存在することが示さ
れた．「クラシック音楽のコンサートに行く［音楽会］（82.8）」が最も高く評価
され，以下「美術館や美術の展覧会へ行く［美術展］（80.8）」，「ピアノを弾く
（75.4）」，短歌・俳句を作る（72.9）」，「演劇を見に行く（68.2）」と続き，最後に
は「スポーツ新聞を読む（28.0）」，「写真雑誌（FOCUS・FRIDAY）などを読む
（21.2）」，「パチンコ・マージャンをする（20.9）」が位置した．次に文化的活動
と階層的属性との関連を親世代について検証し，文化的活動にはかなりの階層
差があることを明らかにした．さらに，音楽会へ行く者の割合を父親の学歴別
の活動度で分析すると，高等学歴は初等学歴の 5 倍以上に達し，子ども世代で
もそれなりに有意な階層差がみられる．これを文化的活動の世代間継承性とし
てみると，音楽会や美術展といった芸術的活動の相関は最も大きいことが示さ
れた（宮島・藤田・志水 1991：153-204）．この宮島らの研究は，その後他の研究に
も継承された．1995 年の SSM 調査においてもクラシック音楽に関する質問が
いくつか実施され，多くの研究が蓄積された．この調査は 1998 年に『文化と
社会階層』として発表され，片岡栄美や米澤彰純らにより，それぞれ異なった
視点から階層とクラシック音楽の考察が行われている[7]．

4．現代社会の文化資本

　ブルデューの文化資本論は，階層研究においてピアノ文化を捉える際の基盤

---

7 ）片岡編（1998c）．

になってきたが，日本社会にそのまま応用するには，いくつかの問題や課題が生じる．

　第一は，階層研究におけるピアノ文化の，文化としての序列に関する問題である．宮島・藤田・志水による文化活動の評価に関する調査では，日本にもフランスと同様に，文化の序列が明らかに存在することが示された．これは1995年のSSM調査でも受け継がれ，これらの二つの調査においては，クラシック音楽が正統文化として高い評価を受け，宮島らの調査では，「ピアノを弾く (75.4)」ことは三番目に高い評価を受けた．この調査で最も高い評価を受けた「クラシック音楽の音楽会・コンサートへ行く」ことは，SSM調査では，「社会活動に参加する」，「歌舞伎や能や文楽を見に行く」に次いで三番目に位置している．その差はそれほど大きくはないので，順位の変動は問題にならないと言えるかもしれない．しかしながら，10年の間にクラシック音楽に対する人々の意識が変化している．現在は1995年のSSM調査時よりも，さらに30年が経過している．音楽のジャンルの壁が取り払われ，音楽文化は多様化し，人々のクラシック音楽への意識は，さらに変化してきていることは否定できない．そうしたクラシック音楽に対する意識の変化は，元来はクラシック音楽の一部であったピアノ文化にも影響を及ぼしているだろう．また現在の日本におけるピアノ文化は，安価なキーボード等の発明によって，誰もが簡単に参入できるようになっている．そのためピアノ文化に対する意識の変容は，クラシック音楽以上ではないかと推測される．

　第二の問題は，ピアノ文化が意味する文化資本としての内実にかかわる．すなわち日本のピアノ文化は，明治期に移入された外来文化であり，確かに戦前の日本におけるピアノ文化には，西欧のピアノ文化と同様な状況が認められるが，高度経済成長期以降は，文化資本としての内実は西欧のピアノ文化とは少々異なっている．

　大前敦己は，1995年SSM調査のデータから，学歴競争を勝ち抜いたいわゆる"成り上がり"とピアノ所有率との関係を明らかにしている．大前は，学歴資本を示す指標として，高等教育学歴の「相続者」(両親のいずれかが高等教育学歴で本人も高等教育学歴である者)，「非相続者」(両親のいずれかが高等教育学歴で本人は高等教育学歴を有していない者)，「獲得者」(両親とも中等教育以下の学歴であるが本人は高等教育学歴である者)，「非獲得者」(両親・本人とも中等教育以下の学歴である者)の4カテゴリーを設定する．この4カテゴリーに性別を加えて大前は，応接

セットやパソコン・ワープロ，美術品・骨董品などの家庭における家財・資材の所有率を明らかにした．ピアノの所有率をみると，男性 1971 人での所有率は 27.5％であるが，その内訳は多い順に「相続者」42.7％，「獲得者」38.3％，「非相続者」28.1％，「非獲得者」20.8％になる．一方女性 2222 人での所有率は 31.0％であり，その内訳は「相続者」54.1％，「獲得者」45.5％，「非相続者」31.1％，「非獲得者」24.7％となる．

　また大前は「子どもの頃の文化的経験」についても同様の分析を試みている．それによると「本を読んでもらう」「美術館や博物館に行く」「クラシック音楽のレコードをきいたりコンサートに行く」の 3 種類の経験では，女性のクラシック音楽経験率のみ「獲得者」が「非相続者」をわずかに上回るが，他の項目はすべて「非相続者」の経験率が高くなり，本人の学歴よりも出身家庭によって大きく影響を受けている．しかし大半の人が就学期間を終えた「最近 5～6 年間の文化的活動」についてみると，出身家庭よりも本人の学歴の方が大きな比重を占めている．この結果から大前は，日本の高等教育進学者が身につけている文化資本の特徴は，「客体化」「身体化」されたいずれの様態においても，学校教育を通した「獲得文化資本」である可能性が高いとし，それは「西洋外来文化の移入を色濃く反映したもの」で，その当時の先進的な文化事象を取り入れた日本に特徴的な "キャッチアップ文化資本" であると分析している．さらに大前はこうしたキャッチアップ文化資本と社会的再生産との関連を検討し，女性の方が世代間の蓄積傾向が顕著ではあるが，キャッチアップ文化資本は男女とも，自立した教育の場の中で生み出されていると明らかにしている（大前 2002：165-184）．

　大前が指摘するように，日本のピアノ文化がキャッチアップ文化資本であることは言うまでもないだろう．そのためピアノ文化の受容においては，西欧社会とは異なる側面があることが予想される．すなわちピアノ文化が生まれた西欧社会では，ピアノ文化は家庭において伝達される「相続文化資本」であるが，外来文化としてピアノ文化を受容している日本社会においては，ピアノ文化は学校教育など家庭外において獲得された「獲得文化資本」である．そのためピアノ文化の受容が一部の限られた層であった時には，それほど問題にならなかったピアノ文化の文化資本としての内実が，誰もがピアノ文化を受容できるようになった高度経済成長期以降は，ピアノ文化を受容する際に重要な意味を持つようになったと考えられる．

ブルデューは，造形芸術や楽器をたしなむ「これらの能力は，身につけられるためにもまた活用されるためにも，芸術と文化の世界に古くから根を下ろしていることから生じる性向だけでなく，経済力（特にピアノの場合）や時間的余裕などもまた必要とするものなので，同じ学齢水準で見た場合，出身階層の違いによって大きく変化する」と述べる（ブルデュー 1990a：I，412）．確かにブルデューの言うように，日本においてもピアノの演奏技術を獲得するには，経済力や時間的余裕が必要とされている．しかしながら，日本におけるそうした経済力や時間的余裕は，ブルデューが想定した特定の階級の人々に付与されたそれではない．ブルデューの言う経済力や時間的余裕は，豊富な文化資本を有する特定の階級が，その文化資本を転換して手に入れた財の，間接的な証である経済力や時間的余裕に他ならない．そうした余力を前提とした上で，ブルデューは，家庭での文化の習得について「ブルジョワ文化や文化に対するブルジョワ的関係が他の階級の人々にまねすることのできない性格を持っているのは……それらが言説よりも手前の地点で，人物だとか慣習行動，教養化された事物などの世界に早くから組み込まれることによって獲得されるという事実による」と述べている（ブルデュー 1990a：I，118，強調はブルデュー）．西欧社会では，先行世代が音楽的素養や礼儀作法など正統的文化を身につけている家庭に生まれた者こそが，生まれた時から無意識のうちに正統的文化の基本的素養を身につけ，音楽においては家庭の中に「音楽をたしなむ母」がいて，「貴族的」な楽器であるピアノに，幼少からたしなむことになるのである．すなわちブルデューの意図する経済力や時間的余裕は，相続資本や文化資本から派生した第二次的な経済力であり，時間的余裕である．

　しかしながら日本の現在の家族における経済力や，時間的余裕はそうしたものではない．都村聞人は，1985 年と 2005 年の SSM 調査のデータを用いて家計における学校外教育費に影響を及ぼす要因の変化を分析している．それによると 20 年間に塾・習い事など学校外教育の一般化・早期化は進行し，親の収入が学校外教育費に与える影響力は，20 年間に強まる傾向にある．父親の収入が学校外教育費に及ぼす影響は拡大し，特に 2005 年には母親の収入が長子小学生段階で影響を持つことも見出している（都村 2008：109-126）．日本では，家族が工面して捻出した費用と時間と労力が子どもに注がれているのである．

　ピアノの演奏技術の習得も，家族が捻出した費用と時間と労力が不可欠であることは言うまでもない．さらに日本のピアノ文化は「キャッチアップ文化資

本」であるため，それが意味するところは，日本においてはピアノの演奏技術は家庭外の教育によって誰もが習得できるが，より高度な演奏技術を獲得できる者は，家族の後ろ盾がある限られた人々になることでもある．その場合，現在の日本社会では，西欧社会におけるピアノ文化の受容にみられるような，出身階層はそれほど影響がないものと考えられる．ピアノの演奏技術を獲得するために必要なものは，家庭の収入は言うまでもないが，それ以上に母親を始めとする家族の労力や時間である．加えてそうした家族の協力が個々のピアノの演奏技術の程度に大きく影響する．そのため高度な演奏技術を獲得するためには，より強力な家庭の総合力が必要となる．それはブルデューが言うような，西欧社会における正統文化に位置づけられた文化資本としてのピアノ文化のあり方ではない．日本においてはピアノの演奏技術の習得は，小さな頃から費用と時間と労力をかけて，親子で必死に取り組んできた結果であり，たとえ文化的再生産の部分があったとしても，それはごく少ない部分に過ぎないと考えられる．「音楽をたしなむ母」がいて，「貴族的」な楽器であるピアノを幼少からたしなむような，正統的文化の基本的素養を身につけることができる家庭に生まれることは，日本において文化資本としてピアノ文化を受容する際には，さほど重要な要素ではない．現在の日本社会における文化資本としてのピアノ文化は，家族の多大な協力の結果生みだされるものなのである．このように，日本におけるピアノ文化が必要とするものは，家庭内における文化の伝達ではなく，経済資本，人的資源，時間資源をも内包した強力な家族の総合力であると言えるだろう．「家族力が結集した文化資本」，というのが現在の日本におけるピアノ文化の，文化資本としての内実であると考えられる．

　本章では，ピアノ文化を社会学的視座から考察するための概念を構築するための作業として，ブルデューの「文化資本」論を取り上げ，検討した．
　ブルデューによると，人は決して自由に趣味を選択しているわけではない．趣味はハビトゥスに依存し，そのハビトゥスは経済資本や文化資本などの客観的な条件に支配される．それ故，趣味は社会的な差異化機能を持つ．ピアノを弾くという行為も，ピアノを単なる「客体化された文化資本」と捉える視点のみでは捉えられない．ピアノを弾くという行為を趣味活動として選択する場合，そこには好みの傾向である趣味＝テイストが潜在し，さらには文化資本や経済資本から影響を受けたハビトゥスが大きな役割を果たしている．それ故ブル

デューが主張するように，趣味は人々によって分類されるが，一方で人も趣味によって分類されてしまうのである．

　文化資本には差異化機能があるというブルデューの主張は，彼の音楽趣味の分析にも反映されていた．またブルデューの主張は，日本においてもこれまで自明のごとく受け入れられてきた．日本のピアノ文化は長い間文化資本であり，階層文化として人々に認知されて差異化機能を持っていた．しかしながら高度経済成長期の終焉以降，ピアノ文化における文化資本としての差異化機能に疑問符がついてきた．特に1980年代以降は，ピアノ文化が文化資本としての機能を十分果たすには至っていない場合が見受けられる．ただそれにもかかわらず，現在のピアノ文化の成熟度は増している．その理由としては，ピアノの演奏技術が従来とは性質を異にする文化資本として，人々に受け入れられていることが予想される．現在の日本におけるピアノ文化をめぐる状況を見ると，従来の〈ピアノ文化＝文化資本〉という単純な図式には，検討するべき多くの余地が残っていると考えられる．ただそれは，ピアノ文化の受容の分析には「文化資本」概念が不適切ということではない．

　本書では，特に次のような理由から「文化資本」概念を重要な理論的枠組みとして位置づけている．高度経済成長期が終焉した1980年代以降，日本のピアノ文化は文化資本としての機能を十分果たすには至っていないが，この時期は，高度な演奏技術を持ったアマチュアが誕生するなど，むしろピアノ文化は成熟している．これは，この時期のピアノ文化を「文化資本」概念から問い直すことが不可欠であることを示唆している．日本におけるピアノ文化は西欧の外来文化であり，ブルデューが『ディスタンクシオン』の中で主張した，家庭内で伝えられた文化資本という要素は少ないという側面がある．しかしながらそれは，日本のピアノ文化を「文化資本」概念で議論することが無意味であるということではない．むしろ「文化資本」概念によって検討することで，現在の日本社会において，ピアノ文化が文化資本としての機能を果たさなくなった過程やその要因，また文化資本としての機能を持つために必要な要素も明らかになるものと考えられる．そしてそれは，純粋な文化資本である西欧のピアノ文化とは異なった側面を見出すことが可能になることを意味している．すなわち現在のピアノ文化を，改めて「文化資本」概念を用いて考察することは，日本のピアノ文化に内在する，日本特有の意味を見出すことを可能にするものである．またそれは，本書の目的に適うことでもある．

第2章
ハイブリッドモダンとしてのピアノ文化

　本章では，日本社会におけるピアノ文化の受容を考察する上で重要だと考えられる二つ目の理論的枠組みである，厚東洋輔の「ハイブリッドモダン」概念について検討する．ハイブリッドとは車でお馴染みになったことばで，「混合」や「複合」という意味である．厚東は，「ハイブリッド」ということばで日本文化の雑種性を示唆し，モダンの空間移転による変容の様相を「ハイブリッドモダン」と名付けた．その上で厚東は，「ハイブリッドモダン」を「ポストモダン」と対比させ，多面的に検討している．

　西欧で誕生したピアノ文化が，厚東の言う「空間的移転」として日本へもたらされたのは明治期になってからである．明治政府は維新後の明治4（1871）年，政治的に不安定な時期にもかかわらず，政府を代表する政治家たちをも含む岩倉使節団をアメリカ合衆国に派遣した．明治維新以来「文明開化」は国家の厳命であり，近代化は明治時代の一貫した課題であった．日本の近代化は，社会制度ばかりでなく文化や風俗にまで欧米文化を取り入れることで推進された．そうは言っても，明治政府が採った方針は，欧米の文化や風俗をそのまま取り入れるのではなく，大部分は根本的に異なったコンテクストや歴史的時期に存在した様式の諸要素を一つの文化に調和し発展させていく「和魂洋才」であった．こうしたなか西欧モダンのピアノ文化は，明治初期，アメリカ合衆国において津田梅子ら岩倉使節団の女子留学生によってその演奏技術が学ばれ，またアメリカ合衆国の音楽教師メーソンによって日本へ移入された．そしてモダニティの移転による変容を経て，現在に至る140年の間に日本文化のなかに組み込まれたのである．

　日本におけるピアノ文化は，西欧モダンのピアノ文化が単純にポストモダンと呼ばれるような進化を遂げたわけではない．移入されて以降，現在までの間に日本特有の方法で受容され，変質を遂げ，自国の伝統楽器以上にピアノ文化は身近なものになった．そのため日本におけるピアノ文化の受容の独自性を捉

えるためには，「文化資本」概念のみでは不十分である．明治以降の日本文化の「雑種性」に着目した厚東の「ハイブリッドモダン」概念をも用い，日本のピアノ文化を考察することが欠かせない．「ハイブリッドモダン」概念は，ピアノ文化の受容を歴史的に相対化し，その上で日本のピアノ文化の受容を明らかにする有効な理論的枠組みである．

1. ポストモダンとモダンの変容

1.1 ポストモダンの再考

19世紀になると西欧では，貴族的な意識を持つことを望む新興ブルジョワ階級の人々が，進んでピアノ文化を受容するようになった．彼らにとってピアノを持ち，子女にそれを習わせることは彼ら自身の自尊心を満たすことであった．そのため子女へのピアノ教育熱は煽られ，家庭音楽はピアノの巨大市場となっていった．クラシック音楽は近代になって「高級芸術」になった音楽であるが，ピアノ文化もまた西欧近代の産物である．

渡辺裕は『聴衆の誕生』において，「近代的聴衆」の成立から崩壊の過程を描くことによって近代音楽文化を捉えた．19世紀に美学的観点から成立した，音楽を精神的に解釈する「近代的聴取」のありようを「集中的聴取」とし，現代（初版が刊行された1989年当時）の音楽消費のあり方を「ポスト・モダン」[1]的な「軽やかな聴取」として位置づけた．渡辺の議論は，クラシック音楽が商業主義と結びつき「差異」を表す記号として消費されるようになるという音楽消費に注目したものであり，その議論の基盤は，プレモダンからモダン，そしてポストモダンへと変容する歴史観であった．しかしながら渡辺は，1998年刊行の新装増補版においては，「『近代』の権化と目される十九世紀においてすら，『近代』の論理は当てはまらないということ，極端に言うならば，文化というものの実態は常に『ポスト・モダン』的なあり方をしている」ことが今（1998年当時），明らかになりつつあると指摘し，文化や歴史を捉え直さなければならないと述べている（渡辺 1998：250-259）．すなわちそれは，近代の文化が従来の歴史観では捉えきれないことを示唆していると言えるだろう．ただこうした渡

1）渡辺は「ポスト・モダン」と表記するが，厚東は「ポストモダン」と表記している．本書は基本的に「ポストモダン」と表記した．

辺の指摘は，西欧中心的な見方からくるポストモダン論である．それに対し厚東洋輔は，非西欧も含めたグローバリゼーション論のなかで，社会学的観点からポストモダン概念を再考している．

ポストモダンとは，文化に限らず様々な領域に影響を与えた思考様式である．そこで厚東によるポストモダンの解釈を見ておこう．厚東は，具体的に議論を進めるために，N. アバークロンビー，S. ヒル，B. S. ターナーによる，『社会学中辞典』の「ポストモダニズム」の項を検討している．それによるとポストモダニズムの特性は(1)混成（pastiche）：根本的に異なったコンテクストや歴史的時期に存在した様式の中の諸要素の張り合わせ．(2)自省（再帰）性（reflexivity）：自己意識化の可能性，しばしば反語（irony）的感覚を伴う．(3)相対主義（relativism）：真理の客観的基準は存在しないという主張．(4)物語の結末に向かって整然と秩序だてられた諸場面の連続としてストーリーを語る叙述法（narrative）や，真実を描こうとする表現法といった古典的芸術技法への抵抗．(5)大衆文化と高級文化との区別や，様々な芸術形式の区分というような古典的芸術の境界を重視せず，境界を越えようとする企図．(6)テクストの創造者としての著者の重要性に対する信念の減退．以上の六点である（『社会学中辞典』2005：320）．この解釈を踏まえて厚東は，こうした六つの特性がどこかで聞いたことがあり，「少なくとも私にとっては，70年代以降のポストモダン論の文献を読んで，初めて聞かされた話とはほとんど感じられなかった」と述べている．なぜなら，「それは明治以来の日本の『文明開化』の歴史に関する，日本の特殊性論の中」で論じられていたからであった（厚東 2006：28）．

厚東は，近代日本はポストモダンに似た現象が多くみられるとして，日本の近代化に着目している．厚東によると，ポストモダニズムの特性は，明治維新以降の日本の近代化の過程で繰り返されてきたもので，むしろ近代日本の西欧派知識人の求めた近代化は，こうしたポストモダン状況をモダンの方向に受け直す努力であった．しかしここには大きな問題が生じている．「明治維新以前を大ざっぱにプレモダンと概括すれば，そのあとに続くのは鹿鳴館に象徴されるポストモダン的状況」になってしまい，「プレモダン→モダン→ポストモダンという進化図式を日本に直接あてはめることはできない」ことになる（厚東 2006：30-31）．すなわちポストモダンをモダンの後に位置づける西欧の近代化論では，日本の近代化の過程を捉えるには不十分であることが示されている．そのため厚東は，西欧中心的な見方であるポストモダン論ではなく，非西欧圏

をも含めた理論的枠組みのなかで，ポストモダン概念を問い直すのである．すなわち「従来の近代化論では，『プレモダン』の残存としてネガティブに評価されるか，『ポストモダン』の先駆としてポジティブに評価する以外に位置づけようがなかった」和魂洋才を典型とする日本文化の雑種性を，グローバリゼーション論の中で「ハイブリッドモダン」ということばで定義すれば，ポストモダンを捉え直すことが可能だと結論づけた（厚東 2006：35-36）．西欧流の時間軸で構成された近代化論ではなく，時間軸とともに空間軸を加えた伝播論的，文化接触的パースペクティブを，近代化論のうちに組み入れたのである（菅野 2007：59）．そして「ハイブリッドモダン」には，「ポストモダン」に類似する現象が多く見られはするが，その成り立ちは根本的に異なることを明らかにする必要があるとした．

1.2　二つのモダン変容パターン

厚東は，マックス・ヴェーバーの『宗教社会学論集[2)]』「序言」における「他ならぬ西欧という地盤において，またそこにおいてのみ，普遍的な意義と妥当性を持った発展傾向をとる文化的諸現象が姿を現すことになった」（厚東 2006：111，2011：24，原文ママ）という一節を引用して，モダンの持つ普遍的意義と妥当性の意味を吟味し直した．そしてヴェーバーによる文化の「普遍的妥当性」の測定基準が不明だとし，厚東自身は，それを文化の「移転可能性」によって定義した．その上でモダンの生み出す文化は，移転可能性が極限までに上りつめた文化複合体と規定している．モダンが初めて姿を現したのは西欧であるが，西欧以外の地盤で成長が不可能なわけではない．異なった文化圏に移植されても有効に作動し続ける，高度な移転可能性を持つのがモダンの特性である．モダンは，文化移転の繰り返しにより「グローバライズされること」が宿命であり，その限りにおいてモダンの本来の故郷は「グローバル・ソサイエティー」だと厚東は述べるのである（厚東 2006：111-115；厚東 2011：24-25）．

さらに厚東は，異なった文化・文明圏の間を移転する中で，その文化が自己同一性を保持できるのはまれで，異なった文化や文明圏に移植されれば，何らかの形で変容すると指摘している．モダンは世界の隅々まで移転し続ける能力

2）Weber, M, 1920, Gesammelte Aufsätze zur Religionssoziologie,vol.1（＝マックス・ヴェーバー，1972，大塚久雄，生松敬三訳『宗教社会学論選』みすず書房）．

を持っている．しかしながら高度な移転可能性と，移転のなかで自己同一性を保ち続けられる能力とは別物である．異なったコンテクストにおかれても何の変容も蒙らない文化項目は，当該社会から見れば最後まで異物にすぎない．高度な移転可能性は，異なった文脈を構成する要素と容易に化合し，オリジナルとは異なる混成を，次々と可能にする能力と言い換えることもできる．それは「定着」という局面から見れば，異質な要素を取り込んで自己を次々と変身させる文化的ポテンシャリーであり，またモダンの重要な特性でもある（厚東 2011：26-27）.

　厚東によれば，モダンの変容は二つのケースに整理できる．一つは欧米の歴史のなかで蒙ったようなモダンの内省的な自己展開による変容，すなわち時間的移動に基づく変化であり，それはポストモダンが生ずる方向性である．もう一つは非西欧で見られるような，モダンの異なったコンテクスト間での移転によって生み出される方向性，すなわち異なった社会的・文化的コンテクストのなかに移転する中で蒙る変容で，それは空間的移動に由来する変化である．そして時間的＝歴史的経過による変容が「ポストモダン」の特徴であるのに対し，空間的移転あるいは文化伝播によるモダンの変質を，厚東は「ハイブリッドモダン」と定義づけたのである（厚東 2006：33；厚東 2011：27）.

2.　ハイブリッドモダン

　モダンは成立の過程において，既存の社会的・文化的エシュタブリッシュメントとの激しい闘争を経験している，と厚東は述べる．そのためモダン制覇に対抗する「敵役」にも二つの部類を区別することが必要であるという．それはモダンが歴史的に生成される場合には「内生的伝統」であり，もう一つはモダンが外来文明・文化として輸入される場合には「土着的伝統」である．西欧におけるモダン変容のプロセスは「モダン vs 内生的伝統」と理解できるが，日本のような「後発的」近代化を駆動するのは「欧化（モダン）」と「土着（的伝統）」との間の牽引反発のダイナミクスである．ポストモダンの生成において強力な伝統として機能したのが，その前段階の「モダン」であるが，ハイブリッドモダンの様相を決定的に定めるのが「土着」のあり方となる．「ポストモダン」と「ハイブリッドモダン」というモダン変容の二つの様相，「内生的」と「土着的」という伝統の二つの類型を区別することは，ポストモダンの議論

には不可欠である．（厚東 2011：27-28）．

　またハイブリッドモダンの分析のためには，いくつかの視点が必要となる．その視点として厚東は，「規格化」「メディア」「モジュール」を提案している．モダンは高度な移転可能性を基軸に組み立てられているため，その帰結としてグローバリゼーションに至るが，そのためにはまずモダンが「規格化」されることが重要になる．西欧で生まれたモダンは，19世紀半ばを画期にして大きく変質し規格化された．それは政治や経済ばかりでなく，社会や文化，芸術など，あらゆる分野に認めることができる．次に規格化されたモダンが移転するために，文化の翻訳をして意味の伝達を仲介する「メディア」の存在が必要になる．厚東はメディアとして ① 商品（消費財），印刷物（書物中心），② 機械（生産財），マスメディア，③ イベント，マルチメディアを提示し，それぞれは順にグローバリゼーションの三段階，すなわち ① 萌芽期（1650〜），② 始動期（1850〜），③ 本格期（1975〜）に対応すると述べる．そしてモダンの規格化が進み，規格化されたモダンが文化移転のメディアに乗せられ，伝播するようになると，〈モダンのモジュール化〉が起こる．「モジュール」とは，独立して活動できる自己完結した機能と捉えることができ，文化移転の基本単位はモジュールである．モジュールをひとつずつ吟味し，そのモジュールの積み重ねや組み合わせにより，制度全体を作り変えたり，新たな制度を作るのが文化移転の効率的な方策である．加えて厚東は，西欧で生まれたモダンはモジュールへの分解が進行し，そのモダンのモジュール化の劈頭を飾るのが1851年にロンドンで開催された「万国博覧会」であると指摘する．そして規格化され，ユニット化され，持ち運びに便利なモダンが陳列されているのが「万博」であり，「万博」は濃縮されたモダンの小宇宙であると述べている（厚東 2011：29-39）．

　一方モダニティ[3]は，移転に成功するためには土着文化とハイブリッド化せざるを得ず，その過程のなかで独特の変容を蒙り，ハイブリッドモダンという姿

3）厚東は，モダンとモダニティについて次のように述べる．英語のmodernは普通は形容詞で用いるが，モダンは日本で「近代」と呼び習わされてきた事柄をカタカナ書きにしたもので，［modern なもの］を一般的に指示するためには，modernity という言葉がある．日本で近代（モダン）と一言で指示されているものが，英語では文脈に応じてmodern / modernity / modernism ということばで表現され，modern には「近代的」，modernity には「近代性（近代的なもの）」，modernism には「近代主義（近代の理念）」という訳語を与えるのが適当だろう（厚東 2006：11-12）．本書では，厚東の表現にそのまま従った．

をとることにより初めて定着することが可能になる．厚東は，日本のような非西欧圏で，こうした外発的なモダニティが土着との対立的関係を乗り越えていく過程は，三つの局面があるという．第一局面は，モダンの移転に由来する外発的近代化の場合，近代化へのインパクトは社会の中枢を直接襲う．日本の場合は，ペリーの黒船が徳川幕府に開国を求めた．それに対し土着権力は抗戦したが敗れ去り，土着の支配者たちは不平等条約を甘んじて締結し，自己の保身を図った．第二局面では，土着のエリートたちは，何度かの抵抗の後，近代化を推進する以外すべがないことを悟り，エリートを担い手として，前近代社会における近代化のプロジェクトは始められる．この段階において民衆は土着を支持する態度を示すが，それは近代化の帰趨が明確に示されていないことに対し，自分たちのくらしを守るための保守主義のためである．第三局面では，エリートの近代主義，民衆の土着主義という対立図式が壊れていく．民衆は，エリートたちのモダニティの成功例や，その効能に魅了され，モダニティが自己の生活を豊かにするものであることを信じ，モダンを受け入れるのである．加えて厚東は，モダンが移転されハイブリッドモダンとして定着する条件として，日本の場合は，風俗という形で上下関係をベースに，異文化を手なづける長い伝統があり，さらには植民化されなかったので，エリートと民衆の間に一体感があった，と指摘している（厚東 2006：164-176）．

　さらにモダニティが移転したにもかかわらず円滑な作動を続けるには，異なったコンテクストに「適応」することが必要になる．またモダニティという要素が新しく埋め込まれることにより，コンテクストのあり方も変容する．「土着」はその場所に古来からある不変のものではなく，モダニティとの相互作用によってその内実は変化し続けるのである．すなわち「土着」はモダンによって再発見されると言える．厚東は，こうした相互作用もまた「ハイブリッド」ということばで捉えることができるとみなす．そして何と何が掛け合わされるかで，生みだされる「ハイブリッド＝雑種」も多種多様であり，その文化圏ごとに固有の「ハイブリッド」が誕生することになる，と結論づける（厚東 2011：57-59）．

4）日本では古来，「上，化するところを『風』といい，下，習うところを『俗』という」事態を，風俗を意味するという．エリートがモダニティを（「俗」として受け入れたくなるように）「風」というオーラを帯びた魅力的な形で提示できたときに，欧化主義と土着主義との間の確執は終わる，と厚東は述べる（厚東 2006：174）．

ここまで検討した厚東の議論に依拠すると，前章において言及したビゼー作曲の『アルルの女』に対するフランスと日本における評価の違いも，ハイブリッドモダンの理論的枠組みによって捉えることが可能である．『アルルの女』は，フランスの人々にとっては，すでにモダン文化として受け入れた音楽であり，自国の作曲家による耳慣れた音楽である．一方ハイブリッドモダンの日本では，『アルルの女』は明治維新以降の日本の近代化のなかで西欧からもたらされた「高級芸術」のクラシック音楽であり，そのクラシック音楽は学校で教えられる音楽である[5]．すなわち『アルルの女』は，日本特有の変質を蒙り，フランスとは異なる意味づけを受けて日本社会の文化項目となったのである．

同様に，ピアノも西欧を地盤として生まれたモダンである．日本では西欧のように，ピアノ以前にチェンバロやクラヴィコードが存在したわけではなく，ピアノはモジュールとして突然日本に輸入された楽器である．西欧モダンのピアノではあるが，極限までに上りつめた移転可能性を持っていたが故に，非西欧圏にも空間移転＝文化伝播し，さらには「異質な要素を取り込んで自己を次々と変身させる文化的ポテンシャリー」を持っていたことで，空間移転した国においてもピアノ文化として花開いた．日本のピアノ文化は，西欧の規格化されたモダン文化であるピアノ文化が，一つのモジュールとして日本へ空間移転し，「ハイブリッドモダン」の典型である近代日本において変質して，日本独自のピアノ文化になったものと考えられる．

3. ハイブリッドモダンと文化的オムニボア

3.1 文化的オムニボア論

1980 年代後半頃から，音楽文化における諸ジャンル間の境界が再編成され，クラシック音楽をはじめとする音楽文化を取り巻く環境が変容している．音楽文化が変容すればその帰結として，そうした音楽を受容する側にも変化が生じることは言うまでもない．最初に文化的オムニボア論について概観し，その上で「ハイブリッドモダン」について考察を深めたい．

文化的オムニボア論は，近年，ブルデューの文化資本概念に関連して，取り上げられるようになってきた理論で，アメリカの社会学者 R. ピーターソンら

5）『アルルの女』は明治 37 年 6 月の，東京音楽学校の演奏会で演奏されている．

48　第Ⅰ部　ピアノ文化を読み解く道

によって行われた研究を嚆矢とする，アメリカ社会の音楽趣味について分析した研究である．アメリカにおいてアッパーミドルに属する人々が，幅広い文化ジャンルを経験するなど，文化的な多様性や寛容性を示すことである．この文化的オムニボア論とハイブリッドモダンは，理論上では全く別のものとして存在する．しかしながら近年の日本における音楽文化の様相を見ると，この二つの理論はあながち別々のものではなく，その底辺では共通性を有していると考えられる．

　ピーターソンは排他的なエリートをトップに置き，大衆を底辺に位置づける文化的階層の視点には問題があるとして，職業的威信（occupational status groups）と音楽の好み（music preferences）に関する量的調査を実施し，その結果から文化的オムニボア仮説を導いた（Peterson 1992b；Peterson and Simkus, 1992a）．分析で使用された音楽は，クラシック，オペラ，フォーク，ジャズ，ロック，カントリーなど10種類である．ピーターソンによると，エリートの好みは高級芸術（high art form）に限定されないオムニボア（omnivore）になっているという[6]（Peterson 1992b：254；Peterson and Simkus, 1992a：169）．音楽趣味においては，建築家や法律家，大学教授などの文化的高地位者（Higher cultural）はクラシック音楽を好む傾向にあり，社会的ヒエラルヒーが低いとされる者（熟練工，農場労働者など）はカントリーミュージックを好む傾向が強い．しかし社会的ヒエラルヒーの低い者がクラシック音楽を好む割合が少なかったのに対して，社会的ヒエラルヒーが高い者ではカントリーミュージックをも好む者の割合は少なくなかった．音楽の好みが一つのジャンルだけではないと答えた者の割合は，社会的ヒエラルヒーの中位者や低位者よりも，高地位者のほうが高くなった（Peterson 1992b：247；Peterson and Simkus, 1992a：158）．こうしたことからピーターソンらは，社会的上位に位置するエリート層はクラシック音楽だけに限定されない，広範な音楽趣味を持つ「文化的オムニボア（cultural omnivore）」であると結論づけた．一方低地位者は，エリート的音楽ではない単一ジャンルの音楽を好む「文化的ユニボア」であるとする．ただ同程度の職業的ステイタスの黒人と白人を比較した場合，黒人と白人では音楽の好みが異なっており，ステイタスを表すものとして音楽の好みを使用する場合には，人種を考慮する必要があるなど，アメリカ独自の問題も提起している．

6）omnivore という単語は「何でも摂取する，雑食性動物」という意味．

ピーターソンらが提示した文化的オムニボア仮説は，日本では 1995 年に実施された SSM 調査から，片岡栄美が一連の研究において主張している（片岡 2000；片岡 2003；片岡 2008）．片岡は，文化的オムニボアを，文化的な多様性や寛容性を示す「文化的寛容性仮説」とし，「威信の高いハイカルチャーから威信の低い大衆文化までの，幅広い文化趣味をもつオープンな志向性」と定義した．これに対し「文化的ユニボア」を，文化のヒエラルヒーと社会的ヒエラルヒーが一対一対応するという前提によって成立する「文化的排他性仮説」とし，「特定の文化趣味だけをもつ排他的な志向性」と定義している（片岡 2000：184-185）．

片岡によれば，高学歴化とともに日本の高学歴層の多くが，特に若い男性を中心として，クラシック音楽だけではなくポピュラー音楽，ロック，ジャズなど多様な西洋音楽を聴く文化的オムニボアとなっている．片岡は「文化的オムニボアになることは現代の文化資本の一部」（片岡 2000：187）であり，「現代の文化資本は幅広い文化テイストを示し文化的に寛容となることである」（片岡 2000：214）と主張する．また片岡は，文化的にオムニボア化する要因として，第一に，文化資本が豊かなエリート層の男性は，大衆文化を摂取することで会社組織のような多様な人間関係の中で，階層的ルサンチマンを回避しており，第二に，文化的オムニボアは，異質な文化集団と交流し多様な社会的場面で活動することを可能にする社会的メリットがあると言う．加えてグローバル・ポストモダンの社会では，文化的複雑性を扱うことのできるハビトゥスが求められるようになるからであると述べている（片岡 2000：208-209）．

さらに片岡は，ブルデューの文化的再生産論では，文化による社会的排除を特徴とする「文化的排他性仮説」が理論的前提としてあるが，現代のグローバル化した文化状況のもとでは，特定文化のアイデンティティに基づいた排他性は，民主的態度の対極にあるとしている．そのため，「現代のエリートに求められる資質とは，多様な集団の文化を理解し，文化的に寛容になれるハビトゥスをもつこと」と主張している（片岡 2003：107-108）．

一方アメリカでは，ディマジオやホルトが，ピーターソンによる文化的オムニボア仮説を支持しながらも，この仮説の検証を行っている．ディマジオらは，文化資本としての芸術の役割に注目し，芸術の価値のドラマチックなメルトダウンを予測した．それは特に若い世代で，文化資本が重要な高学歴の人々や女性たちにおいて，ハイ・カルチャー芸術への参加率が大きく減少しているだろ

うというものであった．その結果は必ずしも予測と一致するものではなく，む
しろ文化資本における芸術ジャンルのポジションの変化が明らかになった．芸
術が文化資本の中心的であることについては一致しているものの，文化資本の
内容は時代を通して変化しているという．またほとんどすべての年齢，ジェン
ダー，教育グループにおいて，ライブのカルチャーイベントに参加する割合が
減少している．この結果に対しディマジオは，それは文化資本としての芸術の
権威の低下というよりも，家庭におけるオーディオ機器の普及など，広範な競
合的な力が影響していると結論づけている（DiMaggio and Mukhtar 2004）．

　ホルトは，現代アメリカ社会における消費パターンに焦点を当て，ブル
デューの文化資本理論を現代のアメリカに適用することの可否を，エスノグラ
フィック的インタビューを用いて分析している．ホルトは，現代のアメリカで
は消費する物よりも消費する習慣に，ハイ・カルチャーよりも大衆文化に焦点
を当てるべきだと指摘し，その結果，ピーターソンらの文化的オムニボアを支
持することになった．さらにホルトは，高地位者は低地位者に比べ，広範な
ジャンルとスタイルの文化消費をするが，これらの違いはオムニボア対ユニボ
アという説明に加え，更なるより複雑な解釈が必要になるとしている．ホルト
は，オムニボアの消費は世界主義や自己実現的余暇，異国趣味などの好みの集
合によって構成され，好みと慣習という二つの，より特殊な次元が融合したも
のであるという．そして現代アメリカ社会では，高地位者も低地位者も，同じ
ものを買い，同じ活動に参加するとして，資本主義が進んだ社会では，階級を
超えて物を買い求めたり，活動に参加したりする，と指摘している（Holt 1998）．

　以上が文化的オムニボア論に関連する概要である．ディマジオやホルトの議
論は，社会階級の間に文化的境界を見出す従来の研究とは異なる視点で文化的
実践の様相を捉えており，文化的オムニボア論には多側面から接近する必要が
あることを示唆している．

3.2　音楽文化の変容

　片岡は，主に日本の高学歴層の若い男性が多様な西洋音楽を聴く文化的オム
ニボアとなり，その背景として，日本の男性エリートサラリーマン層の階層的
ルサンチマンの回避と，多様な社会的活動を可能にする社会的メリットをあげ
ている．そしてその結果，中間層では女性は文化的向上心を示し，ハイ・カル
チャーへとおもむくが，男性ホワイトカラーは，オムニボア化することで会社

文化に適合していったと結論づけている（片岡 2000：214）．しかしながら文化というものは，人々のライフスタイルや時代の趨勢によって変化するものであり，少なくとも現代社会における文化的オムニボアに対しては，社会的な変化に伴う文化の変容をも考慮し，その上で個人レベルでの議論を展開することが必要であろう．日本における文化的オムニボア論の最大の問題は，何よりも音楽文化を消費する人々にのみ焦点が当てられ，音楽文化それ自体の変化が考慮されていない点にある．宮島喬は，「学生という，マスメディアの影響にもっとも敏感な一世代をとってみると，観たことのある絵画や，聴いたことのある音楽にあまり出身階層差がないのが最近の傾向である」と指摘している（宮島 2000：203）．そのため男性の文化的オムニボアの要因についても，現代社会の多様化した音楽文化をふまえた上での議論が必要であり，受容される文化の分析無くして，直接受容者側の階層に結びつけることは早急であろう．

　日本における文化的オムニボアの議論は，こうした問題点を内包している．とはいえ，この文化的オムニボア現象の問題は，現在の日本社会における音楽文化，特にピアノ文化を含むクラシック音楽を考察する上で，重要な手がかりとなる．なぜなら明治期以降，日本社会において文化資本として自明視されてきたクラシック音楽は，人々のライフスタイルの多様化に伴い大きな構造転換を示していると考えられるからである．その結果，文化のヒエラルヒーと社会的ヒエラルヒーの対応関係に従来とは異なる現象が生じ，そうした対応関係の異変が，音楽趣味についての研究を嚆矢とする文化的オムニボア論に連なっていると推測される．そのため文化的オムニボア論は，日本のクラシック音楽文化が変容していることを示す端緒となっている．階層の視点にとらわれず，音楽文化自体にも注目することで，文化的オムニボア論は有意義な議論を導いてくれる．文化的オムニボアには「文化資本」の問題のみならず，クラシック音楽が内包する多様な問題が関連しており，文化的オムニボア論は，日本のピアノ文化とハイブリッドモダンを考察する上で無視できない議論である．

　日本における文化的オムニボア論はブルデューの「文化資本」概念に関連し，片岡栄美が主張している概念である．片岡は，1995 年に実施された SSM 調査から浮かび上がってきた様相を基盤に，この議論を展開している．そのため文化的オムニボア論の射程は，概ね 1990 年代後半からの音楽文化をめぐる階層論であると考えられる．そしてこの時期は，バブル期を経験して音楽文化自体

52　第Ⅰ部　ピアノ文化を読み解く道

にも大きな転換がもたらされた時期でもある.

　輪島裕介は，1980年代後半から現在までの日本における「流行現象としてのクラシック音楽消費」の展開を，ジャーナリズムの言説を中心に概観し，大衆的なレベルでのクラシック音楽に対する意味付与のあり方を考察している.輪島によると，日本においては1990年代半ば頃から，音楽史の集積としてのクラシック音楽という教養主義的なあり方は解体され，クラシック音楽の脱文脈化・脱歴史化とも言える現象が生じた.これまで信じられてきたクラシック音楽が有する価値観が変化したと言うことができる.クラシック音楽とポップ，ロックの折衷，あるいはクラシック音楽の要素を取り入れたポップ音楽という傾向が「ジャンル」として定着したのである.それは音楽文化における「クロスオーバー」的な傾向と言える（輪島 2005：194）.

　一方蔭山宏は，現代におけるこのような文化的状況に対して「等価性の世界」という概念を提示している.蔭山によると，「〈等価性の世界〉とは，わかり易くいえば，モーツァルトの音楽とジャズが，流行歌手とマルクスが等価的なものとうけとめられる心的，精神的世界，すなわち，従来異質の精神的秩序に属し，決して等価であるとはされていなかった諸事情がそれ固有の質を主張しえなくなっている精神世界のこと」（蔭山 1986：90）であり，それは1990年代以降の文化に焦点を当てた輪島の議論と通底するものがある.

　また輪島は，バブル期以降，人に安らぎをもたらす音楽が注目されるようになり，異なったジャンルの音楽が「癒し」という特徴で一括りにされ，「ホッとするクスリ」としての機能に還元されていると指摘している.輪島も取り上げている吉松隆編の『アダージョ読本』では，心を一時癒す音楽としてのCDを紹介しているが，その中には交響曲の緩徐楽章などクラシック音楽に分類されるものや，ジャズ，喜多郎や姫神などの音楽，水琴窟などの自然の音などが収録されているのである.輪島によれば，この「癒し」という特徴は，日本ではクラシック音楽と，従来ほかのジャンルに属するとされてきた諸音楽の境界を再編成する役割をはたしている（輪島 2005：190-193）.注目すべきは，『アダージョ読本』の中に「平安朝殿上人の秘曲，三曲，声明，尺八」が，斎藤靖幸の解説によって違和感もなく紹介されていることである.

　厚東は，ハイブリッドモダンの議論において，「土着」はその場所に古来からある不変のものではなく，モダニティとの相互作用によってその内実は変化し続け，「土着」はモダンによって再発見されると述べている.『アダージョ読

本』における諸音楽の境界の再編成は，普段あまり聴くことのない邦楽を，ク
ラシック音楽をはじめとする様々なジャンルの音楽の一つとして，再発見した
のである．これは一つの例ではあるが，このような流れが現在の日本の音楽文
化であり，一般の人々は，こうしたクロスオーバー的な音楽文化を受容してい
る．こうしてみると，1990 年代以降は人々が受容する音楽自体が変容してい
るのであって，高学歴者だけが特に階層的ルサンチマンの回避や社会的メリッ
トのために，多様なジャンルの音楽を好んで受容している訳ではないと考えら
れる．

　日本における文化的オムニボア論は，音楽文化の受容者に焦点を当て階層分
析の視点で議論が進められている．しかしながら文化的オムニボアの問題に関
しては，先述したディマジオのように，文化資本それ自体の内容の変化にも目
を向けることが不可欠である．そうした意味において今一度，音楽文化の変容
を考慮して文化的オムニボア論に注目すると，日本の文化的オムニボアの様相
は，社会階層に基づいた文化的寛容性というよりもむしろ，音楽文化それ自体
の変容が個人レベルに影響を与えたものと考えられる．そして，そうした音楽
文化の変容こそが，ハイブリッドモダンにおけるもう一つの側面であると捉え
ることが可能となろう．

　渡辺は，1989 年発刊の『聴衆の誕生』において，「近代的聴衆」の成立から
崩壊の過程を描き，当時の商業主義的な「クラシック・ブーム」のなかで，音
楽の精神性を否定し，音のイメージだけに身をゆだねるような現代（発刊当時）
の音楽消費のありようを，「ポスト・モダン」的な「軽やかな聴取」と捉え，
そうした聴取をする人々を「軽やかな聴衆」と呼んだ．さらにこうした軽やか
な聴取」に対して輪島は，「最先端」を気どる知的スノッブと，それにあこが
れる若者による流行現象であり，そこでは，諸ジャンル間の境界をこともなげ
に横断する身振りがファッショナブルとされた[7]，と述べている（輪島 2005：
180）．一方輪島が指摘するように，1990 年代頃以降はクラシック音楽の教養主
義的なあり方は解体され，音楽文化の諸ジャンルを横断する「クロスオー
バー」的な傾向が出現している．また「癒し」という特徴の下に諸々の音楽の
境界が再編成され，これまであまり注目されなかった邦楽が取り上げられるこ
ともあり，音楽文化自体が変容している．こうした音楽の受容者側と音楽文化

7）例えば「アイドル歌手をフランス現代思想の用語で解読する」というような身振り．

自体に起こった変化は，従来あまり認識されなかった．日本における文化的オムニボアは，文化変容に起因する現象として，ハイブリッドモダンにおける一側面として捉えることができる．

　クラシック音楽は西欧のモダン文化である．明治期に日本へ空間移転をして今日に至る過程で，1990年代半ば頃からクラシック音楽の脱文脈化が生じた．それは音楽文化全体に「クロスオーバー」的な傾向を出現させ，音楽ジャンルの境界を再編成した．多様な音楽が注目されるようになり，音楽文化自体が変容したのである．またこうした音楽文化の受容者側に目を転じれば，そこには音楽を精神的に聴取する従来の聴衆ばかりではなく，諸ジャンル間の境界をこともなげに横断する身振りをファッショナブルとする「軽やかな聴衆」も存在するに至っている．すなわち高学歴社会といわれる現代において，「クロスオーバー」的な音楽の受容を，階層分析の視点からその受容者にアプローチしたものが，日本における「文化的オムニボア」論である．そしてこうした様相こそがまた，厚東による「ハイブリッドモダン」の一側面でもあると考えられる．音楽文化における社会的レベルでの変化が「ハイブリッドモダン」と捉えられるとすれば，個人的レベルでの変化は「文化的オムニボア」と捉えることができるであろう．

　本書では，ピアノ文化の受容を歴史的視座に立ち考察し，日本におけるピアノ文化の社会的意味を明らかにすることを目的とする．それには近年のピアノ文化を含む音楽文化全般の変容を，個人的レベルと社会的レベルの両側面から考察することが重要である．その意味において「文化的オムニボア論」は，「文化資本」概念に加え「ハイブリッドモダン」概念を理論的枠組みとして分析を進める本書に対し，有意義な視点を提供してくれるものと考えられる．

　厚東は，近代日本はポストモダンに似た現象が多くみられるとして，日本の近代化に着目した．そして開国による日本の近代化は，プレモダンからモダンを経由してポストモダンに至るという展開図式に当てはめることはできないとして，グローバリゼーション論の観点から「ハイブリッドモダン」という概念を提示した．モダンが変容する二つのケースにおいて，内省的な自己展開による変容，すなわち時間的移動＝歴史的経過に基づく変化であるポストモダンの他に，異なった社会的・文化的コンテクストのなかに移転する中で蒙る変容，すなわち空間的移転あるいは文化伝播によるモダンの変質があり，厚東はそれ

を「ハイブリッドモダン」と名付けた.

　さらに厚貝は，モダンは成立の過程において，既存の社会的・文化的制度とのせめぎ合いを経験するが，それはモダンが歴史的に生成される場合には「内生的伝統」であり，それに対して，モダンが外来文明・文化として輸入される場合には「土着的伝統」であると主張している．日本のピアノ文化は明治期に移入されて以来，様々な変容を遂げてきたが，そこには「土着的伝統」とのせめぎ合いがあったものと考えられる.

　従来の日本社会では，ピアノ文化はクラシック音楽とともに，文化序列の高い文化として認識されてきた．そこには「高級な感じがする」という意識があり，文化資本として差異化の機能を期待する意識があった．しかしながら現在の日本社会では，家庭内にアップライトピアノがあることや，ピアノが弾けることが特別なことではなくなった．その背景としては，空間的移転によって西欧からもたらされたピアノ文化が140年の間に変容し，ピアノに対する人々の意識が以前とは異なってきたなど，様々の要因が絡んでいることが推測される．そうした変容を明らかにするためには，多面的な分析が必要であり，「文化資本」概念のみで分析することには限界がある．「文化資本」概念に加えて新たな概念装置に依拠する視点が不可欠となる．「文化資本」概念のみに依拠せずに，「ハイブリッドモダン」の概念をも用いて歴史的視座から分析することで，その姿をより鮮明に描き出すことが可能となろう.

第 II 部　憧れが現実に

第3章
近代音楽文化と日本における
クラシック音楽の導入

　西洋音楽が日本に導入されたのは，明治期に入ってからの19世紀後半であるが，その約1世紀前に，西欧ではクラシック音楽が人間関係を維持するためのものとして，貴族社会で聴かれるようになっていた．西欧でクラシック音楽が文化として貴族社会以外にも普及するようになったのは，19世紀に入ってからのことであり，それほど古い現象ではない．

　西欧においてクラシック音楽が，如何なる過程を経て高級芸術と言われるようになったのか，その背景を検討し，その上でピアノという楽器の誕生と，ピアノ文化に関連するジェンダーの問題について議論を進めたい．西欧モダンのピアノは規格化され，空間移転によりハイブリッドモダンへと変質するが，それより前の時代においては，ピアノという楽器の進化やグローバリゼーションがあったはずである．

　一方日本におけるピアノ文化は，文明開化によって受容の歴史が始まるが，その初期はどのような状況だったのだろうか．日本のピアノ文化の独自性を明らかにするために，西欧のピアノ文化の受容を検討することが不可欠であり，その上で明治期の日本における西洋音楽の導入を，日本の伝統音楽との関連をも含めて明らかにする．

　クラシック音楽とピアノ文化は，現在に至るまで日本社会においては文化資本としての役割を担ってきたが，それは，日本の音楽教育の創設と深く関わっている．そのため，音楽取調掛と東京音楽大学（現在は東京芸術大学）における教育方針がどのようなものだったのか，多側面から検討する必要があろう．

　こうした考察を踏まえて，明治初期の人々のピアノ文化の受容に焦点を当てて検討する．この時期は日本のピアノ文化の黎明期ともいえ，音楽取調掛，東京音楽学校でのピアノ教育も始まったばかりであり，一般社会でピアノ文化に触れることのできる人々は，ごく僅かであった．本章では，ピアノ文化の萌芽

期のなかでもその初期である明治期を対象としている．そのため史料となるのは，当時書かれた文学作品や日記が主であるが，既存文献の分析をも加えて検討することによって，日本におけるピアノ文化の萌芽期の様相を明らかにしたい．

1. 西欧近代における音楽文化

1.1 高級芸術としてのクラシック音楽

　日本社会では，ピアノ文化は文化序列において高い評価を受けている．従来のピアノ文化が，クラシック音楽を担保として成立していたこともその理由の一つであろう．西欧においてクラシック音楽文化が成立したのは19世紀である．それまでの音楽会では，最新の作品が演奏されていた．モーツァルトの曲も，当時の人々にとっては最新の音楽だったのである．

　クラシック音楽は，バロック・古典派・ロマン派・近現代と言うように，大きく四期に分かれるが，一般的には西洋の伝統的な芸術音楽がクラシック音楽と呼ばれている．クラシック音楽は，その演奏家が芸術家というステイタスを獲得していることからもわかるように，娯楽音楽とは一線を画し，一般的には高級という価値を与えられて来た．また我々は，クラシック音楽そのものに対しては「普遍的な芸術音楽」，あるいは［娯楽性に欠けた高級音楽］というイメージを，そしてその演奏会には堅苦しいイメージを持っているが，こうした発想は19世紀に形成されたものであると言われる．今日我々がクラシック音楽と呼んでいる音楽も当時は現代音楽であり，演奏会も18世紀には貴族社会の人間関係を維持する社交場であった．ウィリアム・ウェーバーによると，19世紀に入ると印刷技術の向上により，質の良い楽譜を大量にかつ安価で販売できるようになり，新興のブルジョワ層の人々が家庭で音楽を嗜むようになった．加えて音楽を聴くために演奏会へ行く人々も増加し，演奏会の数は爆発的に増加した．演奏会の性格は静かに音楽に聞き入る堅苦しい場へと変化し，演奏会社会が近代的形態を持って整えられたのである（Weber 1977：5-21）．

　一方，今日クラシック音楽は高級芸術とされ，ポピュラー音楽と二分する時には，そこには無意識のうちに音楽に対する上下関係を伴った価値的な差別の意味合いが含まれている場合が多い．渡辺裕によると，音楽を「高級」「低俗」に二分するこうした発想も19世紀に出来上がったものである．渡辺は，芸術

第3章　近代音楽文化と日本におけるクラシック音楽の導入　　*61*

音楽と娯楽音楽の二分法，またその根底にある高級音楽と低俗音楽の二分法が
いかに生じたかという問題は，この時代の美学思想と関係しているとして，ド
イツのベルント・シュポンホイアーによる『芸術としての音楽と非＝芸術とし
ての音楽——カントからハンスリックに至る音楽美学思想における≪高級≫音
楽と≪低俗≫音楽の二分法に関する考察』(Sponheuer 1987) という美学史的研
究を紹介している．渡辺は，ベルント・シュポンホイアーの論旨を追って，
「高級音楽」「低俗音楽」の成立過程をまとめている．要約すると，おおよそ以
下のようになる．

　18世紀から19世紀における美学の課題は，その独立した地位を認められて
いなかった芸術の独自の存在意義を保証することであり，それは芸術を「精
神」と「感覚」という，背反する二つの領域を調停的に総合する中項として位
置づけることであった．そのため18世紀には精神性との関わりが希薄で，単
に耳に快適なだけの感覚の遊戯にすぎないと考えられがちだった音楽は，自己
正当化を図らねばならなかった．感覚的に消費される音楽や，情念に訴えるこ
とによって効果を発揮する音楽を，芸術としての音楽の本来のあり方にもとる
ものとして退け，「精神性」と関わる側面を強化してゆくことが音楽にとって
は自らをまともな芸術として評価してもらうための唯一の道だった．その結果，
音楽美学は精神性との関わりが希薄な類の音楽を「低俗」として切り捨てる方
針をとり，音楽においては「精神化」が過激に推し進められたのである（渡辺
1998：26-30)．

　西洋の芸術音楽が他の様々な音楽に対し優越性を纏っているような，クラ
シック音楽言説ともいえる価値基準は，今日でもまだ残っている．しかしなが
ら音楽は，元来そのような精神的なあり方をするものではなく，音楽が自らを
「芸術化」の要求に無理やり合わせることによってできあがったものだった．
クラシック音楽は，「芸術化」の要求に合わせるために感性の快楽に流された
表層的な鑑賞を低俗として切り捨て，「精神性」と関わる側面を強調し，自ら
を高級芸術として位置づけたのである．

1.2　ピアノの誕生とジェンダー

　ピアノはいったい，いつごろ誕生した楽器なのであろうか．ピアノの前身に
あたる楽器にはクラヴィコードとチェンバロがある．ピアノの誕生は，メディ
チ家の楽器管理人バルトロメオ・クリストフォリが，これらクラヴィコードと

チェンバロとは原理を異にする最初のピアノを，フィレンツェで考案した1709 年に遡る．その後クリストフォリのメカニズムを基礎に，オルガン製作者のヨハン・ゴットフリート・ジルバーマンや，ロンドンに渡ったその弟子たちによってピアノは改良された．そして 1762 年，この弟子の中でリーダー的存在だったヨハネス・ツンペにより製作された，「イギリス・アクション」の打弦機構を組み込んだ小型のスクエアピアノ（テーブル型）が，今日のピアノの基礎を形成する．渡辺が，演奏会がまだ人間関係を維持するための場だった頃の，モーツァルトによる自作の演奏会のプログラムとして紹介しているものの中には，「ピアノ協奏曲 K415」と，「ピアノ協奏曲とそれによる変奏」という曲名が存在している（渡辺 1998：11-12）．このプログラムは 1782 年のものであるため，ピアノはこの頃までには演奏会で用いられるようになったと思われる．しかし広範に普及するのは 1800 年以降のことである．

　西欧においてクラシック音楽の文化が成立したのは 19 世紀になってからであるが，18 世紀後半，女性の楽器演奏には多くの制約があった．文献学者であり，牧師，作曲家でもあったカール・ルートヴィヒ・ユンカーは，男性によってのみ演奏される楽器としてホルン，チェロ，コントラバスなどを挙げる一方で，楽器演奏時の動きと服装，楽器の響きと女性の特性，演奏姿勢と礼儀作法といった三点を論拠とした「しっくりこないという感覚」から，女性にふさわしい楽器は「ピアノ，フルート，ツィター，ハープ」としている．ユンカーは三点の論拠を説明する際に，女性の身体の見え方を重視した考え方を表明したが，それは同時代の人々にとっては自明のもので，特に中流であるブルジョワ階級が求める女性像と一致していた（ホフマン 2004：17-27）．またピアノの名指導者であるカール・チェルニーは，1824 年，その教則本の序文に，ピアノは女性が礼節に反することなく演奏することのできるほとんど唯一の楽器である旨を記している．チェルニーが述べた趣旨は，当時の社会においてピアノという楽器が持つ意味を如実に表している（ホフマン 2004：93）．

　18 世紀後半以来，ピアノを弾くことは良家の子女ならだれでも身につけなくてはならない教養であった．さらに 19 世紀になると，西欧ではピアノとい

---

1 ）階級は「身分」であり，王侯貴族のように土地などの生産手段を所有している「上流階級」，自身の裁量で生活を営むゆとりを持つ「中産階級＝ブルジョワ階級，市民階級」（中流階級），労働により賃金を得て日々を暮らす「労働者階級」というように，区分が比較的はっきりしている．

第3章　近代音楽文化と日本におけるクラシック音楽の導入　　*63*

う楽器が浸透した．産業によって富を得た新興ブルジョワ階級の人々が，貴族的な意識を持つことを望んだためである．玉川裕子によると，ドイツの新興ブルジョワ階級にとって，教養の有無は経済力と並んで階級的なアイデンティティを主張するための重要な要素であった．その意味において音楽は，精神的側面の強調によって放縦な貴族階級に対抗する一つの手段である一方で，音楽を含む貴族の生活様式を模倣することにより，生じつつあった労働者階級から自らを隔てる役割をも持っていた（玉川 1998：70）．また西原稔は，こうした新興のブルジョワ階級の人々にとって，ピアノを持ち子女にそれを習わせることは，自尊心を大いに満足させることだった，と指摘している．ピアノを持つことは「『客間を持つ』ということと同義」であり，ピアノはその客間の最大の装飾品となり，ビーダーマイヤー調[2]のしゃれた家具と同様，その姿を見せる道具でもあった（西原 1995：122-123）．ピアノは，富の蓄積と生活形態の水準を象徴する指標機能を持つものであった．

　玉川は，「ドイツ市民社会における音楽文化のジェンダー化」において，近代市民社会における女性と音楽の理想像について考察している．それによると，19世紀前半の代表的な音楽新聞である『一般音楽新聞』[3]には，女性の音楽教育に関する記事が掲載されている．女性の音楽教育は人を朗らかにさせるために，一定の水準に達することは必要ではあるものの，その水準を超えてしまうことは好まれなかった．もし女性が限度を超えて家庭外における音楽活動に熱中してしまったら，家庭外の労働で疲労困憊した夫の休息である家庭を，心地良いものにして，さらには子どもたちの世話をする人がいなくなってしまうからである．こうした女性の音楽教育論は　同時代の女子教育をめぐる議論に起因している．この時代の女子教育論においては，幸福な中流の若き女性は「妻，主婦および母」を女性の本質的な特性とみなして，女性の領域は家庭にあるとしていた．そして女性は家庭外で「戦う性」とされた男性のサポート役であり，それが家庭全体を慈しみにあふれた喜びで生き生きしたものにすることができ，延いては国家にも有用である，というものであった．それは当時のブルジョワ

2）ビーダーマイヤー朝の時代はウィーン体制（1815年）頃から1848年革命頃までで，この時代に簡素で実直な様式が好まれた．

3）1789年にライプツィヒで発刊された週刊音楽雑誌で，19世紀前半の主にドイツ語圏の音楽文化を知ることができる．50年間継続的に発行され，ドイツの音楽ジャーナリズムの基礎を築いたとされる．

64　第Ⅱ部　憧れが現実に

階級の価値観のなかに，確固として組み込まれた性差に関わる言説でもあった（玉川 1998：70；玉川 2008b：15-18）．

　ピアノはまた，新しい「近代家族」の象徴でもあった．「近代家族」が誕生する以前の中世ヨーロッパでは，身体的ではなく社会的な意味において，「子ども」という概念が無かった．同時に「教育」という概念も存在していなかった．フランスの歴史家フィリップ・アリエスによると，当時の社会には子どもという観念が無かったのである（アリエス 1980：35-50）．中世の絵画に描かれた子どもたちは，あどけない子どもらしい表情をしているとは言い難く，貴族の家族肖像画などを見ると，子どもの着ている服は子ども服ではなく，大人の服を小さくしたものを着ている．「近代家族」誕生以前の中世ヨーロッパでは，子どもは単なる体の小さな大人として認識されていたのである[4]．18 世紀末から 19 世紀前期に登場した「近代家族」は，父親を頂点として性別役割分業が進み，主婦が誕生し，子どもが家族生活の中心になっていく．息子や娘の理想的なあり方が求められ，その中で女子教育とピアノが結びつき，子女のピアノ教育熱を煽りたてた．さらにピアノは，女性が家庭の良き主婦になるための役割をも果たしていた．それは，ピアノに向かうと行儀のよい姿勢をとることができ，練習に没頭することで女性を家庭生活に縛り付けておくことができるというものだった（西原 1995：129）．ピアノは座ったまま忍耐強く練習する必要があるため，ピアノによって服従の精神を植え付けることができる．加えて良家の子女にとって，持参金としてのピアノは生家の財産を示し，それなりのピアノの演奏技術は，その女性が家庭生活を築くにふさわしい能力と市民的規範を身につけていることを示すものでもあった（玉川 1998：70）．男女の役割が明確化されたジェンダー社会のなかで，ピアノは推奨されるべき女子教育の一つとなったのである．

　一方女性のピアノ人口の増加に伴い，性差に関わる価値観は「サロン音楽」と「家庭音楽」の流行に結びついて行った．アマチュア奏者向けの，特に女性向けの，あまり疲れずに比較的短時間ですむような愛らしい小品や連弾曲などが求められ，「家庭音楽」はピアノの巨大市場となっていったのである．西原

---

4 ）ストックホルムの画家，マルティン・ファン・マイテンスがマリア・テレジアとその家族を描いた『1755 年の皇帝一家の肖像』や，ヨハン・ゾファニー『レオポルドと家族』などを参考にされたい．ロレンツォーニの描いた 6 歳のモーツァルトと 10 歳の姉ナンネルも，まさしく小さな大人である．

第3章　近代音楽文化と日本におけるクラシック音楽の導入　*65*

稔によると，ピアノ人口の中での女性の割合の増加を最も象徴するのが，ポーランド出身の作曲家テクラ・バダジェウスカ（1834-1861）による「乙女の祈り」[5]である．この「乙女の祈り」は，ポーランドで出版された後パリでたちまち人気を博し，ヨーロッパのみならずアメリカなどの 80 以上の出版社から刊行され，まさに 19 世紀の一つの社会現象となった（西原 1995：131-133）．「乙女の祈り」が象徴するものは，ピアノとそれを弾く女性は，富を得た新興のブルジョワ階級のサロンの装飾の一つであったということである．

　以上のように，近代市民社会の成立とともに女性とピアノという構図が強化されるようになった．そしてピアノが市民社会に浸透した 19 世紀は，クラシック音楽も高級音楽として芸術化した時代でもあった．

2.　ハイブリッドモダンとピアノ文化

2.1　ピアノの発展

　ピアノはイタリアで誕生した楽器であるが，ピアノ文化は西欧で花開いた．マックス・ヴェーバーは『音楽社会学』のなかで次のように記している．

　　　イタリアの文化は，（実際，近代の戸口に至るまで）北方の音楽文化の室内空間的性格には無縁であった．……
　　　それゆえ，ピアノ文化の担い手が北欧の諸民族であったことは，決して偶然ではない．彼等の生活は，南欧とは反対に，ただ気候の点だけからしてもすでに家に結びつけられており，"家"に中心をおいていた．南欧では気候的歴史的な諸理由からして，市民的な家庭の楽しみというものが遥かに立遅れていたので，そこで発明されたピアノは，すでにみてきたようにわれわれの処でのようには急速に拡まらなかったうえに，われわれの処でとっくに自明のこととなっている程度には，市民的"家具"としての地位を獲得してはいないのである．（ヴェーバー 1967：234, 238）

　ヴェーバーは，気候という自然環境がピアノ文化の発展において重要な要素の一つになっていることを強調している．ピアノと同じ鍵盤楽器であるオルガ

　5）ポーランド国家は，1795 年の第 3 次ポーランド分割により消滅し，バダジェウスカの生きた時代は，ロシア皇帝を元首とするポーランド立憲王国だった．

ンが教会の芸術音楽の担い手であったのに対し（ヴェーバー 1967：224），「近代に固有の第二の鍵盤楽器たるピアノ」（ヴェーバー 1967：231）は家庭音楽の担い手であったゆえに，ピアノ文化は室内で音楽を楽しむ文化を持つアルプス以北の西欧で発展した．

　19世紀，ピアノがモダンピアノへと改良されていく過程では，ピアノの製造の方向性は家庭用ピアノとコンサート用ピアノという二つに大別できる．豊かなブルジョワ階級は，富の蓄積と生活形態の水準を示す象徴的機能を持ったピアノを，こぞって手に入れようとした．そのため多種多様な形態をした家庭用ピアノが作られた．例えば居間の家具として，ピラミッドのような形状の「ピラミッドピアノ」や縦型ピアノに棚を組み込んだ「棚ピアノ」，あるいは女性の家事と結びついた，楽器の上部が裁縫道具入れになっている「お針箱ピアノ」，化粧台と一体になった「化粧ピアノ」などがある．現在一般家庭に普及しているアップライト・ピアノも，こうした多様な形態のピアノの一つである[6]（西原 1995：190-192；西原 2010：28-29）．一方，もう一つのコンサート用ピアノの方向は，製鉄業と深く関連している．19世紀前期に初めて鋳鉄フレームのピアノが登場し，その後，鉄のフレームのピアノが時代をリードするようになる．19世紀後半にアメリカとドイツがピアノ製造の主導権をとるが，その背景には両国の製鉄業の躍進があった（西原 2010：19）．

　ピアノ製造の発展の過程を見ると，製造者は戦争や革命といった政治動乱の度に難を逃れてイギリスとヨーロッパ大陸を移動し，さらにはアメリカに移住している．1850年代に入るとピアノは新しい時代を迎える．1850年，ドイツからアメリカに移住したシュタインヴェーグ（英国名スタインウェイ）は，ニューヨークにピアノ工房を開き，ピアノ製作を開始する．スタインウェイのスクエアピアノは，様々な改良と新しいアイディアに加え，金属の鋳物フレームを使用していたため，弦の響きを悪くするという欠点はあるものの，豊かな音色と音量で高い評価を受けた．スタインウェイのピアノはその後改良を重ね，1880年代にはスタインウェイの音を確立するとともに，ほぼ完成されたピアノを生み出し，世界最高のピアノという評価を得るようになった．音響学的なデータに基づいて鋳物フレームを採用し，当時の最新式の科学技術を応用したスタインウェイのピアノは，ピアノ製作がこれまでの職人的な勘で行われてい

　6）多種多様な形態のピアノは，『ピアノの誕生』（西原 1995：188）を参照されたい．

た段階から，新しい段階に入ったことを物語っている．その後，すべてのピアノメーカーがスタインウェイのメカニズムを採用することになる（西原 1995：31-36，西原 2010：58-60；前間・岩野 2001：68-70）．これはピアノという楽器において，厚東の言うモダンの「規格化」が行われたことを意味していると考えられる．

厚東によると，モダンはその変質過程で政治や経済ばかりでなく，あらゆる領域で標準化，すなわち規格化され，移転されるようになる．ピアノはスタインウェイによって，規格化されたと言えるだろう．スタインウェイのピアノに対する評価は今日も不動であり，日本のピアノメーカーはスタインウェイを土台の一つとしている．そしてピアノが楽器としてスタインウェイによって規格化されたことにより，ピアノ文化も西欧モダンの文化として移転可能になったのである．

2.2　ピアノ文化のハイブリッド化

スタインウェイに代表されるアメリカ製ピアノの優位性をひろく世界に知らしめたものは，19 世紀半ばから開催された博覧会である．ピアノの技術革新は当時の社会においては，文明や文化の進歩を表す指標であり，1851 年，ロンドンのハイドパークで第 1 回博覧会が開催されて以来，博覧会の度に世界各国から新型ピアノが出品された．スタインウェイのピアノは 1862 年にロンドンで開催された博覧会で，初出品にもかかわらず賞を獲得する．博覧会には各国からバイヤーが押し寄せ，ピアノは社会や人々の生活に浸透していった．（西原 1995：35-36，西原 2010：49-50）．こうしてみると，ピアノは近代輸出産業と考えられ，モダン文化のグローバリゼーションの象徴的な姿をピアノに見ることができると言っても過言ではない．

ヴェーバーは，モダン文化は普遍的意義と妥当性を持つとしたが，厚東は，その意味を文化の「移転可能性」と定義し，「ハイブリッドモダンへの歩みが始まるには，モダンは光り輝く存在として土着の人々を魅了するものでなくてはならない」（厚東 2011：33）と述べる．ピアノという楽器は，まさにそうした土着の人々を魅了する条件を兼ね備えていた．それはヴェーバーが指摘した，以下のようなピアノの特性に由来するものと考えられる．

音楽作品の殆どすべての宝を家庭に採り入れるためにこの楽器をひろく

利用できること，この楽器固有の作品が無限に豊富であること，そして最後に，普遍的な伴奏楽器及び教育楽器たりうるその特性，こういうことの上に，今日におけるこの楽器の揺るぎない地位が築かれている．（ヴェーバー 1967：236）

　ピアノが近代音楽文化を伝達する生産財として，万博によって世界各国にもたらされた背景には，ヴェーバーが述べたような理由があることは言うまでもないが，それに加えてピアノがモダン文化として規格化され，厚東が移転可能性と定義した普遍的な妥当性を持っているからと考えられる．

　西欧で生まれたモダンは，19世紀半ばを画期にして大きく変質し規格化された．それは政治や経済ばかりでなく，社会や文化，芸術など，あらゆる分野に認めることができる．ピアノもその例外ではなかった．厚東は，規格化されたモダンは，文化移転の繰り返しにより「グローバライズされること」が宿命であるとした．さらに文化移転の繰り返しによりグローバライズされるためには，意味の伝達を仲介するメディアが必要となり，その際にモダンのモジュール化が起こると指摘した．

　厚東は「万博」は濃縮されたモダンの小宇宙と捉えている．「『万博』こそ移転可能なモダンの象徴である．モダンの規格化と移転メディアの整備，という二つの流れの交点に立つのが万国博覧会であるといえよう．1851年を端緒に，モダンのモジュール化は押しとどめがたい形で驀進する」と述べている（厚東 2011：38-39）．19世紀半ばの1851年とは，ロンドンのハイドパークで第1回博覧会が開催された年で，西原によるとイギリス38社，フランス21社，ドイツ18社，アメリカ6社，オーストリア5社などがピアノを出品している（西原 1995：34）．その後万博の度に世界各国から新型ピアノが出品されるが，それはモダン文化であるピアノが規格化され，モジュールとして万博を介して世界各国に浸透し，グローバライズされることであると言えよう．

　一方ピアノの普及はピアノの楽譜出版と不可分の関係にある．ピアノが移転の繰り返しによりグローバライズされる際には，楽器本体だけが移転されるわけではない．ピアノ本体に伴い楽譜も移転されなければ，真の文化伝播とは言い難い．楽譜もまた，グローバリゼーションのメディアとしての役割を担っていた．例えば先述したようにポーランドの作曲家テクラ・バダジェウスカの「乙女の祈り」は，ポーランドで出版された後パリでたちまち人気を博し，

ヨーロッパやアメリカなどの出版社から刊行され，19世紀の一つの社会現象となっている．

　加えてピアノの普及は，それぞれの都市により度合いが異なるため，好まれるピアノ音楽の種類や傾向も多彩で，ピアノ文化は都市によって異なっている．例えば西原によると，移民国家アメリカにおいて19世紀前期のピアノ音楽をリードしたのはニュー・イングランド地域で，この地域ではドイツ音楽が好まれていた．アメリカでは，19世紀後半に入るとディキシーランドジャズをとりいれた作品も作曲され，自国の国民音楽への意識も芽生えはじめてきた．また，アメリカにおいても独自の社会階層が音楽文化に影響を与えるようになり，アメリカの音楽事情も変化を見せて来た．その変化には，移民と宗教と経済状況が大きく影響し，移民による階級化と宗派による差別化，地域による個別性も進行した．そのためイギリス系移民が多数を占めたニュー・イングランドの中心地ボストンでは，多様な音楽が登場する一方で，古き良きヨーロッパの伝統が継承されたピアノ作品も作曲された．それに対しユダヤ系ロシア人の移民で，ニューヨークのハーレムに生まれ大衆的な雑踏のなかで成長したジョージ・ガーシュインは，ジャズを基調とし，20世紀前期のアメリカ大衆音楽の要素を融合した，ピアノ協奏曲『ラプソディ・イン・ブルー』を作曲している（西原 2010：223-232）．モダンのグローバリゼーションによって，アメリカでは，ヨーロッパ伝統の継承と土着の音楽との狭間で多様な音楽が登場した．

　こうした状況のアメリカへ，明治政府は19世紀後半の明治8（1875）年に，教育関係学科の研修のために伊澤修二らを留学生として派遣した．伊澤はボストンで，アメリカの初等音楽教育の第一人者であったルーサー・ホワイティング・メーソンに音楽を学んだ．また伊澤を遡ること4年，明治4（1871）年から明治6（1873）年にかけては，岩倉使節団がアメリカ合衆国，ヨーロッパ諸国に派遣されている．その中には，津田梅子や永井繁子など，外国で本格的なピアノ教育を受けることになる，最初の日本人女子留学生が含まれていた．明治政府によるこうした政策が試みられたのは，モダン文化におけるグローバリゼーションの始動期（1850～）にあたる．厚東は次のように述べる．「1867年に明治維新を成し遂げた日本が，非西欧圏で真っ先に近代化に成功した国であることは，決して偶然ではない．19世紀の半ば直後というのは，西欧からの文化移転によって近代化を開始し，『ハイブリッドモダン』を目指して『離陸』するための，世界史上初めて訪れたチャンスだった」（厚東 2011：39）．

70 第Ⅱ部　憧れが現実に

　明治維新のタイミングは，近代日本の発展にとって，最良の時期だった．18
世紀末，イギリスで始まった産業革命は次第に世界中に拡大し，資本主義社会
が誕生した．それは社会経済の仕組みを変えたばかりでなく，社会構造も変化
させた．明治政府は，こうしたモダンの流れが止まることなく規格化へ向かう
正にその時に，岩倉使節団をヨーロッパ諸国やアメリカに派遣した．そして使
節団の眼識を通過したモダンの文化項目は，日本へ移転されたのである．
　アメリカでピアノを学んだ永井繁子は明治14（1881）年，津田梅子と山川捨
松は翌年の明治15（1882）年に帰国する．それは，アメリカへ留学した伊澤修
二が明治11（1878）年に帰国して，その翌年に音楽取調掛を創設し，本格的な
音楽教育が始められた直後である．繁子はピアノの実力を買われ，音楽取調掛
の助教になっている．明治前半期の音楽文化に関するこうした動きは，西欧の
規格化されたモダンであるピアノ文化が，一つのモジュールとして日本へ空間
移転をしたことを示している．

3.　日本への洋楽移入と音楽教育の創設

　明治維新を契機として，政府は徳川幕府の鎖国による文明の遅れを取り戻し
て，できるだけ早く近代的国家を建設しなければならなかった．そのため，あ
らゆる分野で文明開化に対応する政策を積極的に推進した．音楽文化も新しく
生まれ変わらなければならなかったが，この時新しい音楽の先駆になったのは，
陸海軍の軍楽隊であった．日本人が最初に輸入した洋楽は，洋式軍隊調練の一
部としての鼓笛楽（横笛・小太鼓・大太鼓から成る簡単な軍楽）であった．元治元
（1864）年頃には訓練に用いられるようになったようで，維新の頃には，大藩は
ほとんど鼓笛楽を調練に用い，洋式軍隊訓練の一部として，軍の士気を鼓舞す
るために洋式の軍楽が取り入れられていた．洋楽は芸術としてでもなく，娯楽
としてでもなく，必要性からまず軍楽として輸入されたのである．このように
「西洋音楽」[7]を最も早く受け入れたのは軍楽隊であるが，明治7（1874）年には

　7）明治期において西洋音楽という場合，厳密には軍楽隊の行進曲と一般的なクラシック音
　　楽があると考えられる．本節では，行進曲を含まないと考えられる場合も，既存文献の
　　表記に従って西洋音楽という語を使用した．また本書では，中国，日本の雅楽，インド
　　の古典音楽などの総称である東洋音楽に対し，西欧を中心として発達した音楽の総称と
　　して，西洋音楽という用語を用いる．

第3章　近代音楽文化と日本におけるクラシック音楽の導入　　*71*

雅楽の伶人が西洋音楽の伝習を命じられ，明治9（1876）年にはイギリス人，
ジョン・ウィリアム・フェントンを雇い入れて，伝習は本格化した．最初に彼
らが取り組んだのは，クラリネット，トランペット，サックスなどの管楽器が
中心であった（堀内 1991：3-5；遠藤 1991：25；寺内 2010：17-19）．

　日本においてクラシック音楽は，近代的な学校制度が確立する前にそれを
担っていた人々が存在しないため，日本社会におけるクラシック音楽の受容は，
学校教育と密接に関連している．明治新政府は国家発展の基礎として教育政策
に力を注ぎ，明治5（1872）年には学制が頒布された．学制においては，小学
と中学の教科の中に唱歌と奏楽が明記されてはいたが，そこには「当分之を欠
く」と記され，音楽教育の必要性を認めながらも適当な教師や教材が無く，多
分に見切り発車の状態だった．しかしながら，日本の音楽教育史上ここにおい
て，音楽が義務教育として位置づけられたのである（供田 1996：226，上原
1991：189-190）．

　明治8（1875）年，政府は教育関係学科の研修のため伊澤修二，高嶺秀夫，
神津専三郎らを，アメリカへ留学生として派遣した．伊澤はボストン近郊のブ
リッジウォーター師範学校に入学し，そのかたわらメーソンに音楽を学んだ．
伊澤は明治11（1878）年5月に帰国するが，その直前4月に留学生監督官目賀
田種太郎と連名で「學校唱歌二用フベキ音樂取調ノ事業二着手スベキ，在米國
目賀田種太郎，伊澤修二ノ見込書」を文部大輔田中不二麿宛てに提出した．伊
澤らの意見は受け入れられ，明治12（1879）年に音楽取調掛が創設され，伊澤
は御用掛に就任したのである．御用掛就任早々の明治12（1879）年10月に，
伊澤は文部卿寺島宗則に宛て『音楽取調ニ付見込書』を提出した．そこには実
際に取り調べなければならない3項目が挙げられていた．それは，第一項「東
西二洋ノ音樂ヲ折衷シテ新曲ヲ作ル事」，第二項「将来國樂ヲ興スベキ人物ヲ
養成スル事」，第三項「諸學校ニ音樂ヲ實施スル事」の3項目である．翌年3
月には外国人教師メーソンが来日し，メーソン来日の1か月後には彼のピアノ
や教材用のスクエアピアノ9台，英語版バイエル教則本などが到着した．

　メーソンは　来日後の4月から，東京師範付属小学校および東京女子師範学
校付属幼稚園で唱歌教育を開始し，7月からは東京師範学校本科でも唱歌教育
を行った．音楽取調掛は明治13（1880）年6月に第一回の伝習生を募集し，募
集要項6項目の中には「従前音楽（雅楽俗曲等）ニ習熟セシ者ニシテ西楽傳習志
願ノ者當分三十名以下ヲ限リ當所ニ入ルコトヲ許ス」（供田 1996：255）とあり，

そのため伝習生 22 人のなかには宮内省雅楽局の伶人 8 人が含まれていた．音楽取調掛は，10 月には本格的な音楽教育機関としてスタートし，伶人 8 人には東西音楽の融合による国楽の創生を担う人材養成の意図が込められていた．また彼らは入学早々に助教の役割を務め，雅楽の伝統維持と並行して，最初の西洋音楽の受容者として，演奏，作曲，教授など様々な側面で西洋音楽と関わった．彼らは日本の伝統音楽の領域においては，かなり早くから伝統音楽と西洋音楽との両方を知る立場にあった（供田 1996：226-229；供田 254-266；遠藤 1991：31；上原 1988：189-191；寺内 2010：20-21）．

　『音楽取調ニ付見込書』3 項目には前文があり，そこでは洋楽移入の必然性がその根拠とともに述べられていた．前文を簡単に要約すると，以下のようになる[8]．学制を発布して唱歌を普通科目にしたものの，実施例がないのは，適切な音楽がないからと思われる．それについて，音楽関係の人の意見は 3 点になる．① 東洋の音楽は幼稚で，精巧さや優美さの点で西洋の音楽にはかなわないため，質の良い洋楽の要素を選び，日本へ移入すべきである．② 各国のそれぞれの言語・風俗・文化はそれぞれの国から自然的に発生したものなので，人為的に変えるべきではない．そのため洋楽を全面的に移入するのではなく，我が国固有の音楽を育成して完成させるのが最上の策である．③ 上述の ①，② は極論なので，双方の中間をとり，西洋と東洋の音楽を折衷することによって，我が国に適応する音楽を制定することに努力すべきである，というものであった．

　この前文には，西洋と東洋の音楽の融合が述べられてはいるものの，西洋音楽に重きを置いている傾向が確認できる．この点に関して大角欣矢は次のように述べている．音楽取調掛の目的は単に洋楽を直輸入することではなく，少なくとも言葉の上では日本の音楽と西洋音楽両者の長所を取り入れた「第三の音楽」を作る事だった．しかしながら「実際には音楽取調掛が編纂した『小学唱歌集』（全三巻，明治十五〜十七〔一八八二〜八四〕年）に含まれる曲の大半が，西洋の旋律に日本語の歌詞をのせたものになっている（もっとも要所要所では，日本語の歌詞に合わせた改変が行われてはいるのだが）．伊澤の言う『和洋折衷』というのは，西洋の楽曲と日本の言葉を『折衷する』という意味だったのだろうか．

　8）『音楽取調ニ付見込書』の前文は，『日本音楽教育史』（供田 1996：247-248）の口語訳を参照した．

旋律が既存のものであっても，歌詞が新たに付けられたなら（そしてその新たな歌詞に合わせて音楽上でも若干の調整が行われたなら），それは『新曲』を作ったことになるのだろうか．少なくとも，『小学唱歌集』を見る限り，そのような印象は拭えない．……少なくとも小学校における普通教育に関して言えば，『和洋折衷』というスローガンは，欧化政策に反対する人々に配慮して，楽曲面における西洋への依存を目立たなくするカムフラージュとして機能していた，というふうに捉えることもできる」（大角 2011：viii-ix，原文ママ）．伊澤がとった方針に対しては評価が分かれるところではある．しかしながら適切な音楽を用いての音楽教育が喫緊の課題であったことを考慮すると，たとえ西洋音楽の旋律であったところで，集団が一斉に歌える音楽が生まれたということは，これまでの日本では例がないことである．現在我々が歌っている『むすんでひらいて』『蝶々』『蛍の光』『あふげば尊し』などもこの『小学唱歌集』に含まれている．

　ここで近代明治の音楽教育がその創設に際して，洋楽の摂取に踏み切った背景について検討したい．供田武嘉津は，"西欧近代の音楽教育"と"日本近世の芸能伝習"の違いを指摘している．すなわち西欧近代の音楽教育は，人間形成の一助を目指す普通教育としての音楽教育を成立させ，常に音楽の教育的価値へ注目していた．それに対し日本の芸能は，古くから謹厳実直な美風を損ねるものとしてみなされる傾向にあり，江戸儒学は芸能とその伝習を「女・子どもの手すさびごと」と蔑視していた．伝授・伝習を旨とし，観阿弥や世阿弥のように芸能を"芸道"までに昇華させた成果は認められるものの，芸能伝習の教学的な真価に目を向ける姿勢はほとんど認められなかった．さらに明治政府が，集団を本体とする学校音楽教育の創設に際して洋楽の摂取に踏み切った直接的な理由としては，唱歌においては，① 一斉に唱和しうる教材が必要であり，② 一斉唱和させるためには伴奏（指導）楽器が求められ，①，② に備えるための楽譜の存在が不可欠だったことが挙げられる．いずれにしても，日本の芸能文化は教学的な側面ではなく，その伝授，伝習に終始し，また伝授・伝習のための客観的な方法も欠如していたため，集団を対象とした一般教育としての音楽教育に不適切だったのである（供田 1996：218-221）．

　音楽取調掛は明治20（1887）年10月に，「東京音楽学校」と改称された．また同時に東京美術学校も開校した．東京美術学校は当初は日本画のみでスタートし，初代校長の岡倉天心は，創設に大きくかかわったフェノロサとともに日本画の復興に努めた．東京美術学校に西洋画科が新設されたのは，明治29

74   第Ⅱ部 憧れが現実に

（1896）年になる．一方東京音楽学校では，予科，本科，選科の教科目は西洋音
楽中心で構成されていた．ちなみに東京音楽学校に邦楽科が設置されるのは，
昭和11（1936）年である．ただ伝統音楽への関心は皆無ではなく，僅かでは
あったが音楽取調掛の創設当時から，邦楽教育は行われていた．東京音楽学校
は明治23（1890）年暮れには，早くも日清戦争を見据えての国費節減に関連し
て廃止論が起こった．大角によれば，この存廃論争の議論では東京音楽学校の，
唱歌教師の養成と音楽家の養成という主たる二つの任務のうち，学校のカリ
キュラムに組み込まれていた前者は理解が得られたものの，後者に関しては社
会的な合意を得るのは困難であった．その理由は，学校教員ではない音楽家を，
なぜ国費を用いて要請しなければならないのか，というものだった．それは明
治26（1893）年，東京音楽学校が東京高等師範学校付属音楽校となったことが
物語っている（大角 2011：ix-x）．しかしながら，明治32（1899）年には日清戦
争の勝利による財政改善を背景に東京音楽学校は再び独立し，アウグスト・ユ
ンケル（ヴァイオリン，指揮）を始めとし，外国人教師を迎えるなどして，本格
的な音楽専門教育の充実へ歩み始める．
　東京音楽学校の教育は，当初は和洋折衷で臨む意図があったものの，近代明
治の欧化主義という時代趨勢のため，次第に西洋音楽中心になっていった．大
角は，こうした背景には当時の関係者が，音楽一般の基盤は世界中同じで進歩
の度合いが異なるだけであるため，西洋音楽を学び始めたばかりの日本人は，
遠い将来に国民音楽を作るために，今は洋楽だけを学ばなければならない，と
いう論理に至っていたことが影響していると指摘している（大角 2011：x）．東
京音楽学校の充実は，演奏曲目にも表れるようになり，明治期後半には管弦楽
曲，交響曲なども演奏できるようになり，奏楽堂での定期演奏会や卒業演奏会
は一般にも公開されるようになった．
　以上のように，日本における音楽教育は近代明治に東京音楽学校によって築
きあげられた．明治期に高等教育機関は，西欧で「高級芸術」の地位を獲得し
た西洋音楽であるクラシック音楽を公認して，クラシック音楽のその価値を支
持し，高めることに積極的に貢献した．ここにおいてクラシック音楽は，日本
では高度な専門性を有する「文化資本」となったものと考えられる．この時期
のクラシック音楽は，学校という教育機関で学ぶ以外，触れることのできない
「文化資本」であった．

4. 日本におけるピアノ文化の萌芽

　初めて本格的なピアノの演奏技術を学んだ日本人は，明治4（1871）年，岩倉使節団に随行した5人の女子留学生であった．明治16（1883）年，明治政府は外国貴賓接待と上流社会の社交場として，東京日比谷にイギリス人コンドルの設計による鹿鳴館をオープンさせた．鹿鳴館では連日のように夜会が開かれ，ピアノや小規模なオーケストラの演奏が行われ，それは欧化主義の最先端を行くものであった．岩倉使節団の女子留学生の中でも山川捨松と津田梅子（明治15年帰国），永井繁子（明治14年帰国）は，英語は言うに及ばず西洋のマナーも身につけていたため，鹿鳴館では大いに人気を博した．梅子は優れたピアノの技量を持っていたが，繁子の技量はそれを上回るものであった．繁子はヴァッサーカレッジ音楽科を卒業し，演奏技術が優れていたために帰国後，日本人として最初のピアノ独奏会を行った．また明治15（1882）年3月には，音楽取調掛（明治12年創設）の洋琴の助教として採用されている（東京芸術大学百年史 東京音楽学校篇 第1巻 1987：2）．

　日本においてピアノの学習が始まったのは，海軍軍楽隊で洋楽を学んだ宮内省雅楽部の奥好義と芝葛鎮が，明治12年（1879）年にピアノの練習を仰せ付けられたのが最初であると考えられる（上原 1988：281）．また日本の公の音楽教育機関において組織的にピアノが学ばれるようになったのは，伊澤が留学時代に師事したメーソンが来日した明治13（1880）年である．しかしながら武石みどりは，メーソン来日以前に教育機関においてピアノが導入されていたことを明らかにしている．それによると，ピアノ導入の動きは明治9（1876）年から始まっている．明治8（1875）年11月29日に開校された女子師範学校（現・お茶の水女子大学）が，明治9（1876）年11月16日に付属幼稚園を開業したのに伴ってピアノが1台備えられた．主任保母として採用されたドイツ人の松野クララが，週2回ピアノで「西洋の楽曲」を演奏したり，また保育唱歌の伴奏や，園内の生活で幼児の活動内容の変化に合わせてピアノを奏したりしていたようだ．武石は，明治初期におけるピアノの導入過程を三つの段階に区分している，第一段階は明治9（1876）年から明治11（1878）年に至る幼児教育分野での導入，

9）保育室の出入りにはピアノが演奏され，幼児はその音につれて歩調を整えたようである．

第二段階は明治 11（1878）年から明治 13（1880）年に至る体操教育分野での導入，そして第三段階が第二段階の後半と重なる時期，明治 12（1879）年から明治 13（1880）年にかけての音楽分野での導入であるとしている．ピアノが導入された三つの分野の中で，音楽分野は一番緊急性の低い学科としてその立ち上げに時間がかかり，ピアノの購入も最後であったという．しかしながら武石は，他の分野で複数のピアノが導入されると，実際に演奏ができる人材がいないために，ピアノを扱える人材の育成が必要となり，かえって音楽という教科の必要性が認識されるようになったのではないか，と推測している（武石 2009）．

　先述した明治 13（1880）年 6 月作成の，音楽取調掛最初の募集要項には「傳習科目ハ唱歌及奏楽ノ初歩トス　且楽器ハ當分ピアノ，オルガン，及ヴァイオリン等ト定ム」（供田 1996：255）とあり，ピアノは音楽取調掛の最初期より基礎とされていた．その礎を築いたのはメーソンであり，それは瓜生繁子[10]によって引き継がれた．明治 18（1885）年 7 月には第一回全科卒業生 3 名，幸田延[11]，遠山甲子，市川ミチの卒業式を行い，続いて演奏会を開催した．この 3 名はそのまま助手に採用されている．なお卒業演奏では，幸田延はウェーバーの『舞踏会への招待』を独奏し，遠山甲子，市川ミチとともにヴァイオリンの三重奏を披露している（東京芸術大学百年史 東京音楽学校篇 第 1 巻 1987：3，第 2 巻 2003：1315）．音楽取調掛は明治 20（1887）年 10 月に東京音楽学校となり教育の専門性が増すと，それぞれの分野で名を成す人材も現れてきた．

　一方明治初期には，上流階級[12]の女性たちの中にはピアノを習い始める者もいた．伊藤博文は妻と娘の英語やピアノのレッスンを津田梅子に依頼していた．また瓜生繁子らをアメリカで世話をした森有礼も，夫人にピアノを習わせていた．レッスンを頼まれたのは勝海舟の三男の嫁であるクララ・ホイットニーであった．明治 8（1875）年に来日したクララは日記を残している．明治 11

10）永井繁子は留学先で知り合った，海軍大将男爵の瓜生外吉と，帰国後結婚している．

11）幸田延は幸田露伴の妹で，幼少時より楽才に秀でていた．12 歳でメーソンに見いだされて音楽取調掛の伝習生となり，16 歳で全科を卒業した．ピアノ以外にも琴やヴァイオリンも演奏する．
　　明治 22（1889）年には文部省より 3 年間のアメリカ，ドイツ留学を命じられる．明治 27（1894）年にはウィーン音楽院に入学，明治 28（1895）年に卒業している．妹幸子は，ヴァイオリニストである．

12）旧幕府の特権階級（元公家や旧大名家）や，「明治維新」で功績のあった士族出身の政治家などで，爵位を授かった人々．「華族」と呼ばれる．

（1878）年の日記には以下のように記されている．

六月十一日　火曜
　森夫人が訪ねて来られ，楽しい話し合いができた．……永田町にある森家の持家に入らないかという申入れをされた．
　……家賃としては私が森夫人にピアノをお教えするということであった．夫人は，イタリア公使館の秘書をしている中村さんから，新しいピアノを買われたところである．私はピアノが大好きだから，この条件は大歓迎だ．最近はオルガンをひく機会のほうが多いが．

六月十二日　水曜
　……今朝森夫人を訪問して新しいピアノと楽譜を見せていただいた．楽譜はどれもまだ夫人には難し過ぎるし，古いフランス式の手引書以外に手引書がないので，私の持っているピーターの教本をお貸ししなければならない．ピアノはフランス製でよい音色である．

六月十五日　土曜
　……昼食後，森夫人に最初のピアノの授業をするために出かけた．思ったよりずっとお上手であった．ピアノを教えるのはとても楽しかった．森さんのためになるばかりでなく，私は再びピアノに触れることができるのが何よりうれしかったのだ．

六月二十二日　土曜
　……それから私は森夫人のところへ行って，遅くなったお詫びを言い，ピアノの稽古をした．そのあと森氏のすばらしい中国のコレクションを見せていただいた．夫人の骨董品は，中国のお寺で買われた醜い仏像である．奥様はとても良いかただ．

七月十二日　金曜
　……母とビンガム夫人は，森夫人のお供をして横浜へ買物に行かれた．森夫人の洋服がみんな古めかしいので，新しいものを一揃い買う必要がある．

78　第Ⅱ部　憧れが現実に

　　……ついで森夫人に音楽を教えに行った．今日のところは余り弾けな
　かった．夫人は新しい洋服のことをいろいろ考えていらっしゃるらしい．
　ご親切にお芝居に誘って下さった．（ホイットニー 1976）

　大阪三木楽器店がピアノ販売を始めるのは明治 35（1902）年になってからで
ある．表 3-1（本節最後に掲載）に示したように，ピアノは明治 38（1905）年ま
では販売台数は毎年 10 台にも満たず，しかもほとんどが輸入品である．メー
ソンがピアノを輸入してから約 20 年後の明治 30（1897）年代になっても，ピ
アノがどれ程の高級品だったかが容易に想像できる．クララの日記からは，ピ
アノが日本に移入された明治初期の頃の，ピアノ文化の受容の様相が読み取れ
る．この頃のピアノはもちろん輸入品であり，ピアノを弾くことができたのは，
上流階級であってもごく限られた人たちである．そうした人々のピアノのレッ
スンは，琴や華道などと同様にお稽古ごととしての感覚で，単なる趣味の域を
出るものではなかった．当時のピアノ文化の捉え方は，ピアノは最も近代的な
嗜みであり，「これからの時代，上流階級の婦人たるものピアノくらいは弾け
なくては」という程度のものだったのだろう．上流階級の女性たちにとっては，
ピアノは演奏技術の上達というよりも，ピアノという西欧の楽器とその文化に
触れることが重要だったのである．そうした背景は，森夫人とクララの関係か
らも読み取れる．本来ならクララと森夫人の関係は師と弟子であるが，一度ピ
アノを離れると二人の関係は逆転しているようである．クララの方が森夫人に
対して敬意を払っていたことが推測される．日記に記されている教える者と教
えを乞う者の関係には，当時日本社会においてピアノ文化を受容できた人々の，
身分の高さが示唆されている．

　そうしたピアノ文化も明治後期になると，その様相が次第に変化してくる．
京都西本願寺法主，大谷光尊（伯爵）の次女として生まれ，男爵九条良致（貞明
皇后，弟）と結婚した九条武子（1887-1928＝明 20〜昭 3）は，自身の歌集『金鈴』
のなかに，次のような歌を残している．

　　たたけどもたたけどもわが心しらずピアノの鍵盤は氷の如し（九条 1922：22）

　夫との別居生活の寂しさを詠んだものと思われるこの歌からは，武子にとっ
てピアノを弾くことが寂しさを紛らわす手立てになっていたことがうかがえる．

第 3 章　近代音楽文化と日本におけるクラシック音楽の導入　　*79*

さらに武子にとってピアノは特別なものではなく，日常生活のなかに溶け込んでいたようである．明治後期から大正前期になると，上流階級の人々にとってのピアノは，西欧から来た楽器で和楽器と区別される別格なもの，という感じは薄れていたと考えられる．

　一方ピアノ文化が次第に民間（といってもほとんどは上層の家庭である）に普及し始めたのも，明治後期である．ピアノ文化がどのように日本社会に受容され始めたのか，当時の日記や書簡，文学作品から読み取ることにしよう．

　明治の文豪夏目漱石の日記には，子どもにピアノを買ってやった時の様子が記されている．以下は明治 42（1909）年の記録である．

　　六月二十一日　月
　　　雨．とうとうピヤノを買ふ事を承諾せざるを得ん事になつた．代價四百圓．「三四郎」初版二千部の印税を以て之に充つる計畫を細君より申し出づ．いやいやながら宜しいと云ふ．
　　　子供がピヤノを弾いたって面白味もなにも分かりやしないが，何しろ中島先生が無暗に買はせたがるんだから仕方がない．

　　六月三十日　火
　　　晴．夜に入って雨．中島さん來る．ピヤノ來る．中島さんの指揮の下に座敷へ擔ぎ込む大騒ぎなり．中島さん六時頃迄ゐる……．（夏目 1966『漱石全集』第十三巻：396-398）

　次は，漱石がベルリンにいる門下生・寺田寅彦にあてた明治 42（1909）年の書簡である．寺田は物理学者でありながら文学にも造詣が深く，優れた随筆を残している．また西洋音楽の知識も豊富で，漱石が教えを乞うこともあったようである．

---

13) 才色兼備と言われた九条武子は，明治 42（1909）年に結婚し，夫，良致の勤務先でありまた留学先でもあるロンドン（ケンブリッジ大学）に随行したが，渡英後一年半で帰国した．良致はそのまま英国に滞在したため別居生活が十数年続き，大正 9（1920）年末，良致が帰国するまで武子はひたすら待ち続けた．歌は，佐々木信綱に師事していた．

80　第Ⅱ部　憧れが現実に

十一月二十八日　日
　……僕の家は經濟が膨張して金が入って困る．然しまだ借金は出來ない．
君の留守にとうとうピヤノを買はせられた．歸つたら演奏會をやりにき給
へ．君が買へ買へと云つてゐたから，ピヤノが到着した時は第一に君の事
を想ひ出した．君がゐたら嬉喜ぶだらうと思つた．筆が稽古をしてゐる．
それで來年の春は同じ位の年の人と一所に演奏會へ出て並んで何かやるん
ださうだからえらいね．さうして中島さん（筆の先生）が十時の休息時間
に僕に何か挨拶をしろといふんだから猶〻驚く．（夏目 1966『漱石全集』第十
四巻：788）．

　この日記と書簡の「ピヤノ」「ピヤノ」という表記からは，ピアノがやっと
民間に普及した様相が読み取れる．また漱石は知識人ではあるものの，ピアノ
に関しては素人だった様子が推測できる．ただ明治 42（1909）年当時は日本人
のピアノ教師が存在し，また「來年の春は同じ位の年の人と一所に演奏會へ出
て並んで何かやるんださうだから」というように，今日の発表会のようなもの
が催されたことが示されている．

　次に，宮本百合子の作品からピアノ文化の受容の様相を読み取ってみよう．
宮本百合子は明治後期の，自身がピアノを習っていた様子を自らの文学作品に
描いている．宮本百合子は明治 32（1899）年に東京小石川原町で誕生した．父，
中條精一郎は旧士族の出身で，東京帝大工科を出て文部省技手となったが，渡
欧しケンブリッジ大学に学んだ．帰国後は建築事務所を開設，明治大正期の代
表的な建築家の一人で，近代日本の創成期の典型的な成功者である．母葭江は
「日本弘道会」の創立者として知られる明治初期の思想家，西村茂樹の長女で，
華族女学校出身であり，文学や絵や音楽の趣味を持っていたようである．百合
子の『きのうときょう　──音楽が家庭にもたらすもの』には，当時の恵まれ
た中流の上層家庭における音楽文化の受容の様相が詳細に描写されている．少
し長いが以下に引用する．

　　九つになった秋，父がロンドンからかえって来た．その頃のロンドンの
　　中流家庭のありようと日本のそれとの相違はどれほど劇しかったことだろ
　　う．父は総領娘のために子供用のヴァイオリンと大人用のヴァイオリンを
　　買って来た．ハンドレッド・ベスト・ホームソングスというような厚い四

角い譜ももって来た．ニッケルの大きい朝顔のラッパがついた蓄音器も木箱から出て来た．……父は裏庭に向かった下見窓の板じきのところに蓄音器をおいて，よくひとりでそれをかけては聴いていた．……凝っと音楽をきいている父の後姿には，小さい娘の心を誘ってそーっとその側へ座らせるものをもっていた．四十を出たばかりであった父は，黙って娘の手をとって自分の手のなかへ握り，そのまま膝において猶暫く聴いていて，レコードをとりかえたりするとき「どうだい，面白いかい？」ときいたりするのであった．……しまいには夕飯のあとでなど「百合ちゃん，チクオンキやる」と立って変な鼻声で，しかも実に調子をそっくり「マイマイユーメ，テンヒンホー」などと真似した．母は苦笑いした．今思えば，その声も歌詞もキャバレーで唄われたようなものであったろう．更に思えば，当時父の持ってきたレコードもどちらかと云えばごく通俗のものであったと考えられる．オペラのものやシムフォニーのまとまったものはなかったように思われる．

　程なく，ピアノの稽古がはじめられた．ヴァイオリンをやるにしろ，基本はピアノだというような話がされていた憶えがある．先生は久野久子さんであった．上野を出たばかりでまだ教えるのではないが，というようなところを特別にたのみ，家が三丁ほど離れた同じ本郷林町のお宅へ通った．やっぱり，ベビイ・オルガンで教則本の三分の一ほどやったのであった．手首を下げた弾きかたで弾くことを教わった．そのうち或る晩，本郷切通しの右側にあった高野とか云う楽器店で，一台のピアノを見た．何台も茶色だの黒だのゝピアノがある間にはさまって立っていたそのピアノは父と一緒に店先で見たときはそれほどとも思わなかったのに，家へ運ばれて来て，天井の低い茶室づくりの六畳の座敷へ入れられたら，大きいし，黒光で立派だし，二本の蠟燭たてにともった灯かげに燦く銀色の装飾やキイは素晴らしいし，十一ばかりであった私は夢中に亢奮して，夜なかまでありとあらゆる出鱈目を弾きつづけた．

　ピアノの稽古は女学校の二年の末ごろまで続いた．もっとつづくわけであったところ，久野さんが指にヒョーソーが出来て大変長く稽古が休まれた．その間に，規則的な稽古はいつの間にかすてられて，本をよむようになり，自分ではいろいろといじりながら，稽古はそれきりになってしまった．（宮本 2001『宮本百合子全集』第 13 巻：418-419）

82　第Ⅱ部　憧れが現実に

　百合子の家庭は両親ともにインテリであったが，自由でかなり世俗的であったことがうかがえる．音楽に対する父親の姿には，明治後期の，家庭のなかに西洋音楽を取り入れ始めた日本人の，心の浮き立つ様が読み取れる．また同じような中流の上層家庭といっても，上述した百合子の作品は，音楽に対するハビトゥスが漱石の家庭とはだいぶ異なっていたことを示唆している．百合子のピアノの先生を，上野（東京音楽学校・現在の東京芸術大学）を出たばかりの久野久子[14]に特別に依頼したことからも分かるように，情操教育に対し，かなり心配りがある家庭だったことが認識できる．百合子も当時としては，熱心にピアノを習ったようである．

　また百合子は『親子一体の教育法』においても，ピアノの購入に際しての思い出を語っている．

　　大きくなって見直せば，そのピアノは日露戦争の時分旅順あたりにあっ
　　たものを持って来たもので，おそろしい時代ものの上に，こわれたところ
　　を修繕して全く色の違う木がところどころにうめてあるという品物であっ
　　た．後年父や母は笑いながら，だってお前，あれだって買ったときには家
　　じゅうにお金というものが三十円きりっきゃ残っていなかったんだよと
　　云った．若いからこそ思い切ってそんな事も出来たんだね，と懐かしそう
　　であった．（宮本 2001『宮本百合子全集』第 15 巻：357）

　日本の国産第一号のピアノが作られたのは明治 33（1900）年で（前間・岩野 2001：95，田中 2021：98），**表 3 − 1** は，明治期から大正期にかけての大阪三木楽器店[15]のピアノの販売台数である．ピアノの販売台数は，明治 40（1907）年頃から上昇する．漱石は 400 円で購入したと記しているが，明治 42（1909）年の平均価格が 432.7 円なので，特別に上等なものを購入したわけでもないようであ

14）久野久子（1886-1925）は日本人初のピアニストで，明治 43（1910）年東京音楽学校の助教授となり，この頃百合子にピアノを教えた．大正 12（1923）年に文部省の海外研究員として渡欧するが，大正 14（1925）年ウィーンで自死する．演奏技術が未熟で受け入れられなかったことなどが原因では，と言われている．宮本百合子の小説『道標』に登場する「川辺みさ子」は，久子をモデルにしている．

15）三木楽器店は，明治 21（1888）年に創業された西日本を代表する楽器店である．明治 22（1889）年には山葉寅楠と契約して，東日本は東京の共益商社（現在の日本楽器銀座店），西日本は三木楽器店が，ヤマハのピアノとオルガンを一手に販売することになり，それが長く続いた．

第3章　近代音楽文化と日本におけるクラシック音楽の導入　　*83*

表3-1　大阪三木楽器店のピアノの販売実績

		国産ピアノ			輸入ピアノ			合　計
		売上台数 （台）	売上金額 （円）	平均価格 （円）	売上台数 （台）	売上金額 （円）	平均価格 （円）	売上台数 （台）
明治	35	0	0	—	1	600.0	600.0	1
	36	4	2,260.0	565.0	1	600.0	600.0	5
	37	6	2,250.0	375.0	3	1,800.0	600.0	9
	38	0	0	—	4	1,550.0	387.5	4
	39	6	2,600.0	433.3	13	7,330.0	488.0	19
	40	28	11,680.0	417.1	12	6,895.0	574.6	40
	41	29	14,660.0	505.5	4	1,925.0	481.3	33
	42	19	8,221.0	432.7	3	1,985.0	661.7	22
	43	40	20,442.0	511.1	7	2,935.0	419.3	47
	44	53	24,121.0	455.1	7	6,417.0	916.7	60
	45	68	26,063.0	383.3	5	6,109.0	1,221.8	73
大正	2	73	24,598.5	337.0	9	6,203.0	689.2	82
	3	66	25,577.0	387.5	8	5,203.0	650.4	74
	4	78	28,140.5	360.8	10	7,979.0	797.9	88
	5	146	54,697.5	374.6	8	5,870.0	733.8	154
	6	184	75,871.1	412.3	13	9,002.0	692.5	197
	7	219	110,192.7	503.2	18	19,760.0	1,097.7	237

典拠：増井（1980：22）.

る．そうは言っても漱石や百合子の家がピアノを購入した当時は，ピアノはかなり高額の買い物であり，そうした高価なピアノが，一部の上流階級のみの所有から裕福な民間の家庭に普及したことになる．ただピアノの演奏技術自体は，それほど高度ではなかったことが予想される．

　しかしながらピアノが高等教育機関や，上流階級の一部のみで受容される文化である限りは，ピアノは変質を蒙り，日本社会においてハイブリッドモダンにはなり得なかった．その意味において，たとえ演奏レベルが高度でなかったとしても，明治期後半からピアノの販売台数が上昇し，高等教育機関に加え一般でもピアノを弾く家庭が現れてきたことは，日本社会においてピアノ文化がハイブリッドモダンへと，歩を進めて行く第一歩であると捉えることができる．

そしてそれはまた，ピアノ文化が文化資本としての機能を担うようになったことでもある．

　本章では，西欧近代の音楽文化と，明治期の日本における音楽教育の創設に伴う洋楽導入，及びピアノ文化の移入について明らかにした．今日，高級芸術とされるクラシック音楽ではあるが，実は 19 世紀の西欧において，美学的観点から表層的な鑑賞を低俗として切り捨て，「精神性」と関わる側面を強調し，恣意的に自ら高級という価値観を纏ったのである．またピアノ文化は 19 世紀西欧におけるブルジョワ階級の台頭により，近代家族の誕生とも相まって，同時代の中流階級の女子教育には欠かせないものとしてジェンダー化した．

　ピアノはフィレンツェで誕生した後，ヨーロッパで改良され世界中に輸出されるが，そうした過程をハイブリッドモダンの議論から考察すると，楽器としてのピアノが製鉄業の躍進と関連して，最新の科学技術を応用したスタインウェイによって規格化されたことが明らかになった．またスタインウェイによって規格化されたピアノは，高度な移転可能性を秘めていたものであったことも示された．そうしたピアノは楽器のみならず文化を伴い，グローバリゼーションの過程でモジュールとして日本へも移入されたのである．

　一方明治政府は洋楽の摂取に踏み切り，その後日本の音楽教育は西洋音楽一辺倒に傾いていったが，それは 19 世紀西欧において，美学的観点から高級芸術になったクラシック音楽の価値観が，日本では高等教育機関によって公認されたことでもあった．加えて高等教育機関が公認したことは，日本においてピアノ文化を含むクラシック音楽が「文化資本」となる要因になり，そうした意識は長い間人々を支配していた．日本の公の音楽教育機関で組織的にピアノが学ばれるようになったのは，明治 13（1880）年である．

　明治初期には上流階級の限られた人々と高等教育機関で学ぶ人々以外では，受容することができなかったピアノ文化であるが，明治後期になると国内におけるピアノの販売台数も上昇し，民間の富裕層でもピアノ文化を受容するようになった．当時の文学作品や日記からは，日本人がこの新規で魅力的な西欧モダンのピアノ文化を，手探りながらも生活の中に取り入れていく様相が認識できる．こうした明治期の日本社会におけるピアノ文化の受容は，ピアノ文化が「ハイブリッドモダン」へと変質する過程の序章であり，また「文化資本」としての機能を担うようになることの源である．

第4章
戦前におけるピアノ文化と
クラシック音楽の担い手

　第一次世界大戦終結後の大正8（1919）年から，第二次世界大戦が勃発する昭和14（1939）年までの戦間期における日本のピアノ文化は，次第に受容者は増加していく．しかしながら日本のピアノ文化の独自性はまだ認められず，ピアノ文化の萌芽期として位置づけられる．

　明治初期に日本に移入され，限られた人々にのみ受容された西洋音楽は，第一次世界大戦終結後，次第に裕福な一般庶民も受容するようになる．この時期は，その背景に都市人口の増加と人々の生活構造の変化に起因する都市家族の誕生がある．まず戦間期における都市人口の増加と生活構造の変化に着目して，西洋音楽の普及について議論を進める．

　この時期の都市家族が受容した音楽文化は，必ずしも西洋音楽に限定されるものではない．明治期までの長い間，日本社会に根付いていたのは，箏や三味線のような我が国の伝統音楽である邦楽であり，そうした音楽文化は，西洋音楽が移入されたからといって，すぐに衰退した訳ではない．この時期の都市家族が受容した階層文化を明らかにし[1]，それを踏まえた上で，都市中間層のピアノ文化について考察し，庶民にとってのピアノ文化の意味を検証する．

　日本におけるピアノ文化の受容は，西欧近代のそれと比較することが不可欠である．なぜなら日本のピアノ文化は，西欧モダンのピアノ文化が空間的移転あるいは文化伝播してもたらされたからである．19世紀西欧のピアノ文化は当時の女子教育とも深く関連しており，日本のピアノ文化の受容を検討するに

1）人々の社会的序列や位置を表す時には，階級や階層という概念が用いられる．「階層」は学歴，職業，所得などを基に区分された，ほぼ同じような社会的地位にある人々の集合体を意味する．日本では，「出自」ではなく職業や学歴が社会的地位達成の重要な要素になったため，「階層」が用いられることが多い．ある階層に属する人たちに特有の文化が，「階層文化」である．

86　第Ⅱ部　憧れが現実に

際して，当時の日本の女子教育をも射程に入れることが重要である．

　戦前の日本においては，ピアノ文化は女学生の文化であり，それに対して男子学生の間ではクラシック音楽の愛好家が増加した．本章では，高等教育機関に属する男子学生とクラシック音楽の関連についても検討する．対象としているのは第二次世界大戦が近づいている時期でもあるため，そうした特殊な状況も考慮して，この時期のクラシック音楽文化の受容を考察する．この時期のクラシック音楽の愛好家は，後の章で詳細に検討するように，戦後のピアノ文化に影響力を持っていると考えられるため，クラシック音楽全般を視野に入れて考察することは重要な意味を持っている．

1.　戦前における生活構造の変化

1.1　新中間層の形成

　明治元（1868）年，江戸は東京と名を変えたが，明治の東京と昭和の東京は全く別物であった．有末賢はその相違を，明治の東京が末期に至るまで江戸的な性格の延長ないし継続であったのに対して，大正期の東京はそうした明治・東京の形骸および生活の破壊ないし崩壊であったと捉えている（有末 1999a：140）．有末によると，明治末から大正期にかけて都市の生活構造には変化の兆しが現れた．第一次大戦終結（1918）後の戦間期に日本社会は所得水準の上昇と物価高騰に見舞われ，この時期に旧来の生活に大きな変動が生じた．大正8（1919）年から大正 11（1922）年頃にかけては新たな生活構造が形成され，昭和2（1927）年頃までの小康期に，戦後高度経済成長の開始の時点まで維持されていく都市雇用者階級，すなわち「新中間層」の戦前型生活構造が確立されたのである（有末 1999b：22）．そうした背景を，まず都市人口に焦点を当てて見てみよう．

　表4-1，表4-2からも明らかなように，全国人口に対する市部人口の割合は次第に増大し，明治 41（1908）年には 14.9％であるが，大正7（1918）年には 18％になる．この期間の増加の割合は比較的小さいが，大正9年以降の増加の割合は大きく，昭和 15（1940）年には市部人口は全国人口の 37.7％に達している．それに対し郡部人口は，昭和5年をピークに次第に減少する．また人口におけるこうした現象を六大都市で見ると，六大都市の人口の割合は全国の総人口に対し，大正9（1920）年には 9.8％であるが，昭和 15（1940）年には

第4章　戦前におけるピアノ文化とクラシック音楽の担い手　　87

表4-1　市郡別人口と全国人口に対する市部人口・六大都市人口の割合

	全国人口	市部人口	郡部人口	市部人口の割合（%）	六大都市人口の割合（%）
明治41年	49,318,300	7,331,600	41,986,700	14.9	
大正　2年	52,917,600	8,233,600	44,684,000	15.6	
7年	55,662,900	10,027,700	45,635,200	18.0	
9年	55,963,052	10,096,785	45,866,295	18.0	9.8
14年	59,736,822	12,896,850	46,839,972	21.6	11.3
昭和　5年	64,450,005	15,444,300	49,005,705	24.0	11.7
10年	69,254,148	22,666,307	46,587,841	32.7	18.2
15年	73,114,308	27,047,775	46,066,533	37.7	19.6

表4-2　六大都市の人口

	東京市	大阪市	京都市	名古屋市	神戸市	横浜市	合計
大正　9年	2,173,201	1,252,983	591,324	429,997	608,644	422,942	5,479,091
14年	1,995,567	2,114,804	679,963	768,558	704,375	515,077	6,778,344
昭和　5年	2,070,914	2,453,573	765,142	907,404	787,616	620,306	7,604,954
10年	5,875,667	2,989,874	1,080,593	1,082,816	912,179	704,290	12,645,419
15年	6,778,804	3,252,340	1,089,726	1,328,084	967,234	968,091	14,384,279

注：元の表は漢数字であったが，筆者が算用数字に改めた．
典拠：表4-1，表4-2は岡崎（1948：1, 5）から作成．

19.6％に達する．岡崎文規によると，当時，六大都市の市域は周辺地域の編入等でしばしば変更されたため，都市人口の増加には行政による影響もあったものの，大都市における人口増加は自市の自然増加力のみならず，概ねは他地域からの人口の流入に依拠している（岡崎 1948：4-8）．それは農家生まれで直系家族に組み込まれなかった人々の都市への流入でもあった．大都市人口の発展は自力のほかに他力に依存していると言え，中川清は，戦前の日本における人口増加の大半（68%）は，都市人口の増加によってもたらされたとみなしている（中川 2000：198）．

　またこうした状況は，都市定着への志向性のもとで，農業を含むそれまでの自営業的な生活とは異なる，雇用されて働く生活スタイルが増加したことでも

あり，それは新たな社会階層である新中間層が登場したことをも意味していた．
戦間期の日本社会は，1920年代前半は都市の生活水準は顕著に上昇し，工場
労働者や新中間層の新たな生活構造が，そして1920年代半ばには都市下層の
生活構造が形成され，それぞれが固有の都市家族としての生活を営むように
なった（中川 2000：11-13）．雇われて働くという近代の生活構造が定着し，都
市家族としての生活を展開し始めたのである．

　さらに中川は，1920年代から1930年代（大正9〜昭和5年）にかけての都市
家族の形成について，次のように述べている．第一次世界大戦直後は，都市下
層世帯の家族形態は8割以上が核家族であり，その平均人員は4人になった．
1930年代に入ると，都市下層世帯の人口の自然増加率は10％を超えて全国水
準に近づき，かつて8割に達していた妻の就業率は2割台に低下し，都市下層
においても妻の活動が次第に家事や育児に限定され，都市家族の機能が強化さ
れた．都市家族の形成と展開は，工場労働者や新中間層でも同様で，とりわけ
新中間層は，家族内における性別役割分業を過剰な程まで受け入れているよう
な，特異な様相を呈していた（中川 2000：205-206）．こうした戦間期における生
活構造の変化は，従来の日本社会における子ども観にも影響を及ぼすようにな
る．

　戦前の都市には都市中間層として，旧中間層と新中間層が存在していた．有
末が指摘するように，明治の東京は末期に至るまで江戸的な性格の延長ないし
継続で，江戸時代の庄屋層，富裕町人層は，明治時代になると中小地主，小売
商人，中小工業者，自営農民などの都市自営業者層を形成していた．彼らは主
に下町に居住しており，こうした人々が都市の「旧中間層」である．

　一方，明治末から大正期にかけて都市の生活構造には変化の兆しが現れた．
戦間期である大正8（1919）から大正11（1922）年頃にかけては，他地域からの
人口流入の増加に伴い新たな生活構造が形成され，昭和2（1927）年頃までの
小康期に，俸給生活者（サラリーマン）である都市雇用者階級が誕生した．彼ら
は，当初は山の手である本郷や小石川などの，江戸時代に武家屋敷があった一
帯に居を構えた．こうした人々が，都市の「新中間層」（いわゆるホワイトカ
ラー）である．新中間層には，主に頭脳労働者，子女の教育に熱心，西洋文化
に親和的，といった共通する特色があった．また新中間層が居住する山の手は，
次第に郊外の新興地域に拡大していった．

　なお新中間層の特色の一つはサラリーマンであるが，その登場は明治初期で

ある．彼らは江戸時代の士族による士族サラリーマンで，官吏（国家公務員），吏員（地方公共団体職員など），教員，巡査などであった．ただこの時期の士族サラリーマンの数は少数で，階層を形成するほどではなかった（王 2020）．明治末期から大正期にかけて，他地域から都市への人口流入の増加に伴いサラリーマンも増加し，新中間層を形成したのである．

1.2　都市家族と子ども

　日本の戦間期における都市家族の登場と拡大は，その家族形態や生活様式，さらには価値意識においても従来の家族とは異なるものである．それはアリエスが相対化した「近代家族」の日本社会における原初形態と捉えることができる．

　西欧では産業社会の出現に伴い，家庭生活と生産労働領域が一体となっていた共同体，経営体としての「家」は衰退した．性別役割分業が進み，家の機能は変容した．こうした家の変容を「心性」から捉え提示されたのが，アリエスらによる「近代家族」である．18世紀以後19世紀を通して西欧では，ブルジョワ階級において家庭性とプライバシーの成立，家族と社会の境界の明確化等，私生活を尊重し愛情を重視することにより「近代家族」は成立し，一般化した．アリエスによると，近代家族では性別役割分業が進み主婦が誕生することにより，子どもが家族生活の中心になっていくが，近代家族が誕生する以前，中世の西欧では「子ども」という概念も，「教育」という概念も存在しなかった（アリエス 1980：35-50）．

　一方日本の家族は，明治31（1898）年に制定された明治民法による「家」制度により，長い間「戸主」と「家族」により構成されてきた．家の構成員は二代に限られず，戸籍においても昭和22（1947）年に制定された現行の戸籍法のような制約はなく，三代以上の親族が同一戸籍に記載されることもあった．こうしたことから日本の戦前家族は，久しく家制度に基づいた封建的色合いの濃い「伝統家族」であり，戦後の民主的な核家族こそ「近代家族」と捉えられていた．

　落合恵美子は，近代家族の特徴を ① 家内領域と公共領域の分離，② 家族成

　2）現行の戸籍法第六条では，戸籍の編製に関し「戸籍は，市町村の区域内に本籍を定める一の夫婦及びこれと氏を同じくする子ごとに，これを編成する」と定められている．

員相互の強い情緒的関係，③ 子ども中心主義，④ 男は公共領域・女は家内領域という性別分業，⑤ 家族の集団性の強化，⑥ 社交の衰退，⑦ 非親族の排除，⑧ 核家族，の 8 項目にまとめた（落合 1989）．落合の定義に従い近代家族の条件を「核家族」とした場合，家制度を基盤とした戦前の伝統家族は，近代家族として扱えない部分がある．しかしながら上野千鶴子の「公領域と私領域の分離こそ，近代がもたらしたもの」（上野 1994：75）という指摘等が示唆しているように，戦前の「家」にも近代的な側面は見出される．すなわち西欧のブルジョワ階級において 18 世紀以後一般化した近代家族は，日本においては戦前の「家」制度が基盤にあった社会においても，その性格を家族に認めることが可能だと言える．それは先述したように，都市人口の増加によって登場した新中間層とされる都市家族である．戦前の都市家族では，夫は外で稼ぐ月給取り，妻は家事・育児に専念して家計を預かる専業主婦という家族内での性別役割分業が進み，それは，後の核家族の原型ともいえる，いわゆる西洋的な「近代家族」の様相を呈していた．

　近代家族の指標の一つは「子ども」という概念の誕生であるが，日本の家庭において子どもが子どもとして扱われ，意識されるようになったのはいつ頃であろうか．日本において学校制度が整ったのは，明治政府による学制発布以降であるが，全ての子どもが学校通えるわけではなかったようである．一方『明治事物起源事典』によると，「家庭」ということばは，慶應義塾出版による『家庭叢談[3)]』が出てから，広く世間で使われるようになったと言われる．福沢諭吉は人間の発育の場として家庭を重視していた．しかしながら山崎信子によると，当時は「一月七，八円の学費を給し既に学校に入るれば，これを放ちて棄てたるが如く，その子の何を学ぶを知らず，その行状（ぎょうじょう）のいかなるを知らず，餅は餅屋，酒は酒屋の例を引き，病気に医者あり，教育に教師ありとて，七，八円の金を以て父母の代人を買入れ，己（おの）が荷物を人に負わせて，本人は得々として無上の安楽世界なるが如し．たまたま他人の知らせによってその子の不身（ふみ）持（もち）などの様子を聞けば，これを手元に呼びて厳しく叱るの一法あるのみ．この趣を見れば，学校はあたかも不用の子供を投棄する場所の如し．」（福沢 1878＝1999：215 原文ママ）と福沢が記しているように，親は子どもを学校に通わせた

3）明治 9（1876）年から福沢諭吉が刊行した雑誌で，親子の団欒に適した記事を集めている．

第4章　戦前におけるピアノ文化とクラシック音楽の担い手　*91*

場合，家庭での教育はあまり行ってはいなかったようである（山崎 2006）.

　先述したように，戦前において子どもの教育に関心を持っていたのは新中間層である．沢山美果子によると，大正期に生まれた新中間層の家族は主体的に家庭教育を行ったという．彼らは人並み以上によりよい生活を切り拓く新しい世代として，子どもの「教育」に熱意を持っていたようである．その理由として沢山は，新中間層の供給源の多くは，農村の中農や士族の二，三男であったため，生産手段を私有しない彼らは，共同体を離れ，旧来の地縁，血縁によらず個人的努力，学業，能力によって地位を切り拓かねばならぬ存在であったと指摘している（沢山 1990）．業績主義によって地位を獲得した新中間層は，その生活レベルと様式を子どもに継承させなければならず，そのためには教育が最も確実な手段であった．東京や大阪などの大都市では，新中間層が都市文化の新しい担い手として登場し，教育，文化の中心として，そこに住む人々特有の文化が創出されていったのである．

2.　階層文化の形成

　都市の新しい住民の人口は，明治期後半には増加し始めた．東京において最初に新中間層の居住地となったのは，もともと武家屋敷の多かった小石川，本郷，麹町一帯の山の手であったが，1920 年代（大正 9 ～）になると中心部の人口増加と郊外鉄道の整備により，新中間層が居住する山の手は広域へと拡大していった．前近代的な属性から解放された彼らが形成した生活空間は，政治的な要素ではなく教育や文化を中心とし，そこに西洋文化を取り入れた階層文化が形成されたと考えられる．

　周東美材は，趣味の観点から戦前の女学生について考察している．周東は『趣味大観』[4]より，「令嬢」346 人が嗜んでいた趣味について検討している．それによると最も多いのが生花で，次にピアノや長唄などの音楽趣味が続いている．音楽趣味については，挙げられることの多かった音楽ジャンルを，地域的な特徴や師事していた師匠も含めて明らかにしている．令嬢の音楽趣味として，

　4）『趣味大観』は 1935（昭和 10）年，著名な人士の趣味を研究，参考にするために，趣味の人社から発行された．各総覧には「令嬢総覧」の記載もあり，代表的趣味・氏名・住所・電話番号・を必須として，令嬢の写真・誕生日・学歴・これまで嗜んできた趣味・師匠・父親の出身・経歴・兄弟の略歴等のプロフィールが列挙されている．

ピアノが208人，長唄が139人，箏曲が64人，日本舞踊が49人，ヴァイオリンが15人であること，割合としては令嬢の60％がピアノであるが，邦楽と箏曲を合わせるとピアノとほぼ同数である．地域の割合で見ると，下町地域ではピアノ34％，長唄62％，山の手地域ではピアノ63％，長唄41％，新興地域ではピアノ69％，長唄31％となる（周東 2011：72）．近代日本は進んで西洋文化を受容したが，戦前の女学生の趣味を見た場合，大半が西洋文化に親しんでいたわけではないようだ．玉川裕子は，ピアノと箏に関しては，第一次大戦勃発前後までは経済的にゆとりのある家庭の娘を表す記号として，大差がないと指摘している（玉川 2008：16）．

　戦前の新中間層，上流階級の女学生たちは，現在ではかなり高齢のため，本人の語りを聞くことはなかなか困難であるが，私は96歳の女性Uさんに，直接インタビューを行う機会に恵まれた．Uさんの語りを基に，大正末期から昭和初期にかけての女学生たちの，日常生活や趣味の様相を具体的に考察したい．

　1919（大正8）年生まれのUさんは，神奈川県の高齢者施設で暮らしている．両親は小田原出身で，本郷に移り住んだ．本郷では三人姉妹の長女として生まれ育ち，父親が邦楽を教えていたため，謡や鼓といった日本のお稽古ごとを習ったという．女学校を卒業すると津田英語塾へ進学している．伝統的な日本のお稽古ごとを嗜む一方で，最も近代的な学科目である英語を学んでいる．インタビューを行った2015年6月3日の時点で96歳であるが，クリスマスには英語の歌を歌う．いわゆる短期記憶には曖昧なところもあるが，昔のことなど長期記憶に関しては鮮明に語る．子どもは無く，ご主人も亡くなり，現在は姪にあたる世田谷区在住の女性が身元引受人になっている．
　長い語りであるが，当時の中上層階級の女学生の姿や，日常生活が詳細に語られているので，省略を最小限にして掲載したい．以下インタビュー内の（　）は筆者による補足．

　　——お生まれとお育ちになったのは？　それとおけいこ事はやっていらっしゃいましたか
　「本郷，はい，文京区のね，昔は本郷と言いましたけど，今は文京区．そういうお習い事は，あの，舞だの謡だの日本的なものなんですね……えーとも

第4章　戦前におけるピアノ文化とクラシック音楽の担い手　　93

う，生まれてすぐ．父がやってましたので．家元じゃないですけど，謡だの
舞などをやってる.」
──教えてらっしゃる？　それがお父様のご職業ですか
「そうです，そうです．はい，女のきょうだいが三人おりまして，そうです
ね，ずーっとですね．父が亡くなるまで．謡の声のなかで育ったということ
でしょうか．鼓もやりました」
──お勉強もすごくやっていらっしゃったんでしょ
「はあ，あの津田（津田塾大学）を出ました．あたくし自身はね，あの妹が二
人いるんですけど，三人きょうだいで，あたくしだけ上の学校へ行ったんで
す．女学校を出て．はい，あの女学校は麴町ですけどね．住まいは文京区で
したけど，学校は，あそこは今，何区になったんでしょう，なんかほら，途
中で変わったんでわからないですけど．昔は麴町というところでしたね．
えー，千代田区，千代田区のミッションスクールです．女子学院っていう」
──女子学院だったんですか
「はい，ご存じで？　ふるーい学校ですから．もう明治の初めくらいからの」
──山の手のご令嬢だったんですね
「そんな，ご令嬢なんてことはないですけどね．でも，そこに生まれて育っ
たっていう．あたくし，女のきょうだい三人なもんですから，あたくしが○
○家を継いで，婿を取りまして．もう，主人はなくなりましたけど．あのー，
○○家はあたくしが継いでる．小さい頃からもう，舞（仕舞）と謡の世界で
育ちましたから」
──勉強もお好きだったんでしょう
「勉強もまあ，そうですね．女学校は麴町でしたけどね．津田へ入りまして，
そこを卒業して，それであのー，英語の教師を何年かいたしました．それは
もう，おけいこ事はもうしょっちゅう，父が生きている間中，ずーっと」
──ミッションスクールだと，どちらかというと洋風なおけいこ事が？
「そうですね，ピアノだとかね．友達ではピアノ習ったり，あのー，好き
で弾いている人はたくさんいました．女子学院には」
──○○さんが習ったのは舞だとか？
「鼓だとか，お琴はしませんでした」
──ご令嬢だったんですねー
「令嬢なんておっしゃらないで，娘で結構」

94　第Ⅱ部　憧れが現実に

──毎日学校から帰るとおけいこですか

「いえいえ，そんな厳しいことないですよ，そんな家庭におりますとね，もう，なんていうんでしょう．しょっちゅう聞こえてきてるわけですから．おけいこをするっていう，そういう時間はないんです．聞こえてくるをのおぼえて，もうしょっちゅう聞こえてますからね，ずっと．鼓だの謡だのが．ですからそれで，覚えちゃって．で，まあ，大きくなって，父が病気をしましてね．父が働けなくなったので，あたくしが代わりに．まあ男性でないから謡はチョットね，あれですけど．女性もかなり，女の人もかなりお弟子がいましたよ父に．あの，あたくしが代稽古みたいなことをした，そういう期間がありました．父が亡くなるまでじゃなくって，治るまでだったかな，ある期間」

──おうちは日本風の習い事を教える，学校はミッションスクール，それはどういうことで

「そうなんですね，あの，恥をさらしますと，小学校6年たちますと上の女学校へ入りますでしょ．その女学校へ入るときは，別に恥ずかしいこともなくって，ある方が，女子学院というミッション系の学校があるけども，いかがですかって言って父に相談をしたらしいんですね．で父が，ミッション系だったらうちもキリストですから．（キリスト教の家で）そうなんです．生まれて育ったんです」

──キリスト教で和風のおけいこ事なんですか

「そうなんです．おけいこ事は和風になっちゃったんですけど．その方が女子学院というミッションスクールがある，あんまり有名ではないけれどもって」

──有名ですよ

「今はね．だけどあたくしが，女学校に入る頃は，あの有名じゃなかったんです．そんな学校がどこにあって，どんな学校かも知らないんですけども，父の知ってる方が，よく女子学院のことを知っていて．ミッションスクールでキリスト教だということを父が聞きまして．同じキリスト教でもいろんな宗派があるんですよ．新教と旧教に分かれますと，うちの方は旧教の方なんです．

　あの，ニコライ堂ってご存知？　あそこの系統ですね．ロシア系って言いましょうか，ロシアに本山があるんですけどもね．本山とは言わないわね，

キリスト教ですから．なんていうのかな．おおもとのあれが，ロシアにある
んですよ．で，ロシアから派遣された宣教師って言いましょうかね，そうい
う方が日本へきて，その一人が，父が知ってる，神父さんということばなん
ですね，なんて言うんでしょうね，同じキリスト教でも，神父という言い方
と新教では牧師というんですね，神父様に，まあ教えを乞うて，毎月一度か
二度，家へね来て．

　もともと父と母は昔からキリスト教だったんです．小田原の出（出身）で
すけども．小田原の教会に，立派な教会があるんですよ．そこへ出入りをし
ていてね．もともとキリスト教なんですけど，でも，ロシア系のキリスト教
でした．ですからロシア語もロシア人に，宣教師がロシア人だったんで，ニ
コライ堂にはほとんどロシア人が出入りしている．で，ロシア人には友達も
いますしね．親しい関係があります．でも私たちの時代でニコライ堂の信者
というのは，あまりいないんですよね」

——お母様も同じ宗派だったんですか．邦楽も？

「そうです（キリスト教）．母はもう，ただ父の世話をしていたというか，楽器
は何もやらない」

——女子学院で英語が好きだったんですか

「そうですね．英語の時間が一週間に普通の学校ですと4時間なんですよ，
英語の時間は．それが大体ほうぼうの学校のね，女学校の．中学程度のね，
一週に4時間．それが7時間ありました，あたしくたちの女子学院は」

——そこの方は皆さん津田へ行かれたんですか

「津田へ行きました人も多いですよ．津田だの女子大，お茶大も行きました．
目白も行きましたし，それからあの荻窪？　あのー，東京女子大．日本女子
大と東京女子大二つあるんですよ．その日本女子大，割合キリスト教的な教
育ですね⁵⁾」

——津田ではずっと英語を？

「そうですね．あの英語の時間が，そうですね一週に十何時間もあったん
じゃないでしょうか．それでミッション系ですからね．土日が休みなんです．
ですからふつうは皆さん六日間学校へいらっしゃるのに，あたくしたちは五

5）この部分は，Uさんの記憶違いだと考えられる．キリスト教に基づく教育を行っている
のは東京女子大学である．

日間ぐらいしか出ないです」

——津田では邦楽のようなおけいこ事は珍しくないですか

「洋風の方が多いんじゃないですか．そうですね．やっていたことないから
わかりませんが，多分洋楽の方が多いと思いますね」

——お友達とか結構ピアノを弾かれる方とか？

「いますよ．そうかと思うとヴァイオリンをやっているお友達もいますし．
大体，津田を出ますと，あのー，女学校の先生になるのが多いんですね．商
社に勤めるのも，英語関係で商社に勤めるとかね．あたくしはちょうど，卒
業するちょっと前に，ひと月かふた月前に，あたくしの出た女学校の校長先
生から，津田を出たらば，うちの学校へ来てくださいって．あたくしの母校
ですからね，当然よろこんで．もう就職決まっちゃったなんて，自慢じゃな
いですけどクラスでね，多分，一月だったと思います．就職が決まったのは
あたくしが初めて．一番だったと思います」

——すごくモダンなお嬢様ですね

「あらっ，まあそうですね．出た学校がそうですからね．あたくしに妹が二
人おりましたけど，三人とも同じ女子学院に通いましたからね．おんなじ制
服で，三人ともおんなじ制服で，目立ったでしょうね．その制服がね，特別，
あのなんて言うんでしょう，セーラー服なんですけどもね．なんて言ったか
なー，その洋服屋さんがね，作るセーラー服がね，とっても襟がね，素敵な
んですよ．ふつうは（襟が）ぺちゃんこなんですよね，それがふっくらして
ね．セーラー服でも皆さん制服にあこがれて．

　もともと女子学院は制服がなかったんです．あたくしが津田を出た頃は制
服が自由なんです．ところが何年くらい教えてましたかね．二年ぐらいでし
たかね，その頃になんかあの，父兄からね，制服をこしらえてくださいって
いう要請があって，それであの，初めて制服ができたみたいですよ．でも
セーラー服っていうのは，その頃みんな着ていたんですよ，制服でなくても
ね．ですからセーラー服は着ていたと思います」．

——本郷にお住みだと，お稽古ごとをなさっている方がたくさんいたのではない
　　ですか

「そうですね，ほとんどピアノを習っている方が多かったですね．ヴァイオ
リンを習っている方もいましたしね．ピアノが多いですね，やっぱり．舞っ
ていうよりも日本舞踊を習っている方がほとんどでしたね．あたくしは仕舞

です」

——日本舞踊よりもそちらの方が，格が高いんですか

「格が高いといいますか，難しいといいますか．英語の教師をしながら，代理の方をやったわけですね．父が病気でお稽古ができない時は，あたくしが代稽古をするっていうようなね．そんな生活をしてました．あたくしはもう生まれた時からもう謡で，何しろ謡で，子守唄が謡だったという，両親から聞いたんですけど」．

——本郷に住んでいらしたと言うと鷗外とか漱石とか

「鷗外は根津でしょ．あたくしたちは動坂って言ってましたけどね．動坂，坂下町とか，坂が多かったんですよね，あの辺は．お玉さん（森鷗外作「雁」の女主人公）がいるところが根津の当たりでしょ」

——裕福なご家庭だったんですね

「いやいや裕福じゃないですよ．普通のうちですよ．まあ，サラリーマンじゃなかったですからね．お稽古ごとのあれですから．そういう関係がね，ちょっと普通の人と違うと思いますね」

——ご主人は謡とか，おやりになったんですか

「はい，結婚するまでは全然知りもしないし，聞いたこともないと思いますね．結婚して謡だとか舞だとかあることを知って……『義理の父が謡の教師なんだから，謡ぐらい覚えたらどう』って言ったら，『そうするかなあ』なんてね．なんか父から，何曲か，習ってたようですよ．ものにはならなかったですけどね」

——ご主人も学校の先生ですか？

「いえいえ，主人は勤め人です．普通の会社の」

——恋愛結婚ですか，とてもおきれいなので

「いいえ，見合いなんですそれが．もう見合いもいいところなんですよ．良いも悪いもないんですよ．親が決めちゃったから．子どものあたくしもね，別に嫌っていう感じはしないんですよね．ただ好きとか嫌いとかそんなことは全然なくって」

——でもUさんのお相手なのでそれなりの方だったんでしょ

「そうですね，まあ後で聞いた話ですけど，あたくしが英語をやってるというのが，彼にはものすごく魅力だったという話ですね．そんなこと言ってました．どこが魅力なのか，自分でやってるとわからないものですよね．他人

からどう見られてるかね」

——ご主人は東大なんですか

「いえ，東大ではなく普通の大学です．慶應じゃなく早稲田．早稲田を出た人でした」

——津田は音楽の時間はあるんですか

「ありましたよ．英語の歌はそういうところで習うわけです．もっとも音楽はあの，選択科目になってまして，英語の時間がもうほとんどで，あとは選択，自分の好きな国語だとか，音楽だとか，それから哲学も選んだ方だったと思いますね」

——あの時代に，そんなにもたくさんの文化に触れてお育ちになったことはすごいですね

「そうですか．当人としてはそれ程とは思わないんですけどね．外から見るとそう見える部分もあると思いますよ．あの時代に女学校出て，家庭に入るっていう人がほとんどでしたからね．そうですね，恵まれているし，やはり，ちょっと威張るようですが学力がないと，試験がやっぱりありましたからね．そのところがうまい具合に，女子学院はアメリカ系のミッションスクールだったもんですから，英語の時間がとても多かったんですね．ですから津田の英語の試験なんかも，なんか楽々という感じでね，そんなに苦労しなかったですね．で，卒業して，女子学院で来てくださいって言って，女子学院で教えました」

——津田を卒業したのは，おいくつくらいですか

「えー，十九か二十くらいですね．まだ戦争に突入ということではなかったけど，そういう感じはありましたね．戦争になりますと，まあ，あたくしの後輩の話を聞きますと，津田でも，あのとっても英語の時間が減らされて，それでなんかあの，軍のなんかを作ったりね，なんかそういうことをさせられたみたいですよ．普通の時間を割いて，軍の方の仕事をね，させられたという話を後で聞きました」

——この前，開成中学の話をなさっていましたね

「そうですね．開成って，あたくしのうちの近くにあったのでね，知っていたんですけど．そうとう有名な学校なんですって．上の大学に行くのに，そういう生徒が多かったという話を後で聞いて，へー，あの開成がねー，なんて言って話していますよ．あたくしの家のすぐ隣というか裏というか，あた

くしの家は道路に面しているんですが，道路からちょっと入ったところに，もう一軒うちがあって，そこにその中学生がいたんですよ．それが江田島（海軍兵学校）に入ったんですよね．それで江田島のあれを知って，だんだん，だんだん江田島の話が多くなってきて．はじめは江田島へ行ったってこと，あんまり感じなかったんですが，あとになって，へー，有名なんだなあって，その人素敵でしたよ……（インタビューをされることについて）知ってることなんでもいいですよ，恥になることでもいいですよ．（自分は）上層ではないですね．中層ですね．住んでいるところが文京区でしたからね，山の手で」．

「（津田では）あたくし寄宿舎に入っていたのね．中央線があの国分寺で降りますけれどね，すごく混んでいてね」

──寄宿舎って，どこにあったんですか

「校内にありました．校内はもう広大なんですよ，広いんですよ．それこそ端から端まで行くのに一休みしなければいけないくらい．そこへもう今は校舎がもうだいぶ建っちゃってね．あたくし達がいた頃は校舎が一つしかなかったんです．あと寄宿がね，西寮と東寮と寄宿が二つあって，あと勉強する本館が一つあったっきり，三階建てでしたけどね，一つだったんです．それが今は二つか三つくらいあるんじゃないですか．だからもう，ものすごく広大な土地がありましたね．津田梅子さんのお墓が，あのそうですね，あの林があるんです．校内にも林があるんですね，その林のなかに津田梅子さんのお墓が建ててありますよ．

（筆者が慶應に在籍していることを伝えると）慶応ボーイって言葉がありますね．あたくしたち憧れの的でしたよ．いろいろ聞いていただいてありがとう．楽しかったわ」

Uさんの語りでまず気づくのは，非常に上品な言葉遣いと「あたくし」と言う一人称であろう．「あたくし」は山の手の女性が使う言葉であり，現在の若い女性から聞くことはほとんどないが，Uさんは自身を「わたくし」とは言わず，極めて自然に「あたくし」と言っている．石井は，「語彙や訛りも含めた意味

6）明治9（1876）年から太平洋戦争の終戦まで存続した，海軍将校たる士官の要請をした教育機関で，広島県安芸郡江田島町（現在の江田島町）にあった．海軍機関学校，海軍経理学校とともに，生徒三校と呼ばれた．

でのいわゆる『言葉遣い』ほど，行為者の階級性を露骨にあばきたてるものはない．この分野におけるハビトゥスの残存効果は，他のそれにも増していっそう強烈である」と指摘している（石井 1993：174）．Uさんの語りは，階級的ハビトゥスがUさんの「言葉遣い」を作り，その「言葉遣い」が「身体化された文化資本」になっていることを如実に語っている．Uさんは食事やおやつの後に，必ず施設のスタッフに「ごちそうさま，おいしかったわ」という言葉をかけるのを忘れない．またUさんは，現在入居している高齢者施設のなかではただ一人，いつも朝晩化粧石鹸で洗顔をし，毎日違った洋服に着替え，アクセサリーでおしゃれをしている．スカートをはいて過ごす日もある．こうしたハビトゥスを自然に振る舞えるようになるには，長い時間を必要とするため，習得し始めた時期の早さの差が資本の差になってくる．Uさんは，自身が上層ではないが山の手に住む中間層であり，恵まれていたことは自覚している．Uさんのハビトゥスは，96歳の現在においても（あるいは96歳だからこそ），差異化作用を持っていることは明らかである．

　さらにUさんは，伝統と近代が共存する女性像を体現している．夏目漱石は『虞美人草』のなかで，帝国大学卒業時に恩賜の銀時計をもらったほどの秀才である主人公小野清三をめぐる人物として，二人の対照的な女性を登場させている．一人は恩師の娘で箏を嗜む古風な井上小夜子，もう一人は小野に英語を習っている我儘で美しい甲野藤尾である．小野が心を惹かれていたのは，自他ともに許嫁と認める小夜子ではなく藤尾であったが，最終的に小夜子を選ぶ．漱石は，英語を習う藤尾を近代女性の代表として，また邦楽器を嗜む小夜子を伝統のなかで生きる女性として描いた．小野が結婚をする古風な小夜子はまた，漱石自身の理想でもあった．一方Uさんは，ミッションスクールに通いながらも，父親の影響で，謡や仕舞という日本のお稽古ごとを嗜んでいる．自ら進んで津田英語塾に進学し英語を学び職業を持つという，新しい時代を生きる女性と，親の影響ではあるが邦楽を嗜み，さらに親が決めた人とお見合いで結婚するという古風な女性の両面を持っている．Uさんが「あたくしが英語をやっ

7）Uさんは新中間層と言える．Uさんの親は小田原出身で山の手である本郷に居を構え，サラリーマンではないが専門職で，子どもの教育に熱心，さらに西洋文化に親和的である．

8）天皇が東京帝国大学の卒業証書授与式の際に，優秀な卒業生に下賜した褒賞品としての銀時計．

てるというのが彼にはものすごく魅力だったという話ですね」と語るように，明治後期の『虞美人草』の時代から約30年の隔たりで，ご主人には，近代と伝統を違和感なく身につけているUさんが，理想的に映ったのである．それはまた，戦前の昭和期の理想的な女性像であったと考えられる．

　こうしてみると戦前期の日本の階層文化が，必ずしも西洋文化の受容という視点のみでは捉えられないと考えられる．しかしながらUさんの語りからも分かるように，ミッションスクールや新中間層が居を構えた山の手では，音楽趣味としてピアノを弾く女性が増加していたようだ．

　玉川は，大正9（1920）年頃の女学生にとっては，箏がポジティブでそれ以外の和楽器はネガティブといった対比が，洋楽器がポジティブで和楽器がネガティブという対比になり，それまでの箏のポジティブなイメージが薄れていったことを指摘している（玉川 2008：29）．また佐々木啓子は，日本では大正期に都市部において住居区分と言う概念が形成されたこと，さらに1920～1930年代（大正9～昭和5）に東京など大都市の郊外で新中間層が形成され，そこでは西洋の文化都市をモデルとした階層文化が創出されたことを指摘している（佐々木 2012：19-29）．周東も，趣味の選好を地域性だけに還元することはできないものの，特徴として，山の手ではピアノは多いが長唄も盛んであり，新興地域ではピアノの趣味が多く，長唄が少ないことを明らかにしている（周東 2011：72）．以上のように，日本では1920年代頃より新たな生活構造が確立され，「新中間層」が登場した．彼らは子どもの教育に関心を払い，都市文化の新しい担い手となったのである．そこでは階層文化として日本の伝統文化が受容されていたが，次第に西洋的な文化が主流になっていった．

3.　都市の新中間層とピアノ文化

3.1　女学生とピアノ文化

明治32（1899）年に公布された「高等女学校令」では，各府県に最低一校の高等女学校設置が義務付けられ，和洋折衷的な「良妻賢母」教育が推進された．箏，茶道，生け花などが新しい女性の嗜みとして，女学校教育に取り込まれるようになった（鈴木 2000：47-71）．女学生たちは女学校の随意科目や課外科目として，あるいは稽古ごととして音楽や芸術に親しんだが，その内容は伝統的なものだけではなく，ピアノやコーラス，絵画などのモダンなものも含まれて

102   第Ⅱ部　憧れが現実に

いた．特に都市部の女学校やキリスト教系の女学校では，ピアノの人気が高かった．戦前女学校時代に稽古ごとをしていた人の割合は全体の68％にもなり[9]，代表的なものは茶道，華道，ピアノであった（稲垣 2007：22-27）．女学校が拡大していく1920〜30年代（大正9〜昭和5年）にかけて，ピアノはモダンなお稽古ごととして，高等女学校の学生の間にも広まっていった．前節で述べたように筝の文化もあったが，官公庁や銀行，企業に勤務するサラリーマンや，医師，弁護士などの専門職といったいわゆる新中間層の子女はピアノを弾いていた（稲垣 2007：27-31）．

　佐々木によると，戦前の新中間層は中間とは言っても，「その生活様式や生活レベルは上流階級に近い」ものがあった．また戦前期において地方に生産手段を所有していた多くの特権階級も，次第に子女の教育を教育機関が整った東京で受けさせるために移住したという．彼らは東京に居住することによって，教養ある身のこなし方や言葉使い，さらには書籍や美術品，ピアノや他の楽器などの文化的資本も蓄積が可能になった（佐々木 2012：25-26）．

　ここで戦前期のピアノとオルガンの生産状況と値段，及び販売実績について見てみよう．**表4-3**，**表4-4**に示したように，昭和初期の普通のアップライトピアノの平均価格は500円前後から700円くらいであり，昭和12（1937）年になるとアップライトピアノの平均価格は400円くらいになった．オルガンの平均価格は昭和12（1937）年には51円であったが，昭和5（1930）年からは河合楽器研究所による低価格（30円）のオルガンが出回った．

　昭和に入ってからの物価の推移は，当時の最低は昭和6年の物価指数74.8で，昭和11（1936）年は物価指数が103.6とかなり物価は高くなった．しかしながらピアノもオルガンも，その平均価格は昭和11年を最低として昭和4（1929）年からだんだん下がっている．これは，昭和2（1927）年に新社長が就任した日本楽器製造が経営の改善合理化に努めたこと，さらには同年に日本楽器から独立した河合小市が設立した河合楽器研究所が，昭和型という当時としては破格に安い（350円）ピアノを作り始め，昭和5（1930）年からは低価格（30円）のオルガンを発表したことなどに起因している．こうした状況により，昭和4〜5（1929〜1930）年からの数年間はピアノ業界が勢いづき，平均価格の低下と生産量の増加につながった（増井 1980：15,23）．永藤清子，田島栄文によ

---

9 ）稲垣恭子らは，関西の高等女学校卒業者3473人（1936〜43年卒）を対象に調査を行った．

第4章　戦前におけるピアノ文化とクラシック音楽の担い手　　*103*

表4-3　戦前からのピアノとオルガンの生産

	ピアノ			オルガン		
	生産数量 （台）	生産金額 （円）	平均価格 （円）	生産数量 （台）	生産金額 （円）	平均金額 （円）
昭和　4 年	3,428	2,254,873	657.8	14,137	1,048,939	74.2
5 年	3,165	1,878,800	593.6	14,848	1,016,210	68.4
6 年	3,948	2,078,406	526.4	15,866	1,199,649	75.6
7 年	4,000	1,907,456	476.9	13,677	914,951	66.9
8 年	5,514	2,325,781	451.3	15,306	961,622	62.8
9 年	5,196	2,465,038	474.4	15,840	931,591	58.8
10 年	5,593	2,593,122	463.6	17,518	991,996	56.6
	……	26,000	——			
11 年	6,939	2,718,388	391.8	18,718	929,808	49.7
	……	70,000	——			
12 年	7,515	2,985,431	397.3	19,955	1,019,772	51.1
13 年	3,943	1,559,997	395.6	11,425	551,679	48.3
14 年	2,367	1,252,038	529.0	9,765	507,299	52.0
15 年	1,062	733,303	690.5	7,624	514,208	67.4
16 年	968	898,736	928.4	8,810	866,093	98.3
17 年	571	474,125	830.3	6,815	650,350	95.4
18 年	——			——		
19 年	——			——		
20 年	——	24,000				
21 年	30	664,000	22,133.3			
	……	1,461,663				
22 年	177	11,636,800	65,744.6	2,522	9,689,000	3,841.8

注：年間の生産金額が2段に分かれて記載されているところは，生産金額に見合う数量の
　　不明の分である．
典拠：増井（1980：15）．

ると，昭和6（1931）年から7年にかけての大阪市の労働者の1世帯1か月の
平均実収入は，工場労働者（金属・機械など）は89円70銭，交通労働者（運輸な
ど）は98円であった（永藤・田島 2010：23-29）．昭和に入りピアノの価格は低下
したとはいえ，ピアノはまだ庶民にとっては非常に高価な買い物であり，所有
できたのは経済的に恵まれた家庭に限られていた．ましてやピアノの稽古に通

104 第Ⅱ部 憧れが現実に

表4-4 大阪三木楽器店のピアノの販売実績

	国産ピアノ			輸入ピアノ			合計
	売上台数 （台）	売上金額 （円）	平均価格 （円）	売上台数 （台）	売上金額 （円）	平均価格 （円）	売上台数 （台）
大正 8 年	212	133,074.5	627.7	24	21,802.5	908.4	236
9 年	182	129,237.0	710.1	13	14,780.0	1,136.9	195
10 年	217	135,272.0	623.4	40	65,860.0	1,646.5	257
11 年	96	75,787.5	789.5	84	129,390.0	1,540.4	180
12 年	55	40,620.8	738.6	209	308,890.0	1,477.9	264
13 年	27	21,821.0	808.2	285	405,699.7	1,423.5	312
14 年	19	11,377.5	598.8	169	252,945.4	1,496.7	188
15 年	20	13,356.5	667.8	166	269,207.0	1,621.7	186
昭和 2 年	27	20,606.7	763.2	112	168,755.2	1,506.7	139
3 年	63	41,442.3	657.8	208	323,849.3	1,557.0	271
4 年	102	55,744.2	546.5	130	199,068.0	1,531.3	232
5 年	113	52,957.7	468.7	69	112,830.5	1,635.2	182
6 年	157	72,663.0	462.8	50	77,026.3	1,540.5	207
7 年	341	96,309.2	282.4	19	36,990.5	1,946.9	360
8 年	525	150,070.6	285.8	11	30,450.0	2,768.2	536
9 年	491	152,797.0	311.2	13	32,405.9	2,492.8	504
10 年	515	165,206.8	320.8	5	9,660.0	1,932.0	520
11 年	560	164,833.0	294.3	12	37,934.7	3,161.2	572
12 年	791	235,020.7	297.1	14	35,329.3	2,523.5	805
13 年	408	147,498.8	361.5	8	28,543.5	3,567.9	416

典拠：増井（1980：22）.

うことができたのは，限られた層であった．ピアノはモダンで西洋化された生活スタイルを好む，新中間層の家庭を象徴するものの一つだったのである．

　私が実践したオーラルヒストリー・インタビューをもとに，1930 年代（昭和5 年〜）において，どの様な社会階層の家庭でピアノが弾かれていたか，ピアノ文化のあり様を具体的に考察することにしよう．

　千葉県在住の女性・O さんは，大正 15（1926）年生まれの主婦である．イン

第4章　戦前におけるピアノ文化とクラシック音楽の担い手　　*105*

タビューを行った 2011 年 4 月 9 日の時点で 85 歳であった．O さんは，自分は
職人の家の生まれだと言っている．

「昔の子どもは，その，音楽に対する，うん楽器だね，楽器に対する憧れ
（がある）．だからオルガンは，各教室に一台あるけども，先生も，あのなん
ていうの，やたらと触っちゃだめって，それで，オルガンでも，そのオルガ
ンは，各教室にあるオルガンは 20 円くらいしたかな，20 円くらいね．それ
で，パイプオルガン，こう引っ張ってやるやつね，それが 50 円したんだね．
……ピアノは講堂に一台ね，アップライトで．触ったら怒られた．ピアノな
んか触っちゃ，なお怒られた．楽器はハモニカでしょ，うちでやるのは．そ
れから木琴．木琴はね，まあ，50 銭くらいで買って，それで自分の木琴で
ピアノの真似なんかして．小学唱歌の本見ながら，歌を叩けるようにして
……音楽，ハモニカではずいぶんやったね，ハモニカになってから今度，ド
ナウ川の漣とか，伴奏入れて，ドナウ川の漣なんか結構できたんだよね
……」
——ピアノを習っている人はいましたか？
「習っている人はね，公民館のところにお医者さんで○○さんていう人が
あったのよ．お嬢さんが，その人はうちにピアノ持ってたんだよね．全然私
のうちとは格が違うんだけど，友達になって．うん，ピアノがあった．弾い
ても良いって言ったけど，弾くことはしなかったね．茶色いピアノだったか
なー．ピアノは弾くことはなかったけど，そこのうちに遊びに行ってたよね．
……あの，友達でありながら格差があるから，なんかそこに一種のさびしさ
もあったけど，うーん，でも，別にあの，向こうの方でそういう待遇をして
ないで，来なよ，来なよって，で，遊びに行ってね．向うはその後女学校へ
行ったので離れてしまったけど……兄さん（2 人）は中学へ進学したけど，
姉と私は高等小学校……私はね，そのブカブカ（足ふみ）のオルガンなら
買ってもらいたかったなあって思った．きっと無理すれば親も買えないこと
なかったって思うんだよね……」
——ピアノには憧れを持っていたんですか？
「ピアノには憧れ持ってたよ，うん．……絶対それはできることではないっ
ていうことに自分でも承知していたから，……例えば，女学校へ行きたいと
思っても，女はそんなの行くことはないって，男は行かなければならないか

らって，もうそこで．……一方では，あれもあったよ，あのー，日本の楽器．
お琴も私憧れたよ．お琴がさ，○○寺の曲がり角のうちから聞こえると，子
どもながらにも立ち止まって，あんなの習いたいなあって思って．……でも，
お琴よりはピアノの方がね．和音がでる楽器って，だって日本の楽器にはな
いでしょう．和音に憧れたよね．……」

　ピアノは，経済的要因だけでは持つことはない．ブルデューが強調したよう
に，「客体化された文化資本」としてのピアノは，親側のハビトゥスである
「自分の子どもに対する教育的まなざし」，すなわち「身体化された文化資本」
がなければ，所有の対象となることはない．娘にたしなみとしてお稽古ごとを
させること，子どもがピアノを弾けるということは，「客体化された文化資本」
を自らのものとし，特定の目標にあうように，その「客体化された文化資本」
を使用し，自ら身体化された資本を自由に使うことによって初めて可能になる．
ピアノという「客体化された文化資本」を所有することは，経済的に豊かであ
るということを示すとともに，親のハビトゥスをも他人に承認させることを意
味し，その家庭がどのような家庭であるかを周りから判断される指標となり，
他の家庭とは異なるということを示す差異化作用を持っている．上述の語りに
は，職人であるＯさんの家庭と，医者である友人の家庭との文化資本の差が
如実に表れている．戦前においては，こうした文化資本の差は今以上に顕著で
あろう．それ故，ピアノを所有している家庭の女子は，当然のごとく上級学校
にも進学していった．Ｏさんとその姉は，小学校時の成績は常にトップだった
というが，女学校に進学することはなかった．しかしながらＯさんの兄たち
は中学に進み，その後早稲田大学に進学したという．この時代，女の子たちに
とっての夢であったピアノは，他者との差異化を図る恰好の階層的な証であり，
また，紛れもない文化資本だったのである．

3.2　戦前の日本のピアノ文化と西欧近代のピアノ文化

　西欧近代において，女性にとってのピアノは家庭生活を豊かにするもので
あった．前章で言及した玉川裕子の論文では，女子教育を論じたヨアヒム・ハ
インヒリ・カンペによる 1789 年出版の『我が娘に贈る父親の助言』が紹介さ
れている．それは「幸福な中流の若き女性」を対象としたもので，中流の女性
の本分は，「人に喜びを与える妻，子どもを育てる母，そして家庭を取り仕切

る賢明な管理者」にあった．加えて女性がこのような役割を心にとめておかな
ければならないのは，家庭の幸福のみならず，国家の命運も女性たちにかかっ
ているからだという．この時代の女子教育は，家庭全体を慈しみに溢れた喜び
で生き生きしたものにするためのものであり，ブルジョワ階級に属する女性が
限度を超えないかぎりにおいて，音楽や絵画などの素養を身につけることは，
自身の教養を高め，また妻，母としての役割にふさわしいとされた（玉川
2008：17-19）．またピアノは座ったまま忍耐強く練習する必要があるため，「男
は外，女は内」という性別役割分業を前提とする都市のブルジョワ階級の家族
形態においては，女性を家庭生活に縛り付ける機能も持っていた．そして良家
の子女にとって，ピアノを持参して嫁ぐことは，生家の経済力をも示すことで
もある．こうした市民社会の要請に呼応して，ピアノは市民的規範を身につけ
ていることを示すものであった．

　一方邦楽が土着的伝統の文化であった日本では，明治前期に空間的移転とい
う文化伝播によってピアノ文化が移入された．当初，ピアノ文化に触れること
ができたのは上流階級の人々に限られていたが，明治後期になると一般庶民に
おいても富裕層では，西欧モダンのピアノ文化に魅了され，生活を豊かにする
ものとしてピアノ文化を受け入れるようになった．そうした状況において，西
欧近代のピアノ文化が持っていた女性とピアノを結びつける機能は変化したの
であろうか．

　まず戦前の日本における女子教育に注目してみよう．戦前の日本の女子教育
には，その特徴として「良妻賢母」という思想が認められる．深谷昌志は，良
妻賢母は，「敗戦まで——意識下の層では現在でも——女子教育を支配し続け
てきた指導理念である」という．深谷によると，良妻賢母は固定化された観念
を無批判に受けついできたものでも，明治維新を契機として，欧米の影響を受
けて合目的的に造りだされたものでもない．深谷は，良妻賢母を日本特有の近
代化の過程が生み出した歴史的複合体とみなし，それは「ナショナリズムの台
頭を背景に，儒教的なものを土台としながら，民衆の女性像からの規制を受け
つつ，西欧の女性像を屈折して吸収した複合思想」であり，「家族制度の『醇
風美俗』，中等教育の『質実剛健』などと並んで，国体観念の重要な側面を担
う概念である」と述べている（深谷 1990：11）．すなわち，良妻賢母の理想とは
「古来からの女性としての徳を兼ね備えた上で，国家への視野の拡がりをもち，
優良な次代の国民を育てるに足るだけの知識をもった女性」である（瀬地山

108 第Ⅱ部　憧れが現実に

1996：127）．女性に対するこの理想像が意味するところは，女性が家庭全体を
慈しみに溢れたものにすることは，家庭の幸福のみならず国家の命運も左右す
る，というものであった．家庭内に限定する女性の役割を，家庭の外に拡大す
る意味でナショナリズムと結びつけ，国家に貢献する国民として女性を位置づ
けているのである．こうした良妻賢母思想は，日本の江戸期における，女性を
「『無才是徳』とさえいいきり，夫への盲従を説いた儒教の女性観」（瀬地山
1996：144）とは大きく隔たりがある．むしろそれは，カンペが「人に喜びを与
える妻，子どもを育てる母，そして家庭を取り仕切る賢明な管理者」である女
性に，家庭の幸福のみならず国家の命運もかかっている，といった「中流の女
性の本分」と共通するものである．

　日本におけるこうした女子教育は，明治 20 年代半ばになっても低迷してい
た[10]，日清戦争後，国民意識が高揚するなかで，女子教育関係者だけでなく政
策担当者の間でも，良妻賢母育成の必要性を訴える女子教育論が提唱されるよ
うになった．そうした中，明治 32（1899）年 2 月，「高等女学校令」が公布さ
れ，高等女学校は，男子の中学校と同じく「高等普通教育」機関として法令上
位置づけられたのである．小山静子は，女子中等教育が公教育体制の中に位置
づけられたのは，高等女学校教育が国家の発展と密接に関わり合うものと認識
されたからであり，女と国家との関係性を論理的に明確化したのが，良妻賢母
思想だったと述べている（小山 1991：41-48）．明治 35（1902）年に開催された第
三回全国高女長会議において，女子中等教育普及に尽力した菊池大麓文相は，
女子教育に対する自らの見解を述べている．それは「女子教育に付て，将来ど
ういう方針を執るべきかと云ふことに付きましては，もう殆ど輿論が一定して
いると考へます．……日本では将来結婚して妻になり母になるものであると云
ふことは，女子の当然の成り行きであると云ふ様に極まって居るのでありま
す」というものだった（深谷 1990：199）．すなわち，高等女学校教育における
良妻賢母思想による教育目的とは，女の生き方を妻や母であることに限定させ
るものだった．そのため良妻賢母思想は，教育レベルを低度に抑える機能を果
たしていくことになった．小山は，明治 34（1901）年の中学校と高等女学校の

10）女子の就学率が向上するのは，明治 25（1892）年以降である．例えば明治 23（1890）
　　年の県別女子就学率は 31.3％で，20％以下の県が 9 県（新潟，岩手，青森，山形，秋
　　田，徳島，宮崎，鹿児島，沖縄）ある．当時は初等教育である尋常科を終了しないで退
　　学するものもいた（深谷 1990：116-117）．

学科目を比較しているが，それによると高等女学校では漢文，物理，化学，法制及び経済等が存在せず，外国語は随意科目扱いになっている．さらに数学や外国語の授業時間数は，中学校の半分以下であり，その分，修身，家事，裁縫，音楽などにあてられていた（小山 1991：49-51）．こうした女子用の科目の存在は高等女学校教育の特徴であり，それが良妻賢母を育成する教育だったのである．ただ，良妻賢母の育成を目標にしながらも家事，裁縫だけに限っていない点は，従来の女子教育に比べれば進展したと考えられる．こうした女子用の科目の存在と週授業時数は，昭和 10（1935）年前後の公立女学校の授業においても変化はない（稲垣 2007：13）．そして，以上のような戦前の日本における良妻賢母思想に基づいた女子教育観には，西欧近代の女子教育観と通底するものが認められる．

　この良妻賢母思想に基づいた高等女学校に在籍していた女学生は，良妻賢母教育をどのように感じ，またどのような世界を生きていたのだろうか．稲垣恭子は，高等女学校の女学生は戦前期においては女性の教養層を代表する存在であったと捉えている．稲垣によると，彼女たちは新しい時代の家庭運営の知識をもった将来の「良妻賢母」であり，また文学や演劇，音楽などに親しむ「モダン」な女性であり，ロマンティックな感性をもった「少女」でもあった．昭和初期の女学生は勉強や読書，スポーツ，稽古ごとなど様々な領域にわたる幅広い文化に親しんでいたが，音楽や芸術は「女性の教養」であると同時に「女学生文化」の一部でもあった（稲垣 2007：4-27）．都市部の女学生やキリスト教系の学校に通う女学生には，ピアノの人気が高かったことは先述したが，キリスト教系の女学校では，当時の中学校を上回る時間数の外国語教育が行われたことに加え，音楽の授業においてもピアノ，ヴァイオリン等の楽器が教授されていたようである．

　稲垣は，昭和 10（1935）年に京都市の公立高等女学校に入学した女性の，女学校時代の日記を紹介している．その女性は女学校で一番好きな科目は「国語」であり，嫌いなのは「裁縫」で，和裁の宿題は母親に代わりにやってもらい提出していたようである．ピアノや筝，茶道，華道などのお稽古ごともして

11）本章第2節のインタビュー調査でも，キリスト教系の女子学院では英語教育の時間数が
　　多かったと語られている．

いたが，最も好きだったのはピアノだったという（稲垣 2007：7-12）．以下がその日記である

　　ピアノ，私の第一のたのしみ．めいつた気持ちを引立て，かなしみを忘れさせ，淋しさをまぎれさせる．そして心のなかにやさしさとたのしさをみたすもの．（稲垣 2007：24）

　　学校を出た時のことを考へるといやになる．着物を着て帯をしめて，お茶やお花に毎日をすごす．やはり出来るならもう少し学生生活がしたいと思ふ．でも私の卒業ばかりを楽しみにしてきたお母さんの事も考へなければならないと思ふ．（稲垣 2007：25）

　この女性は，日本の良妻賢母主義教育を連想させる，女子用科目の裁縫やお茶，お花のようなお稽古ごとは好まなかったようである．ピアノを好んでいたことに対し稲垣は，ピアノは卒業後の結婚生活を連想させる良妻賢母主義と直接的につながっているわけでもなく，女学生たちにとっては「女学生文化」の世界を象徴するものだったかもしれないと述べている．さらに「女学生文化」は近代学問から文学や芸術，立ち振る舞いまで含む幅広い領域にわたっており，それはモダンな教養と伝統的なたしなみを兼ね備えた「教養ある女性」を象徴してはいるが，「結婚のための教養」として批判の対象となることも少なくなかったと指摘している（稲垣 2007：26-39）．ピアノは舶来文化であるため，日本の良妻賢母教育と直結するものではないが，「教養ある女性」の象徴の一つである以上，それは決して良妻賢母主義と対立するものではない．戦前の高等女学校の女学生たちは，否が応でも良妻賢母主義を意識しない訳にはいかなかったであろう．そうしたなかで女学生たちは，生き方を妻や母であることに限定される現実の結婚生活の前に，良妻賢母教育を強いられる日常生活から少し距離を置いたお稽古ごととして，ピアノを捉えていたのではないだろうか．
　筆者が行ったインタビュー調査では，大正生まれのＯさんにとって，高等女学校への進学とピアノは手に届かない憧れであった．高等女学校とピアノは階層的な威信を示す女子教育であり，そうした女子教育を受けた女性は新しい時代の「良妻賢母」であり，憧れや羨望の対象であったと考えられる．新しい時代の「良妻賢母」のイメージは，女性としての価値を高め，結婚の際にはプラスに作用したはずである．

第 4 章　戦前におけるピアノ文化とクラシック音楽の担い手　　*111*

　玉川は，戦前の文学作品や少女雑誌から当時の女性たちのお稽古事情について考察している．それによるとヴァイオリンを弾く女性は自らの人生を選択し，自立して生きていくイメージであるのに対し，ピアノを弾く未婚の女性のイメージはおしなべておとなしく，自らの意思を表明することなくピアノを弾いているようである．玉川は，良妻賢母思想のもとにおいて，ピアノを弾く山の手の令嬢たちは，自立よりも従順さをイメージさせ，結婚に際して，その商品価値は，ヴァイオリンを弾く女学生と比べてさえも高かったはずであると分析している（玉川 1998：74）．さらに玉川は，少女小説ではピアノは慈悲深い母の[12]イメージと結びつけられていることを明らかにし，ピアノはその形態からくる移動の不自由さが，ヴァイオリンとは異なり少女たちを家庭か学校に囲い込み，ピアノを弾く女性は「良妻賢母」イメージと様々な回路を通じて，幾重にも重なり合っていると指摘している（玉川 2008：33-35）．居間におかれたピアノが一家の団欒の象徴となり，その背後にはそれを購入することを可能にする父親の経済力があったことは言うまでもない．そうした戦前の日本におけるピアノ文化の受容は，19 世紀の西欧における新興ブルジョワ階級の人々のピアノ文化の受容と非常に類似していると言える．

　こうしてみると戦前の日本におけるピアノ文化は，高等女学校の「女学生文化」を象徴するものという側面があるものの，多くの点では西欧近代のピアノ文化と共通するものを認めることができる．一つには，ピアノが都市新中間層という中流の家庭における団欒の象徴であったということであり，もう一つは，何よりも女子教育の振興の過程でピアノが普及したことである．そこには，ピアノという楽器の形態が大きく影響しているものと推測される．ピアノは和洋折衷の生活を彩る豪華な装飾品であると同時に，一定の場所に固定しなければならないという不自由さが，出歩かないで家庭を守るという印象を他者に与える．そのためピアノは，西欧近代においては本分をわきまえた女性を，そして日本においては良妻賢母を育成し，さらにはそうしたイメージを演出した．またそのイメージは，結婚市場においては女性にとって有利に働いた．西欧においても日本においても，女性の本分は家庭にあり，女性が家庭を守ることに国家の命運がかかっているという女子教育論のもとで，その延長線上の一つの要

---

12) 玉川は，『少女の友』に掲載された小説，大正 8（1919）年 5 月号「母のみ手に」（佐山香之助作）と大正 13（1924）年 4 月「音階」（浅原鏡村作）を分析している．

素として，玉川が指摘するように，ピアノが「結婚市場において女性の商品価値を高める」（玉川 1998：76）機能を担っていたということである．このように，西欧モダンのピアノ文化は，モジュールとして日本に空間移転したものの，この段階においてはまだ，ピアノ文化の受容における日本の独自性は出現していない．新中間層の人々が，西欧の生活様式を採り入れた都市的な生活を営み始めた過程で，生活を豊かにするものとして，魅力あふれるピアノ文化を受け入れるようになってきたのである．

4. クラシック音楽の愛好とベートーヴェン受容

　明治 20（1887）年頃までの洋楽の演奏会は，大部分が陸海軍の軍楽隊か，音楽取調掛と宮内省雅楽部怜人によるものであったが，欧化主義の盛んな鹿鳴館時代になって，民間の音楽団体による洋楽演奏会も次第に行われるようになった．明治期後期になると，演奏会や舞踏会の開催，演奏者層（軍楽隊，音楽取調掛〜東京音楽学校，式部寮雅楽課）の育成といった要因に支えられ，管弦楽を奏でる土壌が少しずつ整備されていった．そして大正期に入ると，クラシック音楽の演奏会も，東京音楽学校の奏楽堂と帝劇を中心に盛んに開催されるようになった．以下は，芥川龍之介が大正 7（1918）年に書いた『あの頃の自分の事』という小説の一節である．

　　　十一月もそろそろ末にならうとしてゐる或晩，成瀬と二人で帝劇のフイル・ハアモニイ会を聞きに行つた．行つたら，向うで我々と同じく制服を着た久米に遇つた．……
　　　当夜は閑院宮殿下も御臨場になつたので，帝劇のボツクスや我々のゐるオオケストラ・ストオルには，模様を着た奥さんや御嬢さんが大分方々に並んでゐた．現に自分の隣なぞにも，白粉をつけた骨と皮ばかりの老夫人が，金の指輪をはめて金の時計の鎖を下げて，金の帯留の金物をして，その上にもまだ慊らず，歯にも一面に金を入れて，（これは欠伸をした時に見えたのである．）端然として控へてゐた．
　　　……するとそこの入口に，黒い背広の下へ赤いチョツキを着た，背の低い人が佇んで，袴羽織の連れと一しよに金口の煙草を吸つてゐた．久米はその人の姿をみると我々の耳へ口をつけるやうにして，「谷崎潤一郎だぜ」

第 4 章 戦前におけるピアノ文化とクラシック音楽の担い手 *113*

と教へてくれた．（芥川 1968『現代日本文學大系』43：105-106）

　これは当時のクラシック音楽会の様子を描写したものであるが，この時代，人々がクラシック音楽を楽しむためには，演奏家と時間と場所を共有することが必要であり，そのため音楽を受容できるのは一部のエリートの範囲を超えていなかったのである．演奏会に集まってくるのは上流階級，文学者や帝大の学生などのインテリといった，いわゆる当時の特権的な階級の人々だった．特に学生は，日常的に西洋の学術に親しむ結果，日本の伝統文化よりも，西洋音楽に憧れを持つようになった．

　昭和初期の音楽普及に最も大きい力となったものはラジオと蓄音機である．公的なラジオ放送は大正 14（1925）年に始まったが，ラジオ放送が始められた頃の受信機は，相当高価なものだったので，すぐには普及しなかった．しかし放送は公益法人として運営され，文化の向上発展のための指導的な立場から番組編成が行われた．国内の聴取者は，大正 14 年 3 月の放送開始当初には 5455[13]人であったが，昭和 3（1928）年には 50 万人，昭和 16（1941）年末には 638 万人に達した（堀内 1991：407-408）．番組の主な種目は，ニュース，講話，演芸，音楽等であり，音楽番組の種目は，邦楽，洋楽の各分野を網羅していた．邦楽は，雅楽，能楽，浄瑠璃，長歌，箏曲，尺八，三曲，浪花節，民謡等を含み，特に歌詞については下品なものは避けて注意深く吟味された．洋楽は独唱，合唱，歌劇，ピアノ，ヴァイオリン等各種楽器の独奏，室内楽，管弦楽，吹奏楽等が行われた（上原 1988：323）．今まで肉声なり楽器なりが直接耳に伝えた音楽は，ラジオによって電波を通じて人々の耳に広く伝えられるようになった．会場へ行くこともなく，着て行く服装の心配もいらず，多額の入場料を払う必要もない．音楽はなんの労力をも用いないで，各人の耳に伝えられたのである．人々が今まで全く聴くことがなかった音楽，あるいは聴こうとしなかった音楽が，朝から晩まで聞こえてくるようになった．音楽は「演奏家対聴衆」の範囲を超え，「電波を通じて社会へ」拡がったのである（堀内 1991：408）．しかしながらラジオの聴衆の大部分は伝統的な邦楽に親しまず，ましてや洋風な管弦楽などは知らなかった．人々は何の予備知識もなく和洋古今の様々な音楽を多量に聴かされた．

　日本放送協会は公益法人の立場から，聴取者の嗜好調査を行って調査の結果

13）昭和 16 年には，パラオにも放送局があった．

114　第Ⅱ部　憧れが現実に

を尊重したが，国民の文化向上の指導的立場から，必ずしも調査結果の通りの番組編成は行わなかった．昭和2，3年ごろの嗜好調査によれば，邦楽に比較すると洋楽に対する嗜好はかなり低かった．邦楽では圧倒的に浪花節が多く，次いで義太夫，民謡が続き，洋楽では管弦楽，ハモニカ，吹奏楽，ジャズ等に人気があった．洋楽については国民の趣味向上のため，芸術性の優れた洋楽の番組編成をした（上原 1988：322-323）．面白いことに，それまでの演奏会はおもに独唱や，独奏が中心であったが，ラジオの嗜好調査では，比較的高級な管弦楽や合奏音楽が喜ばれることがわかった（堀内 1991：410）．このようにラジオの普及は昭和初期の音楽普及を促進した．人々はこれまで聴くことがなかったオーケストラなどのクラシック音楽を，ラジオによって耳にするようになったのである．

　一方蓄音機は，日露戦争後の好景気に乗じて上流社会から普及していった．それまでの音楽は時と場所を拘束したため，聴衆はある程度の専門家であったが，蓄音機は音楽を演奏会場から家庭へと導きいれた．蓄音機は中間層以上でなければ買えなかったから，ラジオほどの普及力はなかったが，それでも聴衆の範囲を非常に拡大した．大正中頃までの，人々に好まれたレコードの曲目は，浪花節や義太夫など邦楽ものが中心であったが，大正の終わりごろから，新しい分野として「はやり歌¹⁴⁾」と呼ばれたジャンルが出始めた．このはやり歌の登場を機に日本のレコード界は大きく発展し，クラシック音楽の愛好家もこの頃から多くなっていった．上原によれば，クラシック音楽のレコードの販売数は愛好家の増加に伴って非常に伸び，昭和10年前後には交響曲やソナタのレコードの売り上げは日本が世界一になった．例えば，ワインガルトナー指揮のベートーヴェンの『第九交響曲』は3000組売れ，トスカニーニ指揮のベートーヴェンの『第五交響曲』は約3万組売れた．またシュナーベルが演奏したベートーヴェンの『ピアノソナタ全曲集』は2000組の申し込みがあり，この数は全ヨーロッパの申し込みの合計数とほぼ等しかったと言われている（上原 1988：322）．クラシック音楽の愛好者層でいえば，旧制高校や大学生などの学生が中心だった．戦前の都市中間層の女学生たちは，自らが演奏するといった形でピアノ文化に親しんだが，その一方で，加藤善子によると，旧制高等学校と旧制大学の男子学生たちは，日本で最初のクラシック音楽の愛好家だったよ

---

14)「はやり歌」の嚆矢は松井須磨子の《カチューシャの唄》である（加藤 2006：122-126）．

うである（加藤 2005：150）．

　加藤は，日本におけるクラシック音楽の愛好家が昭和初期に増加していることに着目し，戦前の学生におけるクラシック音楽の普及が三段階に分けられると指摘する．彼女によると，第一段階は，蓄音機の普及が進む以前に両親や自らに海外生活の経験があり，違和感なく西洋の音楽に触れることのできた特権的な階級で，明治前期〜明治中期生まれの者が中心となる．第二段階は，新中間層出身の比較的裕福な家庭出身で，西洋的な文化に親和的で楽器や蓄音機が家にあるなど，西洋音楽に触れることができた学生たちが中心で，この時代は旧制高校の文化が，バンカラから文学・哲学中心の教養主義へ移行した時代である．第三段階は，楽器を演奏する余裕もなくレコードを買う金もないがために音楽にのめりこんだ世代で，彼らは友人らと昭和10年代から一般的になったと考えられる音楽喫茶にたむろして音楽を語り，スコアを持ってベートーヴェンの哲学と芸術に陶酔した集団である（加藤 1998）．ただ昭和10年代（1935〜）になっても，当時高等教育を受ける者の割合は非常に低く，男子に限って見るとその割合は同年齢層の5％程度であり，その中でも旧制高校・帝国大学に進学するものは，少数の裕福な階層出身の者だった（高田 2001：185）．そのため中には苦学生もいたかもしれないが，高等教育機関に進学できたということから，クラシック音楽を愛好した学生たちは，ある一定以上の階層の出身だったと考えられる．

　文部省が昭和13（1938）年に全国の大学，高等学校，専門学校等128校に対して実施した『学生生徒生活調査』の「趣味娯楽」の項目をみると，「音楽」が読書や映画を含む三大趣味の一つとしてあげられている．その順位は帝大，官公立大，私立大など，学校の種類によって入れ替わるものの，学生の2割から4割が「音楽」を趣味としている．学生たちは時代を先取りしてクラシック音楽を愛好したのである．『学生生徒生活調査』は「自家の職業と學資支給の程度」というような学生の家庭の経済状況から，成績や運動の趣味などの生活習慣に至るまでの詳細な調査であり，この調査には「尊敬私淑する人物」という項目も存在している．そこには西郷隆盛，野口英世，乃木希典，東郷平八郎らとともに，ベートーヴェンの名前があげられている．当時，ベートーヴェンは人々に愛され，愛好されていたクラシック音楽はベートーヴェン中心だったのである．

　昭和戦前期は，ドイツから輸入された「教養」概念が大学や旧制高校を支配

していた時代で，ドイツの文化・哲学・文学，そしてその根底となるドイツ的教養という思想が，学生たちに過大評価されていた（高田 2001：18）．そのため，ドイツの音楽家ベートーヴェンを学生たちが尊敬，私淑したとしても不思議ではなく，ドイツ的教養主義に支配された高等教育機関の学生は，戦争に傾斜する社会的状況において，ベートーヴェンを中心にクラシック音楽を愛好した．学生たちがベートーヴェンの音楽を愛好することは，高等教育によって授けられたドイツの文化や哲学を語る術であったとも考えられ，その音楽は，彼らにとって心酔するに値するものだったのである．クラシック音楽の熱心な愛好家でもある小説家の五味康祐は，『五味康祐音楽巡礼』の中で次のように書いている．

> 　ぼくたちの青春時代，いわゆる"名曲喫茶"には，いつも腕を組み，あるいは頭髪を掻きむしり，晦渋な表情でまるで思想上の大問題に直面でもしたように，瞑目して，ひたすらレコードに聴き耽る学生がいた．きまってそんなとき鳴っているのはベートーヴェンだった．……彼はいつまでも，一杯のコーヒーで自分の好きな曲のはじまるのを待つのだ．念願かなって例えば二長調のヴァイオリン協奏曲が鳴り出せば，もう，冒頭のあのｐのティンパニーをきいただけで，作品六一の全曲は彼の内面に溢れる．ベートーヴェンのすべてがきこえる．彼はもう自分の記憶の旋律をたどれば足りたし，とりわけ愛好する楽節に来れば顔をクシャクシャにして感激すればよかった．そんな青年が，戦前の日本のレコード喫茶には，どこにでも見られた．たしかに彼は耳ではなくて頭脳でベートーヴェンをきいている．大方は苦学生だったと思う．
> 　……ここには紛れもなく戦前の，日本の学生生活——その青春の一つの典型があったとおもう．彼はコーヒーのためではなく，明らかにベートーヴェンのために乏しい財布から金を工面したのだ（五味 1981：61-62）．

　学生たちは高等教育によって授けられたドイツの文化や哲学を，ベートーヴェンの音楽の中に見出していたのだろう．

　一方福本康之は，明治より第二次世界大戦下までの，日本におけるベートーヴェンの受容の実態を明らかにしている（福本 2000；福本 2001；福本 2002a；福本 2002b）．彼によると，まず明治政府の洋楽導入政策下での受容であり，それは「楽聖」というよりもむしろ「≪むーんらいと・そなた≫の作曲者」としての

イメージが強かった．それが明治の後半から大正時代にかけて，音楽雑誌を中心とするマス・メディア上に言説化されたベートーヴェン像が現れ，「ベートーヴェン＝楽聖」というイメージが作られた．昭和初期になると，音楽雑誌ではベートーヴェンの人物像よりも，作品に関する論考が多くみられるようになった．また演奏家にとっても，ベートーヴェンの作品は重要なレパートリーとなり，演奏会で取り上げられる機会も，かなりの回数であった．こうしてクラシック音楽の供給源の増加とともに，「ベートーヴェン＝楽聖」というイメージが深く浸透したという．さらに福本は，戦時体制下において，ベートーヴェンが別の文脈で現れるようになったことを指摘している．福本によれば，作曲家の山田耕筰が音楽雑誌『音楽公論[15]』の中で，ベートーヴェンの音楽こそ，戦時体制下の音楽創作活動において手本とすべきものと述べ[16]，また文学者の森本覚丹が，「新日本文化への音楽の使命」と題された論考において，大東亜共栄圏を視野に入れ，日本人に必要な音楽はベートーヴェンの交響曲であると主張している[17]．戦時体制下の日本では，政府が国民を戦時教育する上での手段として，ベートーヴェンは価値を見出されていたのである．晩年聴覚を失いながらも作曲に打ち込んだベートーヴェンのその姿は，戦時体制が色濃くなり，重苦しい空気の中で日常をおくっていた当時の人々にとって，「楽聖」として尊敬すべき偉人像として植え付けられたに違いない．太平洋戦争勃発以後，アメリカやイギリスの音楽は敵国の音楽として聴くことは禁止されたが，ドイツ，イタリアの音楽は同盟国の音楽として認められた（上原 1988：324）．ベートーヴェンの音楽はドイツの音楽であるため，不自由はしなかったものと考えられる．

　ところで明治期以降日本のクラシック音楽界は，演奏家や音楽教育者は東京音楽学校などの音楽学校卒業者であるが，音楽評論家は大学出身者が多くを占めていた．特に大正後期・戦前の昭和期の音楽評論家は，圧倒的に音楽学校ではない大学出身者であった．東京音楽学校は官立の特権的な音楽の専門学校ではあったが，旧制高校の入学試験のような厳しい入学試験はなく，旧制中学校卒業も必要とはしなかった．そのため彼らは，大学出身の評論家たちとは同じ

---

15) 1941（昭和16）年11月，評論・研究記事を主とする総合音楽雑誌として創刊され，1943年10月廃刊．

16)「大東亜戦争と音楽家の覚悟」，『音楽公論』2巻1号（1942年1月号），18-19.

17)『音楽公論』2巻6号（1942年6月号），18-23.

知識を共有しておらず，高等教育機関で学ぶ学生たちに影響を与えるまでには
いたらなかった．それに対し大学出身の評論家たちは，自身が持つ西洋文化の
知識を基盤に，精神性を重視して楽曲解説や音楽評論を行い，クラシック音楽
との関わり方は，音楽学校出身者のそれとは異なるものであった．そのため学
生たちは，自分たちと同じ学歴を持つ評論家たちをオピニオン・リーダーとし
て選び，クラシック音楽に傾倒していったのである（加藤 2005：163-166）．

　戦前は，学生たちはクラシック音楽の愛好者であることをアピールすること
で，そしてベートーヴェンを語ることで特権的な立場に立つことができた．さ
らにクラシック音楽の愛好は，親から継承した西洋文化に親和的で家に蓄音機
や楽器があるという文化資本とも合致していた．クラシック音楽の愛好は，学
生たちにとっては高等教育を通して学んだ西洋に関する知識とともに語ること
ができ，それは知識と教養を示す指標にもなった．加えて高等教育機関で成功
する有利な戦略であり，文化資本になっていたと考えられる．その結果，戦前
のクラシック音楽は，おもに高等教育機関という〈場〉に学ぶ学生たちによっ
て支持されたと言える文化だった．

　加藤は，高等教育機関の学生のクラシック音楽の愛好は，学校に在籍してい
る間の一時的な趣味で，長続きしなかったと分析している．戦前のクラシック
音楽の愛好者である学生は，大学から離れるとクラシック音楽から離れる傾向
がみられたという[18]．加藤はその理由として，大学を卒業した後に属する社会集
団では，クラシック音楽の愛好はそれほど有利にはならなかったこと，クラ
シック音楽の愛好は主に高等教育機関という〈場〉においてのみ，意味を持つ
趣味であったことを挙げている（加藤 2005：158-168）．しかしながら学生のクラ
シック音楽の愛好が，大学を離れたからといって，単に利害関係のみでそれま
での趣味が全く失われることは考えにくい．なぜならクラシック音楽の愛好は，
「身体化された文化資本」であり，学生たちのハビトゥスになっているはずで
ある．ブルデューによると，ハビトゥスとは身体化された歴史であり，それは
日常生活における行為や態度を習慣化する潜在意識のようなものだからである．
そのため大学を離れても，その後のライフスタイルに何らかの影響を及ぼして

18）加藤は，学生の卒業後のクラシック音楽愛好は，レコードやラジオなどの個人的な消費
　　手段では持続したであろう（加藤 2005：168）とするが，それ以上の考察はなされてい
　　ない．

いることが推測される．この問題については，次章で検討したい．

　本章では，主に第一次世界大戦が終結してから第二次世界大戦が始まるまでの，日本の戦間期における音楽文化について，ピアノ文化を中心に考察した．まずは都市人口の変化から，都市家族の誕生と人々の生活構造の変化に注目した．その結果，都市部では大正9（1920）年以降，農家生まれで直系家族に組み込まれなかった人々の，他地域からの流入によって人口が増加し，新たな社会階層である新中間層が登場した．新中間層は，家族内における性別役割分業を受け入れて，子どもの教育にも関心を持つ都市文化の新しい担い手となり，特有の階層文化を創出したことを明らかにした．

　インタビュー調査からは，そうした階層文化が必ずしも西洋文化の受容という視点のみでは捉えられないことが明らかになった．ピアノと箏では，第一次大戦勃発前後までは経済的にゆとりのある家庭の娘を表す記号として大差がなかったが，大正9（1920）年頃からは，箏のポジティブなイメージが薄れて，女学生の間では，ピアノの人気が集まるようになった．この頃は，都市家族といわれる新中間層が登場して都市文化の担い手となるが，それまで階層文化として受容されていた日本の伝統文化は，次第に西洋的な文化に移っていったのである．

　インタビュー調査はさらに，戦前のピアノ文化の受容の実情を明らかにした．「客体化された文化資本」としてのピアノの所有は，経済的要因だけでは不可能であり，親側のハビトゥスである「自分の子どもに対する教育的まなざし」，すなわち「身体化された文化資本」がなければ，所有の対象とはならなかった．また子どもがピアノを弾けるということは，その家庭がどのような家庭であるかを周りから判断される指標となり，他の家庭とは異なるという差異化作用を意味することでもあった．さらにこうした日本のピアノ文化の受容を「ハイブリッドモダン」の視点から検討すると，戦前は，新中間層の人々が，西洋の生活様式を採り入れた都市的な生活を営み始めた過程で，生活を豊かにするものとして，ピアノ文化を受け入れるようになってきたとはいうものの，まだピアノ文化の受容における日本の独自性は見いだせない．西欧においても日本においても，ピアノ文化の根底にあるのは，「良き妻，良き母」になるための教育，という思想であった．

　一方戦前は，女学生がピアノを趣味とすることに対し，主に高等教育機関に

通う男子学生は，クラシック音楽の愛好者として聴衆層を形成していた．昭和
戦前期は，ドイツから輸入された「教養」概念が大学や旧制高校を支配してい
た時代であり，ドイツ的教養主義に支配された学生らは，ベートーヴェンの音
楽を中心として愛好した．またこの時期の音楽評論家は音楽学校ではない大学
出身者が多くを占めていたため，学生たちは同じ学歴を持つ評論家たちをオピ
ニオン・リーダーとして選び，クラシック音楽に傾倒していった．ただこれま
での研究では，学生たちにとっては，クラシック音楽愛好は知識と教養を示す
指標であり，さらに高等教育機関で成功する有利な戦略であったため，学生ら
は大学から離れるとクラシック音楽から離れる傾向があったと示されていた．
しかしながら，学生たちのクラシック音楽の愛好は，ハビトゥスになっていた
と考えられる．この問題に関しては，更なる考察が不可欠である．

第 5 章
戦後日本の都市化と音楽文化

　本章は，主に高度経済成長期の前半を対象として，日本の音楽文化について考察する．従来，日本における戦後のピアノ文化は，民間の音楽教室によって大衆化されたと言われてきた．確かに戦前は都市新中間層の階層文化であったピアノ文化は，戦後は次第に大衆に普及していく．しかしながら戦後日本のピアノ文化は，一括りに "ピアノ文化の大衆化" と言える状態ではなかった．敗戦とその混乱期からの復興があり，そうした過程の中でもピアノ文化は人々の生活から忘れ去られることなく受容され，そして高度経済成長期になると，ピアノ文化は戦前以上に日本社会に受容されるようになる．日本のピアノ文化を歴史的視座から捉えるために，"ピアノ文化は大衆化した" と言われるに至るまでの時期に焦点を当てて，ピアノ文化の大衆化の過程を考察する．日本社会の都市化や，親の子どもに対するまなざしの変化があって，初めてピアノ文化は大衆化する．

　本章では，まず資料をもとにして戦後の人口動態と家族形態の変化を概観し，日本社会の都市化の過程を検討する．続いて親の子どもに対するまなざしの変化を，当時の雑誌や新聞広告などを用いて具体的に描き出し，その上で，高度経済成長期のピアノ文化の受容を議論する．

　本書ではこの時期を，ピアノ文化の普及期として捉えている．その初期は，ピアノ文化は一般の人々にとっては手が届きそうでありながら，なかなか手が届かないような状態であった．戦後いち早くピアノ文化を受容したのは，どのような家庭なのだろうか．またそれは，如何なる意識のもとで，どのような様相を呈していたのだろうか．主としてインタビュー調査によって探りたい．

　加えて本章では，戦後の一般家庭のなかにおいて，クラシック音楽が聴かれるようになる過程も検討する．既存の研究においては，戦前の日本では，クラシック音楽は高等教育機関に属する学生たちによって愛好されたが，それは一時的なもので，高等教育機関を離れると学生たちはクラシック音楽から離れる

122　第Ⅱ部　憧れが現実に

傾向にあったと言われていた．果たしてそうであったのだろうか．この点に関してもインタビュー調査を中心に考察する．

1.　人口動態と世帯経済から見る日本の都市化

　戦前に誕生した都市家族は1940年代には戦争とその混乱期を経験し，1950年代以降はその姿と性格が変容する．これまで農村に対する部分として認識されていた都市家族が，全国的に一般化したと言えるようになった．その理由として次の3点が挙げられる．

　第一は，市部・郡部別人口動態の変化である．大戦末期，大中都市のほとんどは空襲によって焦土と化していた．そのため終戦直後の人口分布は戦災と疎開により，それまで増加していた大中都市の人口はその周辺地域へ大量に流出し，戦前とは著しく異なった様相を示していた．しかしながら**表5-1**からも明らかなように，昭和25（1950）年になると，全国人口に対する市部人口の割合は，戦前と同じくらいの4割弱に回復した．都市化の傾向は進み，その後，市部人口比は，昭和35（1960）年には63.9％になり，それ以降は次第に上昇し，2000（平成12）年には78.7％となった．高度経済成長期の初めには全国人口の6割以上が，そして現在では8割が市部において生活を営むようになった（石塚2005）．

　第二に，出生率の変化も都市家族の特徴を全国的なものにした要因である．出生率を年齢構成の影響を除去した標準化出生率[2]でみると，昭和10（1935）年は市部25.3，郡部36.4であり，郡部の標準化出生率は10ポイント以上市部を上回っていた．しかしながら郡部の標準化出生率は，その後は市部を凌ぐ速度で激減し，昭和35（1960）年には市部18.3，郡部19.6となり，両者を特徴づける差は見いだせなくなっている（皆川1968：76）．

　第三は，労働人口の変化である．産業別就業人口構成の推移を10年ごとに見ると，**表5-2**に示したように，就業人口に占める第1次産業の割合は昭和

1）戦前の人口動態に関しては前章を参考されたい．
2）ある年次における女子の年齢別にみた出生数（年齢別特殊出生率）を，女子の年齢別標準人口に適用することによって，標準人口において生ずるとされる出生数を求める．この出生数の標準人口に対する比率を，その年次の標準化出生率という（総務省統計研修所編集「第54回　日本統計年鑑」，総務省統計局刊行）．

第5章　戦後日本の都市化と音楽文化　　*123*

表 5 - 1　市部・郡部別人口の変化（総務省「国勢調査」）

	全国人口（千人）	市部人口（千人）	郡部人口（千人）	市部人口比（％）
1950（昭和 25）年	83,200	31,366	52,794	37.7
1960（昭和 35）年	93,419	59,678	34,622	63.9
1970（昭和 45）年	103,720	75,429	29,237	72.7
1980（昭和 55）年	117,060	89,187	27,873	76.2
1990（平成 2）年	123,611	95,644	27,968	77.4
2000（平成 12）年	126,925	99,865	27,060	78.7

典拠：石塚（2005：83）.

表 5 - 2　産業別就業人口構成の推移（総務省「国勢調査」）

	第 1 次産業	第 2 次産業	第 3 次産業	就業人口（万人）	就業人口比率
1920（大正 9）年	53.8	20.5	23.7	2,726	48.7
1930（昭和 5）年	49.7	20.3	23.7	2,962	46.6
1940（昭和 15）年	44.3	26.0	29.0	3,248	45.2
1950（昭和 25）年	48.5	21.8	29.6	3,603	43.3
1960（昭和 35）年	32.7	29.1	38.2	4,404	47.1
1970（昭和 45）年	19.3	34.0	46.6	5,259	50.7
1980（昭和 55）年	10.9	33.6	55.4	5,581	47.7
1990（平成 2）年	7.1	33.2	59.1	6,173	49.9
1995（平成 7）年	6.0	31.6	61.8	6,414	5`.1
2000（平成 12）年	5.0	29.5	64.3	6,298	49.6

典拠：石塚（2005：84）.

15（1940）年には 44.3％であるが，昭和 35（1960）年には 32.7％に減少し，その後減少は止まらず平成以降は 1 割以下に落ち込み，2000（平成 12）年には 5 ％となる．第 2 次産業は昭和 25（1950）年に 21.8％になるが，1960 年以降は 3 割前後で推移する．一方この二つの産業とは対照的に，急激にその人口が増加するのが第 3 次産業である．昭和 15（1940）年は 29.0％あるが，その後上昇し，昭和 55（1980）年は 55.4％になった．就業人口に占める第 3 次産業の割合は，2000 年には 64.3％となる．高度経済成長期の後半には就業人口の約半数が，そして 2000 年以降は 6 割以上が第 3 次産業に従事するようになったのである．一方就業人口に占める雇用者の割合で見ると，昭和 34（1959）年には日

124　第Ⅱ部　憧れが現実に

表5-3　家族構成の推移

年度 （　）内は 昭和	総人口（万）	普通世帯数 （万）	普通世帯 平均人員	家族構成割合		
				核家族世帯	拡大家族世帯	単独世帯
				1920 (54.0)	1920 (39.4)	1920 (6.6)
1947 (22)	7,810	1,579	4.85			
1950 (25)	8,320	1,643	4.97			
1955 (30)	8,928	1,738	4.97	59.5 (1,035)	37.1 (643)	3.4 (60)
1960 (35)	9,342	1,957	4.54	60.2 (1,179)	35.1 (686)	4.7 (92)
1965 (40)	9,828	2,309	4.05	62.5 (1,446)	29.6 (683)	7.9 (180)
1970 (45)	10,032	2,707	3.73	63.5 (1,719)	25.7 (697)	10.8 (290)
1975 (50)	11,193	3,139	3.48	64.0 (2,007)	22.3 (703)	13.7 (429)

注：核家族世帯，拡大家族世帯，単独世帯の1920年に続く（　）内は比率．表中の（　）内の実数はその
　　年度の世帯数（万）．
典拠：石塚（2005：91）.

本の労働人口のうち5割を超え（51.9%），雇用者が農業を含む自営業者を上
回った（厚生労働白書18）.

　以上のように全国に一般化した都市家族は，その家族構造においても変化し
た．例えばそれまで4人以上だった合計特殊出生率は，昭和25（1950）年に
3.65，1952年には2.98，昭和35（1960）年には2.00，と急激に減少した（石塚
2005：81）．また都道府県別合計特殊出生率においても，1950年は，北海道，
東北，九州地方は4人以上（例外：山形3.93，福岡3.91，大分3.90），それ以外は概
ね3人台（例外：東京2.73，京都2.80，大阪2.87）であったのに対し，1960年には
地域差はなくなり，いずれも2人前後になった（石川 2008：82）．さらに戦前は，
営業使用人や家事使用人など非親族構成員を含んでいた都市の家族も，戦後は，
親族成員によってのみ構成されることが多くなった（中川 2000：206-209）.

　さらにこうした状況に伴い，**表5-3** が示すように普通世帯の平均人員も減
少し，家族構成は夫婦と子どもへと純化され核家族化が進行した．加えて都市
家族の一般化と変容は社会階層にも影響し，日本社会は，1970年代（昭和45年
〜）には「一億総中流」と言われる時代を迎えることになる.

2. 子どもの捉え方の変容

　日本社会は昭和 30 年代になると経済の高度成長に基礎づけられ，社会構造
上で，様々な変化が現れた．中でも注目すべきは家族に生じた変化であり，高
度経済成長期は家族の戦後体制の確立期と位置づけることができる．職住分離，
核家族化が進み，性別役割分業型の家族が標準的家族のあり方となった．「も
はや戦後ではない」と言われた高度経済成長期に都市家族が全国的に一般化し，
既婚女性には家事を担当し家族の世話をする主婦，子どもを産み育てる母親と
しての役割が与えられた．さらにこの時期は一般家庭の所得水準も上昇し，そ
れに伴い家庭電化製品の普及，家事の合理化，生活の洋風化などが進展した．
また大正 9（1920）年の第一回国勢調査以来，それまで概ね 5 人前後で推移し
ていた普通世帯の平均人員は，高度経済成長期の昭和 30（1955）年から 40
（1965）年にかけて 4.97 人から 4.05 人に，そして昭和 50（1975）年には 3.48 人
に縮小した（前節，**表 5-3**）．この時期の核家族化と少子化，加えて家事の合理
化は主婦にゆとりを与え，彼女らは手に入れた時間的余裕とそこから生まれる
エネルギーを，母親として少ない子どもに注いだと言われている．

　浜田陽太郎は，高度経済成長期に実際に行われた調査により，この時期の主
婦と子どもの関係を分析している．浜田は，農家の主婦を対象とした主婦の役
割に関する昭和 25（1950）年と昭和 36（1961）年の調査における変化から，「こ
と家族形態に関する限りは，昭和 25 年と昭和 36 年も大差がないことになる．
つまり同じ家族構成の中で便利屋的母親＝日常雑事における主婦の確立があっ
た」（浜田 1967：22）としている．[3] さらに浜田は，農家の主婦の生活時間に関す
る調査[4]と，『婦人之友』の友の会による世代別生活時間に関する調査[5]を用いて，
農家の主婦が「育児と家庭教育」にかかわる時間と，専業主婦が「子どもの教
育」にかかわる時間に大差がないことを明らかにした．農家の主婦は農閑期の

3）昭和 25 年の調査では，農家の主婦が家計管理，炊事，洗濯，縫物，洗濯，子守りとい
　う項目を主婦自身の役割とは考えていた割合は少ない．
4）1961 年，および 1962 年に実施した，農林省生活改善課による全国サンプルによる．
5）1961 年に実施した，全国の主婦 1 万 1000 人を対象としたもので，友の会の性格上，そ
　のほとんど（9000 人以上）がサラリーマン家庭の専業主婦の生活時間である．この調
　査は年代別になっている．

２月には 27 分であり，専業主婦の総平均は 31 分という結果が出ている．浜田は，この差は「都市と農村を分けるメルクマールになるものであろうか」と指摘している（浜田 1967）．

さらに渡辺秀樹は，一層踏み込んだ議論を展開している．渡辺は，浜田による前述の知見を基盤に，高度経済成長期の専業主婦の登場が，家事をする母親（＝便利な母親）の出現ではあるが，育児や教育をする母親の大量の出現であるとは言えないとしている．また渡辺は，この浜田の知見を日本社会全体の変化に位置づけた考察を行っている．それによると，1950 年代から 60 年代にかけて，第１次産業に従事する女性は急減し，1950 年代半ばから 1970 年代にかけて専業主婦が増える状況において，高度経済成長期は一日中育児，家事に費やす女性が大衆的に登場する時期ではある．しかしながら渡辺は，この時期の専業主婦は主に家事時間が拡大したのであり，「教育する母親」の登場は高度経済成長期以降だと論じている（渡辺 1999）．

本節では，高度経済成長期における親の意識について，さらに検討したい．渡辺の指摘を裏付けるように，高度経済成長期は，母親よりも父親の方が子どもに対する教育的役割の主導権を持っていたようである．そうした状況は，私が実施したインタビュー調査でも明らかになる．例えば 1958 年生まれのピアノ講師 C さんは，小学校５年生の時から地元（山形県）の大学の先生の家で受けたピアノレッスンに関して次のように語っている．

　「たまにやっぱり父親が聞きに来たりってことは，もちろん．まあ，すごく遠かったですし，妹もいるので，母が聞きに来るってことはめったになかったですけど，父はしょっちゅう」（本間 2012a：55-56）

また，1950 年生まれで四年制普通大学出身の P さんも，

　「うちには，小さい頃から家に少年少女文学全集や日本文学全集みたいのがあって，父が揃えたと思うんだけど」

と語っている（本間 2012a：49）．

この時代における親の，子どもに対する意識を当時の資料によって検討してみよう．用いるのは 1958（昭和 33）年から 1962（昭和 37）年にかけて，講談社

から出版された児童文学全集『少年少女世界文学全集』の月報である．この書籍は毎月発刊され，全50巻の各冊に訳者や挿絵画家の紹介，読者からのお便り，次号の広告などを掲載した月報がついている．親の実際の声として，この月報のなかの「読者の声」に注目しよう．以下は第24巻ドイツ編（7）（1959年）の付録月報「読者の声」9名からの抜粋である（仮名遣いは原文のまま．50年以上前の資料のため，氏名も月報の原文に従いそのまま掲載）．

（大阪府）神山満雄

2年㝳ではすこしむずかしいかとばかり思って，すこし不安な気持ちであたえたのですが，本ずきな子のせいか，発行以来ずっとよろこんで読んでおります．そして毎月発行されるのが待ちどおしいくらいです．本読みたさに漫画を読んだりしてこまっているところへ，こんなすばらしい本が発行されたことは，読む子どもより，わたし自身なによりよろこんでおります．

（島根県）荒本利貞

一日たとえ五分でも十分でも，よりよい本にしたしんでくれればと思いもとめましたところ，毎日いっしょうけんめいに，お勉強のすんだ後，またはお遊びのすんだ後などに，ひとりで出して読んでおります．そして読んでしまった後に，いろいろと感じたことをよく聞いてやっております．

（富士市）田沢泰夫

わたしは小学校のころ，ちょうど友だちが「小公子」「小公女」を持っているので，借りたくて心にもないおせじをいっては，本をむさぶり読んだものでした．

わが子にはそんな思いをさせたくなく，いつでも，どこでも，自分がすきなとき読める，自分の物を持たせたく，とぼしい財布をはたいて買っています．なにかしら得るであろうと親は念じつつ．

「読者の声」では，声の主が2人の女児を除いては全て父親であった．現在であればこのような声は，ほとんど母親が記すであろうと思われるが，昭和30年代はその役割を父親が担っていた．さらにこうした状況は他の月報も同様であり，同時期に発刊された『世界童話文学全集6　アメリカ童話集』（講

談社）においても，出版社が母親の声を期待して「おかあさんの声　読者の声」にしたにもかかわらず，実際に掲載されているのは父親の声である．これは出版社が意図的に父親の声を選んだというよりも，この時期，子どもの教育に対し強い影響力を持っていたのは，母親よりも父親であったと理解する方が妥当であろう．母親は，子どもに対する本質的な教育力は持ち合わせていなかったのではないだろうか．そうは言ってもその父親も，自身が育ってきた戦前の「家制度」に裏付けられたそれまでの価値観を変え，戦後，民主主義という新しい教育を受ける子どもに対峙しなければならない．「読者の声」には，そうした新しい時代の父親像と自己を同一化しようと努力する当時の父親の姿がうかがえる．親たちは自身の中で新しい父親像，母親像が定まらないまま，子どもに新しい時代を生きる教育を施さなければならなかった．しかしながらそこには，試行錯誤しながらも子どもの教育へ注ぐ，親の子どもへのまなざしが感じられる．そうしたまなざしは，戦前には経済的にも精神的にも豊かであった一部の階層を除いては，余り認められないものであった．

　一方こうした子どもへのまなざしは，ピアノ文化においてはなおさら顕著に表れている．**図5−1**に，4枚の写真がある．日本楽器（現・ヤマハ株式会社）とフクヤマピアノがピアノの販売を促すために，「読売新聞」全国紙に掲載した広告である．

　1枚目の広告（a）は昭和23（1948）年のものである．昭和23年は，連合国による東京裁判において，A級戦犯として起訴された東条英機ら7人に絞首刑の判決が言い渡され，執行された年である．まだ戦争の傷跡が感じられる時代でもあったが，前年には日本国憲法が施行され，日本全体としては復興に向けて進んでいた頃である．時代背景を考えると，庶民にとってはピアノどころではない．そのためピアノ販売の新聞広告も小さく地味なものである．2枚目の昭和28（1953）年の広告（b）は，ピアノに対する理解を深めてもらいたいという日本楽器側の意図が感じられる．ピアノ文化が社会に意識され始め，親も子どものためにピアノの購入を考えるようになった時期である．そして3枚目の広告（c）は，高度経済成長期の初期，昭和34（1959）年のものである．新聞紙面の4分の1ページの大きさの広告で，子どもに対する意識の変革を親に促す企業側の意図が込められている．この写真と「パパ★ママ　ありがとう★★★」というフレーズには，親の，子どもに対するまなざしがはっきりと読み取れる．1枚目の広告から隔てること11年で，ピアノ文化において親が子

第 5 章　戦後日本の都市化と音楽文化　　129

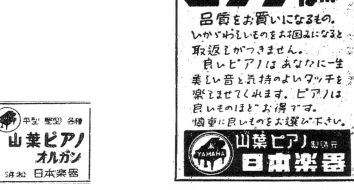

(a)「読売新聞」昭和 23 (1948) 年 7 月 28 日
　　朝刊 1 ページ

(b)「読売新聞」昭和 28 (1953) 年 9 月 6 日
　　朝刊 7 ページ

(c)「読売新聞」昭和 34 (1959) 年 12 月 7 日
　　朝刊 7 ページ

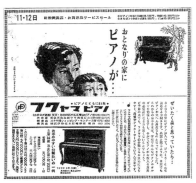

(d)「読売新聞」昭和 36 (1961) 年 11 月 10 日
　　夕刊 9 ページ

図 5-1　ピアノ販売の読売新聞広告

どもに向けるまなざしは，大きく変化していることが認められる．ピアノが子どもの教育にとって，重要な位置を占めるようになったのである．また，3台のオルガンの写真も載せ，ピアノの購入が無理な場合も，オルガンで気軽に音楽の勉強が始められることを強調している．いずれにしても親の目を，子どものピアノ教育に向けさせることに懸命になっている楽器メーカーの思惑がくみ取れる．4枚目の広告（d）は昭和36（1961）年のものである．「おとなりの家にピアノが……」のフレーズは，ピアノがこの頃から一般庶民にも，身近なものになった状況を如実に物語っている．

　日本社会においてピアノをめぐる状況は，高度経済成長期になって大きく変化した．ピアノを購入してレッスンに通ったり，弾いて楽しんだりするピアノ文化は，この頃から日本独自の受容の様相を示すようになっていく．

3.　母親の夢としてのピアノ文化

　昭和30年代（1955年〜），日本は高度経済成長期を迎えた．有末によると，新中間層を担い手とする都市の新しい生活様式は，「戦時・敗戦下の生活」により中座されるが，戦後，生活水準が徐々に回復し，高度成長とともに収入，支出は上昇を続けた．豊かさを規定する重要な要素は職業であり，家族形態は性別役割分業型の20世紀近代家族，いわゆるマイホーム家族へと変貌した．家庭電化製品などの耐久消費財の普及や，西欧型の食生活，さらには子女の教育への熱意など，都市的な新しい生活様式が，この時期の新中間層の女性たちによって先導された（有末 1999a：22，1999b：146-147）．

　それでは戦前，一部の恵まれた庶民以外には手の届かなかったピアノ文化は，戦後になって変化しただろうか．前出の大正15年生まれのOさんは次のように語っている．Oさんは昭和24年に結婚，2年後に長女が生まれた．その長女のためにオルガンを買いピアノを習わせ，その後ヤマハピアノ（20万円くらい）を購入．ピアノを購入したのは昭和30年代の中頃で，ご主人の月収は5万円くらいだったという．以下インタビュー内の（　）は筆者による補足．

　　「だから今度娘には，もう（ピアノを）習わせたいっていうのが，ずーっとあった．自分がそれを好きでも，せいぜい木琴の50銭とハモニカを買うくらいだから，ちゃんと習いたかったっていうのがあったね．だから，それを

子どもにやったわけ．習わせるって決めてた．だって，幼稚園の頃（から習わせた），あの頃随分早かったでしょう．（ピアノは）憧れもいいとこ……ピアノはいい値段したよね……でもあれも（ピアノ）随分〔自分でも〕弾いたんだよ，子どもがいない時ポンポンポンって．」

——音大は？

「音大までは考えてなかった．ただ，もし入れようと思ってたならば，学校の先生って思ってたね．どっちかって言ったら女子大，お茶ノ水とか．」

——じゃあ，ピアノは習わせて終わりですか？

「高嶺の花に手が届いたなって，まあその程度」

——娘さんがどんな曲を弾いた時に嬉しかったですか？

「まあ，娘がやっぱり『乙女の祈り』とか，『エリーゼのために』とか，いわゆる音楽といえるようなもの，歌でなくて，それを弾いた時はうれしかったねー．」

——娘さんの発表会とかあったんですか？

「うん，そりゃー嬉しかったねー．自分もおしゃれして．だって母親は一緒に写真撮るでしょう」

　昭和30年代も半ばになると，ピアノはかつてない売れ行きを見せるようになった．昭和34年（1959）8月18日の『朝日新聞』朝刊は，最近都内ではピアノがよく売れているとして，「生産追いつかず　町はピアノブーム」という記事を掲載している．それによると，ピアノは一，二か月待たないと買うことのできないほどの人気であったらしい．家庭でも情操教育に力を入れだしたため，ピアノが数年来のブームになっていると楽器店は報告している．またこの記事には，20万円前後のピアノが最も売れ，購入する家庭は月給5万円クラスが多いこと，さらに各社が20か月月賦を採用しており，月に5千円程度でピアノの設置が可能なため，月賦族も増加する一方でピアノブームに拍車をかけていることが記されている．ピアノはこの頃もまだ高価であったため，こうした月賦販売により，消費者は高根の花で手の届かなったピアノを購入することができるようになった．そうした状況は，前出の写真（d）からも容易に推

───────────────

6）ピアノの月賦販売は，昭和35年に登場したカワイの「月掛予約制度」が最初である．この「月掛予約制度」は，毎月一定の金額を積み立てて前払いをする代わりに，数年後

測できるだろう.

　福田和也は，昭和 30 年代はアメリカ的な生活様式が敗戦とともに一斉に日本に流入したため，当時の生活様式とは，物を中心とした消費文化が作られていく過程であると述べている．日本におけるピアノのイメージについては，「山の手」ということばを手がかりにして「『山の手』のイメージとは，たとえて言えば，昭和 30 年代に皇太子の結婚相手に正田家という製粉会社社長のお嬢さんを国民に売り込む過程に現れていた」とし，「家でホームコンサートをやるような家庭で，お嬢さんがテニスをやって，ピアノを弾いて，クリスチャンだというイメージ」と語っている．さらにそれは，「その当時は到達できないけれどもいずれ到達できるようなイメージとして売り込まれた」としている（福田 1998：143-144）．その当時ピアノを習っていた人は，どのように当時を記憶しているのだろうか.

　P さんは昭和 25（1950）年生まれの主婦で，千葉県在住である．この年代には珍しく，小さい頃からピアノを習っていたが音楽大学の出身ではない．弟が一人おり，弟もしばらくしてピアノを習ったという．P さんは現在も趣味として時々ピアノを弾く．「いつ頃からピアノを習いましたか？」という質問に対し，P さんは次のように語る.

　「幼稚園の頃にはもうピアノを習っていましたね，習わせられたというか，私の年代では早い（年齢）と思いますよ．小学校に入ったら，田舎だったのでピアノを弾ける人がいなくてね．先生もあまり弾けなくて，よく自分のクラスや他のクラスの合唱の伴奏をさせられましたね．そのことによっていじめられもしましたけど．……弟も小学校に入ったらピアノを習わせられて……中学は市の中央の学校だったので，ピアノを弾く人は何人かいましたよ．みんな，そこそこの家の人．……」
　──皆さん音大に進学したんですか？
　「うーん，私の知っている限りでは，ほとんどが四年生の普通大学に進学し

　　に定価よりも割安で楽器を購入できるというもの．ヤマハもその後「割賦販売」として，同様の販売制度を導入した．メーカーにとり，こうした販売制度は将来的にピアノの販売台数の増加が見込まれた（前間・岩野 2001：200-243）.

たと思うけど」

——大学には行くつもりだったんですか？

「うちには，小さい頃から家に少年少女世界文学全集や日本文学全集みたいのがあって，父が揃えたと思うんですけど，本が好きだったので女子大の文学部に行きたいと思っていましたね，その頃は．……親にそう仕向けられたかな，ピアノを弾いて，女子大へ行くっていう風にね．……学校の先生になるつもりで女子大の文学部に行ったんですけど，そうねー，音大に行こうとは思わなかったですねえ．親もそのつもりは無かったと思いますよ」

——ピアノは単なる趣味ですか？

「とにかく，小学校の頃から『乙女の祈り』が弾けたらいいねーってよく言われていましたから，母親にね．手が大きかったから，初めの部分だけは小学校の頃からよく弾いてはいたんですけど……発表会で必ず毎年誰かが（『乙女の祈り』を）弾いていたから，中学生の人がね．わたしも中学に入ってすぐ弾いたと思うけど……発表会のことは良く覚えていないけど，うちに誰かお客様が来ると，すぐ，『乙女の祈り』弾かされて，そっちの方がよく覚えている．そんなに上手じゃなかったと思うけど，聴く方もそのへんのところは良く解からないからね．それらしく聞こえていたんじゃないですか」

Eさんは昭和26（1951）年10月生まれで，3人の息子を持つ．国立音楽大学を卒業しているため，以前はピアノ講師をしていた．自身の息子3人にもピアノを教えたと言う．福岡出身で，母親は昭和2年生まれである．

「私がピアノをやったのは，母親の憧れもいいとこ．母は全然ピアノをやりません．娘がピアノをやるのが，もう，彼女（母親）の一番の望み．だって七五三で，お参りした時に背が高くなりますようにっていうのと，ピアノが弾けるようになりますようにってお願いしたんだから．その代り，ほかのことが全部帳消しになっちゃった．だから子どもの頃からピアノのお稽古だけは，もうやらなくちゃいけない．ただ，ものすごく嫌だったんですけど．

　私，福岡（出身）なんですけど，（家の）近くに先生がいらっしゃって，母がどうしても行けって．たまたまその先生が楽理の先生で，音楽って結局ね，学問なんです……コンピュータのプログラミングに似てる．……分析ができると，アナリーゼって簡単なの．……大人になってピアノをやると困ること

134 第Ⅱ部 憧れが現実に

は，子どもの頃からやっていないと指が動かないんだけど」．
——私の母は大正 15 年生まれなんですが，私がピアノを弾くことが夢で
「あの年代はそうなんです．うちの母は昭和 2 年．私は弾く方に才能がな
かったの．」
——ご自身は一生懸命練習なさいましたか？
「私ですか．私はだって家で母が何も言わないですから，ほとんど練習しま
せんでした」
——おいくつくらいから（ピアノを）始めたんですか
「小学校入った時から始めました．田舎の小学校ですから，ピアノが家にあ
るっていうのはお医者さんの家とうちくらいで，絶対に止めちゃあいけな
いっていう，ほかのことは何も言われなかったんだけど．勉強しろ，なんて
言われたことなかった」

　Ｐさん，Ｅさんが母親の意向でピアノを習い始めたのは，昭和 30 年代前半
（1950 年代後半）である．経済企画庁の調査『家計消費の動向』によれば，Ｐさ
ん，Ｅさんがピアノを習い始めた頃のピアノの世帯普及率は，昭和 34 年 1.6%，
昭和 35 年 2.0%である（図 5-2）．首都圏在住ではなかった両者の母親にとっ
て，ピアノはまさに自分自身の夢であった．

　ピアノの所有は，明治後期においても一部の富裕層に限られていたが，大正
期頃から戦前にかけては都市の新中間層くらいまでの人々が所有する楽器と
なった．しかし戦後の日本では，ピアノは都市の新中間層を超えて，都市的な
生活様式を実践する地方在住の家族にも普及したと言えよう．ここで興味深い
ことは，『乙女の祈り』をめぐる現象である．『乙女の祈り』は 19 世紀の西欧
はもとより多くの国々で愛され，西欧ではブルジョワ階級のサロンの象徴のよ
うな曲であった．日本においても，インフォーマントの証言からも明らかなよ
うに，『乙女の祈り』は母親や娘たちの憧れの曲になったのである．ちなみに
『乙女の祈り』は，日本では大正年間には演奏されていたようである．安田
寛・北原かな子によれば，青森師範学校音楽部による演奏会では，大正 14 年
頃のプログラムに『乙女の祈り』の曲目が記載されている（安田・北原 2001：97，
註 26）．
　注目すべき点は，ピアノを一番欲したのは当時の母親たち自身であったとい

う事実である．多くの女性たちはOさんのようにピアノが弾きたいという青春の日の願いを，母となった今，自分の娘にピアノを習わせることによって叶えたのである．娘のピアノの発表会におしゃれをして，一緒に記念写真を撮った．その後娘は女子大に行った．自分の娘時代に，経済的にも教育的にも格が違うと思っていた階層の仲間入りをしたのである．またピアノ講師Eさんの母親も，ピアノに強い憧れを持っていた．自身はピアノを弾けないため，娘がピアノを弾けるようになるのが一番の望みだった．この当時のピアノブームに関して前間と岩野は，マイカーが一家の主である男性にとっての「夢」だったならば，ピアノは女性，すなわち主婦にとっての「夢」であったとし，「2DKの狭い団地の一室にピアノが競って置かれ，あちこちからバイエルを弾く音が聞こえてくるという光景は，今になってみればいささかナンセンスに映るかもしれないが，そこには戦の日々の中で青春を過ごし，いまようやく平和と豊かさを享受できるようになった女性たちの，切ない思いが込められていた」と述べている（前間・岩野 2001：263）．

　この頃は，戦前にいわゆる新中間層になり得なかった多くの人々の収入も安定し，自分たちがこれまでは叶えられなかった生活を求めるようになった．専業主婦も増え，子女の教育にも強い関心が向けられ，経済的，文化的に高い階層の文化的生活様式を目指すようになった．生活にさほど密着しているわけではないピアノは，そのために必要な必需品となった．子どもに対する教育的なまなざしとして，ピアノ文化に親和的なハビトゥスを持っていた親たちによって購入されたピアノは，「客体化された文化資本」として，また子どもの演奏技術は「身体化された文化資本」として，その家庭の文化的雰囲気をも規定していた．この意味において高度経済成長期前半のピアノ文化は，文化資本であることに加えて，高橋一郎が指摘するように「大衆層」を支持基盤とする「高級文化」であり，その受容者層にとっては「大衆文化」からの差異化を図る「高級文化」として表象されていたのである（高橋 2001：170-171）．高度成長の波に乗って人々が「消費」に喜びを見出すようになった昭和30年代，ピアノは豊かさを象徴する文化資本であり，社会階層における「上昇移動」の記号であった．ピアノ文化は，誕生した西欧においては出身階級に依存する正統文化であった．そのためピアノ文化のイメージは，舶来文化という要素も加わり日本においても「高級文化」であった．それ故，階層間移動が可能な日本社会に

おいては，戦後の高度経済成長期にはピアノ文化は上昇移動の記号として消費されたのである．

　ただこのように，差異化を企図し上昇移動の記号として受容された「高級文化」のピアノ文化ではあるが，この時期のピアノ文化の受容の背後には，差異化と同時に均質化を望む心理が混在していたことも見過ごすわけにはいかない．階層の上昇移動の記号であるピアノを購入して憧れの生活を手に入れ，大衆層からの差異化を図りたい，また子どもの演奏技術で差をつけたいという差異化の心理と，皆が購入し皆が習わせているピアノを自分も同じように購入して子どもに習わせたい，上昇移動に乗り遅れたくないという均質化を望む心理，この二つの心理が複雑に入り組んでいたのが高度経済成長期のピアノ文化の受容を特徴づけている．それを巧みに表しているのが，前節，図 5 - 1 で示したピアノ販売の新聞広告，（c）（d）である．この 2 枚の広告が示唆するのは，子どもに向ける親のまなざし，それだけではない．ピアノ文化に対する当時の人々の微妙な心理が表現されている．（c）の，「パパ★ママ　ありがとう★★★」，「夢にまで見たヤマハピアノ」ということばに加え，おしゃれをした男女 2 人の子どもとピアノの写真が醸し出す都会的な雰囲気は，ピアノを購入して差異化を図りたい，という人々の思いを表している．（d）の，「おとなりの家にピアノが……」ということばと，隣の家にピアノが搬入される様子を見ている母子の絵は，均質化を願う当時の人々を描いている． 2 枚の広告からも読み取れるように，終戦後から高度経済成長期頃までのピアノ文化の受容には，差異化と均質化を望む二つの心理が複雑に入り組んで人々の心のなかに存在していた．そして心の中に混在したこのような二つの願望は，武田晴人が指摘するように「自らの社会的な地位が平均的な豊かさの中にいることを『見せびらかす』ための，『見せびらかしの消費』」（武田 2008：108）という一面もあり，こうした欲望がピアノ文化の大衆化を促進したのである．

　一方昭和 29（1954）年には，楽器メーカーである日本楽器により「ヤマハ音楽実験教室」（1959 年にヤマハ音楽教室と改称）が開設された（日本楽器製造株式会社 1977：145）．それにより一般のピアノ学習者は飛躍的に増加しはじめ，その後，ピアノ文化は情操教育として急速に広がっていくことになる．経済企画庁の調査『家計消費の動向』によれば，日本におけるピアノの世帯普及率は昭和 35（1960）年頃から次第に普及し（1959 年 1.6％，1963 年 3.7％），昭和 49（1974）年には 10％（10.2％）に達した．そして 1980 年代にかけても普及し続け（1984 年

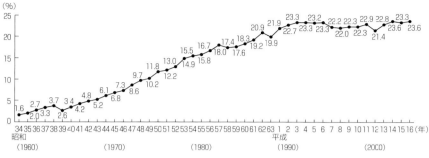

図5-2　日本におけるピアノの普及率
典拠：経済企画庁調査局（1959-2004）より筆者作成．

17.6％，1989年21.9％），1990年代に入り停滞する（1991年23.3％，1994年23.3％）．

　図5-2はピアノの世帯普及率をまとめたものである．ピアノの普及率は昭和40（1965）年頃から飛躍的に伸びている．高根の花，上昇移動の記号というピアノの特化された性格が，次第に薄れていく様相が見てとれる．2004（平16）年には，ピアノの普及率の調査は終了した[7]．

　日本社会は昭和40年代（1960年代後半）になると高度経済成長の影響が浸透し，人々は豊かな同質的な社会を経験した．内閣府（旧総理府）が実施した「国民生活に関する世論調査」による生活程度の階層帰属意識をみると，「中」の意識を持つ人は1973年には90％を超え，「一億総中流」という社会を迎えたのである．そしてピアノ文化は母親の夢という部分を残しながらも，情操教育として普及していった．昭和40年代に幼少期を迎えた女の子にとって，ピアノ文化は，みんなが経験するお稽古ごとの一つとなったのである．

4. 家庭のなかの音楽

　ブルデューの研究が示すように，西欧では音楽に対する嗜好は特定の階級に

7）ピアノの他にも同年に調査が終了した品目には，カラーテレビ，ルームエアコン，電子レンジ，電気掃除機など多数ある．
　2004年3月で主要耐久消費財等の普及率が調査終了した品目．統計表一覧：消費動向調査：経済社会総合研究所-内閣府（cao.go.jp）　https://esri.cao.go.jp/jp/stst/shouhi/shouhi.html（2024年4月20日閲覧）

属すことを意味している．第1章でみたように，『平均律クラヴィーア集』や『左手のための協奏曲』は高学歴の「支配階級」にみられる趣味であり，『ラプソディー・イン・ブルー』や『ハンガリー狂詩曲』は「中間階級」，そして『美しき青きドナウ』や『アルルの女』は「庶民階級」に好まれる，とブルデューはいう．それに対し日本では，クラシック音楽を愛好することはあくまでも本人の趣味や教養であった．特に第二次世界大戦前の学生にとってクラシック音楽を愛好することは，高等教育機関で生活するために有利に働く文化資本だった．こうした状況を若林幹夫は，彼らはベートーヴェンに代表されるようなクラシック音楽を，音として聴く以前に，当時の高等教育機関を支配していたドイツ的教養という思想とともに受容し，同時に自分たちと同じ学歴を持つ評論家たちの楽曲解説や音楽評論，あるいはベートーヴェン論を始めとする書物を通じて教養として受容し，その後に書物を通じて得た知識に基づいて聴取していた，と指摘する（若林 2005：221）．

　一方戦後のクラシック音楽をめぐる環境は，高度経済成長による国民生活程度の向上，学校教育における器楽や鑑賞教育の導入，音響機器の発達，ラジオ・テレビの普及等により，著しく変化した．昭和28（1953）年にテレビの本放送が開始されたが，当時はまだテレビは相当高価だったのですぐには普及しなかった[8]．昭和30（1955）年頃はラジオの全盛期だった．この頃各放送局は海外の著名な音楽家，楽団等を招き，放送や演奏会を通じて日本の音楽ファンに大きな感銘と刺激を与えた．その主なものとしては，昭和27年のアルフレッド・コルトー（朝日新聞社，朝日放送），昭和30年のウィーン少年合唱団（NHK），昭和31年のイタリア歌劇団（NHK），昭和32年のベルリン・フィルハーモニー管弦楽団（NHK），昭和33年のニューヨーク・シティ・バレエ団（NHK），そして昭和34年のウィーン・フィルハーモニー管弦楽団などがあげられる．さらに昭和32年に実験放送を始めたFM放送は，昭和44年からNHKの全国170局で本放送を開始している．午前6時から午後12時までの放送時間のうち，全体の70％が音楽番組であった．FM放送の開始によりNHKラジオの番組は，第一放送は従来通り一般聴取者を対象とし，第二放送からクラシック音楽番組がほとんどFM放送に移された（上原 1988：458-459）．

　8）当時のテレビ受像機は，17インチで24.5万円，大学卒の初任給が1万5千円前後だった．昭和29年3月末の全国のテレビ受信契約数は，1万6779件である．

第5章　戦後日本の都市化と音楽文化　　*139*

　高度経済成長の時代に，一般家庭にレコードプレイヤーやステレオが普及して技術的・社会的な基盤が達成されることによって，クラシック音楽は次第に大衆化していく．クラシック音楽は実際にはどのように愛好されていたのだろうか．

　インタビューから考察してみよう．インフォーマントはＣさん（ピアノ講師），Ｄさん（声楽家），Ｏさん（主婦），Ｐさん（主婦）である．

　大正15年生まれのＯさんは，昭和24（1949）年にお見合い結婚をした．ご主人の家は，戦前は比較的裕福だったという．

　「おじいさん（ご主人）と会った時，この人レコード持っているわっていうのが一番の感想．『田園』（ベートーヴェン）なんかのレコード．それが結婚してよかったことの一つだったね．あの頃（昭和30年初め），おじいさんの家の土地が売れて，それでおじいさん電蓄（電気蓄音機）買ったんだよね．5万円くらいだったんじゃないかなあ．電蓄でレコードかけてよく子どもに聴かせたなー．あの，電蓄ってビクターで，蓋を開けると犬とスピーカーのマークがついているやつね，今でも蔵の中においてあるけど．……電蓄とレコード，まあ子どもの頃は，音楽はラジオしか聞いたことがなかったから嬉しかったねー．戦前の軍歌とか流行歌なんかも随分あった，おじいさんのうちにあったんだね，うん，あのボール紙みたいなレコードね」

　昭和23（1948）年生まれの声楽家のＤさんは，父親の影響でピアノを習う前からクラシック音楽を聴いていたという．Ｄさんの家は，祖父の代から炭鉱を経営し，亜炭を採掘していた．そのため，家には使用人が何人もいた．

　「家の中ではしょっちゅうクラシック音楽は流れていたんだよね．あのね，家に女中がいたのよね．その女中がお針を習いに行っていて，そこでラジオから流れている曲を「未完成」だといって，そこにいた人がびっくりしたって，聞かされた」
　――すごく裕福なおうちですよね
　「よくわかんないのよねー．いじめられたこともないし，あんまり特殊だ特殊だって言われたこともないから」
　――でも女中さんがいるっていうことは特殊でしょ，女中さんが未完成だって言

うことは

「そうかもねー．うん，これ未完成だよね，シューベルトでしょ，って言ったらしいのね．そしたらね，そこにいた人たちがすごくびっくりして．でもうちの父親，あの，シューベルトとかベートーヴェン大好きだったから，シューベルトの『冬の旅』ね，結構こう，普通に鳴らしてたわけよ．（昭和）30年半ばくらいの話だと思う．高校に入ったのが昭和39年，あの，オリンピックがあった年で，私が中学2，3年，高校に入る時に女中さんがいなくなったの．初めて母のお弁当食べたという，今までずーっと女中のお弁当で，よーく飽きないよねって．女中だからおんなじお弁当作っていた毎日」

——お父様，そんなにクラシックがお好きだった？

「戦前の学生がなんたらって話がよくありますよね．その中のね，たぶん．だって何にも知らないで，多分いきなり，そこで開眼したんじゃないかしら．大学の尊敬する教授がすごくクラシックを好きだったからって，影響されたみたい……72回転（78回転？）だよね，あったよね．割るとね．パキンというより，ぼっこんっていうような\[9\]．触らせてもらえなかったような．……タンゴなんかもあったわね」

——タンゴって，マントバーニーでしょ，アルフレッドハウゼの前ですよね．母がよく聴いていた

「うん，うちもね．ドボルザークとかさ，もう聞かされた」

——お友達が，年頃になると歌謡曲とか歌えるんだけど

「歌えないよね」

——歌えない．歌謡曲はダメ，絶対だめって言われて

「私もそうだったかもしれない．……子どもの頃は，東大の地震研究所の先生たちが地質調査とか言って，よーくうちに来てたんだよね．その先生たちもクラシック音楽好きで，父とか，一緒によくクラシック音楽を聴いたけど，本当に楽しかった．母もあの頃は本当に楽しかったねーって思い出してるみたい」

9）戦前や戦後間まもなくの頃のレコードは，物資が不足していたためボール紙が入ったSPレコード（毎分78回転）が発売されていた．そのため割るとパキンという音ではなくボッコンという音がした．

昭和 33（1958）年生まれでピアノ講師の C さんは，妹がいるためピアノの
レッスンに母親が付いてくることはめったになかった．そのかわりクラシック
音楽を好きな父親が，C さんのピアノレッスンを聴きに来ることがよくあった
という．

——音楽はお父様が熱心だった

「そうです．東京であの結構長いことそういう方に囲まれて仕事をしていた
ので，周りがそれこそ東大卒みたいな感じの，農林省の農業技術研究所って
いうところに若い時からいたので，ものすごくモダンな文化を，はい，だか
らちょっとそういう方に囲まれていたので．やはり，その，ちゃんとものを
習うには，きちんと背筋を正して習うべきだというのがすごくあったようで．
母もやっぱりそういう考え方だったので，どうせやるならばっていう，それ
は同じだった．で，子どもにクラシック音楽をさせるのに，親がうちで歌謡
曲を聞いているような環境では，子どもの，そういうのは育たないからって
いうので，もうほとんど一日中そういうクラシック音楽が，小さい時から流
れてました．

　だから全然両親とも楽器はできないですけど，あの父は結構いろいろ知っ
ていて，そういう知り合いの方も多く，たくさん，たくさんの方を知ってい
たので．だからちょっと地方に転勤（秋田県）しちゃったのが私の不運のは
じまり，ではあったんですけど，そのまま東京にいられれば，よかったんで
すけどね．それがちょっと大分離れたところに行ってしまったので……でも，
東京に出張に行くたびに新しい外国の楽譜とか，当時入ってきたばかりの楽
譜とか．あとまあ音楽辞典で，これでここに書いてあることでわからないこ
とがあったらこの曲は弾けないはずだといって，全部父が辞書ひいてくれた
り，小学校低学年の私に，調べなさいっていったり，そういうのはありまし
たね．練習には口出しはできないですけど，楽器できないから．そういう下
地は作ってくれましたね，ずいぶん．それがよかったところ」

1950 年生まれの P さんの家は，P さんが子どもの頃には両方の祖父母がす
でに他界し，典型的な核家族だった．P さんにとって子どもの頃の思い出は，
いつも家族でレコードを聴いたことだという．

「ソファーに座らせられて，童謡やクラシック音楽を聴かされましたね．父親がレコードかけてくれて……まあ，たいした曲ではないけど，『白鳥の湖』とか『アルルの女』とか，あと『運命』とかね．『白鳥の湖』のレコードのケースにバレリーナーの写真があって，綺麗でしたね．ピアノも嫌いではなかったけれど，本当はバレーも習いたかった，無理だったけれど．……経済的にすごく裕福な家というわけではなかったと思うけれど，父親が当時としては高学歴だったのかな，教育熱心だったですね．まあ，クラシック音楽は趣味程度で良いとは言われてましたけど」

　若林によると，戦前の学生のように，書物を通じて教養として受容し，その後書物を通じて得た知識に基づいて聴取するクラシック音楽との関わり方を，音楽評論家の梅津時比古は「書斎派」と呼んでいる．それは日本におけるクラシック音楽受容の，基本的なパターンを示していると言え，日本の愛好者たちにとってクラシック音楽は，近代社会を先進的に生み出した西欧文明や，アカデミズムへの憧れと重ね合わされ，コンサートのライブよりも，書斎で書物を読むようにレコードで聴かれるものとして存在していた（若林 2005：219-221）．
　しかしながらそのような関わり方とは別に，戦後になるとクラシック音楽は家庭内で伝えられる文化資本として，家庭内で聴かれるようにもなっていた．前章でも述べたように，戦前にもベートーヴェンのレコードが大量に購買されていたが，戦後になると LP レコードが一般化し，文学全集や百科事典，世界美術全集といった全集物が書棚を飾ったように，クラシック音楽の有名曲から成る管弦楽やピアノの LP 全集が，セット物のレコードとしてホームクラシック全集，ホームミュージック全集といった名で売り出され，中流以上をもって任じる人々の生活を彩っていった．その結果クラシック音楽は，誰もが聴くことができる教養の記号になり，クラシック音楽を聴くことによって，誰もが文化的な空気に浸ることができるようになった（若林 2005：228）．そしてインタビューからも読み取れるように，クラシック音楽の大衆化は，そうした文化的な教養が，子どもたちにも向けられるようになったことを示唆している．
　昭和 30 年代になるとコロンビアや東芝から，LP や 17 センチ（33 回転，45 回転）の，幼児のためのレコードが発売されるようになった．以下は当時の新聞記事の抜粋である．

「幼児のためのレコード」
　　　　　──「読売新聞」昭和38（1963）年10月7日朝刊7ページ
　幼児のうちから音楽に親しむように親が心がけることは望ましいことだが……毎日一定の時間に特定のレコードをかけてやると，やがて子供の方からそのレコードをかけてくれ，というようになるが，音楽をきかせるのではなく，自分から望むようにすることが本当に音楽に親しむ第一歩であろう．
　少し気を付けていると幼児や児童のための良いレコードがかなり出ているので，そのいくつかをご紹介しよう……

「幼児にいい音楽を」
　　　　　──「読売新聞 昭和39（1964）年7月2日朝刊7ページ
　今回はお子様が幼稚園の園児，ないしそれ以前のご家庭に向きそうな，音楽情操教育的にもいいレコードを新譜の中から選び出してみましょう．
　子どもは大人が考えているよりも，はるかに早く音楽に関心を満ち始めます……番組のタイトル・ミュージックなどは，満一歳そこそこで覚えてしまいます．この時期に，適当な童謡や遊戯のための音楽をレコードをかけてやるのもいいことですが，ピアノ小曲集などによって，音楽に対する感受性を養ってゆくのも素敵なことです……

「絵本つきLP登場」
　　　　　──「読売新聞 昭和39（1964）年7月14日夕刊9ページ
　こども向け絵本つきLPが東芝レコードから発売される．「レミとピアノ」（エンジェル盤，三十センチ・ステレオ）という題名で，内容はヘンデル，モーツァルト，ベートーベン，ショパン，バルトークなどの古典名曲のなかから，選曲した十七曲がおさめられている……

　これらの記事では子ども向きのクラシック音楽として，主にピアノ曲である『乙女の祈り』『小犬のワルツ』『エリーゼのために』といった，誰もが一度は耳にしたことがあるポピュラーな曲から，ドビッシー，リスト，バッハなどの名曲を収納したレコードを紹介している．そしてこうしたレコードは，Pさんが「ソファーに座らせられて，童謡やクラシック音楽を聴かされましたね．父

親がレコードかけてくれて」と語ったように，当時の多くの家庭で子どもと一緒に聞かれていた．そうした光景は，教養溢れる家庭という空気を醸し出し，同時に子どもにまなざしを注ぐものでもあり，親自身も文化的な雰囲気に浸ることができたと言えるだろう．

　ここで興味深いのは，インタビュー調査からも明らかなように，戦後昭和30年代から40年代にかけてのピアノの普及が母親主導で行われたのに対し，同時代のクラシック音楽文化の伝達は，父親主導で行われたことである．そこでインフォーマントの父親たちの学歴を尋ねると，Dさんの父親は大正13（1924）年生まれで，秋田鉱山専門学校（現 秋田大学工学資源学部）の出身であった．クラシック音楽に開眼したのは，学生時代尊敬する教授がクラシック音楽を好きだったからと言っている．Cさんの父親は20年以上前に亡くなっているが，昭和一桁生まれということなので，戦前に高等教育機関に在籍する年齢ではない．ただ，戦後勤務した農林省の農業技術研究所でクラシック音楽が好きな東京大学出身の人たちに囲まれていたため，多分に影響を受けたという．Pさんの場合は，父親の出身学校をはっきり聞くことはできなかったが，大正12年生まれで戦前の中学校を卒業してから，さらに上級の学校へ進学しているということだった．3人のインフォーマントの父親はいずれも高学歴であり，しかもCさんとDさんの父親は，戦後も東大出身者の人たちに囲まれてクラシック音楽を愛好していた．特にDさんの父親は，自身も高等教育機関の出身であった．戦前のクラシック音楽の愛好者が学生中心であったことを考慮すると，父親たちが自分の子どもにクラシック音楽文化を伝えたことは当然の状況かもしれない．加藤は，高等教育機関に進んだ学生にとってクラシック音楽は熱く語る対象であったが，その愛好は大学卒業後に属する社会集団では長続きしなかったと指摘した．しかしながら学生のクラシック音楽の愛好は，個人の内面にハビトゥスとして蓄積され，高等教育機関を離れた戦後は，家庭内で相続文化資本として父親自ら子どもたちに伝えられたのである．それは，母親の叶えられなかった夢を叶えるために普及した，昭和30年代から40年代にかけてのピアノ文化とは対照的である．クラシック音楽の愛好は，当時の父親たちにとっては社会的地位達成の手段となる文化資本ではなかったかもしれない．しかしながら家庭内ではピアノ文化とともに，文化資本として相続されたのである．

　日本社会が次第に豊かになりつつあった昭和30年代でも，蓄音機は依然と

して高価な買い物であったことには変わりなかった．Ｏさんの証言から解るように，大学卒の初任給が１万5000円だった時代に５万円くらいであったため，所有していた家庭は限られていただろう．それはブルデューによれば「客体化された文化資本」である．ブルデューは以下のように述べている．

> 機械を持つには，経済資本があれば十分である．しかし機械をみずからのものとし，（そこに組み込まれた技術・科学資本によって決められている）特定の目標にあうように機械を使用することができるには，みずから個人的にかあるいは代理者によって，身体化された資本を自由に使えなければならない．（ブルデュー　1986：25）

「客体化された文化資本」は，身体によって利用されなければ資本としての効力を持ち得ない．単に物質的に所有されるだけでなく，過去に「身体化されている文化資本」を媒介として所有されるのでない限り，それ自体が文化資本として有効に機能することはできない．そしてハビトゥスの習得には長い時間が必要である．この意味においても，高等教育機関に在籍した学生たちのクラシック音楽愛好は，文化資本として一時的なものではなく，戦後においても蓄音機やレコードを通して，文化資本としての効力を発揮した．父親たちは，「客体化された文化資本」を有効に活用し，大衆音楽ではないクラシック音楽を（Ｄさんは歌謡曲を聴くことは禁じられていた），子どもたちに伝えた．その後Ｃさん，Ｄさんは音楽大学に進学し，それぞれピアノ講師，声楽家になった．Ｏさんの長女は女子大に進学し，Ｆさんも女子大に進学した．豊かになったと言われても，女子の四年制大学進学率がまだあまり高くなかった時代において，クラシック音楽は文化資本として，その家庭を支配する文化的雰囲気を規定していたのである．

　本章では，終戦後から高度経済成長期前半の頃の，ピアノ文化を含めたクラシック音楽文化の受容について検討した．明らかになったのは，本当の意味でのピアノ文化の普及には，日本社会の都市化，子どもへのまなざしの変化など，いくつかの段階を経なければならなかったことである．

　戦前，ピアノ文化を経験できなかった女性は，戦後，生活に余裕ができると自身の娘にいち早くピアノを購入し，習わせた．こうした例は特殊なものではなく，昭和20年代に生まれたインフォーマントは，ピアノ文化を，情操教育

というよりも母親の夢の具現者として受容していた．ピアノは豊かさを象徴する文化資本であり，階層の上昇移動の記号であった．ただこの時期のピアノ文化の受容の背後には，差異化と均質化を望む複雑な心理も潜んでおり，それはピアノ文化の大衆化に影響を及ぼした．

　一方戦後の音響機器の発達やラジオ・テレビの普及により，家庭内ではピアノ文化の受容とともに，クラシック音楽も聴かれるようになった．そうした状況は，父親主導のものによって行われたが，それはピアノ文化が母親主導であったことに比べても対照的である．その背景には，戦前の高等教育機関の男子学生によるクラシック音楽の愛好があったことが，インタビュー調査から明らかになっている．戦前にクラシック音楽を愛好した男子学生は，戦後になり，クラシック音楽から離れたわけではなかった．彼らのクラシック音楽に対する愛好はハビトゥスとなり，家庭内で相続文化資本として，父親自ら子どもたちに伝えられた．またそれは，その家庭を支配する文化的雰囲気をも規定していたのである．

　高度経済成長期のピアノ文化は，「民間の音楽教室によって大衆化された」と言われるが，日本のピアノ文化が，民間の音楽教室によって本当に大衆化して普及するのは，高度経済成長期中盤以降，すなわち昭和30年代後半から昭和40年代である．それにもかかわらずこれまでは，昭和30年代中頃までのピアノ文化も，大衆化という言葉によって一括りにされ，真の受容の様相はしばしば見過ごされてきた感がある．日本のピアノ文化は，戦後，一足飛びに大衆化したわけではない．本章では，従来あまり議論の対象にはならなかった，クラシック音楽が家庭内で聴かれるようになった背景や，ピアノ文化が真の大衆化に至るまでの過程を明らかにした．

第6章
日本におけるピアノ文化の普及

　本章では，民間の音楽教育機関である「ヤマハ音楽教室」に着目して，高度経済成長期における日本のピアノ文化の普及を分析する．この時期の日本のピアノ文化を考察する場合，必ずと言ってよいほど俎上に上るのがヤマハ音楽教室である．しかしながらピアノ文化の受容からヤマハ音楽教室の役割を検討する場合，「大衆化」で一括りにされてしまい，充分に考察されていないのが現状である．

　戦後日本のピアノ文化は，ヤマハ音楽教室を抜きにしては語れない．そのため音楽教室が誕生した背景を明らかにする必要があるが，こうした民間の音楽教室の誕生には，戦後日本の義務教育における音楽教育も大きく影響している．さらに日本楽器（1987年に社名をヤマハ株式会社に変更）の社長である川上源一のピアノに対する特別な思いも看過できない．本章では，学校教育や川上の言動をも検討しながら，音楽教室開設に至るまでの背景を含めたヤマハ音楽教室を考察する．ヤマハ音楽教室は開設後に急速に拡大し，日本のピアノ文化に大きな影響を及ぼすようになるが，そこには従来のピアノ教育とは異なったいくつかの要因がある．また現在の日本では，日常的にクラシック音楽を楽しむ人々が少なくない．それは多くの人々が音楽リテラシーを獲得していることに起因すると推測される．そこで，ヤマハ音楽教室が実践した教育システムを取り上げて，音楽リテラシーの獲得に果たしたヤマハ音楽教室の役割を検討する．

　一方戦後のピアノ文化の普及は，多くのピアノ講師を誕生させ，ピアノ講師の主要な担い手となった女性の生き方にも影響を及ぼしたと考えられる．高度経済成長期のピアノ文化の普及は，女性が結婚するためには仕事をやめなければならない，という従来の考え方には対応しない女性たちの新しい生き方を提示した．ピアノ文化が「制度化された文化資本」となり，女性たちにピアノ教師という職業の選択肢を加えたのである．本章では，女性の新しい生き方とピアノ文化について，統計的資料やインタビュー調査を用いて検討する．

148   第Ⅱ部　憧れが現実に

　本書では，日本のピアノ文化を日本独自のものと捉えている．そのためヤマ
ハ音楽教室の意義をピアノ文化の受容の面からだけではなく，歴史的視座から
考察することも不可欠である．日本のピアノ文化は，戦前までは西欧モダンの
ピアノ文化と多くの共通性を持っている．しかしながらそれは，高度経済成長
期になって大きく変化する．そうした変化は「文化資本」というよりもむしろ，
「ハイブリッドモダン」の視点から捉える方が適切であると考えられる．その
場合にも，日本楽器の社長である川上の言動は重要な意味を持つと考えられる
ので，川上に注目して考察したい．
　日本経済の成長に伴いピアノという楽器が普及し，音楽教室が全国展開する
ことにより，日本の音楽文化は大きく成長した．日本のピアノ文化のみならず，
音楽文化自体の特徴を解明するためには，音楽教室（ここではヤマハ音楽教室）に
特化して考察することが不可欠であろう．

1.　ヤマハ音楽教室の誕生と拡大

1.1　音楽教室誕生の背景

　高度経済成長期のピアノ文化の普及には目覚ましいものがあったが，その要
因としては，一般に高度経済成長による国民生活程度の向上とともに，音楽教
室の普及拡大があげられる．さらにそうした要因に加え，学校教育における器
楽や鑑賞教育の導入を見逃すわけにはいかないだろう．
　第二次世界大戦後，日本の教育制度は占領軍総司令部（GHQ）の指示によっ
て，6・3・3制をはじめとして大きく転換した．昭和22（1947）年6月に公
表された第一次『学習指導要領（試案）』では，小学校から中学校まで義務教育
9年間の音楽教育について，音楽教育の目標，児童生徒の発達，教程一覧，音
楽の学習指導方法，鑑賞レコード教材などが具体的かつ詳細に述べられている．
音楽教育の目標は次のように列挙されている[1]．

　　1．音楽美の理解・感得を行い，これによって高い美的情操と豊かな人間
　　　　性とを養う．
　　2．音楽に関する知識及び技術を習得させる．

––––––––––––––––––––––––––––––

1）「学習指導要領の一覧」　国立教育政策研究所教育研究情報データーベース
　　https://erid.nier.go.jp/guideline.html（2024年4月27日閲覧）

3．音楽における想像力を養う（旋律や曲を作ること）．

4．音楽における表現力を養う（歌うことと楽器をひくこと）．

5．楽譜を読む力及び書く力を養う．

6．音楽における鑑賞力を養う．

　ここには音楽活動のすべての領域が含まれている．戦前の音楽教育はほとんどが歌唱教育，すなわち唱歌中心であったが，「鑑賞」「器楽」「創作」などが加わり，大きく前進したものになった．音楽には「鑑賞」「歌唱」「器楽演奏」「創作（作編曲）」などの領域があり，この全領域を総合的に学習することが音楽教育の目的とされたのである．これにより「器楽」の位置づけが明確になされ，器楽教育が急速に促進された．ピアノは学校に設置されなければならないものとなり，日本全国津々浦々の学校にピアノが導入された．さらに合奏用にオルガンも複数台導入され，子どもたちは一人ひとりがハーモニカやリコーダーを持つようになった．加えて朝鮮特需の影響で，ピアノは一般家庭にも次第に普及していった（前間・岩野 2001：238-239）．

　こうした状況は，楽器メーカーにとっては絶好のビジネスチャンスであった．日本楽器（現 ヤマハ）の社長川上源一（1912-2002）は，ピアノの需要を拡大させながら競合メーカーとの競争に打ち勝つために，昭和 28（1953）年 1 月，本社内にピアノ組み立て工場を増築したのを機に，ピアノ製造の流れ作業に取り組んだ（前間・岩野 2001：214-220）．

　またヤマハは，先述した第一次『学習指導要領（試案）』における音楽教育の目標にいち早く反応して，「全日本器楽教育研究会」という器楽教育指導講師団を編成した．この研究会は，従来歌唱指導のみだった学校の教師には器楽指導は困難であろうという予想のもとに組織された．この研究会に編成された多くの音楽家たちは，招きに応じて全国の学校を訪問し器楽教育を実践した．こうした音楽教育の現状を踏まえ，ヤマハは，学校による音楽教育のあり方には限界があると判断し，「音楽教育の基礎は早期教育に限る」という結論に達していた（日本楽器製造株式会社 1977：145-146）．

　その一方で川上は，ピアノ製造の近代化を推進するために，昭和 28（1953）年 7 月，80 日間の欧米視察の旅に出発している．この視察は日本楽器にとって大きな転機をもたらすものであった．川上が最初に視察したアメリカ合衆国で驚いたのは，アメリカのピアノ工場の大量生産ぶりと生産性の高さ，従業員

150　第Ⅱ部　憧れが現実に

のモラルの高さであった．アメリカ視察の後ヨーロッパへ渡った川上がそこで
目にしたのはピアノ産業の斜陽ぶりであり，そこに川上はピアノ産業の末路を
見た（前間・岩野 2001：220-224）．川上はこの時のことを後に，「当時の日本の生
活環境はようやくテレビが新製品としてお目見えし，自動車も手に入るように
なってきた．要するに人間のレジャーを満足させる安値なものが，次々と登場
してくる．ピアノと自動車が同じ価格なのである．それなら五年，十年と勉強
しても，まともに弾けるかどうかわからないピアノよりも，自動車の方がいい
となる．私は競争相手は楽器メーカーではなく，自動車，家庭電気製品である
と判断した」（川上 1979：102-103），と語っている．そして日本の楽器需要の安
定のためには，「どうしても日本人の多くが音楽そのものを楽器を使って楽し
めるよう，基本から準備しておかなければ，いつの日か欧州の楽器メーカーの
轍を踏む」（川上 1979：103），と悟ったのである．川上にとってこの海外視察の
最大の収穫は，楽器産業の将来像を見据えることができたことである．この視
察での川上の様々な体験は，日本楽器という一企業のみならず，延いては戦後
日本の音楽文化にも影響を与えることになった．

　川上はこの視察で強く印象に残る体験をしたと語っている．それは欧米人が
心から音楽を楽しんでいる姿であった．ブラジルのサンパウロで現地の日本人
駐在員の家庭に招待された時，晩餐後に家族によるコンサートが披露された．
それは主人が音程を決めて家族そろって合唱し，娘がギターで伴奏するという
ものであった．当時の日本では，クラシック音楽は教養であり，ポピュラー音
楽の分野でも人々が自ら楽器を演奏し，曲を作り歌うということはほとんどな
かった．川上は，こうした音楽とのふれあいが日本の家庭ではないことを憂い，
「音楽は鑑賞することはできても，ごく一部の人たちのほかは，とても演奏に
までは参加することができないのではないか．これは哀しいことだ．楽器を製
造販売するものとして，日本全国に，いや世界中にこのような家庭を作りあげ，
誰にでも楽器が気易く使いこなせるようにしなければならない」（日本楽器製造
株式会社 1977：300-301），と感じた．このような体験から川上は，音楽を楽しみ
ながら教えることを目的に，新しい方法とシステムを自ら切り開くべきとの結
論に達した．加えて後のヤマハの取締役である金原善徳も，冷蔵庫などを購入
すると商品価格分の価値を 100％近く使用できるのに対し，ピアノはそうはい
かないことに疑問を持っていた．金原は音楽好きであったが楽譜を読めなかっ
た．そのため楽器を演奏できない人の気持ちをよく理解していた．さらに金原

は，ピアノを購入する顧客を探す困難性についても考えていた（田中 2011：57）．

昭和22（1947）年の第一次『学習指導要領（試案）』における音楽教育の目標と川上の海外視察，こうした状況の中，ヤマハ銀座店の小売担当者であった金原のアイディアで誕生したのが昭和29（1954）年4月，銀座支店の地下に開設された「ヤマハ音楽実験教室」である．「幼児のための音楽教育はいかにあるべきか」をテーマにしてスタートし，講師として安川加寿子，井口基成，田中澄子といった名立たる演奏家を迎え，独自の教育システムが作られていくことになった．またこれにより金原は，ピアノの販売促進には教室活動が必要不可欠であるという確信を得ることもできた（青木 2002：104）．

ヤマハ音楽教室の創設に際して，川上は「音楽とはやさしいものだ．ピアノを奏でることは楽しく，誰にでもできることなのだということを，全国に普遍化しようというところから，ヤマハ音楽教室の設置を思いたった[2]」（日本楽器製造株式会社 1977：147），と語っている．さらに川上は，教育事業としてのヤマハ音楽教室がコマーシャリズムにおかされていないか，創設以来気にかけてきたとも語っている（川上 1977：18）．川上は，「ヤマハ音楽教室」設立の目的はその教育成果であって，楽器販売のために役立てようとする気持ちがあってはならないと強調した．大衆への音楽普及が楽器メーカーとしての純粋な使命である，と何度も繰り返している．

しかしながら楽器メーカーによる音楽教室の開設に対しては，二つの相反する異なった見方がある．一つは純粋に音楽普及を目的としているという見方であり，もう一つは楽器の売り上げを伸ばすための，音楽教室の名を借りた商売だという見方である．戦後の器楽教育のために学校に設置されたピアノは，各校に一台備えられてしまうと需要は終わってしまう．またピアノは，朝鮮特需

2）音楽教室のアイディアは，日本楽器の『社史』では社長である川上源一によるとされているが，青木成樹は，金原善徳によるものとしている．田中智晃は，金原などの現場レベルの発案によって生まれたヤマハ音楽教室は，川上源一社長のアイディアが加わることでさらに発展したと指摘している．田中によると川上は，日本の楽器需要を安定させるためには，楽器を販売した者がその楽しみ方を教えるところまで責任を持つべきという考えで，楽器を販売した後の展開を音楽教室に求めた．一方金原は，楽器販売の前のことを念頭に置き，顧客に製品の使用法を教え，その良さを納得してもらい販売につなげる場が音楽教室であると考え，購入後の指導は地域の音楽教師に任せるという姿勢であった．楽器を購入してくれるお得意様でもある地域の音楽教師との対立が生じないように音楽教室を設計していた（田中 2021：149-150）．

152   第Ⅱ部　憧れが現実に

の恩恵を受けた高所得層の家庭に普及はしたが，その売れ行きは次第に落ち込んでいった．この苦境を脱出するには，ヤマハが自らその需要を創出する以外に方法はなかったのである．このような日本楽器の音楽教室における成功は，ライバルである河合楽器にも影響を与えた．河合楽器は日本楽器に追随する形で，昭和31（1956）年から「カワイ音楽教室」を開設している．これは音楽教室が，楽器販売を促進する上では欠かせない手段であることの証でもある（前間・岩野 2001：238-241）．「ヤマハ実験教室」はその後特約店の協力を得て，昭和31（1956）年には「ヤマハオルガン教室」に，さらに昭和34（1959）年には「ヤマハ音楽教室」と名称を変更した．音楽教室は着実に成長していったのである．

1.2　音楽教室の拡大

　戦後日本の音楽教育は器楽教育の必要性が認識され，先述したように昭和22（1947）年の第一次『学習指導要領（試案）』において，器楽教育を実施することが明確に記された．具体的な指導内容として［楽器］の項では，第1，第2学年では簡易リズム楽器，第3学年ではハーモニカ，木琴，笛，ピアノ，オルガン等が加えられ，第4学年で手風琴，第5学年で菅，弦の旋律楽器を加え，第6学年では楽器の種類をさらに増加し，これまでのものに各種の旋律楽器を加える旨が記されている．[3]　さらに昭和33（1958）年に改訂された学習指導要領においては，小学校第1学年でも「器楽」の項で「オルガンで，ごく簡単な旋律をさぐりびきする」と明記された．すなわち戦後の学習指導要領においてオルガンは，生徒が学習しなければならない楽器となり，すでに小学校第1学年において，オルガンを使用した音楽教育が促進された．「器楽」の項におけるオルガンに関する記載は，学年が進むにつれ「オルガンで，リズム奏をしたり簡単な旋律をさぐりびきする」（第2学年），「オルガンで，簡単な旋律をひく」（第3学年），「オルガンで，簡単な旋律や主要三和音をひく」（第4学年，第5学年，第6学年），というように変化し，オルガンを弾くレベルも上がっていく．[4]　鍵盤楽器を弾くことが学校の勉強の一部となり，その技術を学外で習うことが単な

3）「学習指導要領の一覧」　国立教育政策研究所教育研究情報データーベース
　　https://erid.nier.go.jp/guideline.html（2024年4月27日閲覧）
4）　前掲「学習指導要領の一覧」（国立教育政策研究所教育研究情報データーベース）より
　　原文のまま引用．

る趣味ではなくなり，学校の成績向上に有益なお稽古ごとになったのである．これは昭和 29（1954）年に「ヤマハ音楽実験教室」としてスタートしたヤマハ音楽教室にとって，追い風となった．

「ヤマハ音楽実験教室」は，昭和 31（1956）年，10 会場で 1000 人の生徒数になった段階で「ヤマハオルガン教室」と名称を変更した．こうしたヤマハによる音楽教室は，音楽への導入という点で特に幼児を対象とした教育に重点が置かれている．注目すべきはその施設である．音楽教室の施設を自力で作るには膨大な費用がかかるため，幼稚園の空き時間に会場として利用することを考え，幼稚園を会場とした「音楽教室」が開設されたのである（日本楽器製造株式会社 1977：147-148）．幼稚園会場は，後の「ヤマハ音楽教室」の急速な拡大と成長にとって，欠かせない要因となった．田中智晃は，この幼稚園会場は教室の新規設置や楽器購入費用を幼稚園側の負担にできたため，特約店の初期投資負担がほとんど必要ない上に，特約店にとっては楽器の売り上げにつながり，その後の音楽教室は，特約店に運営委託する形で全国展開したことを明らかにしている（田中 2011：58）．幼児が集まる幼稚園を会場にしたことで，それまであまり音楽に興味を示さなかった子どもでも，友達と音楽教室に入会し，音楽が好きになっていくことは多分にあるだろう．

ヤマハによる音楽教室の成長拡大には，幼稚園会場以外にも重要な要因がある．第一に，教師対生徒という個人教授が主体であったピアノ教育に，グループレッスンという形式を採用したことである．グループレッスンはアンサンブルを重視しており，友達と楽しみながら音楽の理解を深めることを目的としている．また講師一人で，複数の生徒を同時に教えることが可能なため，月謝を低く抑えることもできる．ヤマハ音楽教室の月謝は，昭和 30 年代当時は 600 円から 1000 円程度（2015 年は税抜き 6000 円，2024 年現在は税込み 7150 円）で，個人レッスンを行う講師より割安で，一般的に手の届かない額ではなかった．さらに音楽教室でのグループレッスンの利点を，講師と生徒の関係という視点からもう一つ付け加えたい．それはピアノの入門過程として，敷居が低いことである．従来の個人レッスンは，一度特定の講師に師事してしまうと，講師と生徒の関係が密になってしまう．その講師と上手くいかなくなった場合，あるいはピアノがさほど好きになれなかった場合，またレッスンが物足りなくなった場合など，親は「子どものピアノレッスンを止める」と講師に伝えたいが，なかなか言いにくいものである．しかしグループレッスンには，そこまでの遠慮や

堅苦しさはない．どのような理由であれ，子どものレッスンを止めたい時は，講師ではなく音楽教室の担当者に伝えれば済む．音楽教室のグループレッスンは，子どもの気持ちを見極めるためにも，親にとっては好都合なピアノ入門課程であるとも言える．

　第二の要因は，ヤマハ独自の資格システムが挙げられる．従来ピアノ教育において主体であった伝統的な個人教授は，生徒の進捗の程度が他者には分かり難かった．しかしながらヤマハはグレードという制度によって，その個人が持っている演奏技術や，その他諸々の音楽の能力を測定し明示できるようにした．この 1 級から 13 級までのグレードによって，学習者から指導者までがその音楽能力を明確化された．またグレード制を採用することにより，学習者がより上級のグレードに進級するという目標を持って，ピアノの練習に励むことが期待できる．ちなみに 5 級を取得すると音楽大学出身でなくても，ヤマハ音楽教室の講師になることが可能となる．

　第三は，音楽教室が核となって，ピアノ購入を端緒とした具体的な将来像を提示したことも，音楽教室のさらなる拡大に大きな影響を及ぼしたものと考えられる．人々は楽器メーカーによる音楽教室の普及拡大に触発され，ピアノを習うためにピアノを購入し，演奏技術を身につけ音楽大学へ進学した．加えて音楽教室は，音楽大学卒業者に音楽教室のピアノ講師という職業をも提供し，次世代のピアノ学習者を育成した．すなわちピアノを購入し，演奏技術を習得してさらにそれを教授するという循環が，全国の音楽教室を核としてうまく機能したのである．それは高度経済成長期のピアノ文化の急速な普及に，拍車をかけたものと考えられる．

　ヤマハ音楽教室の教育システムは，結果としてその生徒数を急速に増加させた．昭和 34 (1959) 年には生徒数 2 万人，講師数 500 人，会場数 700 を数えるようになり，昭和 30 年代も後半になると，ヤマハ音楽教室の拡充ぶりは目を見張るものがあった．昭和 39 (1964) 年は生徒数 21 万人，講師数 2500 人，会場数 4900 に達した（川上 1977：巻頭「ヤマハ音楽教室のあゆみ」）．こうしたなか川上は，ヤマハ音楽教室を中心にさらに広く音楽普及活動を推進し，海外とも交流していくために，音楽普及活動を公益的な立場から進めることを決意した．そして昭和 41 (1966) 年 10 月に，音楽普及活動推進を目的とした「財団法人ヤマハ音楽振興会」を設立した．財団は日本楽器から 2 億円の寄付を受け，理事長には日本楽器の社長川上源一が就任した．設立の主旨は，「日本楽器の営

第6章　日本におけるピアノ文化の普及　　155

業成績の動きに，音楽教室の教育活動そのものが影響を受けないよう，独自の力，自分の力で得た収入でしっかり教育活動ができるようにしたい」（日本楽器製造株式会社 1977：313）というものであった．当時の専務理事・金原善徳は次のように語っている．

> 財団法人設立の検討を川上から命じられた時，川上が音楽教室について常々「画期的指導法に基づき，組織的に系統的発展をすること，楽器ビジネスと明確に区別し，音楽教育として純粋な立場を貫徹しなければならない」と強調していたので，いよいよその時が来たと直感した．（日本楽器製造株式会社 1977：438）

川上は財団設立の意義の中で，「楽器店関係にはコマーシャリズムから脱却して，教育事業として推進するよう指導し，講師の先生方には新しい感激を注ぎ込み，公益事業としての音楽教室と音楽普及活動の振興を図ろうとする決意に至った」（日本楽器製造株式会社 1977：313），と語っている．

ところで川上は，昭和27年ごろから電子オルガンの調査を命じ，昭和34（1959）年12月，電子オルガン「D−1」が誕生した．川上はこのオルガンに，「エレクトーン」と命名した．このエレクトーンは年々にその人気と需要は高まり，数年にしてピアノに次いでヤマハの製品の中で大きな販売ウエイトを占めるまでになった．その背景には，様々な音色を出すことができ，華やかで何よりも若い世代を中心とするポピュラー音楽への志向にぴったりとマッチしていたことがある．それは新しい世代の楽器として，従来になかった音楽の世界を開いたために急速に普及した（日本楽器製造株式会社 1977：164-168）．昭和39（1964）年11月には第1回エレクトーンコンクールが開催され，このエレクトーンコンクールには，第2回以降即興演奏の部門も加えられ，その後ジュニア・オリジナルコンサートへと発展していく（日本楽器製造株式会社 1977：310）．ジュニア・オリジナルコンサートは，ピアノ，エレクトーン，管打弦楽器，歌，コーラス，アンサンブルなど演奏形態に制限はなく，ヤマハ音楽教室の生徒と卒業生が，自主作品を自分の演奏で発表するもので，自分の感情を自由にのびのびと表現することを重視している（日本楽器製造株式会社 1977：335-342）．それは川上が，既存の音楽教育に疑問を感じて開始した音楽教室の考え方の原点ともいえる．

川上は，財団の重要な業務の一つとして，ポピュラー音楽を中心とした青少年の音楽活動を，健全な形で発展させていくことの必要性を説いている（日本

楽器製造株式会社 1977：313-314）．さらに川上は，今までの教育機関はほとんど全部がクラシック音楽ばかりを教えてきたが，世の中一般で行われている音楽は，90％以上がポピュラー音楽である現状を指摘し，そのみんなが一番楽しみ，楽しみたい音楽を系統的に組織だって教えることをしなければ，音楽の普及もなければ，本当の意味における音楽のレベルアップもないし，ヤマハが楽器を作っている意味もないことを強調した．そしてヤマハが教室活動で教えている一番大きな目的は，このポピュラーの世界へ順序良く入れるための教育であるとした（川上 1977：65-66）．「ポピュラーもクラシックと対等以上の立場で，音楽を系統的に勉強し，音のバランスを考え，もっともっと広いポピュラーの世界へ，子供が自分の選択で入れるようにしていきたい」（川上 1977：66），と語ったのである．川上のこうした考えは，その後，ヤマハ音楽振興会の重要な事業である，ライトミュージックコンテストから，ポピュラーソングコンテスト，さらには世界歌謡祭，そしてポピュラーミュージックを学び楽しむ青少年に対して発表の場を広く提供することを目的とした Music Revolution，作品志向や音楽活動の年齢層の広がりに対応するために年齢制限を設けない Music Revolution Song Contest へと発展した．これらのコンテストからは，井上揚水，中島みゆきなど，多くのアーティストが誕生し，また同時に多くの音楽ファンをも獲得したのである（日本楽器製造株式会社 1977：318-334）．

　従来のアカデミックな音楽観に囚われないヤマハによる音楽活動の結果，「ヤマハ音楽教室」は，昭和 51（1976）年には，生徒数 50 万人，講師数 8500 人，会場数 9500 を数えるようになった．昭和 63（1988）年には国内に 1 万 4000 の会場を持ち，生徒数は 73 万 5000 人，海外では 34 か国，250 の都市で，22 万人の生徒が学んでいる．そして平成 21（2009）年度は，国内に 4600 会場，講師数 1 万 3500 人，生徒数 51 万 8000 人に，海外には 1600 会場，講師数 6000 人，生徒数 18 万人である（川上 1977：巻頭「ヤマハ音楽教室のあゆみ」）．

1.3　ヤマハブランド浸透の背景と女性講師の思い

　高度経済成長期におけるピアノ文化の普及は，社会階層における上昇移動の願いや母親たちの戦前叶わなかった夢の実現に加え，義務教育課程での鍵盤楽器を使用した器楽教育の促進により，オルガンやピアノの販売台数が増加したこととも大きく関係している．しかしながら，購入した楽器を使いこなし，演奏できなければ購入した楽器は宝の持ち腐れになってしまう．この問題を解決

したのが，昭和29（1954）年当時，ヤマハ銀座店の小売担当であった金原善徳であり，彼のアイディアによる音楽教室である．音楽教室の増加とオルガンやピアノの販売台数はそれほど時期を違わず増加したが，そこにはヤマハの楽器メーカーとしての強力な戦術があった．楽器産業の研究を蓄積している田中智晃は，この問題に関して詳細に記している（田中 2021：133-168）．田中の論旨を追いながら考察すると，次のような構図が浮かび上がってくる．

ヤマハの母体は，明治21（1888）年に山葉寅楠によってオルガンの国産化を実現すべく創められた「山葉風琴製造所」である．資金協力をしたのは，浜松の地元資本，及び教科書販売を行う東西の有力書籍商である共益商社と，三木楽器である．設立当初から寅楠は，販売を，教科書販売を行う共益商社と三木楽器に任せていた．これは戦後，ヤマハの学販ルート開拓の布石となった．

先述したように第二次世界大戦後，日本の教育制度は大きく転換し，音楽教育では器楽教育が重視されるようになった．そうしたなか，昭和22（1947）年の『学習指導要領（試案）』に呼応する形で編成したヤマハの器楽教育指導講師団「全日本器楽教育研究会」は，器楽教育の実践に協力する形で全国の学校を訪問していた．田中によると，当初この活動は，楽器のセールスではないかと敬遠されていたという．しかし次第に学校教員の信頼を得て，ヤマハは学校にピアノやオルガンを納入した．この「全日本器楽教育研究会」の活動を通してヤマハ担当者や特約店は，地域のPTAや保護者と良好な関係を築き，戦後の学販ルートをさらに開拓し，学校における「YAMAHA」ブランドの浸透を促進していった．加えて，器楽を使用した音楽教育の公開授業等により，全国各地の教科書取扱店と特約店契約を結んで戦後の学販ルートを支配し，ヤマハ並びにその特約店は文部省・学校と密接に連携して学販市場を拡大した．これは結果として器楽教育の良さを広め，器楽教育を発展させ，ヤマハは学校に設置される確かな楽器メーカーとして子どもにも認知されるようになった（田中2021：138-140）．

こうした背景は，その後の「ヤマハ音楽教室」にとり大いにプラスに働いたと考えられる．昭和30年代も中頃になると，鍵盤楽器は全国の学校に納入されるようになっていた．講堂や体育館にはグランドピアノ，音楽室にはアップ

5）前項で述べたように，昭和29（1954）年時点では「ヤマハ音楽実験教室」という名称．
6）浜松の貴金属加工職人，河合喜三郎である（青木 2002：96）．

ライトピアノ，各教室にはオルガンが据えられた．私の記憶では，休み時間に
なると女子たちはオルガンの周りに集まっていた．オルガンが弾ける子は羨望
の的で，女子たちの「オルガンが弾けるようになりたい」という望みが強くな
ることは想像に難くなく，それは後の音楽教室の拡大にも繋がっていったと考
えられる．

　昭和31（1956）年，「ヤマハ音楽実験教室」から「ヤマハオルガン教室」と
名称を変更した音楽教室は，金原によって考案された幼稚園を会場とする音楽
教室が，第1号教室として谷田邦甫のタニタ楽器と摩耶幼稚園に開設された．
昭和34（1959）年にさらに名称変更した「ヤマハ音楽教室」も，幼稚園を会場
とした音楽教室を全国展開した．この幼稚園会場は，「ヤマハ音楽教室」の生
徒数の急増に繋がったのである．ヤマハ特約店が地域の子どもを持つ親たちと
良好な関係を築いていたことも，音楽教室には追い風になったに違いない．田
中が述べるように，ヤマハ音楽教室の短期間での急拡大は，学販ルートを通じ
た「他社の追随を許さないヤマハの影響力と，全国に広がりつつあった強力な
販売網が下支えしていた」のである（田中 2021：148）．

　その一方で，音楽教室の講師の中には，音楽教室の拡大はヤマハの営業活動
を後押ししている，自分たちは企業の売り上げのための音楽教育をしている，
というジレンマを感じる者もいたようである（田中 2021：162）．初めての人に
は演奏できない楽器という商品を売る企業である以上，営業と音楽教室は切っ
ても切れない関係にあるため，そのようなジレンマを抱える講師も実際にはい
たかもしれない．

　そこで私は，昭和49（1974）年からヤマハ音楽教室で教えていた，秋田県在
住の元ピアノ講師Fさん（1954年生まれ）に，電話でインタビューを実施した．
Fさんは小学校に入学した頃から，母親に付き添ってもらい，居住地から車で

---

7 ）谷田邦甫はタニタ楽器の社長．金原は懇意だった谷田邦甫と議論を重ね，製品の使用方
　法教授と顧客情報の欠如という二つの問題を解決するために，ピアノの使用方法を教え
　る音楽教室の設立を構想し，そこで使用する楽器は，ピアノより安価なオルガンを使用
　することを考えた（田中 2011：58）．
8 ）摩耶幼稚園は，埼玉県熊谷市の圓照寺という寺に併設された幼稚園で，タニタ楽器本店
　の近所にある（田中 2021：346，注20）．
9 ）田中はこの問題に関し，財団が「音楽振興のために仕事をしている」という自信が持て
　るように講師の精神的支えになったと報告している（田中 2021：162）．
10）Fさんの聞き取りは電話で，2022年11月21日と2023年1月16日の2回行った．

10分程度の大館市に住む先生の個人レッスンに通い，色音符でレッスンを始めた．その後，音楽大学を卒業して大館市の楽器店に就職した．

楽器店は独自のピアノ教室も経営していたので，Ｆさんはそこの講師になるつもりだったが，ヤマハの研修を受けさせられて，ヤマハの講師にもなったという．ヤマハ音楽教室の開講式なども行ったが，全て窓口は大館市の楽器店だった．給料はヤマハから直接支給されたが，個人事業主として毎年申告し，その他に楽器店独自のピアノ教室の講師もした．当時の音楽大学卒業の友人たちは，ほとんど楽器店に就職し，ヤマハ，あるいはカワイのピアノ講師になったという．友人で，自分の家でピアノ講師をしていた人はいないようだ．

Ｆさんはその楽器店のヤマハ講師になったことで，「山奥」にもレッスンに行った．Ｆさんが行った「山奥」とは，マタギや木こり，炭鉱に従事する人が多い“秋田県阿仁前田”という，冬は雪深い地域である．Ｆさんの住まいがあった所からは，電車とバスを乗り継いでいく．バスには山の奥深いところへ行く「行商のおばあちゃん」が，いつも乗っていたという．帰りは最終バスまでだいぶ時間がある時は，タクシーで帰ることもあった．

人口が多い市部ではピアノの販売が競合し，音楽教室は営業活動の手段と判断される場合もあったが，Ｆさんの様な山間部や交通の便が悪い地域での活動を，楽器を売るためのヤマハの営業活動の一部，とは言い切れない．僻地や山奥の，音楽を学びたい子どもたちへの器楽教育は，ヤマハブランドの浸透と販売網のバックアップが無ければ実現できなかった．こうした地域での音楽教育の実践は，田中が指摘するように「他社の追随を許さないヤマハの影響力と，全国に広がりつつあった強力な販売網が下支えしていた」からこそ可能であった．その結果，戦前は一部の階層の人たち以外受容できなかったピアノ文化を，日本全国の子どもたちが受容できるようになったのである．

本項の最後に，Ｆさんのインタビューを紹介しよう．Ｆさんが語ったレッスンの状況は，一般的なヤマハ音楽教室とは大きく異なっていた．私はＦさんに「当時のヤマハ音楽教室は，ヤマハのピアノを売るための営業活動の一部，と言われたこともあったようですが」と話した．それに対しＦさんは，毅然とした口調で以下のように語ってくれた（要約）．

そんなことを考えたことは，一度も無かった．私はピアノ教育に徹してい

た．だからどんな山奥でもレッスンに行った．そうした地域では，私たちが行かなければ子どもはピアノを学ぶことはできない．もちろん交通費はヤマハから支給されたけれど．ヤマハの販売網がバックにあったからこそ，できること．個人のピアノの先生では，絶対にできない．

使用した教材は，当時の子どもたちがよく知っている NHK のみんなの歌だった．グループレッスンをするため，夜遅くまで授業の指導要領を作った．母親がついてくることが原則だったので，母親たちも参加するレッスン計画だった．

レッスンは，川のそばにあった古い旅館の一室を借りて，オルガンでやった．冬は旅館に着くと，まず旅館から種火をもらって薪ストーブで部屋を暖めた．生徒数は４，５人で，幼児科というよりも，グループでのレッスンだった．グループレッスンが終わると，保育園の先生２人にも教えた．

大館市が洪水の時は，一日がかりで帰ったこともある．夏休みで早くレッスンを始めていたので帰れたが，通常のレッスン時間だったら帰れなかった．同僚には，さらに遠方地域のレッスンに行っていた人もいる．当時，（阿仁前田に）レッスンに行く日は辛かったけれど，ヤマハが無かったら，山奥の子どもたちがピアノを習いたいと思っていることを，私は知らないままだった．

2. ヤマハ音楽教室と日本のピアノ文化

2.1 音楽教室の教育的意義

ヤマハ音楽教室が誕生する以前にも音楽教室は存在した．ヴァイオリンで有名な「鈴木メソード」と，桐朋学園による「子供のための音楽教室」である．戦前からヴァイオリンの早期教育を実施してきた鈴木鎮一（1898-1998）は，昭和 21（1946）年に松本で「全国幼児教育同志会」を結成して才能教育を始め，その後「才能教育研究会」と改称して全国各地に支部を設けて才能教育を普及した．その指導法は「鈴木メソード」として，海外にも広く知られる．また井口基成（1908-1983）と斎藤秀雄（1902-1974）は，昭和 23（1948）年に東京の山水高等女学校（現桐朋学園大学音楽学部）に「子供のための音楽教室」を開設した．パリのコンセルバトアールなどでは，入学条件に下方の年齢制限がないように，専門家の間では音楽の専門教育に早期教育が必要なことは常識になっていた．

井口，斎藤はこの点に注目して，「子供のための音楽教室」には幼稚園児から中学生までの，入学試験に合格した子どもたちを入学させた．ソルフェージュ，ピアノ，ヴァイオリン等の実技の基礎的な才能教育を行うもので，ソルフェージュ，実技については毎年グレード試験が行われ，グレード別にクラスが編成され指導が行われた（上原 1988：453）．世界的な指揮者小澤征爾（1935-2024），ピアニストの江戸京子（1937-2024），中村紘子（1944-2016），チェリストで元桐朋学園大学学長の堤剛（1942〜）らは，この「子供のための音楽教室」の第一期生である．井口，斎藤はその後，昭和30（1955）年に，大阪の相愛女子短期大学音楽科（現・相愛大学音楽学部）に付属の「相愛学園子供の音楽教室[11]」を開設した．

　このようにヤマハ音楽教室が誕生する以前の音楽教室は，プロの演奏家の育成が目的で，その対象は音楽の才能に恵まれた限られた子どもたちだった．それに対して，ヤマハ音楽教室が対象としたのは，音楽の才能と関係なく，全ての子どもたちだった．これまで限られた層の文化だと思われていたピアノ文化は，ヤマハ音楽教室の誕生によって一般社会に開放された．音楽教室誕生がたとえ楽器販売を目的にしたものであっても，ヤマハ音楽教室誕生の意義はここにある．

　ところでヤマハ音楽教室の初歩の教育部門である幼児科は，その教育期間は満4歳から7歳までの2年間で，集団レッスンが主体である．指導目標は耳の訓練に重点が置かれ，幼児に対して音楽の基礎的な能力であるリズム，メロディー，ハーモニー，聴音，ソルフェージュなどをやさしい導入法で指導し，幼児の音楽的素養を総合的に培うところにある（日本楽器製造株式会社 1977：149）．そのため講師に求められたことは，自らが音楽大学時代に受けた楽譜の忠実な再現を中心とした教育ではなく，子どもたちが自分の気持ちを，音楽を通して自由かつ率直に表現できるようにすることであった．具体策として，講師たちには音楽能力検定が課せられた．指導者としての必要な基本的な能力をバランスよく身につけるために，音楽能力検定は ① ソルフェージュ（メロディー視唱，弾き歌い），② 鍵盤実技（伴奏づけ，移調奏），③ 筆記（楽典，コード進行法，和声，聴音）を内容とするものであった（日本楽器製造株式会社 1977：314-315）．さらに指導にはヤマハが独自に開発したメソッドが使用され，音楽に親しむことを前

11）現在は「相愛大学付属音楽教室」．

提とした，あくまでもやさしく楽しい正しい音楽の勉強をする教室が目指されたのである．

こうした「音楽を楽しく学ぶ」という指導方法は，当時は画期的だった．なぜならそれまでのピアノの学習とは，ピアノ教育者である飯田和子が「ピアノのレッスンというと，指の上げ下げばかりうるさく言われた嫌な思い出を持つ人が多い」（飯田 1998：36）と語るように，「楽しくはないけれど身につけなければならない」演奏のテクニックを習得するものであった．そのため子どもであっても，曲の美しさよりもまず指の訓練から始まり，多くの先生は『バイエル教則本[12]』を用いて指導に当たった．しかしながら『バイエル』には「うたうメロディーが少ないという欠点」（片山 1998：42）があり，『バイエル』でのレッスンは，子どもには退屈で楽しくないピアノ学習であった．テクニックは曲のニュアンスを上手に表現するために不可欠であるとはいうものの，当時のピアノ学習はテクニック先行のレッスンが多かった．それ故多くの子どもたちは途中で挫折し，後にはピアノの練習は辛いものというマイナスイメージだけが残った．また従来の音楽の勉強では，ソルフェージュや聴音を勉強する子どもは，桐朋学園「子供のための音楽教室」のように，将来専門家になる者が大部分であった．音楽に対するこうした権威主義的とも言えるような先入観を覆してしまったのが，ヤマハの音楽教室であった．

ヤマハ音楽教室幼児科が対象とするのは，聴感覚が一番発達する時期と言われる 4 ～ 5 歳の子どもたちである．耳がピークに達するこの時期に，聴音，ハーモニーを始めとした音楽の基礎を身につけると，いわゆる「絶対音感」が身に付き，将来，音楽を自分なりに表現し，楽しんでいく基礎が確立するといわれている．幼児科ではまず歌を歌ったり，聴いたりするという感覚的なものから始まる．聴いて覚えたものを弾く練習は半年後くらいから始まり，2 年目になってから自分で伴奏を考え，やさしいメロディーを作り楽譜に書くという勉強をする．こうした従来の技術練習偏重の音楽教育とは全く異なった，音感教育に重点を置いた指導を受けた子どもたちは，感覚で音楽を楽しむことができるようになっている．

---

12) 『バイエルピアノ教則本』は明治時代にドイツから入って来たもので，当時は他に何もなく，これが唯一のピアノ教本であった．それが日本に定着し，現在標準版としてそのまま使われてきた（片山 1998：42）．

第6章 日本におけるピアノ文化の普及 *163*

　音楽教室の誕生により，戦前は一部の階層の人のみが所有，演奏したピアノ
は，急速に一般家庭に普及するようになった．音楽教室の創設の動機が純粋に
音楽普及を目的にしたものであろうと，またその背後にどんなに楽器販売促進
の思惑があろうと，それは大した問題ではない．ここで重要なのは，川上が
行った音楽普及活動の客観的な評価である．ヤマハ音楽教室の存在抜きには，
日本における戦後のピアノ文化の急速な普及，およそ日本における音楽文化は
語りえないであろう．学校で行われる合唱コンクール等でピアノ伴奏を受け持
つ生徒は，こうした音楽教室の出身である場合が多い．また音楽大学で学ぶ学
生の中には，音楽教室に通った経験があるものが少なくないのである．

　ヤマハ音楽教室幼児科のように音感教育を重視した音楽教育は，現在では個
人的に音楽のレッスンを行っている音楽講師たちでも，多くが取り入れている
指導法である．そして今日では，ピアノを弾いたり，あるいは自作の歌を弾き
語りするなど，心の赴くままに様々なジャンルの音楽を楽しんでいる世代が確
実に増えてきている．それは，ヤマハ音楽教室幼児科から始まった，総合的な
音楽力を身につけるという音楽教育が，一般に認知され取り入れられるように
なったからだと考えられる．たとえ幼児科の2年間で音楽の勉強を止めたとし
ても，こうした個人的な音楽経験を持つ子が増加し，成長して様々な音楽ジャ
ンルへ拡散していっているのである．

　現代はクラシック音楽とポピュラー音楽の境界が，従来ほど厳格でなくなっ
ているとも思われる．さらには長い間，教育の一環として捉えられていた音楽
は，現在では娯楽の一つと考える層が増加している．そこには，音感教育を重
視し，音楽を楽しく学ぶとしたヤマハ音楽教室が，戦後の日本社会におけるク
ラシック音楽のあり方に及ぼした影響が考えられる．また現在日本の音楽界で
活躍する演奏家には，ヤマハ音楽教室出身者が少なくないことを付け加えてお
く．2002年第12回チャイコフスキー国際コンクール・ピアノ部門で女性とし
て，そして日本人として初めて第1位になった上原彩子や，2011年第53回グ
ラミーショーを受賞した上原ひろみは，ヤマハ音楽教室の出身である．特に上
原彩子は，音楽大学に進学することはなくヤマハ独自のシステムで教育された
ピアニストである．ヤマハ音楽教室における音楽の総合教育は，音楽を趣味に
持つ人を増加させたことだけではなく，一方ではこのような成果となって結実
したことも看過することはできないだろう．

　このように，高度経済成長期のヤマハ音楽教室の意義は，何よりも音楽教室

164   第Ⅱ部　憧れが現実に

が全国に開設されたことにより，戦前は都市の新中間層の文化であったピアノ
文化が，地域差がなく普及したことにある．そしてそうした地域的拘束の解消
により，その後の日本の音楽文化に影響を与える音楽リテラシーを社会に浸透
させた．それは日本においても戦前は限られた人たちの文化資本だったピアノ
が，急速に大衆層にも手に入る文化資本になったことを意味するものでもある．

2.2　新しい生き方とピアノ文化

　戦後のピアノの普及は，女性の生き方にも影響を及ぼした．本項では女性の
職業という視点からピアノの普及について考察する．

　戦前も女学校時代にお稽古ごととして東京音楽学校の選科（実技科目を選択履
修するコース）に通い，女学校卒業後は本科（演奏家コース）や師範科（音楽教員
コース）に進学する学生もいないわけではなかったが，それは少数だった．た
とえば明治の文豪・幸田露伴の妹である幸田延は，明治 15（1882）年に 12 歳
で東京音楽学校の前身である音楽取調掛に入学し，明治 18（1885）年に卒業証
書を受け研究科へ進むかたわら，音楽取調掛の助手となった．明治 23（1890）
年には特命によりウィーンに留学，明治 28（1895）年にウィーン音楽院を卒業
し，帰朝後母校の教授となった．延は日本で最初の本格的な音楽教師であった
（東京芸術大学百年史 2003：1310-1311）．

　図 6−1 は『国勢調査報告』から作成した昭和 25（1950）年以降の日本の音
楽家の数の変遷である．

　街の音楽家は明治，大正時代には箏，三味線，尺八などの師匠が大多数を占
め，子女の稽古ごとに携わっていたが，昭和期に入って洋楽関係の教師が次第
に増加した．しかし戦時色が濃くなるにつれ音楽を職業とすることは困難にな
り，終戦直後にかけて音楽家の数は減少した．戦後は洋楽関係の音楽家が増加
していると考えられる（上原 1988：455）．そして**図 6−1** によると，昭和 45（1970）
年には，音楽家の総数に対して女性の占める人数が男性のそれを上回った．女
性の占める人数は，昭和 50（1975）年にはさらに増加し，昭和 55（1980）年に
は女性の数が男性の約 2.5 倍に達した．

　次の**図 6−2** では，昭和 45（1970）年，50（1975）年，55（1980）年の国勢調査
によって，さらに詳しく年齢別（20〜40 代）の女性の数を示した．**図 6−3** では，
性別の比率を示した．

　図 6−2，**図 6−3** の統計からわかることは，30 歳代，40 歳代に比べ 20 歳代

第 6 章　日本におけるピアノ文化の普及　　165

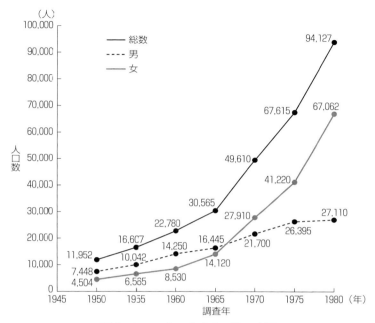

図 6-1　日本の音楽家の数の変遷

注：この統計の音楽家の中に音楽教員（公務員）は含まれない．比率（％）の数は小数点 2 位以下を四捨五入した．
典拠：上原（1988：456）及び『国勢調査』より作成．

の音楽家，特にの女性の音楽家が多く，さらに昭和 50 年から 55 年にかけて著しく増加していることである．これは昭和 30 年代から 40 年代にかけての高度経済成長期に，ピアノ文化が普及しそれに伴い音楽大学や音楽短大が新設され，若い音楽家，すなわち女性のピアノ講師が急速に増加したことを裏付けるものであろう．

　高度経済成長期にピアノを習い始めた二人を対象に聞き取り調査を行った．

　C さんは 1958 年東京で生まれで，10 歳ごろ秋田に転居し，現在は福島県在住のピアノ講師である．武蔵野音楽大学を卒業し，地元で演奏活動をしながら音楽大学の受験生や，その地域の，いわゆる優秀な生徒を指導している．また地元の女子大学音楽科の非常勤講師も務めている．以下インタビュー内の（　）は筆者による補足．

166　第Ⅱ部　憧れが現実に

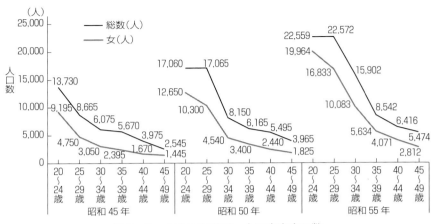

図6-2　女性の年齢別，全国音楽家の数

注：比率（％）の数は小数点2位以下を四捨五入した．
典拠：『国勢調査』より筆者作成．

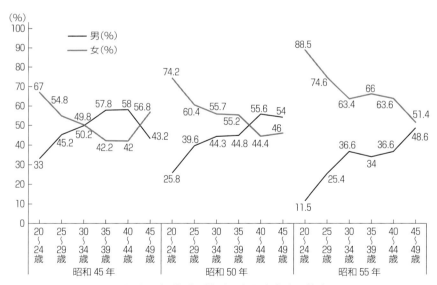

図6-3　年齢別・性別の全国音楽家の比率

典拠：『国勢調査』より筆者作成．

「（ピアノを始めたのは）5歳くらいからです．東京に住んでいたんですけど，
初めは幼稚園に入っていたヤマハです．ヤマハはすぐやめて個人の先生に移
りましたけど．」

──先生の時代は多かったですか？ピアノをやっている人は．小学校くらいの時．

「多かったですね．ただやはりその，専門的に勉強する先生と，もう明らか
に趣味で，楽しむために習う先生は，はっきり分かれてました．……たくさ
ん習ってました．女の子は半分以上，クラスで半分以上は習っている感じ．
その習っている中でもやっぱり，お友達よりも進度が速かったりだとか，明
らかに向いてるって思われる人たちが，専門家になるために先生を選んで，
探して移って，そこから学校に行くっていう．……昭和43年くらいですか
ね，私が秋田に移り住んだのは．習ってました秋田でも，半分以上．男の子
はいなかったです」

──先生は一人でレッスンを？

「そうですね．専門に勉強するっていう気持で小学校の5年生くらいから，
いわゆる，そこの土地の大学の先生のとこに変わったんですけど，たまに
やっぱり父親が聞きに来たりすることは，もちろんありました．まあ，すご
く遠かったですし……」

──家で練習しなさいって言われたことは？

「私は練習しなさいって言われなくても，する子どもだったので．それはい
まだにっていうか，言われた事無いです，誰からも…………あの，やっぱり
女の子もちゃんと職業を持てることを考えなければ，っていうのを考えてい
る人が結構多かったと思います，周りに．お嫁に行くだけではなくって，そ
の勉強をする以上は，それが職業に結び付くようにっていう風に，親は考え
ているっていう人が周りに多かったです」

──みなさん音楽の先生になっていますか？

「なってますね．結局先生選びのところからあるわけですから，その先生の
ところにいる生徒さんは，もれなく音大に行き，先生になりっていう，ちゃ
んとそういうルートができてたっていう感じですかね．ただ方法はいろいろ．
その高校まではその土地の結構な受験校にね，まず入って，そこから大学に
行かれた方もいますし，まあ，私のように高校から，音楽系に行った人もい
るし，その先生のところに行って音大に行かないっていうことは無かったっ
ていう感じ．一応は先生やったり，その先留学した人なんかもいますし，あ

とは，あの，ピアノではなく声楽科に変わったりした人もいますけれども，まあ，100％音大に」

　Dさんは1948年，山形県生まれの声楽科である．国立音楽大学を卒業後，山形の県立高校の音楽教師をしていた．結婚後は自宅でピアノや声楽を指導しながら，自身の演奏活動も行っていた．現在は，以前ほど音楽活動は行っていない．

「ピアノを始めたのは小学校5，6年くらいかな，なんで始めたのか忘れちゃったんだけど」
――クラスで音楽やっていた人は？
「音楽，一人二人いたと思うなー．他にもピアノ持ってて，そこね，質屋さんだったの，おうちが．彼女の家と（自分の）家に，ピアノもあって冷蔵庫もあったんだ．冷蔵庫っていうのはね，氷を氷屋が毎日朝に持ってくるやつ，あったんだなあ．やっぱり恵まれていたんだねえ．……私なんか，もうそれこそあの当時だからバイエルだよね．バイエルから初めてもう好きじゃなくて，嫌々ながらやってて，中学3年生になった頃にも行ってたんだね，嫌々ながら．そしたら，『あなただけよ，中3になっても来てるの』って言われて止めたの．……どこに進学するかっていった時に，『そうだなー，国文受けたい』ってうちの父親に言ったら，ダメだって．『お前昔ピアノ習っていなかったか』って．『いや，もう今頃ピアノやったって，できるわけない』って言ったら，『そうだ，歌ぐらい歌える』って……そのね，言うことが良いの．『もう何をやってもね，女の人はね（一流になれない），コックだろうとなんだろうと，一流は男だ．そういえば歌，ソプラノっていうのは男にはないんじゃないか』って言ったんだよ．ふざけてるでしょう．『えぇーっ』とか言って，先生のとこ行ったの．そしたらね，先生がコンコーネかなんか[13]を出して，『ちょっとこれを歌ってみなさい』って．そして私が歌ったのよね，『（先生は）明日から来なさい』って．それでね，ほんとに付焼き刃で入りました」

13）声楽の技術を習得するための教本．最初は『コンコーネ50番』で基礎的技術を習得する．

——自立できるって思ったのかしら？

「そういう意識は，うちの父の場合にはなかったんじゃないかなー．でもソプラノだったら女でも一流になれるって思ったみたいね，要するに．でも私の同級生とか，大学に入った人たちを見ても，嫁入り道具の一つとして音楽大学を選んだというのはないと思う．今になってみんなを見てると，嫁入り道具の一つだったような人も結構いるけど，そうじゃなくて，みんなあの時は，真剣に何かになろうと思ってやってたと思うよ．……ステイタスの一つみたいじゃなくて，ちゃんと音楽をやっていきたいっていう風に，意思をもう持っていたと思う．うん，みんなねえ，結構まじめにやってたと思う」

——みんな職に就いてますか？

「職についてる．今はもうやめたり，結婚してやめたりしたけど，結構ちゃんと先生になったりとか，自分で教えたりとか．もちろん，大学の先生やっている子もいるし……それで，単なる嫁入り道具っていうのにするには，やっぱり辛い．辛いから，子どもを音楽大学に入れた人っていうのは，うーん，友達の中で二人くらいかな．あとはもうみんな，子どもさん音楽大学に行っている人はいない，かもしれない」

——職業意識ありました？

「職業意識，私の周りの友達は，やっぱりあった．職業意識っていうか，やっぱり，音楽続けていきたいっていう思いは，みんなどこかで持ってたんじゃないかなー．……だって辛いものね．音楽大学って，ほんとに，見た目よりずっと辛いのよね．すごい才能のある人はねえ，いいのかも分かんないけど，やっぱり結構忙しいし，職人学校みたいなところあるのよ．……あの，そういう風に自立して，例えば歌でご飯を食べていこうとは思っていなかったかもしれないけど，変な話，『旦那が死んでも，ピアノを教えて子ども育てていけるんじゃないか』って，うちの父は言ってたと思う」

——（4年生の普通大学より）音大の人の方が自分の将来きちんと考えていた？

「そうかもね．……私なんか山形からだったけど，高校3年の時レッスンに行くとまだ近い方．九州，四国，北海道，全部来てたから，みんな飛行機に乗って来てたんだなあ，私は電車だったけど．でも，それでもね，日帰りはできなかったのよ．土曜日に学校終わってから行って，そして一泊して，レッスンをやって，その日に帰ってきて，月曜日からまた学校．あの頃は土曜日休みじゃないでしょ．叔父叔母のところに泊って行ってたのね」

170　第Ⅱ部　憧れが現実に

　高度経済成長期の後半から昭和50年代にかけて，戦後生まれの日本人女性
はどのような職業意識を持っていたのだろうか．この問題に関し岩井八郎は，
ライフコースの変化から検討している．それによると，戦後生まれの日本人女
性には，はっきりとしたM字型ライフコースの特徴がみられるという．この
特徴は学歴別に見ても大差はなく，すなわち，高度経済成長期後半から昭和
50年代に就職の時期を迎えた女性たちは，20歳代前半まではフルタイム雇用
という就業形態を選択し，その後結婚，出産，育児に対応するために家庭に入
り，子育てを終えた時点で，パートタイマーなどにより再就職という就業形態
が一般的だった．さらに出生コーホート別に大学卒女性の就業率の推移をみる
と，1945～54年コーホートでは，まず大学進学率は4年制大学で6％，短期
大学9.6％と少なく，加えて就業者も全体に少ないのが特徴である．このコー
ホートでは大学卒業時のフルタイム雇用は60％に満たず，20歳代後半から30
歳代前半の就業率は50％以下である．1955～64年コーホートでは，大学進学
率は4年制大学で12％，短大17.9％となり，全体的に就業率も上昇した．ま
たその中でも，30歳代前半までのフルタイム雇用の比率が高まっている．こ
のコーホートの大学卒は，30歳代前半でも約60％が何らかの形で就業してお
り，同じ出生コーホートの高校卒の30歳時の就業率よりも高くなっている
（岩井 1998：1-29）[14]．岩井の分析から，戦後生まれで昭和50年代頃までに大学卒
業を迎えた女性たちは，その成長過程である高度経済成長期を経て就業意識が
上昇するものの，仕事と出産，育児を両立したいという意識を持っていたと推
測できる．こうした中，ピアノ講師は時間的な融通も利くため，大学卒の女性
が生涯に渡り携わることができる職業と考えられていたのであろう．その結果，
高度経済成長期のピアノの普及に後押しされるように，ピアノ講師，音楽教師
になることを望んで音楽大学に進学する女性が急増したものと考えられる．
　日本におけるピアノ文化は，西欧のようにその演奏技術を家庭内で伝達する
というようなハビトゥスはなかった．そのためピアノの演奏技術は，主に家庭
外の教育機関で習得された．戦後になってピアノが大衆まで普及したとはいえ，
ピアノ文化に対するハビトゥスを全く保有していない大衆は，ピアノの演奏技
術は家庭外の教育で習得する以外には方法はなかった．人々はピアノの指導者

14）岩井の分析に加え，濱中義隆・米沢章純（2011）の分析も参考にした．濱中らの分析で
　は，コーホートが1946～1955，1956～1965となっている．

を欲していたのである．それ故，女の子は情操教育としてピアノを学び，その後音楽大学に進学しピアノ講師としての職に就いた．楽器メーカーによる，各地の音楽教室に所属するピアノ講師となった者も少なくない．先述したように，ピアノ文化の基盤整備である，ピアノという楽器を購入し，演奏技術を習得してさらにそれを教授するという循環が，全国の音楽教室を核として上手く機能したと言える．ピアノが普及した高度経済成長期，ピアノ文化は階層の上昇移動という機能ばかりではなく，ブルデューの言うところの「制度化された文化資本」としての音楽大学進学という選択肢を提供し，さらには女性の雇用を創出し就労機会を増加させ，女性に職業を持つという新しい生き方を提示したのである．高度経済成長期の大学卒の女性にとり，ピアノ講師は女性が生涯に渡り携わることができる職業だった．

3. ハイブリッドモダンとしてのピアノ文化の誕生

西欧近代において，ピアノ文化は階級社会を反映するものであった．戦前の日本におけるピアノ文化は，そうした西欧近代のピアノをめぐる状況とかなりの程度類似している．お雇い外国人教師が当初は東京音楽学校の中心的存在であったことや，ピアノという楽器が高額であったこと，ピアノ文化の受容者が都市の新中間層であったことなどが，戦前の日本におけるピアノ文化を，階層文化にしたと考えられる．しかしながら戦後，高度経済成長期になると，先述したようにヤマハによってピアノが普及し，多くの子どもたちが音楽教室に通いピアノ文化を体験した．ピアノという，かつては大衆には手の届かなかった楽器が，急速に一般社会に普及したのである．

こうした高度経済成長期における日本のピアノ文化を歴史的，文化的視座から見ると，それは戦前のピアノ文化と際立った違いが認められる．本来は西欧からの舶来文化で，戦前は西欧と似たような状況だったピアノ文化が，ヤマハ音楽教室の誕生によって日本独自のピアノ文化になったことである．それは厚東が主張する「ハイブリッドモダン」の議論と一致する．西欧モダンのピアノ文化が，空間的移転により日本に移入され，「ヤマハ音楽教室」によって日本の文化として再生され，普及したと考えられる．すなわち西欧モダンのピアノ文化が，モジュールとして日本に空間的移転をし，川上の日本的思考＝土着的思考から生み出されたヤマハ音楽教室によって，日本独自のピアノ文化に変質

172   第Ⅱ部   憧れが現実に

したのである．日本社会にハイブリッドモダンとしてのピアノ文化が誕生した，
と捉えることができる．本節ではハイブリッドモダンとしてのピアノ文化とい
う観点から，ヤマハ音楽教室と日本のピアノ文化に対する考察を，さらに深め
ることにしたい．
　西欧と日本のピアノ文化における違いを検討するために，最初にフランス人
Qさんのインタビューを紹介しよう．

　1982年生まれのフランス人留学生であるQさんは，日本の音楽文化につい
て次のように感じたという（日本語として意味が伝わりにくい部分は，修正して記述し
た）．

　「フランスでは，クラシック音楽は教養．だから下層階級の人でもお金持ち
　の人，お金持ちじゃなくても基本的に教養に関心を抱いている人，それと高
　級な人は，もちろんクラシック音楽のイベントに行ったり，聴きにも行きま
　す．フランスではクラシック音楽は親が伝える．そういうわけで，区別が
　はっきりわかるので，クラシック音楽は他人のもの，そういう風に理解して
　いる．だから僕たちは（クラシック音楽に）興味ない．で，僕はゲットウみた
　いな所から（所に）住んでいたんですけど，その人たちはあのー，ヒップ
　ホップとかをよく聴いたりしていますけど，クラシック音楽は高級な人，力
　のある人のシンボルとして，それは一つの社会的な問題ですけど，基本的に
　下層階級の人は，両親から教わることはない」
　──それでは日本みたいに，弾かなくても家庭にピアノが置いてあることが多い，
　　　というのは無いんですか．日本では小さな家でもピアノがあったりしますが
　「ありますけど．あの，妻の家にはあったんですね．実家にね．あったんで
　すけど，やっぱり（妻の家は）真中の階級のアッパーですから，だけど僕は
　無かった．そうですね，（ピアノが各家にあるって）あんまり無かったですね」
　──以前に音楽教室の看板が多いので，びっくりしたって言ってましたね
　「そう，今もヤマハ教室ってある？　たくさんある？　郊外とかでも？
　フランスでは無いね，まったく無いねフランスでは．無いっていうのは
　チェーンみたいに（チェーン店のように），よく普及されてるっていう，勉強が
　できる所は無い．リヨンでは音楽教室どこにあるかって聞かれたらわからな
　い．たとえばね，うちの住宅街（現在日本で住んでいる所）とか歩いたら，よく

ピアノ（の音）とか聞くんですね．日本でね，よくあるんです．フランスではない．オーディオで聴いてるというのは，ヒップホップとか，隣の人の音としてそういうのはあるんですけど，ピアノはあんまりない．日本に来てから何回も（ピアノの音を）聴いた．びっくりしました」

――フランスの学校ではクラシック音楽を教えますか？

「楽譜は勉強しました，確かにね，高校でね．違う，高校ではない，中学校でね．小学校は歌とかはするんです．だけど楽譜で楽器やるのは中学校，で，楽器も少ない，一つしかない．先生はピアノ，それで生徒はリコーダー，じゃない，笛」

――日本では，今の若い人で楽譜が読めない人って殆どいないんですが

「そうそう．それも気付いた．びっくりしました．あらっ，どういうことって」

――ヤマハ音楽教室がありますから．全部ヤマハっていうこともないですけど．ヤマハは，一か月6000円くらい．その代わりグループレッスンですよ

「えっ，学校じゃないの．あっ，そうなの．グループレッスンなら，フランスには全くないと思います．聞いたことない．まあ．2人とか3人とかはあるかもしれません．ヤマハ教室は？」

――10人くらいはいます

「クラシックの専門家はみんなヤマハ教室？」

――そういうことはないです．昔と違って今は個人の先生方も，小さいうちから色々なことを教えるから，日本の若者たちは耳も良いし，楽譜も読める．だからギターなんかはそんなに難しくないと思います

「僕の友達の中で，楽譜読めるのは少ない．本当に少ない，妻が読めますけど，遅い．ちょっと勉強してたんですけどね．日本とバックグラウンドが違いますね，バックグラウンドが違いますから，結果として，私達若者は楽譜が読めない……同じ博士課程の友達は5人くらいいますけど，フランス人の．でも，楽譜読めるの（楽譜が読める人）いないと思います．妻は博士課程でない，修士課程ですけど．」

――日本は小さい頃，楽譜の勉強を結構やるから，みんなギターを弾いたり，いろんな楽器をやります．シンガーソングライターってっわかります？　いっぱいいるじゃないですか，フランスにもいますか，シンガーソングライターって

174 第Ⅱ部 憧れが現実に

「いっぱいいますね，だけどクラシック音楽の勉強したかは？……上層階級
はクラシック音楽に興味がある可能性が高いですけど．その，他の階級でも
クラシック音楽に興味がないから楽譜が読めないわけではないんですけど，
色々ありますけど，あの，階級で決まってます．階級の上の人は，お母さん
からピアノ習ったりしてるかもしれませんね．あとコンサート行ったり，う
ちでクラシック音楽楽しんだりしていた人も多いと思いますね．僕はどちら
かと言うと，お母さんは，テレビとかで放送されているポップとかしか聴い
てないですね．僕は，今クラシック音楽を聴くことはありますけどね．あの，
母は同じ部屋にいたら，『それムカつくよ』って．だから家族としてクラ
シック音楽を楽しむことはないです」

　フランス人留学生Ｑさんのインタビューからも明らかなように，フランス
では，ヤマハ音楽教室のような家庭以外での初心者向けの音楽教育機関は存在
していなかった[15]．西欧におけるピアノ演奏の技術は，家庭の中で伝達される家
庭文化であり，それは一定の階級に属する人々のハビトゥスであった．そのた
め西欧社会では，このハビトゥスを欠く大衆層は，ピアノの演奏技術を習得す
ることはないうえに，ピアノを購入することもないのである．こうした問題に
対して高橋一郎は，「川上は西欧における音楽文化の『限界』を，鋭く見抜い
た」と指摘する（高橋 2001：168）．川上は，ピアノの演奏技術が家庭文化とし
て存在しない日本で，ピアノを奏でることを全国に普遍化しようというところ
から，ヤマハ音楽教室の設置を思いたった．高橋は，川上のこの鋭い視点に対
し興味深い見解を示している．川上は，出自からして大衆層ではなく，戦前の
新中間層である[16]．ただ正規の音楽教育を全く受けていないばかりか，音楽演奏
について何らかのトレーニングを受けた形跡がほとんどない[17]．そのため川上の

15）本書第8章のインタビュー調査で，イギリスで暮らしていたＸさんは，イギリスでも
　　音楽教室はない，と答えている．

16）川上源一の父親で日本楽器の前社長でもある川上嘉一（1885-1964）は，静岡県長生郡
　　小野田村の中農の出身である．東京帝国大学工学部を首席で卒業し，東京瓦斯入社後，
　　住友電線製造所（現 住友電工）を経て，大正14（1925）年に日本楽器の社長に就任し
　　ている．源一は高千穂高等商業（現 東京経済大学）出身で，卒業後は大日本人造肥料
　　（現日産化学）に入社し，昭和12（1937）年に日本楽器に入社した．また源一の妹は東
　　京女子大学，弟は東京大学経済学部の出身である．（川上 1979：15-29）．

17）川上源一は，正規の音楽教育を受けなかったが，甲南高校中退後に通った「英語塾」で

第 6 章　日本におけるピアノ文化の普及　　*175*

所有する音楽的なハビトゥスは，大衆層のハビトゥスと多くの点で共通している．そしてそれがヤマハ音楽教室のような音楽教育を思いたつことに繋がり，その結果，大衆層のハビトゥスに適合した音楽教育システムを生み出すことができたのではないか，というのである（高橋 2001：169-170）.

高橋は，川上が西欧における音楽文化の限界を見抜いたと指摘するが，それは，西欧社会でのピアノ文化が限られた人々のみの受容で，広く大衆にまで普及したものではないことからくる鍵盤楽器市場の将来的な斜陽と，それに起因するピアノ文化の成長に対する不安を，川上が感じ取ったことを指しているものと考えられる．ピアノは度々買い替える必要がないので，一度家庭に備えられてしまうと，それ以上の需要が見込めない．また西欧のピアノ文化は家庭内で伝達される．すなわち限られた人々の文化である限り，文化としての普及と成長が多くに望めない．楽器メーカーの社長である川上のそうした危機感は，「ピアノという楽器をレッスンしたり自由に演奏する文化を，西欧社会のように限られた層ではなく，広く大衆層にまで普及させるために，演奏技術を大衆的に普及させることが不可欠である」（日本楽器製造株式会社 1977：147），という考えに連なった．さらにそうした川上の思いは，西欧モダンのピアノ文化を，日本という土俵に乗せ，そこにヤマハのオリジナリティーを加えるという考え方に至ったのである．幼児を対象にした音楽教育を，学校でも家庭でもない民間の音楽教室で広く行うという考え方を，高橋は，川上の所有する音楽的なハビトゥスが大衆層のハビトゥスと多く共通していたからだ，と指摘する．しかしながら一般大衆を対象とした音楽教室の創設には，川上の音楽に対する大衆的ハビトゥスに加え，日本的な思考，すなわち土着的な論理と方法が反映されていることが認められる．この結びつきこそが，西欧モダンのピアノ文化を日本においてハイブリッドモダンのピアノ文化にした要因であると考えられる．ピアノ文化にみる土着的な論理と方法とはどのようなものであろうか．

ピアノ文化は，西欧では家庭内で伝えられる音楽文化である．それはブルデューが「音楽が，（今日のようにハイファイステレオや，あるいはラジオによって）単に聴かれるだけではなく，実際に演奏されるような家庭（ブルジョワの回想録に

は，ショパンを始め名曲を聴かせてもらった．甲南高校を中退後は高千穂商高に入った（川上 1979：36）. 高校時代は音楽に興味を持ち，家にあった蓄音機でクラシック音楽を聞き，ピアノでシューベルトの作品のさわりの部分だけを弾いて楽しんだという（川上 1979：187）.

よく出てくる『音楽をたしなむ母』というのがそれである）に育ったり，ましてや『貴族的な』楽器――とりわけピアノ――を幼少のころからたしなんだりすれば，少なくとも音楽にそれだけ深い親しみをもつという効果があるだろう」（ブルデュー 1990a：I，118）と述べていることからも分かるだろう．またフランス人留学生のQさんも「フランスではクラシック音楽は親が伝える．そういうわけで，区別がはっきりわかるので，クラシック音楽は他人のもの，そういう風に理解している……クラシック音楽は高級な人，力のある人のシンボルとして，それは一つの社会的な問題ですけど，基本的に下層階級の人は，両親から教わることはない」と述べ，ピアノに関しては「妻の家にはあったんですね．実家にね．あったんですけど，やっぱり（妻の家は）真中の階級のアッパーですから，だけど僕は無かった．そうですね，（ピアノが各家にあるって）あんまり無いですね」と語った．このように西欧のピアノ文化は，何よりも家庭内で伝えられる文化なのである．しかしながら日本ではピアノ文化は舶来文化であり，高度経済成長期になっても家庭内で伝えられるほどの環境は整っていなかった．そのため日本においては，ピアノ文化は芸術，音楽文化という捉え方よりも先に，まず外で学ぶべきお稽古ごとであった．

　ピアノ文化をお稽古ごとと捉える考え方は，西欧には無い日本の独特の論理である．日本では江戸時代以来，庶民が箏や長唄など様々な芸能を会得する場合，お稽古ごととして師匠の元へ通い学ぶという習慣がある．ピアノ文化を外へ学びに行くお稽古ごととして捉えるという論理が，まさに土着的な論理である．そして明治期に空間移転によって日本に移入されたピアノ文化は，大衆的ハビトゥスをもつ川上によって，土着的論理に根差した独自な解釈を加えられた．それが音楽を教授する音楽教室であり，その音楽教室によってピアノ文化は一般に普及した．特定の技術獲得の目的のために，指導する者と指導される者が一か所に集まり学習する「教室」という日本特有の土着的方法によって，日本のピアノ文化は一般大衆に普及したのである．

　音楽教室という方法は，先述したように昭和23（1948）年に斎藤秀雄らによって現桐朋学園大学音楽学部に開設された「子供のための音楽教室」が存在した．しかしながらこの「子供のための音楽教室」は，パリのコンセルバトワールなどで入学に際し下方の年齢制限を設けず，才能のある子どもたちに早期教育を行っていることに注目して設立されたものである．そのため幼稚園児から中学生までを対象としてはいるものの，入室に際し子どもに選抜試験を課

第6章　日本におけるピアノ文化の普及　　177

し，合格者のみが音楽教育を受けられるという才能教育の場であった.

　このようにヤマハ音楽教室が誕生する以前の音楽教室は，音楽の才能に恵まれた限られた子どもたちを対象にした，プロの演奏家を育成するためのものだった. しかしながら昭和29年に日本楽器 (現ヤマハ) により開設された「ヤマハ音楽教室」は，才能に関係なく日本中の全ての子どもに音楽を学ぶ機会を提供する「教室」であった. それは戦後多くの子どもたちが，特定の技術の習得のために通った「そろばん教室」「書道教室」などと同じ「教室」であった. すなわち川上は，戦前は西欧モダンの模倣であったピアノ文化に，土着的論理に根差した解釈を加えて，土着的方法である「教室」という新機軸を見出したのである. これによって，これまで単に西欧モダンのピアノ文化を受け継いだだけの日本のピアノ文化は，日本独自のピアノ文化になった.

　こうしてみると，音楽教室に象徴されるヤマハの独自の音楽教育システムによって普及した日本のピアノ文化は，まさに厚東による「ハイブリッドモダン」のピアノ文化と捉えられる. モジュールとして日本に空間移転した西欧モダンのピアノ文化は，戦前においては多くの点で，西欧におけるピアノ文化の受容と類似性を持っていた. しかしながら戦後，高度経済成長期になると，それまで都市新中間層の階層文化であったピアノ文化に憧れていた大衆は，西欧モダンのピアノ文化を，ライフスタイルを豊かにするものとして受け入れた. さらにそれはヤマハ独自の音楽教育システムによって独特の変容を蒙り，ハイブリッドモダンという形で日本社会に定着したのである. 日本のピアノ文化におけるこうした変容は，西欧の文化を移入し，模倣したことから生じる単なる歴史的変容ではない. また単に時間的変容に由来する，ピアノ文化の大衆化でもない. それは日本の土着との相互作用の結果の変質であり，ピアノ文化はこうした日本特有の変質を経て社会に溶け込んでいった. 加えてヤマハ音楽教室によって日本社会に浸透したピアノ文化は，日本の土着のピアノ文化としての機能を持つようになり，時間とともにさらに変質していく. その後の日本におけるピアノ文化の受容を見ると，ヤマハの歴史は同時に戦後日本のピアノ文化，そして日本の音楽文化の歴史であるといっても過言でない.

　またヤマハによって確立された独自の音楽教育システムは，海外においても展開されるようになった. 昭和39 (1964) 年6月，アメリカ，ロスアンゼルス近郊のポモナ市にヤマハ・ミュージック・スクールが開設された. 生徒は約60人で，これが海外における最初のヤマハ音楽教室である. 昭和39年は，ヤ

178 第Ⅱ部 憧れが現実に

マハピアノとエレクトーンの販売網がアメリカに拡大し始めた時期であった（日本楽器製造株式会社 1977：303）．その際の状況は，以下のように記されている．

　　　彼らは驚いた．アメリカ人たちは，自分たちの音楽教育の方法がきわめてすぐれていると自認していたし，また実際にそうであった．日本の音楽といえば，いわゆる東洋音楽しか連想できなかった．そしてピアノやエレクトーンの輸出のための手段ではないかと疑った．カリフォルニア大学，ポモナ大学などの音楽の先生を中心に調査団を編成し，適任者を実地研究のため日本に派遣した．

　　　しかしそこで見たものは，彼らの予想だにしなかったものだった．調査にあたった音楽家ラルフ・ピアス氏はレポートに書いた．『実のところ私はセールス拡充のための気のきいた方法にしかすぎないのではないかと思った．ところがいざ日本に行って見学してみると，それは日本の音楽生活の将来を変えるほど素晴らしいものであることがわかった．母親もいっしょに勉強し，いっしょに演奏できるようになろうとしている』（日本楽器製造株式会社 1977：303-304）

　アメリカの教育者や楽器店の経営者は，ヤマハ音楽教室の教育哲学と思想を理解し，その後ロスアンゼルス近郊のダウニー市は小学校教育の中へ，ヤマハのシステムを取り入れた．またピコリベラ市は，市議会がヤマハ音楽教室の開設を決議するようになった．海外の音楽教室は，昭和51（1976）年には幼児科400会場，エレクトーン科300会場に達した（川上 1977：巻頭「ヤマハ音楽教室の歩み」）．そこでは海外版テキストや指導法，カリキュラムなども含めて，すべて日本国内に展開されているシステムと教育方法に基づいて運営されている（日本楽器製造株式会社 1977：304-306）．川上によって創られたヤマハ独自の音楽教育システムが，海外に発信されているのである．日本のピアノ文化が，海外に認められたと言える一つの例であり，日本のピアノ文化がハイブリッドモダンとしてのピアノ文化である所以であろう．

　厚東はハイブリッドにおける「土着」に関して「『土着』が異なれば，同じモダニティが掛け合わされたとしても，そこから生成していく社会・文化・制度は個々別々なものといえるだろう．モダニティは真空の中を駆けめぐるわけではない．それぞれ独特な雰囲気を持った大気の中に入り込むので，その文化圏ごとに固有の屈折を蒙ることになる」（厚東 2011：58-59）と述べている．本

章でこれまで明らかにしたように，ヤマハ音楽教室は西欧のピアノ文化に，独自の音楽教育システムに基づいた土着の「教室」という新機軸を見出した．さらにヤマハ音楽教室は，その「教室」をグローバリゼーションとして海外展開している．ヤマハ音楽教室によって蒙った日本のピアノ文化の変質は，まさにハイブリッドモダンのピアノ文化であり，それはまた，日本独自のピアノ文化であると言える．

　本書は，日本のピアノ文化を，西欧モダンのピアノ文化を単に受け継いだものではなく，日本独自のピアノ文化であると捉えている．高度経済成長期におけるヤマハ音楽教室こそ，西欧とは異なる日本独自のピアノ文化を創った要因であると考え，ヤマハ音楽教室に着目して，高度経済成長期におけるピアノ文化の普及を考察した．

　学校の音楽教育は，戦前は唱歌中心であったが，戦後になると音楽を総合的に学習することが目的とされた．学校の音楽教育におけるこのような新たな試みに対し，当時の日本楽器の社長の川上は，海外視察の経験から，音楽を楽しみながら教えることを目的として，音楽教育の新しい方法とシステムを自ら切り開くべきとの結論に達していた．戦後の学校の音楽教育と川上の思いがヤマハ音楽教室に結実した．

　ヤマハ音楽教室は，高度経済成長期の中盤から飛躍的に拡大する．その要因として，学習指導要領に鍵盤楽器を弾くことが目標として加えられたことと幼稚園会場の開設に加え，グループレッスンによる音楽の楽しさと月謝の低額化，個人の音楽能力を明示するグレードというヤマハ独自の資格システムなどが挙げられる．ヤマハ音楽教室の拡大は，これまで限られた層の文化だと認知されていたピアノ文化を，一般大衆に地域差無く開放した．そしてここにこそ，ヤマハ音楽教室の意義がある．またヤマハ音楽教室は，音感教育に重点を置いた音楽を楽しむ指導方法により，音楽リテラシーを社会に浸透させた．その結果，ヤマハ音楽教室で総合的な音楽力を身につけた子どもたちは，成長して様々な音楽ジャンルへ拡散していった．

　ヤマハ音楽教室を始めとした民間の音楽教室は，高度経済成長期のピアノ文化の普及をもたらしたが，それは一方では女性に新しい生き方を提示した．日本のピアノ講師の数は昭和40年代後半から増加するが，その要因は高度経済成長期にピアノを学んだ女性たちが，結婚しても続けられる職業として，時間

的な融通が利くピアノ講師を選択したことが大きい．ピアノ文化が「制度化された文化資本」としての音楽大学進学に繋がり，卒業後はピアノ講師として，女性の雇用を創出し就労機会を増加させた．結婚後は家庭内で家事に専念するという従来の女性の生き方に，結婚後も職業を持つという新しい生き方を提示した．ヤマハ音楽教室による高度経済成長期のピアノ文化の普及には，全国の音楽教室を核として，ピアノを購入し，演奏技術を習得してさらにそれを教授するという循環が上手く機能したことも，大きく影響している．ピアノ教育の基盤整備が整ったのである．

また一般大衆に地域差無くピアノ文化を普及させたヤマハ音楽教室は，歴史的視座から捉えた場合にも重要な意味を持っている．明治期に空間移転によって移入された日本のピアノ文化は，ヤマハ音楽教室を契機としてハイブリッドモダンのピアノ文化になったからである．大衆的ハビトゥスをもつ川上が，ピアノ文化に土着的方法論に根差した解釈を加え，独自の音楽教育システムに基づく音楽教室という新機軸を見出した．それは日本特有の土着的方法と言える．加えてその音楽教室は海外展開も果たしている．すなわち日本のピアノ文化は，西欧モダンのピアノ文化から，ハイブリッドモダンとしての日本独自のピアノ文化に変質したのである．

現在の日本におけるピアノ文化は，ピアノ文化先進国である西欧を凌ぐほどの成熟度を示している．その礎は，高度経済成長期のヤマハ音楽教室によるピアノ文化の普及にある．「文化資本」の観点からも，また「ハイブリッドモダン」の観点からも，ヤマハ音楽教室は日本のピアノ文化にとって非常に重要な意味を持っている．

第 7 章
1980 年代以降の「高級なアマチュア」の誕生

　本章では，1980 年代以降の日本社会におけるピアノ文化を「ピアノ文化の成熟期」と位置づけ，それがどのような様相を呈していたのか，また社会的にいかなる意味を持っていたのかを明らかにする．

　社会学においてピアノ文化に焦点を当てた実証研究はあまり多くはみられない．特に高度経済成長期終焉以降のピアノ文化を検討したものとなると極めて少ない．ピアノ文化を対象とした研究の少なさには様々な理由が考えられるが，一般的には社会学的な分析の対象としてピアノ文化をどのように扱ったらよいのかという問題がある．しかしながら，1980 年代以降の日本社会におけるピアノ文化の分析に伴う困難さは，別のところに存在していると考えられる．現在の日本ではピアノの学習は特別なことではなく，電子ピアノやキーボード等の鍵盤楽器で気軽にレッスンを受けている人が多数存在する一方で，アマチュアであっても，プロになるための過程とさほど遜色のないレッスンを受けている人も珍しくはない．こうしたピアノ学習者は高度な演奏技術を習得し，プロとの違いが以前ほど明確ではない．そのため，踏み込んだ考察をするためには，日本のピアノ〈界〉の実情を把握し，その上でピアノ文化を社会学的に分析することが必要不可欠になってくる．本章では，この時期のピアノ文化を考察する．

　総理府が実施している「国民生活に関する世論調査」によると，自分の家の生活程度を「中」（中の上，中の中，中の下のいずれか）に属すると答えた人々は，調査が始まった 1958 年には約 72％であったが，人々の生活水準は次第に上昇し，1973 年には 90％を超えた．その結果，1970 年代後半は「一億総中流」ということばが頻繁に用いられるようになった．またピアノの世帯普及率は高度経済成長期以降も伸び，1980 年代になると急速に上昇し，1989 年には 2 割を超えるに至った．1980 年代中盤からの，いわゆるバブル期といわれる時期にはクラシック・ブームが到来し，それに伴いピアノ文化は新たな展開を見せるようになり，これまでの普及の時代から成熟期を迎えるようになった．クラ

シック音楽が，差異を表す記号として消費され，ピアノ文化も以前にもまして身近なものになったのである．

　一方1985（昭和60）年には男女雇用機会均等法が制定され，大卒女性の社会参加が促進された．しかしながら音楽大学への進学者を見ると，大きな増加はみられない．むしろ1990年代後半からは，音楽大学への進学者は減少の一途をたどっている．こうした状況を見ると，ピアノ学習者の演奏技術は衰退していくと考えがちであるが，実際は音楽大学進学者の減少とは反対に，一般のピアノ学習者の演奏技術は向上している．この時期にはアマチュア対象のピアノコンクールが創設され，一般大学でのピアノサークルも活発に活動するようになった．そうした背景には，ピアノ文化の受容における日本特有の考え方があるものと推測される．そしてそれは単にピアノ文化の問題だけに限定されず，様々な問題を含んでいるに違いない．ピアノ文化が家庭内で伝えられた西欧とは異なり，日本ではピアノ文化は常に社会と関連しながら受容されている．したがって1980年代以降のピアノ文化に焦点を当てて検討することは，高度経済成長期を経た日本社会の特質の一端を垣間見ることにもなると考えられる．

1.　クラシック・ブームの到来とピアノ文化

1.1　クラシック音楽とオシャレなライフスタイル

　日本社会は，1980年代の前半は第二次オイルショック後の経済成長率の低成長期，後半はバブル経済の発生，拡大，そして1990年代初頭のバブル崩壊という大きな変動を経験する．こうした状況において1980年代の日本の音楽界は，サントリーという大企業によって牽引された．サントリーは元々強力な広告部門をもっていたが，単に洋酒メーカーという枠組みを超えて1969（昭44）年にはサントリー音楽財団を設立し，さらに1986（昭61）年にはサントリー・ホールを開館した．サントリーは，この時期以降の日本の音楽界に強い影響を及ぼすことになった（日本戦後音楽史研究会 2007：227）．

　サントリー・ホールの開館は，「オシャレ」なホールとして大きなブームを巻き起こした．渡辺裕は，このホールの存在が「クラシック」のイメージをすっかり変えてしまったと指摘している．サントリー・ホールはその完成時から新聞や音楽雑誌に，より優れた音響効果を持ったホールとされたが，このホールの完成は，単に東京文化会館やNHKホールに加えて音楽文化の拠点が

第 7 章　1980 年代以降の「高級なアマチュア」の誕生　*183*

一つ増えた，あるいは今まで以上に良い条件で音楽が聴けると言ったことを超える文化的現象を示すものであった．日本の音楽文化全体の状況，特に聴衆のあり方を大きく変える意味合いを持った．このホールで行われる演奏会に行くと，音楽そのものよりも「オシャレ」なイメージが先行しているような感じを受けるというのである．クラシック音楽が「オシャレ」な商品になり，「差異」を表す記号になったのである（渡辺 1998：162-165）．

　確かに赤坂に位置するサントリー・ホールで行われる演奏会に行くことは，上野駅の雑踏を抜けて東京文化会館の演奏会に行くのとは非常に異なった雰囲気があり，「オシャレ」で知的なイメージを演出する．サントリー・ホール開館以後，同様なイメージを持つ小ホールもいくつか完成した．お茶の水カザルスホール（1987 年開館．2003 年以降は日本大学の所有となり，音楽ホールとしての使用は 2010 年が最後），浜離宮朝日ホール（1992 年，東銀座），王子ホール（1992 年，銀座 4 丁目），紀尾井ホール（1995 年，四谷・赤坂見附）などである．また，企業が文化に経済的支援をする「メセナ活動」の一環である，いわゆる「冠コンサート」が登場したのもバブル期である．文化事業に企業が金をつぎ込むということは，かつては考えられなかった．渡辺は，「こうした動きが単に企業のイメージ・アップをもたらすということにはとどまらず，文化全体のありようを大きく変え始めている」と指摘した（渡辺 1998：159）．

　一方高度経済成長期終焉以降，特にバブル期は，クラシック音楽関連の記事を女性ファッション誌の中で目にすることが珍しくなかった．中でも 40〜50 代の，比較的生活水準の高い読者層を照準としている『ミセス』や『婦人画報』では，クラシック音楽家が度々登場している[1]．『ミセス』では，1988（昭 63）年 8 月号「朱夏の女たち」という記事に声楽家の鮫島由美子，1989（昭 64）年 6 月号のファッションページにはフルート奏者の山形由美，そして 1989 年 7 月号の特集「12 人が選んだ夏の贈り物」には，ピアニストの中村紘子（1944-2016）と声楽家の佐藤しのぶ（1958-2019）が登場している．それは音楽家というよりも，モデルを兼ねたような扱われ方である．クラシック音楽を連想するものが，「オシャレ」な小道具としてライフスタイルを彩るようになったのである．

1）筆者は慶應義塾大学大学院の修士論文『日本におけるピアノ文化の変容——クラシック音楽の社会学的考察』（2011 年度）において，クラシック音楽と女性誌の分析も行った．

184　第Ⅱ部　憧れが現実に

『婦人画報』では，2001（平 13）年 1 月号の「コンシェルジュ」というコーナーで，3 人の音楽家が選んだ「オペラ」が取り上げられ，その後「バッハ」（2001 年 3 月号）などが紹介され，2002（平 14）年 2 月号には，2000（平 12）年のショパン・コンクールの覇者であるユンディ・リが，ピアノ界待望の天才貴公子として取り上げられた[2]．そして特に注目すべきことは，この 2 誌はこうしたクラシック音楽関連の記事が多いこともさることながら，同時にコンサートの雰囲気を楽しむためのファッションとして「コンサートの夜の装い」や，音楽が好きな有名人の行きつけのレストランとして「アフターコンサートに行く店」などを，多くのページを割いて紹介していることである．クラシック音楽が，都会の「オシャレ」で知的，他人に差をつけるライフスタイルを演出する小道具として扱われるようになったのである．

　バブル期のクラシック音楽ブームは，高度経済成長の時代に中間層以上の人々の生活を彩り，大衆化の契機をつかんでいったクラシック音楽とは異なり，クラシック音楽の古典的な「高級文化」としてのイメージを強化するものであった．クラシック音楽の消費者は，クラシック音楽に 19 世紀につくられた精神性を求めるのではなく，また「書斎派的」な聴き方でもなく，高級感を伴った「差異」を表す記号として消費したのである[3]．クラシック音楽が大衆消費社会の文脈の中で流行現象になったことは，日本のクラシック音楽の歴史において重要な転換ではあったが，その流行には「舶来」のちょっとした贅沢品という意味合いが含まれていた．しかもその「高級志向」と「舶来思考」は，現実の社会階層や文化資本に裏付けられた「高級／通俗」「高級文化／娯楽」の区別ではなく，資本主義化された音楽消費のメカニズムの中で再生産され，再強化された「高級志向」であり，また「舶来思考」でもあった（輪島 2005：178-185）．

1.2　ブーニン・シンドローム

　サントリー・ホールが開館する約 3 か月前の 1986（昭 61）年 7 月 10 日，ロシア（当時はソ連）出身の一人のピアニストが来日した．そして日本のクラシッ

2）『ミセス』『婦人画報』ではその後も，五嶋みどり，ヨーヨー・マ，諏訪内晶子など有名音楽家の記事が組まれている．
3）第 5 章「4．家庭の中の音楽」で触れたように，音楽評論家の梅津時比古は，戦前の学生のように，書物を通じて教養として受容し，その後書物を通じて得た知識に基づいて聴取するクラシック音楽との関わり方を，「書斎派」と呼んでいる．

第 7 章　1980 年代以降の「高級なアマチュア」の誕生　*185*

ク音楽界は，この 20 歳のピアニスト，スタニスラフ・ブーニンの話題で独り
占めにされた．1986 年 8 月 4 日の『読売新聞』夕刊には，「ブーニン現象の持
つ意味」と題した次のような記事が掲載された．

　「ブーニン現象」「ブーニン・シンドローム」という言われ方がいまクラ
シック音楽の周辺で起こっている．昨年のショパン・コンクールで優勝し
たソビエトの若いピアニスト，スタニスラフ・ブーニンの初来日をめぐっ
て，わが国では爆発的に人気が沸騰し，コンサートの切符は発売当日に売
り切れ，レコードは店のほうが信じられないほどに買い手が殺到し，青年
と学生向けに計画した一万人を収容する国技館（！）でのリサイタルが満
員の人波で埋め尽くされたというのである．この人気はどんな超大家も及
ばぬところである．（中略）旧態然たる枠の中にどうしようもなく組み込ま
れていると思われていたクラシック音楽の殻を破って，さっそうと登場し
たブーニンの姿をまずテレビの放映で知った人たちが，そこに現代の若き
英雄のイメージを感じとり，普段クラシック音楽と余り付き合わなかった
人たちまでが関心を寄せたことが，このブームを呼ぶきっかけになったの
だろう．

　これは 1985（昭 60）年のショパン・コンクールに，弱冠 19 歳で優勝したス
タニスラフ・ブーニンの，当時の日本においての異常なまでの人気を物語る記
事である．この新聞記事はこの後，こうしたブームがピアノで起こったのは日
本人がピアノに強い憧れを持ち，親は子どもにピアノの稽古をさせたがるが，
この高級で難しい楽器を征服した若者ゆえにブーニンは英雄であると分析する．
そして 19 歳のこの若者をアイドルのように使い捨てるか育てるかは，日本人
の芸術的成熟度の問題だと続く．「ブーニン・シンドローム」の背景に日本人
のピアノに対する強い憧れがあったか否かは，この時期のピアノ文化を考えた
時，判断が分かれるところではある．ただそうは言ってもブーニンは，クラ

4）理由の一つとして，1974 年に神奈川県平塚市の集合住宅で「ピアノ殺人事件」が起こ
り，この頃から騒音問題としてピアノに対する逆風もあったからである．加害者の男は，
階下に住む被害者家族の子どもが弾くピアノの音に悩まされ続けていた．犯行のきっか
けとなったピアノは，狭い 3 LDK の一室の 3 畳間に置かれていた．詳細は上前淳一郎
『狂気ピアノ殺人事件』（1982，文春文庫）を参照のこと．昭和 50 年前後の日本の家庭
では，被害者家族のような住居環境はごく一般的であり，こうした集合住宅であっても

186 第Ⅱ部 憧れが現実に

シック音楽という狭い世界から広い世界へ飛び出し，これまでクラシック音楽
には縁のなかった新しい客層を開拓した．

　一方「ブーニン・シンドローム」は，日本のクラシック音楽に一つの問題を
提起した．音楽評論家の吉田秀和（1913-2012）は，ブーニンの演奏会とほぼ同
じ頃に来日したバンベルク交響楽団の公演に集った聴衆たちに注目し，彼らが
落ち着いて，じっくり音楽を聴いている態度を示していたとして，ブーニンの
演奏会の聴衆と比較し，ブーニンに熱狂した人々とは異なる地道な音楽生活が
健全に営まれていくように訴えた[5]．音楽評論家たちの発言の対象となった
「ブーニン・シンドローム」は，NHK の番組をきっかけとして起こった．
NHK は 1 か月余りのコンクール期間中のフィルムを，『NHK 特集　ショパ
ン・コンクール '85〜若き挑戦者たちの 20 日間』という番組に纏めて，1985
年 12 月 16 日に放送した[6]．クラシック音楽の演奏家にとって，NHK でどのよ
うに取り上げられるかは重要な意味を持つ．例えばフジコ・ヘミング（1931-
2024）も，1999 年 2 月 11 日に NHK の 『ETV 特集「フジコ〜あるピアニスト
の軌跡〜」』が放送されたことにより，それ以後脚光を浴び人気ピアニストの
仲間入りを果たした．ショパン・コンクールの覇者ブーニンとフジコ・ヘミン
グを，単純に比較することはできないかもしれない．しかしながら「ブーニン
は，日本以外ではそのような特別待遇を受けていない」（渡辺 1998：181）と言
われていたので，ブーニン・シンドロームは日本のメディアによって作り上げ
られた現象であり，ブーニンはバブル期の日本社会が生んだスーパースターで
あったと言えるかもしれない．

　輪島裕介によると，こうした「ブーニン・シンドローム」は，いわゆるバブ
ル経済全盛期に起こった「クラシック・ブーム」と無縁ではない．輪島は，
1980 年代後半は旧来の禁欲的ともいえる教養主義的なクラシック音楽の受容
が大きな転換期を迎え，クラシック音楽が資本主義的な商品として消費される

　　　女の子のいる家にはピアノがあることは珍しくなかった．世論は犯人に同情的で，「犯
　　　人の気持ちも理解できる」といった声も多く，「騒音被害者の会」をはじめとした騒音
　　　被害者による，犯人への助命嘆願運動も起こった．
　5）『音楽芸術』1986 年 11 月号，50-57．また音楽評論家の丹羽正明も，『音楽芸術』の
　　　1986 年 9 月号（59-63）において，同様の指摘をしている．
　6）また翌年 1986 年 9 月 14 日には『N 響アワー──ブーニン青春のコンチェルト』という
　　　番組も放送された．

ようになったと指摘する（輪島 2005：178）．端正ですらりとした風貌のブーニンには，若い女性の熱狂的なファンも出現した．クラシック音楽，ピアノ文化がこれまでとは異なった感覚で社会に受け止められるようになったと言っても過言ではないだろう．

　総理府統計局「家計調査」によると，日本の勤労者世帯における1世帯当たりの1か月平均実収入は，1980（昭55）年にはヤマハU1シリーズのアップライトピアノの価格と，ほぼ同じくらいになった（本章第4節，図7-2）．高度経済成長期の初期にはまだ「高嶺の花」だったピアノも，1980年代にはちょっと無理をすれば買える品物となった．ピアノ文化が戦前かなえられなかった母親の夢として，あるいは品の良い家庭の子女の教養として，さらにはピアノ講師と言う新しい女性の生き方を提示するものとして普及した時代は終わった．1980年代になると，ピアノ文化は誰もが参入可能で，子どものお稽古ごととしてスイミングなどと等価値の，単なる選択対象の一つになったのである．加えて音楽教室は1977（昭52）年には，それまでヤマハ音楽教室で学んだ子どもたちの数が300万人に達していた．またその時点においてヤマハ音楽教室で音楽を学んでいる人たちは，老若合わせれば50万人を超し，その及ぼす社会的な影響は大きいものであった（川上 1977：2）．ヤマハ音楽教室以外でピアノを学んでいた子どもたちもそれ以上いたものと思われ，1980年前後からピアノ文化は，それまでの，大衆層を主要な支持基盤として普及し，「大衆文化」からの差異化を図るある種の「高級文化」として表象されていた「お稽古ごと」ではなくなり，一変した質を獲得するようになった．こうしたことから高度経済成長期に普及したピアノ文化は，クラシック・ブームの到来とともに，普及の時代から成熟期を迎えたと考えられる．そしてこのピアノ文化の成熟期における受容も，日本特有の様相を呈している．

2.　音楽大学の変化と「高級なアマチュア」の誕生

2.1　音楽大学の変化と受験教育

　日本では西欧のようにピアノの演奏技術を家庭内で伝達するハビトゥスがなかった．そのためピアノ文化が普及した高度経済成長期には多くのピアノの指導者が必要とされ，「制度化された文化資本」として音楽大学へ進学し，ピアノ講師という職業に就く女性が増加した．ピアノ講師は，女性が生涯にわたっ

て携わることができる職業とも考えられていた．私立音楽大学は戦前には少なかったが，戦後，高度経済成長と音楽活動の活発化に伴い，多くの音楽大学，短期大学が設立され，教員養成大学の音楽専攻を加えれば，1982（昭和57）年度における音楽を学ぶ学生の総数は3万3700人に上った（上原 1988：448-453）．ピアノ文化の普及に伴い，音楽大学は多数の卒業生を世に送り出してきたのである．ただそうした状況は社会の状況によって変化する．

　図7-1は，1986（昭61）年以降の武蔵野音楽大学と国立音楽大学の，志願者数とその変化である．これらを見る限り，高度経済成長期のピアノ文化の普及は，1990年代に入ると，当初は音楽大学志願者の微増に結びついていると言える．バブル期におけるクラシック音楽ブームが影響したことも否定できないが，依然として音楽大学への進学が「制度化された文化資本」として，ピアノ講師という職業を提供してくれると信じられていたからであろう．しかしながら1990年代中頃から，すなわち1980（昭55）年前後に誕生した人々の大学進学時になると，音楽大学の志願者数は減少の一途をたどる．こうした変化は有名私立音楽大学として知られ，これまで多くの音大生を輩出してきた武蔵野

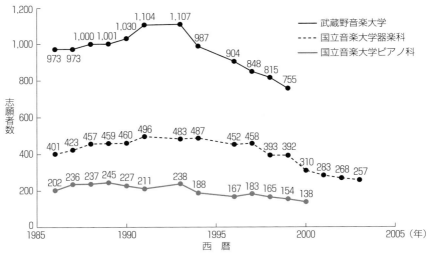

図7-1　音楽大学志願者数の変化

注：武蔵野音楽大学は2000年以降非公表．
　　国立音楽大学は，ピアノ科とピアノ科を含む器楽科の志願者数を公表．1992年，1995年はデータが無い．
典拠：音楽大学の受験雑誌『音楽大学　学校案内』（音楽之友社）のデータにより筆者作成．

音楽大学と国立音楽大学でも例外ではない．元来，音楽大学は実技試験がある
ため，一般大学のように多数の志願者を集めるのは困難であるとはいえ，志願
者の数は 1994（平 6）年からは徐々に減少している．クラシック音楽ブームや
ブーニン・シンドロームという社会現象が起きたバブル期に誕生，あるいは子
ども時代を過ごした人々は，大学進学適齢期になっても音楽大学への進学を選
択していないのである．

　音楽大学への志願者が減少した理由として，一つには高度経済成長期終焉以
降，音楽では，経済的に豊かな生活は困難だと考えられるようになったことが
あげられるだろう．音楽大学はプロの音楽家を育成する教育機関ではあるが，
卒業してもプロの演奏家になれる人はごく少数である．それは現在クラシック
音楽界で活躍している人の数をみれば一目瞭然であり，一般的に認識されてい
ることでもある．それでもピアノ文化が普及した時代はピアノが弾けることは
文化資本であり，親にとっても子どもにピアノを習わせることがステイタスシ
ンボルの一つになっていた．また音楽大学の卒業生の多くはピアノ指導者とし
ての需要が見込まれ，楽器店の講師といった就職口や自宅でのピアノ教師と
いった選択もあった．しかしながら少子化による影響で教職は狭き門になり，
さらにはピアノ人口の減少や音楽関係の仕事の少なさ等により，次第に音楽で
は生活が成り立たない現象が起き，音楽大学への志願者に変化が起きたものと
言える．

　次に高度経済成長期の経済発展が，その後の教育事情に及ぼした影響も考え
られる．日本のピアノ文化は高度経済成長期に，情操教育の名の下で民間の音
楽教室等により普及した．さらに日本社会では，高度経済成長期の経済発展に
より高校進学率，大学進学率も急激に上昇した．卒業した大学が就職やその後
の人生を左右すると信じられ，大学受験が過熱し，受験戦争と言われるような
状況に陥った．また女性の大学進学率も，高度経済成長期以降は大きく上昇し
た．受験に対するこうした状況は，現在でも少なからず続いている．2008（平
20）年の文部科学省による「子どもの学校外での学習活動に関する実態調査報
告」は，小中学生の学校外での学習活動を 1985（昭 60）年，1993（平 5）年，

7）実技試験の課題曲が各大学によって異なるため，課題曲を何曲も用意するのは難しい．

8）子どもの学校外での学習活動に関する実態調査報告
　https://www.mext.go.jp/b_menu/houdou/20/08/08080710/001.pdf（2024 年 2 月 15 日
　閲覧）

2007（平 19）年の 3 時点で経年比較を行っているが，この調査においても受験
競争の影響が認められる．小学生が習いごとをしている割合は，3 時点での経
年比較では 70％から 80％の間で推移しているのに対し，中学生の習い事の割
合は 30％前後に低下する．同じ調査における学習塾の割合を 3 時点でみると，
小学生は 16.5％→ 23.6％→ 25.9％であるが，中学生になると 44.5％→ 59.5％
→ 53.5％になる．小学生は学習塾よりも習い事の割合が高く，中学生になる
と習い事は減り学習塾の割合が高くなる．一般的に習い事は小学生の間だけで，
中学生になると将来の高校受験，大学受験を見据えて，学校外教育活動も学習
塾等の勉強の方へ移行している．たとえピアノの演奏技術が優れていても，有
名普通大学への進学を見据えて学校の成績重視になっているものと考えられる．
親がピアノ文化に期待する情操教育という要素は，1980 年代以降もさほど変
化はしていないと考えられるものの，そうした期待はあくまでも小学生までの
ようである．
　さらに女性の職業に対する意識変化も看過できない．厚生労働省が 2009 年
に発表した「平成 20 年版　働く女性の実情[9]」によると，1985（昭 60）年に男
女雇用機会均等法（以下，均等法）が制定されてからの 20 年間に大卒女性の社
会参加が促進され，労働市場へ参入する女性の割合が高まっている．高度経済
成長期には，女性が生涯にわたって携わることができる職業と考えられ，女子
の就労機会を増加させたピアノ講師は次第に女性にとって魅力的な職業とは言
えなくなったようだ．なぜならピアノ講師は早々に結婚して，生活の補助的に
ピアノを教えるのが一番楽で賢明だと考えられている傾向がある．また一般的
な世間の捉え方では，ピアノ講師は一部の専門的なピアノ教師以外は一人前の
職業として認めてもらえない状況にあることも否定できないからである．それ
に対し均等法制定以降は，女性が男性と同等にフルタイムで働くことが珍しい
ことではなく，加えて女性が普通大学で培った自身の能力を企業等で発揮する
機会も増え，それが音楽大学志願者の減少に結びついたと考えられる．こうし
た影響は女性の大学への進学率に表れた．均等法制定時の 1985（昭 60）年の 4
年制大学への進学率は，男性 38.6％，女性 13.7％であったが，2008（平 20）年

---

9 ）「平成 20 年後版　働く女性の実情」Ⅱ働く女性に関する対策の概況
　　https://www.mhlw.go.jp/houdou/2009/03/dl/h0326-1d_0001.pdf（2024 年 2 月 20 日閲
　　覧）

の大学への進学率は男性55.2％，女性42.6％となり，約20年の間に4年制大学への女性の進学率は大きく上昇した．また均等法制定時以降の1987（昭62）年から2007（平19）年における15〜64歳の有業率をみると，男性が82.5％から82.7％と約20年間ほぼ横ばいのまま推移しているのに対し，女性は54.2％から61.7％と上昇傾向を示している．女性の学歴別有業率では中学卒業者は有業率が低下しているが，その他の学歴では上昇傾向にあり，特に大学・大学院卒業者については1987（昭62）年の62.6％から2007（平19）年の72.6％へと上昇幅が大きい．こうした状況はその後も加速し，それに伴いピアノ文化，音楽大学に対する人々の捉え方も変化していると考えられる．ピアニストの中村紘子は音楽大学の志願者減少を，海外の例をあげながら次のように述べている．

　　そういう点では欧米に近づいているのですね．音楽は自らが苦労してやるというのではなくて，楽しむ側にまわっているのですね．
　　例えば，ジュリアード音楽院を例にすると，50年代は南米の人たちが常にトップクラスを占めていましたね．それが60年代になると日本人で，70年代は韓国人が台頭してきました．その後に今度は中国人がやってきたのです．（中略）もちろんピアノをやる人の中には白人もいますが，プロまで目指そうというのは東欧圏やユダヤ系などの難民が多く，いわゆるアメリカの中枢を占めているアングロサクソン系の白人はほとんどいないのです．（中略）楽して楽しい人生を選ぶ傾向にあるようですね．ドイツなどでは30年以上も前からそうした風潮が見られますね．（中略）当時，ドイツではピアノは趣味にとどめて，医者や弁護士を目指す若者が多かった．一方，その頃の日本は真面目に音楽に取り組んでいる人が多かったものですから，「ドイツの伝統であるベートーヴェンやブラームスの演奏を受け継ぐのはこれからは日本でしょう」という人もいたくらいです．（『ムジカノーヴァ』2002．9月号：17）

　この中村紘子の発言からは，ピアノは学ぶものではなく楽しむものだという価値観の変化が起きていることがうかがえる．確かに1980年代以降，日本でもピアノを楽しんでいる人は増加している[10]．そのため音楽大学の志願者の減少

10）筆者は慶應義塾大学社会学研究科修士論文において，1980年代以降，クラシック音楽に限らず気軽に好きな曲を弾いてピアノの演奏を楽しんでいる人々が増加したことを明

192   第Ⅱ部　憧れが現実に

が，直ちに日本のピアノ文化の衰退　を表していると捉えるのは留保すべきで
あろう．むしろ音楽大学の志願者の減少は，日本のピアノ文化が，音楽大学へ
の進学という経路とは異なった方法でも醸成されていることを示唆している．

2.2　ピアノコンクールの意義と高級なアマチュア

音楽大学の志願者が減少し始めた 1990 年代半ば，日本のピアノ界では新た
な試みがなされた．財団法人日本音楽教育文化振興会の主催により，「第 1 回
日本アマチュアピアノコンクール」が 1996（平 8）年に開催されたのである．
このコンクールは音楽高校や音楽大学で専門教育を受けたことがないピアノ愛
好者を対象にしたもので，第 1 回から第 4 回までは，第 1 次予選にスカルラッ
ティのソナタが課題とされた．ちなみに第 3 回の本選出場者は 15 名で，入賞
者が演奏した曲目は，『ショパン：幻想曲ヘ短調』『シューマン：謝肉祭より
11 曲』『ショパン：アンダンテスピアナートと華麗なる大ポロネーズ』『ブ
ラームス：幻想曲集作品 116 より 5 曲』である．このコンクールに対し鶴川一
郎は以下のように講評している．

> 　　第 1 回は応募者の幅が広く，それだけに演奏も色とりどりで，個性の強
> い人が多かった．（中略）順位にだれも異論がなかったのは，まず他にぬき
> んでた高度な技巧の持ち主が目立ったことである．第 2 回は応募者の層の
> 幅がだいぶ狭まった．（中略）レヴェルの上の方に固まってきたような傾向
> になった．それだけに今年の第 3 回は，いわば第 1 回と第 2 回を統合した
> 環境を作り出していたといってよく，応募者の数も増大してきた．技巧と
> 音楽の完成が程良いバランスを保っていることが求められたように思う．
> このような特徴が出てきたのは第 2 次予選の課題曲が影響しているかもし
> れない．また応募者の意識も広く深くなってきたのは否めない現象である．
> （鶴川 1998：75）

「日本アマチュアピアノコンクール」は 2006（平 18）年からは日墺文化協会
が主催し，「国際アマチュアピアノコンクール」と改称されている．本選進出
者の演奏水準は高く，本選に進むことはたいへん難しいと言われている．

従来の日本の音楽コンクールで最も権威のあるものは，毎日新聞社と NHK

らかにした．

の共催で 1932（昭7）年以来行われてきた「音楽コンクール[11]」である．このコンクールは音楽界に巣立つ優秀な音楽家を発掘する登竜門で，中村紘子などこのコンクールに入賞し第一線で活躍する音楽家は多数いる[12]．また毎日新聞社は，1947（昭22）年から新たに「全日本学生音楽コンクール」を主催した．ピアノとヴァイオリンなど，小，中，高校生を対象に審査が行われ，このコンクールの入賞者にはその後音楽大学に進学し，卒業後音楽界で活動する人も少なくない．

　子どもを対象にした音楽コンクールでは，上述した「全日本学生音楽コンクール」が有名である．しかしながら 1980 年代になると，社団法人・全日本ピアノ指導者協会が主催する「ピティナ・ピアノコンペティション」に参加するピアノ学習者が急増した．ピティナ・ピアノコンペティションは従来のクラシック音楽の専門家の輩出を目的としたコンクールとは異なり，全国のピアノ学習者を対象にして行われるピアノコンクールである．ピティナ（PTNA）とは社団法人・全日本ピアノ指導者協会（The Piano Teacher's National Association of Japan, Incorporated by the Japanese Government）の略であり，北海道から沖縄まで全国 400 か所に支部・連絡所・ステーションが存在し，地域に密着したピアノ教育活動を行っている組織である．ピティナは 1966（昭41）年，ピアノ講師であった福田靖子の下で東京音楽研究会の名称で発足し，1968（昭43）年に全日本ピアノ指導者協会と改称した．1977（昭52）年に第 1 回「PTNA ヤングピアニスト・コンペティション」（後に「ピティナ・ピアノコンペティション」と改称）を開催，その後 1985（昭60）年に文部省所管の公益法人（社団法人）認可を受けた（本書では以後，ピティナ・ピアノコンペティションと区別するため，全日本ピアノ指導者協会を PTNA と表記する）．

　ピティナ・ピアノコンペティションは，毎年 6 月頃から全国 200 地区以上，300 か所で地区予選が行われ，8 月末，東京で全国大会が開催される．年齢によって参加可能な級が分かれており，それぞれの級に適切とされる課題曲 4 曲（バロック期，クラシック期，ロマン期，近現代から各 1 曲ずつ）が指定されている．参

11）1982 年に現在の「日本音楽コンクール」に改称．
12）「日本音楽コンクール」の第 1 位入賞者は，中村紘子（1959 年），弘中孝（1961）年，野島稔（1963 年），神谷郁代（1964 年）など．2021 年の「第 18 回ショパン国際ピアノコンクール」で第 2 位を獲得した反田恭平は，高校在学中の 2012 年に，第 1 位に入賞している．

194 　第Ⅱ部　憧れが現実に

加者は自身の年齢に相当する級を受験する．自身が該当する級より上の級（課題曲の難易度が高くなる）の受験は可能であるが，下の級は受験できないことになっている．審査にはピアノ講師でありながら，元学校教員であった福田の視点が反映されている．各審査員が直筆の採点評（講評）を一人一人の参加者に向けて書き，地区予選，地区本選の参加者全員にコンクール終了後，当日に交付されるのである．各参加者は審査員の人数分の採点評を受け取ることができる．こうした審査員による採点講評を参加者に渡す手法は，それまでのピアノコンクールには無かった．このコンペティションの延べ参加者数は，1994（平6）年には年間2万人を突破し，2009（平21）年には，延べ参加者数は3万603人を数えた．2009年，アメリカで開催された「ヴァン・クライバーン国際ピアノコンクール」で優勝した辻井伸行は，11歳の1999（平11）年，ピティナ・ピアノコンペティションD級（中学2年生以下対象）の全国大会で金賞を受賞している．また2021（令3）年のショパン国際ピアノコンクールで第4位だった小林愛実は，2001（平13）年から2004（平16）年までピティナ・ピアノコンペティションに4年連続で全国決勝大会に出場し，8歳時の2004（平16）年には，同コンペティションJr. G級（高校1年生以下）の全国決勝大会で第1位を獲得している．

　PTNAは1990（平2）年に生涯学習の推進を目的として，従来のコンクールに加えシニア部門を設置した．シニア部門はその後グランミューズ部門と名を変え，Bカテゴリーでは音楽大学等のピアノ専攻で学習していないことを条件に，普段は社会人や学生として生活している人々を対象とするようになった．2004（平16）年のB1カテゴリー（18歳以上対象）のファイナリストが在籍する大学をみると，東京大学2名，早稲田大学，立命館大学，学芸大学，長崎純心大学，神戸大学，京都大学などであり，そのうち第1位は東京大学（リスト/ハンガリー狂詩曲第12番 嬰ハ短調 S.244を演奏），第2位は早稲田大学（ヒナステラ/ソナタNo.1 Op.22第1楽章）の学生である．さらに40歳以上を対象としたB2カテゴリーの第1位は日本大学法学部出身の女性（プロコフィエフ/サルカムス Op.17）

---

13) 福田は昭和34（1959）年に東京学芸大学専攻科を修了し，音楽科教員となっている．
14) 「ピティナ・ピアノコンペティション」の地区予選は2か所で受験可能なため，参加者数は延べ人数．
15) グランミューズ部門にはBカテゴリーの他に，音楽大学のピアノ専攻を卒業した音楽愛好家も参加できるAカテゴリーがある．

である．2004（平16）年のグランミューズ部門 B カテゴリーの，予選参加申込数は 472 人である．

表 7-1 は，2009（平21）年度のピティナ・ピアノコンペティションにおける演奏曲として，10 回以上選択された曲である．ピティナ・ピアノコンペティションにおけるグランミューズ部門の予選参加申込数は 2009（平21）年には 1000 人を超えた．

一方，アマチュア対象のピアノコンクールが開催されるようになった時期には，普通大学においてもピアノサークルが定期的に演奏会を開催するようになった．

以下は六大学の学生によるピアノコンサートのプログラムである．

第 6 回定期演奏会

2001 年 5 月 12 日（土）　三鷹芸術文化センター　風のホール

1．	ショパン	スケルツォ第 2 番変ロ短調 Op.31（明治）
2．	リスト	超絶技巧練習曲第 10 番，第 12 番「雪かき」（慶應）
3．	シューベルト	即興曲 D.899-1 （東大）
4．	リスト	ハンガリー狂詩曲第 2 番（法政）
5．	ショパン	ポロネーズ第 7 番変イ長調 Op.61「幻想」（明治）
6．	シューマン	ピアノ協奏曲イ短調 Op.54 第 1 楽章（早稲田）
7．	ラフマニノフ	楽興の時変ホ短調 Op,16-4
		前奏曲変ホ長調 Op.23-6
		音の絵変ホ長調 Op.33-7 （立教）
8．	リスト	「詩的で宗教的な調べより」第 1 曲「祈り」（東大）
9．	ラヴェル	「鏡」より「洋上の小舟」（早稲田）
10．	ショパン	バラード第 4 番ヘ短調 Op.52（立教）
11．	スクリャービン	ピアノソナタ第 3 番第 34 楽章（慶應）
12．	サン＝サーンス	ピアノ協奏曲第 2 番ト短調 Op.22 終楽章（東大）

※（　）内は演奏者の在学校

ピアノコンクールでの選曲や六大学の定期演奏会のプログラムは，音楽大学進学に充分対応できる演奏技術がありながら，音楽大学への進学を選択しない人が増えてきていることを示唆している．音楽大学の志願者が減少し始めた1990 年代に，上述したようなアマチュア対象のピアノコンクールが創設され，

196　第Ⅱ部　憧れが現実に

表7-1　グランミューズ参加者選択曲

NO.	回数	作曲者	曲　名
1	43	ドビッシー	喜びの島
2	42	グラナドス	演奏会用アレグロ
3	28	ショパン	バラード　第1番　ト短調　Op.23
4	24	ショパン	スケルツォ　第2番　変ロ短調　Op.31
5	22	ラフマニノフ	幻想的小品集 より　前奏曲　嬰ハ短調　Op.3-2
6	21	ラフマニノフ	楽興の時 より　第4番　ホ短調　Op.16-4
7	21	サン＝サーンス	アレグロ・アパッショナート　Op.70
8	19	ラフマニノフ	前奏曲集（プレリュード）より　前奏曲　ト短調　Op.23-5
9	19	シューマン	幻想曲　ハ短調 より　第1楽章
10	19	リスト	パガニーニ第練習曲より S.141/R.30　第3曲　嬰ト短調　「ラ・カンパネラ」
11	18	ラヴェル	鏡 より　道化師の朝の歌
12	18	スクリャービン	ピアノ・ソナタ　第2番「幻想ソナタ」嬰ト短調　Op.19　第1楽章
13	16	ベートーヴェン	ピアノ・ソナタ　第8番　ハ短調　「悲愴」　Op.13　第1楽章
14	16	ショパン	バラード　第3番　変イ長調　Op.47
15	16	ショパン	スケルツォ　第1番　ロ短調　Op.20
16	15	ショパン	舟歌　嬰へ長調　Op.60
17	15	リスト	ハンガリー狂詩曲 より　S.244　第2番　嬰ハ短調
18	15	リスト	2つの演奏会用練習曲　より　S.145/R.6　森のささやき
19	14	リスト	伝説　より　S.175/R.17　水の上を歩くパオラの聖フランチェスコ
20	14	ラヴェル	水の戯れ
21	13	メトネル	忘れられた調べ　第2集　より　悲劇的ソナタ　Op.39-5
22	13	ショパン	幻想即興曲　嬰ハ短調（遺作）　Op.66
23	13	プロコフィエフ	ピアノ・ソナタ　第2番　ニ短調　Op.14　第1楽章
24	12	ショパン	ピアノ・ソナタ　第3番　ロ短調　Op.58　第1楽章
25	12	プロコフィエフ	ピアノ・ソナタ　第3番　イ短調　「古い手帳から」　Op.28
26	12	シューマン	ピアノ・ソナタ　第2番　ト短調　Op.22　第1楽章
27	12	カプースチン	ピアノ・ソナタ　第1番（ソナタ・ファンタジー）Op.39　第4楽章
28	12	ショパン	スケルツォ　第4番　ホ短調　Op.54
29	12	リスト	3つの演奏会用練習曲 より　S.144/R.5　変二長調「ため息」
30	11	ドビッシー	版画 より　塔
31	11	リスト	超絶技巧練習曲　より　S.139/R.2b　第8番　ハ短調「荒野の狩」
32	11	ラフマニノフ	楽興の時　より　第1番　変ロ短調　Op.16-1
33	11	リスト	リゴレット（演奏会用パラフレーズ）　S.434/R.267
34	11	ショパン	ポロネーズ　第6番　変イ長調「英雄」　Op.53
35	11	ベートーヴェン	ピアノ・ソナタ　第23番　ヘ短調「熱情」　Op.57　第3楽章
36	11	デュティユー	ピアノ・ソナタ Op.1　第3楽章　「コラールと変奏」
37	11	ラヴェル	ソナチネ　より　第1楽章　中庸の速さで

注：選択曲には A カテゴリー参加者の選曲も含まれる.
典拠：『OUR MUSIC』281 号 125 ページより引用.

第7章　1980年代以降の「高級なアマチュア」の誕生　*197*

　また普通大学におけるピアノサークルの演奏会が定期的に開催されるように
なったことは，この時期に日本のピアノ〈界〉において，高度な演奏技術を
持ったアマチュアが，一つの潮流として重要な存在になってきたことをも意味
している．そこで本書では，「普通大学に進学して音楽関係以外の職業に就き
ながらも，高度なピアノの演奏技術を獲得している人」を「**高級なアマチュ
ア**」と定義する．¹⁶⁾

　以上のように，日本においては音楽大学への進学者が減少する一方で高級な
アマチュアが誕生した．そしてこうした高級なアマチュアの演奏技術を証明す
るものが，ピアノコンクールの存在である．プロの音楽家になることを目標と
する人ばかりでなく，高級なアマチュアも様々なピアノコンクールに参加する
ことが珍しくなくなった．こうしたことから，1980年代以降のピアノ文化の
成熟をもたらしたものの一つがピアノコンクールだと言っても過言ではなく，
ピアノコンクールの存在は1980年代以降のピアノ文化の特筆すべき事柄であ
ると言えよう．日本アマチュアピアノコンクールやピティナ・グランミューズ
部門は，現在においては高級なアマチュアたちの受け皿の一つになっている．
高級なアマチュアたちは音楽大学に進学しなかったとしても，コンクールに参
加することでその演奏技術を証明することが可能なのである．ただそうした状
況は，一方ではピアノ文化に対する文化資本としての評価にも変化をもたらし
た．従来のように趣味として単にピアノを弾けるだけでは，差異化を図る文化
資本，すなわち「差異化機能を伴う文化資本」とはならなくなった．それは
「差異化機能を伴わない文化資本」となったのである．

---

16) ピアニストの中村紘子は，「アメリカは，豊かな経済力を背景に高級なアマチュアが多
　い国」と指摘しているが，それは以下のような文脈による．日本では音大を出ても，経
　済的理由等で海外の様子やコンクールを知ることもなく，すぐに教え始める人がいる．
　中村氏は，そうした人はプロではなくアマチュアと捉えている．さらにそのような状況
　について，「アメリカは，豊かな経済力を背景に高級なアマチュアが多い国です．日本
　にもそういうことがあっていい．音大を出ただけでみんながコンサート・ピアニストに
　なれるわけではありません．その人が教えるということは，いわばアマチュアがアマ
　チュアを教える．でもそれはそれで裾野が広がっていいのよ（笑）」（『ムジカノーヴァ』
　2000年9月号：57）と述べている．

198 第Ⅱ部 憧れが現実に

3. 贅沢趣味と受験競争

3.1 インタビュー調査から読む高級なアマチュア

　1980年以降に生まれた人たちにとって，ピアノ文化はどのような位置づけにあるのであろう．インタビュー調査の一部を基に，1980年代以降のピアノ文化について検討する．

　バブル期にピアノを習い始めたRさんは1981（昭56）年生まれで，インタビュー当時（2011年10月29日）は32歳である．母親の勧めで5歳からピアノを習った．母親はピアノの経験は全くないようだ．実家は，以前は携帯電話の電波が届かなかったほど田舎だという．都内の一流大学の大学院修士課程を修了し，大手企業の研究員をしている．大学ではピアノサークルに所属した．Rさんの両親は共に地方公務員であり，父親は市の要職に就き，母親が教育熱心であったという．以下インタビュー内の（ ）は筆者による補足．

　「クラスの女の子は35人クラスで，たぶん5，6人7人くらいはピアノを習ってたと思います．男の子は習ってた子，一人もいなかったですけど……学校の伴奏はやらされましたね，合唱大会みたいなのは．あと校歌を歌う時の伴奏とか，全校で，といっても小さい学校ですから，ただクラスだったら一番うまかったと思います．（ピアノを習っていたのは）高校1年くらいまでかな，最後に弾いたのが多分，テンペスト？　テンペスト，一回弾きました，発表会で，高校1年くらいで．で，最後の発表会が，高校くらいから全然練習する時間がなくて，なんか適当だったんですけど，最後はシューベルトの何だっけかな，曲聴けば思い出すんですけど，即興曲かな？（大学のピアノサークルは）たくさんいましたよ．男の人が多いですけど．3分の2くらいは男の人．上手なのも男の人．男の人はすごくうまいです．」

　Rさんは，筆者のピアノをやっていて良かったですか，という質問に対して，

　「良かったですよ，やっぱり何もしないで過ごしているよりは，良かったですね．それなりに音符もすぐ読めるし，教養としても普通に読めるし．お母さんに感謝ですね．習いごとを自分からやりたいって言ったことあんまりな

第 7 章　1980 年代以降の「高級なアマチュア」の誕生　*199*

くて，あの時なんでお母さんが……習っておいた方が良いって思ったんです
かね．なんか塾もお母さんが，中学くらいになったら行けみたいな感じで．
（おかあさんは）熱心ですね，なんでだろう．やっぱ強制的にやらされていた
方が良いですね……それこそ，あの田舎でよくぞみたいな感じ．塾とかも帰
りはお父さんとかお母さんの車で帰って，ピアノの時はお母さんが 5 時半く
らいに職場から帰ってきて，そこから送ってもらって 30 分くらいかけてピ
アノ行って，車で．毎週やってたんです，よくぞやってくれた，今思えば．
（小さいうちからずっと）行ってましたね，だんだんやっぱり前の日とかにあわ
てて練習するみたいな，そんな感じでしたけど．でもやっぱり音楽は得意に
なりますね．ピアノをやってれば，なんの楽器やっても大体できるから．音
楽の授業は，なんかレベル低いって感じ．でも私よりもうまい人高校の時は
いて，男の子で.」

R さんはコンクールにも出場していた．

「ピティナ（ピティナ・ピアノコンペティション）出ました．覚えてないんですけ
ど，たぶん小学生の 5，6 年だとは思います．2 回くらい出たような気がし
ます．（同じピアノ教室からは）一緒に出たと言っても 10 人はいなかったです
ね．先生の娘さんは毎回出てて．6 人くらいかな，いつも一緒に出てたの 6
人くらいな気がします．私より下で，あと一人二人くらいは上手い人がいた
みたいで．先生の娘さんが，なんか（賞）取ってたんですけど」

1980 年代以降は，ピアノ文化は日本全国津々浦々に浸透して行った．携帯
電話の電波が届かなかった R さんの実家のような地域でも，女の子を持つ親
はお稽古ごとの一つとして意図的に子どもにピアノを習わせるようになった．
個々の家庭が学校のカリキュラムとは別に，文化に触れさせるという意識を持
つことが珍しいことではなくなったのである．また 1980 年代以降のピアノ文
化の特徴として，ピアノを習う男子が増加したことが R さんの語りから推測
できる．従来は女子の文化資本というジェンダー的要素を強く持ったピアノ文
化が，ジェンダー的拘束から解放され男子も選択する文化資本になった．さら
にピアノ講師が生徒をコンクールに出場させることが，特別なことではなく
なった様子がうかがえる．

200   第Ⅱ部　憧れが現実に

　それでは親はどのような気持ちで子どもにピアノを習わせていたのだろうか．
二人の母親に語ってもらった．

　二人の女の子を持つＳさんは神奈川県出身，1961（昭36）年生まれの専業主
婦で都内の短大を卒業している．自身が子どもの頃，幼稚園に開設されたカワ
イ音楽教室でピアノ（当時はオルガンを使用）を習っていたため，二人の娘にピ
アノ，水泳を習わせたという．長女（Ｍ子）は1988（昭63）年生まれで，幼稚
園の頃からヤマハ音楽教室幼児科でピアノを習った．しかしピアノは中学で止
め，その後フルートに転向した．次女（Ｎ子）は1992（平4）年生まれで，3
歳の頃からヤマハ音楽教室でピアノを習った．次女は神奈川県内のトップクラ
スの進学校に通っていた．ピアノは高校の3年間も止めることなく続けていた
ため，音楽大学進学に対しても演奏技術では何の問題もなかった．しかし最終
的に普通大学を選択し，インタビュー当時は都内の公立大学の理工学部で学ん
でいる．また次女は，「ピティナ・ピアノコンペティション」において，全国
大会には進出できなかったものの，地方大会本選に出場した．Ｓさんの夫は都
内の大学を卒業し，大手企業に勤めている．Ｓさんへのインタビューは，2度
（2010年11月25日，2015年4月8日）実施した．

「お父さんが，子どもたちの人間としての幅を広げてやりたい，無理のない
範囲で可能な教育はするという方針を持っていたんですよね．そこは最終的
に本人が決めたところで，どっち選んでも良いようにって言ってたけど，最
終的にダメになった時のあれとして，集中力ついたし，これによっていろん
な得たものあったよねって，自分を納得させたのかもしれないけど．（音大進
学を選ばなかったのは）うちの場合はお父さんですよね．でも，あのまま行っ
てたかな．お父さんが（音大）行っても良いよって言ったら，うちはそんな
に裕福じゃないから，贅沢に勉強してピアノやってて良いよって，先生（Ｎ
子が師事していた先生）みたいにやらせてあげれないです．あの，仕事でお金
を稼がないといけない家なので，職業としてはどうかなっていうのはあった
ですね．でも集中力はすごいよね．舞台の上であれだけの曲を弾くんだか
ら[17]」

───────────────
17）2010年11月25日にインタビュー実施．

——どのくらいの時期までピアノをやっていました？[18]

「N子（次女）は高3年の初めの頃くらいまでやっていましたね．受験勉強はいつから始めたんだろう．ピアノやっていたから集中力があるから．N子は，東進ハイスクールは行っていた．日本のピアノはピティナ出て当たり前くらい，M子（長女）なんてピアノやっていたうちに入らない．田舎だから勉強はチョットすれば一番取れちゃうのよ，N子の場合ね．だからピアノ弾いてることによって勉強ができなくなると言うことは絶対なかったから，成績落ちたとかなかったから，むしろやっていた方が，相乗効果じゃないけど良い点取ったりしてることもあったりしたから，（ピアノと勉強に対しては）半々の意識かな．テスト期間中でもピアノは弾いていたし，時間を短くして．ピアノ弾いてから勉強した方が集中できるみたいなことあったりしましたから，練習は欠かさなかった．短く30分とかだったけど．

　高3まで（ピアノを）続ける人は少なかったですね．勉強ができる人が続けたっていう感じ．音大へ行くために続けるんではないんだよね．娘の一つ年下の人は上手かったけど，薬科大学へ行った．昔は学校でも，音楽で進む人と勉強で進む人がはっきり分かれていたけど．音大へ行く人とそうでない人の（ピアノの）レベルもはっきり分かれていたけど，今はそうではないですよね．ピアノの先生になるのは上手いからではない．好きだから，なりたいからなるんだよね．

　ピアノばかりやっていて勉強できなくなっちゃうよって，それはなかった，逆にやっていた方がよかった．勉強しなさい，ピアノはいいからって，それはなかったです．ピアノの練習をしなさいっていう注意もなかった．今も弾きたいって言っている．キーボードは持って行ってるけど，ピアノは，就職とかしたらもう一度やりたいって言っています」

　次女は現在大学で軽音楽のサークルに所属しているが，サークル内に彼女ほどピアノが弾ける者はいないという．Sさんは「うちはピアノを弾いていれば就職しなくても良いというほど，裕福じゃない」と語ったものの，家ではグランドピアノを購入している．

---

18) ここからは2015年4月8日にインタビュー実施．

202　　第Ⅱ部　憧れが現実に

　男女二人の子どもを持つTさんは，福井県出身で1951（昭26）年生まれの専業主婦である．都内の女子大を卒業している．自身は子どもの頃ピアノを習いたかったが，当時のピアノのお稽古はオルガンが主流だったことに，教師をしていた祖母が難色を示し，親の意向でスズキメソドによるヴァイオリンを習った．しかしヴァイオリンは自分で音をとらなければならず，それが難しく感じていたTさんは，子どもにはピアノを習わせたかったという．またTさんの夫は一流大学を卒業した一級建築士で，現在設計事務所を経営している．クラシック音楽の鑑賞が趣味であるという．Tさんの家庭ではグランドピアノを所有している．Tさんのインタビューは，2度（2013年5月24日，2013年7月5日）実施した．
　長男は1980（昭55）年生まれで国立大学の大学院修士課程を修了し，現在は大手企業に勤務している．

　「（長男は）小学校1年からピアノを習わせてね，3年生の時に学校で合唱のピアノ伴奏を担当することになったんだけど，口うるさく練習させたのね．まあ，伴奏は上手く出来たんだけどね，その日帰って来て『これ以上ピアノを続けさせるなら家を出ていく』と言ったのよ，だから（ピアノを）止めさせたの……高校生になった時，友だち（男子）が弾くショパンの幻想即興曲を聴いたらしいのね．『妹にはピアノを続けさせたのに，なんで自分にはピアノを続けさせてくれなかったのか』って言ったんだから．当時のことを話してやったら，『それでも続けさせてくれればよかったのに』と言ったのよ．どの口がそういう口を叩くんだと思ったけど，まあ，友人に頼んでまたピアノを習わせたのね．でも，ちょっと習ってやめちゃった．クシコスポストで終わりだったわね」

　長女は1986（昭61）年生まれで国立大学大学院修士課程を修了し，現在大手企業の研究員をしている．3歳から高校2年生までピアノを習わせた．自分が音程をとるのに苦労したので，耳が効く方が良いだろうと判断し，小4までは耳を重視する教室でピアノを習わせたという．現在は両親の下から離れ，一人で生活している．

　「何でも吸収して，めだって上達したので，小4からは個人の有名な先生に

ついたのね．でも耳から入っていたから，他のお弟子さんに比べて譜読みの
力が弱くて，初見も効かなくてね，演奏技術もそれほどではなかったのよ．
楽譜を読むより先に耳から入っちゃうのね．でもね，すぐに譜読みも演奏技
術も上達して，ピアノコンクールにも出場したんだけれど……中学へ入ると
成績が良くて，特に理数科が得意で勉強が好きだったから，本人がね，音大
へは行かないって決めちゃったの．その時はレッスン料も高かったし，まあ，
後は趣味で良いなって思って普通の先生に変えて……高2まで楽しんでピア
ノを弾いたのよね．大学時代は下宿の部屋に電子ピアノを置いていたんだか
ら……娘には『ピアノはいやになったらいつ辞めても良いのよ』と言ってい
たんだけどね．でも娘は『お母さんが怖くて，そんなことは言えなかった』
と言っているの」[19]

　Tさんへの2度目のインタビューでは，なぜ子どもさんたちにピアノを習わ
せたいと思ったのかを聞いた．

「ピアノが上手になってほしいと思ったから．ピアノが弾ける様になってほ
しいと思った．ピアノが必須条件だとは思っていない，自分の中ではない．
結果的にそうなったかどうかはわからないけど．息子はピアノやらせたの．
自分からやりたいと言ったわけではない．弾けるようになってほしいなーっ
て思ったから．娘は高度な演奏技術を持っているとは思っていないけど，そ
れなりにやった．
　ピアノって必需品というよりも，ほとんどもっているよね．私が住んでい
る地域，多分600軒あるとしたら570軒はピアノあるんじゃないかな．だか
ら，ピアノがあることが一定の基準だと思ったこともない．だから，今はそ
れがどれだけ弾けるかが問題かしら．ピアノは子どもの意思が出てきてから
やらせたんでは遅い．だからいくつでやらせたのかな，3，4歳かな．自分
たちが一度やっているからそれはわかるのかもしれないけど．ピアノって母
親がやらせるものでしょう，やらせたわ，私，強制してました．親子関係の
なかで先導している形．……『乙女の祈り』，『エリーゼのために』，それは

---

19) 前の長男に関するインタビューとこの長女に関するインタビューは2013年5月24日に
　　実施．

弾かなくて良いっていう感じ.

　昔はみんながヤマハに行くからっていう感じだったけど，今は違う，やらせたの．途中で息子は嫌だって言った．娘は怖くて言えなかったって，でも結果的にやらせてくれて良かったって言ってくれたけど．途中でやめた息子は何でやらせてくれなかったって言ったけど．こっちもね，息子と娘を見ていたわけで，息子はね，これ以上言っても伸びないなって，娘は怒れば怒るほどそのまま吸収していってくれたっていうのは確かにあったかもしれない．だから根気が続いたというか，こちらの根気がね．息子には，まあいいかっていう感じはあったかもしれない．

　周りの人はどうだろう，言い方おかしいけどこの辺では……．この辺では一番弾けたかもしれない，娘がね．とにかくやらせました．もう何でも強制．多分私，ほんとに勉強でもなんでも，息子には．息子はピアノ途中でやめちゃったから．娘にはそんなにしなかった，まあ手を叩いたことはあったかもしれないけど．私はピアノより勉強の方が怖かったかな，息子にはね．娘にはそんなに，うーん，割とそこそこ吸収していったかな，そういうのはあるかもしれない．娘は今でも言う，『お兄ちゃんが泣いていたの知ってる？』って．

　でもその息子でも，俺は自分で勉強してきたって豪語している．だから，『そうよ』って，『お母さん何もしてないよ』って言ってるの．いまから恨まれてもこまるし．この頃思うんだけど，上に行く子は何やらせても一流よね，それだけは思う．何やらせてもできるんだよね，集中力？　違うんだと思う」．

──音大行かないとわかっていても，コンクール出ますよね

「そこのレベルに行けば嬉しくてね，親の自己満足かもしれないけど．なんかステップがないと成長もしないし，そのステップの一つとしてコンクールがあったりするんじゃない，趣味でやっててもステップがないと絶対上がらない，絶対上達しないと思う．だって趣味でやっていてもうまく弾けなきゃいやになっちゃうし[20]」

　この語りで興味深いのは，Tさんが『乙女の祈り』や『エリーゼのために』

---

20) 2013年7月5日にインタビュー実施.

を，「それは弾かなくて良い」と語ったことである．娘さんのピアノを，単な
るお嬢様趣味とは捉えていなかったため，そうした曲を敢えて弾く必要はない
と考えたのであろう．また T さんは，音大への進学を望まなくても，コン
クールへの出場は意義があるという．この語りを裏付けるように，T さん自身
も，2024 年の現在でもヴァイオリンの勉強を続け，コンクールにも出場して
良い成績を収めている．T さんは今後もヴァイオリンを続け，コンクールに挑
戦するという．そして「子ども二人にピアノをやらせて良かったですか」とい
う質問に対しては，「そう思わないと救われないでしょ，息子にはもっとやら
せればよかったと思うの」と語る．

　上述した母親二人のインタビューから，1980 年代以降におけるピアノ文化
は，高度経済成長期におけるピアノ文化普及の過程とは異なった様相を呈して
いることが認識できる．もはや戦後の高度経済成長期における，戦前に叶えら
れなかった母親の夢として普及し，同時に都市的な生活を手に入れるための必
需品でもあったピアノ文化ではない．また女子の就労機会を増加させたそれと
も異なっている．

　それではこうしたピアノ文化の受容を，ピアノ講師の方はどのように感じて
いるのだろうか．高級なアマチュアになるような子どもを指導しているピアノ
講師，A さんのインタビューを紹介する．A さんは，桐朋学園大学音楽学部
付属「子供のための音楽教室」の「水戸教室」と自宅でピアノの指導を行って
いる．

　「私が教えている優秀な子は，小学校 4 年生ぐらいで止めちゃいます．勉強
　も出来てピアノも弾ける子って，小学校 4 年生で止めちゃいます．なぜかっ
　ていうと中学校受験，みんな『桜蔭』とか入って止めちゃいますから．戻っ
　てくる子もいるし，そんなにピアノに興味が無ければ戻ってこない．でも
　習っている間は，相当必死にやらせるから，そういうご家庭は，やっぱり文
　化的レベル高く育てようと思っているから．3 歳くらいから 10 歳くらいま
　での間，相当やって，他の子の 1.5 倍から 2 倍くらい進んで，ソナタくらい
　弾けるようになります．その子たちがね，じゃあ，ちょっと余裕ができたら，
　大学入ってピアノをまた始めましょう，っていう子もいるわけでしょ．でも
　その子たちは，音大は行かないわけじゃないですか．大体がピアノ弾ける子

は勉強もできますよ．それで，その中でも塾に通って必死に受験勉強しなくても勉強ができる子は，文化的な方に時間をかけてあげた方がいいと思う……．

あとやっぱり一番の問題は，家で練習をこつこつ一人でしないと上達しない，っていうのが一つの問題なので．ポンと行ったところで仲間と一緒にやれば上手になるんじゃなくて，家でさせなきゃいけない．家庭環境が一番大事で，家でピアノやりなさい，って座らせて，それで，ちっちゃいうちは親が付き合わなければだめじゃないですか．親がそばについてて教えなきゃー．3，4歳だと毎日一人では，先生の注意を守って弾けないでしょ……かってに育つ分野もありますよ，お勉強の方面とか．だけど手をかけてやらなきゃいけないものは育たないですよね．ピアノなんかも，やっぱりお母さんがある程度までは，きちんとおうちで見てきてくれる子は早く進みますもの……最近ボランティアとして保育園で教えているんですが，そこで感じることは，自分が今まで教えてきた人たちはいろんな意味で恵まれた人たちで，（私は）ピアノを習うのも，家で親が寄り添ってレッスンのサポートをやってくれる家族しか見ていなかったから．

高度な曲を一応は弾けるアマチュアが増えたっていうのは，ピティナはすごい貢献をしている．毎コン（全日本学生音楽コンクールのこと）だけだったらあり得ない．でも，賞をとることが，ピアノを習う子たちのファッションの一部みたいになっていて，それが本物の音楽かっていうとね……見方や観点が違うところでピアノに向き合っている人が多いと思う……ピアノは演奏技術だけ習得しても，曲を深く理解したことにはならないと思う．譜面を深く読み込んで欲しいですよね，ピアノを習う意味は，本当はそこの部分が一番大事なことだから……」

Aさんは，5歳の時に幼稚園のヤマハ音楽教室でピアノを始めたが，すぐに頭角を現し，相愛女子大学音楽学部（現・相愛大学音楽学部）の先生についた．その後桐朋学園大学音楽部付属「子供のための音楽教室」に移り，桐朋女子高等学校音楽科，桐朋学園大学音楽学部へと進学した．高校時代には「全日本学生音楽コンクール」高校の部で奨励賞を獲得している．現在は桐朋学園大学音楽学部付属「子供のための音楽教室」の「水戸教室」で指導し，自身の演奏会も行っている．こうした経歴から，ピアノ指導者として常にピアノのエリート

集団のみに指導をしてきた．現在 A さんが指導している多くの生徒は，中学
受験のためにピアノを中断して，普通大学に入ってから再びピアノを楽しむ高
級なアマチュアになっているようだ．

　ただ A さんは，高級なアマチュアが演奏技術の獲得ばかりに目を向け，音
楽を深く学ぶ機会が無いのではないか，また音楽を深く学ぶことを疎かにする
のではないか，とも危惧している．もちろん A さんは，高級なアマチュアが
演奏技術の獲得ばかりを目的としているわけではないことは充分承知している．
現に A さんが指導している生徒の中には，音楽大学への進学を希望しないな
がらも，有名なコンクールで優勝する人たちもいる．アマチュアと言っても，
ミスなく弾くという演奏技術だけでは，コンクールでの優勝は不可能であるこ
とは言うまでもない．高級なアマチュアは幸いにして，生涯を通じた趣味とし
て一つの曲に納得がいくまで向き合い，音楽を極めることが可能である．作曲
者が楽譜に込めた思いを読み取り，長い時間をかけて自身が理想とする音楽を
追求する，それが高級なアマチュアの強みでもあると言える．

　一定の経済的資本が保証された時，それを何に投資するかは個々の家庭の文
化的環境に依拠するところが多い．1980 年代になると各家庭の文化に対する
志向性が，学校外教育活動の一つとしてピアノ文化に向けられ，ピアノ文化を
選択することが一般的な現象になったと言える．一方日本社会は，1980 年代
から 1990 年代にかけて経済構造の変化を経験し，それまで信じられていた中
流意識に陰りが見え始めた．クラシック・ブームはバブル期の終焉と共に沈静
化したが，そうした社会的状況においてもピアノ文化は衰えることはなかった．
むしろピアノコンクールの隆盛に象徴されるように，選別化，差異化が進行し，
ピアノ文化は日本社会においてこれまでとは異なった意味合いを持つように
なった．加えてピアノを習って高度な演奏技術を習得しても，音楽大学ではな
く普通大学への進学を選択して，高級なアマチュアになる人々が増加した．音
楽大学に進学しなくてもピアノの演奏技術において音楽大学出身者と遜色のな
い，あるいはそれ以上の演奏技術を持った高級なアマチュアが誕生したのであ
る．こうした現象は，日本では高度経済成長期を中心とした 1980 年以前のピ
アノ文化の普及期にはあまり認められなかったものであり，日本におけるピア
ノ文化が新たな文脈の上に立っていることを意味していると考えられる．

3.2 高級なアマチュアとして選択した贅沢趣味

　趣味が何らかの形で人々の社会的区分と関係を持っている，と感じたことはないだろうか．ブルデューは趣味を顕在化した選好と考え，生活様式において「差異化」「卓越化」の過程へ連なるとしている．さらにブルデューは必要性への距離の大きさによって，こうした趣味の持つ意味合いが異なってくるとして，「必要趣味」と「贅沢趣味」という概念を提示した（ブルデュー 1990a：Ⅰ，272）．石井洋二郎によると，ブルデューは，無償の美的性向を動員できるゆとりがある，あるいは差し迫った必要性から解放されている趣味を贅沢趣味とみなし，必要性に拘束され，やむを得ず選択する必要趣味と区別している（石井 1993：206）．ブルデューは，音楽の趣味は最も階級をあらわにし，とりわけピアノは貴族的な楽器とみなした（ブルデュー 1990a：Ⅰ，30，118）．ブルデューにとり，ピアノは特別な楽器だったようである．日本のピアノ文化をブルデューの主張に従って考察したい．

　高度経済成長期を中心とした 1980 年代以前のピアノ文化は，ブルデューの言うところの必要趣味となる．なぜならこの時期のピアノ文化の特徴の一つには，女性の大学進学率が低かった時期であったにもかかわらず，女性の音楽大学への進学者が増加し，ピアノ講師という職業により就労機会が増加したという現象が認められるからである．それに対し高級なアマチュアにとって，ピアノの演奏技術は生活手段ではない．この意味において彼らのピアノの演奏技術は，あくまでも差し迫った必要性から解放され，無償の美的性向を動員できるゆとりがあるため，ブルデューの言うところの贅沢趣味になっている．確かにピアノを生業にしていないという意味においては，高級なアマチュアにとって，ピアノの演奏技術は贅沢趣味に分類されるかもしれない．しかしながら日本のピアノ文化における高級なアマチュアの様相は，ブルデューが提示した贅沢趣味とは異質であることは否めない．

　日本社会は，1980 年代から 1990 年代初頭にかけて経済の転換期を迎えた．それは同時に学校教育においても転換期であり，1984（昭 59）年から 1987（昭62）年まで設置された「臨時教育審議会」の最終報告においては，初等中等教育の充実と改革として「個性を尊重し生涯にわたる人間形成の基礎を養う」ことがうたわれた．赤林英夫は，バブル期に「個性化」「生涯学習」の推進を図る教育政策が提言されたことは，衣食満ち足りた段階での「贅沢な教育消費」への志向とも言え，こうした臨教審の提言は，教育を含めた公的なシステムへ

第7章　1980年代以降の「高級なアマチュア」の誕生　*209*

の信頼の低下[21]を背景として推し進められたと指摘している（赤林 2010：293）.
その後日本社会はバブル経済の崩壊と格差時代を迎えるが,教育政策において
は「ゆとり教育」が推進され,授業時数の削減や学校週5日制が実施された[22].
先述した「子どもの学校外での学習活動に関する実態調査報告」には,こうし
た経済状況や教育政策が子どもたちの学校外での活動に与えた影響が少なから
ずうかがえる.子どもたちが習い事をしていた割合を小中学生別に1985（昭
60）年,1993（平5）年,2007（平19）年の3時点で比較をすると,小学生は
70.7%→76.9%→72.5%,中学生は27.4%→28.3%→31.2%で推移している.
バブル期にかけての習い事の増加は家庭の経済状況の好転が影響していること
は言うまでもないが,一方では個性化を重視した教育政策の下で,子どもの才
能を伸ばしたいという親の願いが後押ししているとも推測できる.バブル崩壊
後は親全般に経済的な余裕があるとは考えにくく,必要以上の出費は控えたも
のと思われるが,3時点の経年比較では中学生では増加し,小学生でそれ程割
合が減少していないのは,ゆとり教育による時間的余裕に起因しているのかも
しれない.

　また上述の習い事の中で音楽関係の習い事に関して見ると,小中全体で女子
は61.1%→63.7%→51.5%,男子は15.7%→17.4%→12.6%で推移する.こ
こにもバブル経済とその崩壊の影響が見てとれる.ピアノ教育者である飯田和
子は,ピアノ学習者の親たちの変化を指摘している.それによると親とピアノ
教師との関係が,かつてのように「入門させていただく」と言ったものではな
く,親が自分のニーズに合わせて教室を選び,わが子に費やされた時間と労力
に対して月謝を納めるというようなドライな関係に変化してきたと言う（飯田
1998：35）.高度経済成長期の頃のピアノ文化が普及した時期とは異なり,1980
年代以降は,一般的にピアノ文化は子どもにとって強制的にやらせるようなも
のではなくなり,親は家庭の経済状況に加え,子どもの意に沿った形で,さら
には学校教育の状況などに照らし,その時々に適合したピアノの学び方を選択
しているものと考えられる.

　飯田は,ピアノ学習者の親たちを五つの類型に分類している.1つ目は,ど

21）高度経済成長期には加熱する受験戦争の一方で,「落ちこぼれ」や「校内暴力」等の問
　題が浮かび上がり,学校の荒廃に対する不信も生じていた.
22）1992年には第2土曜日が,1995年からは第4土曜日も休日になり,2002年には完全週
　5日制になる.

210 第Ⅱ部 憧れが現実に

うせ長続きしないだろうけれど，人並みレベルまでは一応経験させたいという
「世間並み指向派」，２つ目は，専門家にならなくても良いので，ほどほどに楽
しめる程度に，のんびりとしたレッスンを希望する「リラックス派」，３つ目
は，人前で何曲か弾ける曲を仕込んでほしいという「名曲集中派」，４つ目は，
学校の通知表で良い成績をもらうための「点取り虫派」，そして５つ目は，教
育に関心が高く創造性や感性の育成にピアノは不可欠と思う「バランス教育指
向派」であり，子どもにピアノを習わせる親の動機は種々であるとしている
（飯田 1998：34-35）．これは親のピアノ文化の捉え方が個々の家庭によって異な
り，その違いがそれぞれの家庭における子どもの演奏技術の違いに繋がること
を示唆している．しかしながら高級なアマチュアの親たちは，ピアノの学習を
すべきか否か，あるいはピアノの学び方等を必ずしも子どもの判断に任せては
いないようだ．

　1980年代以降に誕生した高級なアマチュアの母親たちは，戦後直後から高
度経済成長期の初期に親の願いを背負わされ，恵まれた家庭の女の子として自
身もピアノを習った世代である．加えて，女子の大学進学率が低かった時代に
大学へ進学している．そのため夫も大学以上の学歴を有している場合が多く，
当然現在の自身の家庭の中には，教育に対する文化資本やピアノ文化に対する
ハビトゥスも持ち合わせている．また練習の辛さというような，ピアノ文化の
負の部分も充分認識している．とはいえ，高級なアマチュアの母親たちは，ピ
アノで自分と同じ辛い思いをさせたくないというよりも，むしろピアノがそれ
ほど大衆化していない時代に，自身がピアノを習ったことを肯定的に捉えてい
る．そのため子どもの教育に関心が高く，ピアノを選んだからには一定のレベ
ル以上の演奏技術を習得することを願っている．加えて高級なアマチュアの母
親は，自身が教養や趣味の一部としてピアノを習わされたとはいえ，現在では
その程度のレベルでは文化資本にはならないことを充分認識している．そのた
め高級なアマチュア誕生の背景には，ピアノ講師のＡさんが語ったように
「でも習っている間は，相当必死にやらせるから，そういうご家庭は，やっぱ
り文化的レベル高く育てようと思っているから」という現実が存在する．また
Ｔさんがたとえ「娘には『ピアノはいやになったらいつ辞めても良いのよ』と
言っていたんだけどね」と述懐しても，娘には「お母さんが怖くてそんなこと
は言えなかった」という，子どもとしての本音がある．高級なアマチュアに
とってのピアノは，Ｓさんが「お父さんが，子どもたちの人間としての幅を広

げてやりたい，無理のない範囲で可能な教育はするという方針を持っていたんですよね」と語ったように，あくまでも学歴と同等の比重を持つ教育の一環であり，それは高度経済成長期のピアノ文化における良家の子女のお稽古ごと，あるいは情操教育という類のものとはかけ離れている．ピアノは，ピアノ講師のAさんが「家庭環境が一番大事で，家でピアノやりなさいって座らせて，ちっちゃいうちは親が付き合わなければだめじゃないですか」と語るように，本人の意思とは無関係に小さい頃から始めなければならない楽器と言われる．そのため勉強もピアノも優秀な子どもたちは，文化的レベルが高い高級なアマチュアになるために，小さい頃から必死でピアノの練習をやらされているのである．

　日本におけるピアノ文化について中村紘子は「そういう点では欧米に近づいているのですね．音楽は自らが苦労してやるというのではなくて，楽しむ側にまわっているのですね」（『ムジカノーヴァ』2002，9月号：17）と指摘した．日本における高級なアマチュアは，結果としては確かに音楽を楽しむ側に回ってはいるものの，高度な演奏技術を贅沢趣味として身体化せねばならないため，小さい頃はプロフェッショナルになる場合と遜色のない過程を経ている．ただインタビュー調査からも明らかなように，年齢が進み多くの子どもたちがお稽古ごとから学習塾に切り替わることは，高級なアマチュアも同様である．しかしながら彼らは，親の望み通りに身につけた演奏技術を保持するために，自分なりの方法で学業との両立を図るか，あるいはピアノを一時中断し，大学進学後に再度ピアノ文化へ参入している．その時々の状況に応じたピアノの学び方を選択しているようである．

　ブルデューは差し迫った必要性から解放されて，無償の美的性向を動員できるゆとりがある趣味を贅沢趣味と定義した．確かに1980年代以降に誕生した高級なアマチュアにとって，ピアノの演奏技術は最終的にはブルデューが言うところの贅沢趣味に帰着するかもしれない．しかしながら小さい頃から必死に練習を続けてきた彼らにとって，ピアノは教育という名の下に親が選択した差異化に繋がる必要不可欠な趣味であり，文化資本である．その意味においては日本における高級なアマチュアの演奏技術は，必要性に拘束された贅沢趣味と考えられ，それはブルデューが提示した必要趣味，贅沢趣味の概念だけでは捉えきれない側面を有している．子どもにとって高度な演奏技術の習得は，親から与えられた課題でありながら，子どもはその演奏技術を職業とする道ではな

く，生業ではない趣味にすることを方向づけられたのである．高級なアマチュアとして贅沢趣味にする道を「選択」したのである．日本における高級なアマチュアの演奏技術は，教育の一環として習得させられた「選択的贅沢趣味」と言えるだろう．

4.　ステイタスとしての高級なアマチュア

　明治期日本に移入されたピアノ文化は，昭和に入っても戦前は限られた人たちだけの特権的な文化であった．日本のピアノ文化におけるそうした初期の様相は，19世紀西欧の新興ブルジョワ階級が，娘たちにピアノを習わせた姿と通底するものがある．しかしながら日本のピアノ文化は，第二次世界大戦後は音楽教室により日本独自の普及の様相を示し大衆化した．それに対し西欧では，高橋一郎が指摘するように，ピアノは中産階級のライフスタイルと分かちがたく結びついていたため，この階級に到達していないものは自らの住居にピアノを持ちこむことはない．それは騒音や設置スペースの問題というよりは，階級のライフスタイルの問題だからである（高橋 2001：165）．私が行ったピアノ文化に対するインタビュー調査でも，フランス人留学生は「（ピアノは）妻の家にはあったんですね．実家にね．あったんですけど，やっぱり（妻の家は）真ん中の階級のアッパーですから，だけど僕は無かった．そうですね，（ピアノが各家にあるって）あんまり無いですね」と語った．

　2009（平21）年にベネッセ教育総合研究所が3歳〜17歳の子どもを持つ母親1万5450人を対象に行った調査[23]によると，子どもが音楽や芸術に触れる機会を増やしたいと思っている母親は全体で91.8%，子どもにとって音楽や芸術の活動は必要だと思っている母親は全体で85.4%に上る．さらに子どもが行っている芸術活動のランキングについて詳しくみると，トップは楽器の練習・レッスンで，全体の20.2%になる．なかでもピアノやエレクトーンなどの鍵盤楽器を選択している子どもは全体で14.8%（女子は22.6%）になる．これは2番目に多く選択されている芸術活動である絵画の4.0%を大きく引き離し

23）第1回 学校外教育活動に関する調査　2009 ベネッセ教育総合研究所（benesse.jp）
　https://berd.benesse.jp/shotouchutou/research/detail1.php?id=3264（2024年4月24日閲覧）

ている．また先述した文部科学省の調査報告においても，2007（平19）年時点でピアノの指導を受けた割合は小中全体で29％（男子10.1％，女子45.7％）になり，習字やダンスなど様々な習い事の中で最も多くなっている．日本では子どもに学校外教育活動を行う場合，ピアノが選択されることが非常に多く，西欧の楽器をめぐる活動であるとは言っても，ピアノ文化は以前の良家の子女のお稽古ごとというような意味合いは希薄になった．日本の子どもの教育活動において，ピアノ文化は必要不可欠な文化になっている．しかしながら多くの子どもたちがピアノを学ぶ一方で，ピアノ文化の捉え方は1980年代以降，個々の家庭によって異なるようになった．そうした結果として高級なアマチュアが誕生したのであるが，それを後押ししたものの一つは言うまでもなく親の経済的状況である．

　日本の勤労者世帯における1世帯当たりの1か月平均実収入は，1960（昭35）年は4万395円であり，ヤマハのアップライトピアノ・U1シリーズは，1960年頃は19万円前後であった．それに対し1980（昭55）年は，1か月平均実収入は34万9686円であり，アップライトピアノ・U1シリーズは，1980年頃は35万円くらいになった．ピアノの普及率も1980年代から急速に伸び，バブル経済期には増加の一途をたどり，1989（昭64）年には2割を超えた．アップライトピアノは1980年代には，もはや特別な高級品としての性格は無くなった．そしてこの頃からグランドピアノを購入する家庭が増加してきた．図7-2は，勤労者世帯における1世帯当たりの1か月平均実収入とピアノの価格とその変化である．

　ピアノが普及し始めた1965年頃は，1か月の実収入に対しアップライトのピアノの価格は3倍くらいであった．そのためピアノは「高嶺の花」であり，ピアノは豊かさを象徴する文化資本であった．子どもに対する教育的なまなざし，ピアノ文化に対する親和的なハビトゥスを持っている家庭によってアップライトピアノは所有されていた．こうした状況は，アップライトピアノが特別なものでなくなった現在では，グランドピアノを所有するという形に変化した．ちなみにグランドピアノも2010（平22）年は，勤労者世帯の1か月平均実収入の約3倍である．グランドピアノはアップライトピアノに比べ，ピアニッシモからフォルテッシモまで豊かに響き音に微妙な表情をつけられる．また1秒間

---

24) 文部科学省（2008年）「子どもの学校外での学習活動に関する実態調査報告」

214　第Ⅱ部　憧れが現実に

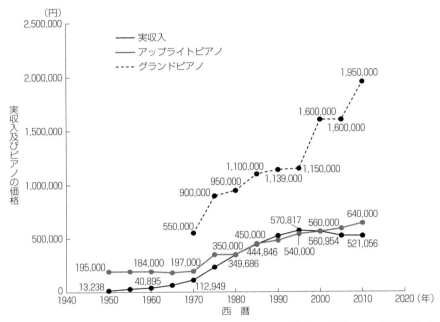

図7-2　勤労者世帯における1世帯当たりの1か月平均実収入とピアノの価格の変化
注：ピアノの価格はその年の1月の価格．アップライトピアノはU1シリーズ（2000年からはYUシリーズ），
　　グランドピアノはC3シリーズである．
典拠：総務省統計局「家計調査年報」，及びヤマハアップライトピアノ，グランドピアノ品番・年代・価格一覧
　　　より筆者作成．

に可能な打鍵数は，グランドピアノは約14回であるがアップライトピアノは7回であり，グランドピアノの方がトリルなど細かな連打が思うままにできるなど，より豊かな表現力がある．ピアノコンクールで良い成績を収めるにはグランドピアノでの練習が必須であると言われ，グランドピアノを所有する家庭で勉強と同様にピアノを学んできた人たちが，高級なアマチュアになっているのである．

　インタビューからも明らかなように，高級なアマチュアの家庭では，ピアノは勉強と同じくらいの比重を持つ教育の一環だった．彼らは総じて学校の成績も良いため，一流大学へ進学することで自身も経済資本を所有し，同時に「身体化された文化資本」として優れたピアノの演奏技術を獲得した．ピアノの演奏技術は，むしろ音楽大学に進学しなかったからこそステイタスになっている．

ここで2009（平21）年にピティナ・ピアノコンペティションのグランミューズ部門・A2 カテゴリー第1位の K さん（埼玉県），B2 カテゴリー第1位の L さん（兵庫県）の経歴と言葉を紹介したい．A2，B2 カテゴリーの参加資格は 40 歳以上である．

K さん

東京大学大学院，米国ミシガン大学経営大学院修了．メーカー勤務．3 歳より打楽器，5 歳よりピアノを始める．大学卒業以来の長年の中断を経て，約3年前にピアノを再開．

……全国決勝進出が決まってから決勝当日までの2週間弱は特に，自分の演奏の録音を繰り返し聞くこと……（中略）改めて勉強不足を痛感した密度の高い2週間でした．今回のコンペを新たな出発点として勉強を続ける所存です．（『OUR MUSIC』281 号：104）

L さん

京都大学医学部卒業及び同大学院修了．（中略）学生時代は京都大学音楽研究会を中心に演奏活動を行うが，大学院修了後は本業多忙のためピアノを中断．9年前の渡米を期に再開し，渡米中にボストン（2001 年）とパリ（2002 年）の国際アマチュアコンクールでセミファイナリストとなる．帰国後，PTNA グランミューズ 2004 年 B1 部門全国決勝，2005 年 A1 部門西日本本選優秀賞，2007 年 B2 部門全国決勝．

……時間的に余裕ある海外在任中に再開したピアノですが，帰国後は再び休止状態に陥っていました．そんな時に本コンクールの存在を知り，ピアノを続ける励みにと参加を始めました．（中略）アマチュアの真骨頂は好きな曲を憚ることなく好きなように弾けるところにありますが，今回の受賞を期に，もう少し聞くに堪える演奏ができるよう精進したいと存じます……．（『OUR MUSIC』281 号：105）

両者は，本章で対象とした 1980 年代以降に生まれた高級なアマチュアではない．しかしながら子どもの頃に身体化したピアノの演奏技術を生涯の趣味とするということに関しては，高級なアマチュアの親たちが我が子に望んだ姿を体現していると言えよう．

216   第Ⅱ部　憧れが現実に

　ただ両者の経歴が示すように，高級なアマチュアは多くの場合，一度社会に出ると思うようにピアノを楽しむことは難しいようである．1980年代以降に生まれた高級なアマチュアたちは，現在は職業人として多忙な日々を送る年代である．大手企業の研究員を娘に持つＴさんは「今ね，娘は仕事が忙しくてピアノは弾いていないのよ．リビングのグランドピアノが邪魔なので，処分しようかと言うと，今はピアノの蓋も開けないのに『それは止めて』と言うんだよ」と語る．彼らが身体化した高度な演奏技術を，今後，自身の人生の中でどのように活かしていくのか，また親となった時，子どもたちにピアノ文化を継承するのか等，高級なアマチュアの行方は，日本のピアノ文化にとっても重要な意味を持っている．

5.　ピティナ・ピアノコンペティションとハイブリッドモダン

　高級なアマチュアは親の経済資本やピアノコンクールを糧として，高度な演奏技術を獲得した．そのため高級なアマチュアの誕生を助長したものとして，ピアノコンクール，特に「ピティナ・ピアノコンペティション」の存在を看過することはできない．ピアノ人口が減っている現在，ピアノコンクールへの参加の是非は，本人や親のピアノ文化に対する意識や価値観を反映していると考えられる．単なる趣味としてピアノを弾く場合，コンクールへの参加にはそれほど必然性が感じられないが，現在国内では多種多様なピアノコンクールが存在し，ピアノコンクール熱が高くなっている．かつて唯一の本格的なピアノコンクールであった「全日本学生音楽コンクールピアノ部門」では，参加できる人はピアノに携わる人間のほんの一握りの人たちだけであったため[25]，多くのピアノ学習者にとって自身の演奏を専門家に聴いてもらう機会はなかった．生徒も指導者も，部屋に閉じこもってピアノを弾いていた．
　しかしながらピティナ・コンペティションが開催され，下は就学前の幼児（A2級）から誰でも気軽に参加できるようになった．このコンペティションは，全国の約300か所で受験できるため，学習者のレベルにおいて多少の地域差が出ることは否めない．ただその差は，学習者や指導者が認識することで，地元

---

[25]　参加資格は小学校4年生以上で課題曲のレベルも高く，予選開催地は全国で5か所のみ（北海道，東京，名古屋，大阪，北九州）である．

第7章　1980年代以降の「高級なアマチュア」の誕生　　*217*

に帰ってからの新たな目標となる．ピティナ・ピアノコンペティションが開催
されるようになって，これまで音楽大学進学を目的とするような一部の人にか
ぎられていたピアノコンクールが，一般のピアノ学習者にも開放され，ピアノ
学習者の演奏技術のレベルが確実に上がった．過去24年・延べ56万人規模の
ピティナ・ピアノコンペティションデータを分析すると，**図7-3**からも解る
ように，当初，参加者は関東地方を中心としていたが，次第に全国的に拡大し
ている．さらに**図7-4**に示したように，ロマン期の課題曲として「Chopinの
エチュード」を選択する参加者の平均年齢が，1992年は21.43歳，1996年は
18.75歳，2001年は15.8歳というように，低下していることが明らかになっ
た[26]．

　「Chopinのエチュード」は，練習曲とは言うもののコンサートで演奏される
ことも多く，弾きこなすためには高度な演奏技術が必要とされ，従来はピアノ
学習者の最終段階における課題として演奏されることが多かった．このエ
チュードの選択者の平均年齢の低下は，ピアノ学習者の演奏技術が年々レベル
アップしていることを示唆していると考えられる[27]．こうした状況は，客観的に
日本のピアノ文化への影響という側面から見た場合，ヤマハ音楽教室の開設と
共通する部分がある．ヤマハ音楽教室の開設によって，これまで一部の人に限
られていたピアノ文化が才能に関係なく全ての人に開放されたように，ピティ
ナ・ピアノコンペティションによって，高級なアマチュアが誕生する土壌が整
えられたと言えるだろう．

　一方ピティナ・ピアノコンペティションは「全日本学生音楽コンクール」と
は異なり，入賞者の指導を行った先生に「指導者賞」が授与されるため，全国
のピアノ指導者のコンクール熱をも煽ることになった．第1回が開催されて以

26）本間・本間（2016：17-20）．この研究は（社）全日本指導者協会（PTNA）・専務理事
　　の福田成康先生から，過去24年・延べ56万人のピティナ・ピアノコンペティションの
　　データを，プライバシー保護の観点から個人情報の削除後に提供を受けた．

27）なお，ピティナ・ピアノコンペティションのデータ分析を行った本間裕大は，もう一方
　　のデータ分析論文「大規模コンペティションデータを活用した現代ピアノ教育課程の数
　　理的分析」（2017年，『生産研究』69巻第4号，東京大学生産技術研究所，216-219）の
　　最後で，「ピアノは“スポーツでもなければ曲芸でもない”ことを強調しておきたい．
　　偉大な作曲家の作品を，本当の意味で理解し，また演奏することは一生をかけても追求
　　しきれない．数値だけでは追いかけられない魅惑ある芸術への敬意を表す」と，音楽に
　　は技術一辺倒ではない真の音楽性が求められることを言及している．

218　第Ⅱ部　憧れが現実に

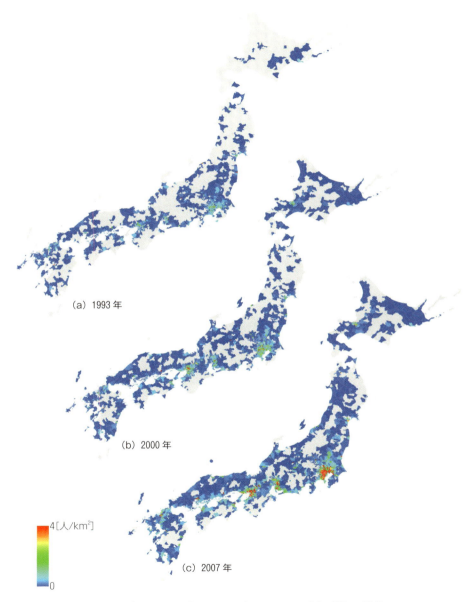

図7-3　ピティナ・ピアノコンペティション参加者数の推移

第7章 1980年代以降の「高級なアマチュア」の誕生　　219

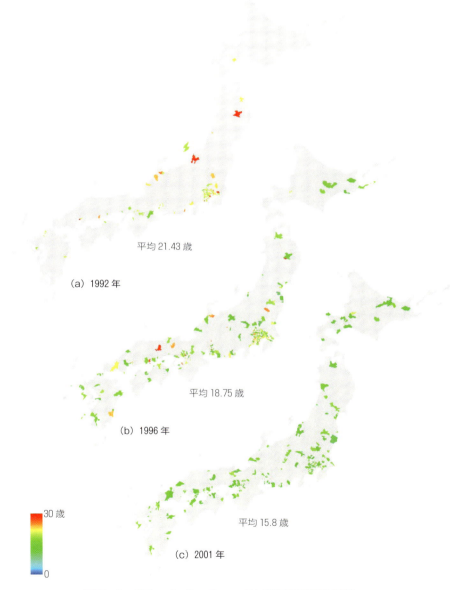

図7-4　「Chopin のエチュード」選択者の平均年齢

220 第Ⅱ部 憧れが現実に

降，年を追って規模が拡大し，参加者の周辺ではコンペティションで賞を獲得することだけが目的となり，ピアノの基礎的学習という面が疎かになっている，という指摘がなされるようにもなった．そのためピティナ・ピアノコンペティションに対して，批判的な見方があることも否定できない．

　ピティナ・ピアノコンペティションを考案した福田靖子は，昭和 8 （1933）年に満州で誕生し，満州時代は家に女中がいる恵まれた生活をしていた．しかしながら敗戦による満州引き揚げ後は，自身が群馬県渋川で 2 年間の女中奉公に出ている．そして福岡県の明善高校，九州学芸大学を経て，昭和 34 （1959）年，東京学芸大学専攻科を修了し，東京都内の音楽科教員となっている（福田2002：資 2 - 3）．ヤマハ音楽教室の創設者川上源一が音楽に対して大衆的なハビトゥスの持ち主であったことに対し，福田は正規の音楽教育を受けている．さらに福田は，教育の価値を知っていた母親から，PTNA の基本精神となっている「教育は高きに流れる」という教えを受け継いだという（福田 2002：資 3）．
　ピティナ・ピアノコンペティションが開催されるに至った背景を，現 PTNAの専務理事である福田成康氏に語ってもらった[28]．

「母（福田靖子）の目的は，ピアノの先生を育成するっていう，もともとは，ピティナの目的は，日本人作品を広めるのが目的だったんですよ．（福田靖子は）作曲学科出身だったんで．日本人作品を広げたくて，広げるために，先生を対象にしなくてはいけないって動き始めました．で，日本人作品ばかり言っていると先生たちが集まってこないので，ショパンだ，ベートーヴェンだって始まったんですよね．ずっとセミナーをやっていたんですけど，そのうちセミナーだけだと実力がつかないって気が付いて，コンクールを始めたんです．先生たちを育てるための集団として，コンクールがあったっていう訳です．
　要は，指導力っていうのをどう上げるのか，指導力が上がっているのか，上がっていないのかっていうのをチェックする時に，昔は指導力をチェックする方法がなかったんですね．指導者自身の演奏力なのか，演奏力ぐらいし

28）2016 年 1 月 22 日にインタビュー実施．福田成康氏は，PTNA 創設者，福田靖子の御子息である．

かチェックできなかったんですよね．ヤマハの検定にしたって，指導実績は一切カウントされなくて，（指導者自身が）即興ができるとか，指導３級とかあるじゃないですか．でも本当に子どもが育っているかどうかって，わからないじゃないですか．ピティナの場合は，そこをズバリ見ていこうよって．本当に生徒を育てているんなら，その証としてコンクールに出して，育っているんだったら出して立証してごらんよっていう，そういう話なんですよね．まあ，演奏家は演奏で評価されるべき，指導者は生徒の育成で評価されるべきだという，すごくシンプルな発想ですよね．それでコンクールを始めたっていうのが経緯です」

　ピアノ学習者の技術向上に対する指導者の評価という発想が，福田に「ピティナ・ピアノコンペティション」の開催を推進させという．
　こうした背景から，福田が考案したピティナ・ピアノコンペティションは，参加者全員への採点評の交付や全国300か所以上での予選といった，元音楽科教員の福田による独自の創意工夫が見られる．コンペティションへの参加を，単なる競争で終わらせたくない，生徒と指導者の育成の場としたいという福田だからこその視点である．そして特筆すべきは，このピティナ・ピアノコンペティションは，ピアノコンクール界の革新を図ったことである．従来のピアノコンクールは，一般的に密室審査が慣例であった．しかしながら福田は，点数公開性と審査員の直筆採点講評の授与に切り替えたのである．
　福田は生前，「戦後日本の各界での実力者の多くが満州生まれであるのは，満州の風土によって太っ腹な大陸的性格が培われたということではなく，その親たちが，大陸に出かけ事業をなすだけの気概と行動力と優秀な資質を持っていたからだ」（福田 2002：資２）と語っていた．また福田は自著に「文芸の動き（歴史）をみると，エリートのあいだで盛んになったものを，すごく易しい平俗な動きにして広める．広まった中から，またエリートが生まれる．すなわち先駆者がいて，それを大衆に広める人がいて，初めて歴史に残るものになる」（福田 2002：213-214）と記している．そこにはヤマハ音楽教室によって大衆化したピアノ文化を受け継いで，さらにレベルアップを図りたいという，福田の信念が読み取れる．福田の生い立ちと人間性，文化の動きに対する眼識，加えて音楽科教員としてのピアノ文化の捉え方が，コンクール界の刷新を企図し，高度経済成長期以降のピアノ文化に，「ピティナ・ピアノコンペティション」と

222 第Ⅱ部 憧れが現実に

いう新機軸を打ち出したのである．文化は，大衆化して人々が自由に取捨選択できるような状態になり，その結果，質の高い文化の受容が生まれた時に，文化として成熟したと考えられる．その意味において福田は，ピティナ・ピアノコンペティションを通して日本のピアノ文化の成熟に寄与したと言える．ピティナ・ピアノコンペティションは，「ハイブリッドモダン」としての日本独自のピアノ文化の受容であった．

　ピティナ・ピアノコンペティションの参加者は，2009（平21）年には延べ3万人を超えた．これは従来のピアノコンクールでは，見られない現象である．こうした状況に対して福田成康氏は次のように語った．

　「昔のピアノコンクールっていうのは，あの，ショパン・コンクールは『スター誕生』なんです．ピティナは定期テストなんです．目的が全く違うんでよね．コンクールっていうから，みんな勘違いしてるんですけど，まあ，コンペティションって呼んでいますけど．定期テストでは順番を出す，出さないって，いろいろあると思うんですけど，でも実力テストくらいは偏差値って出るじゃないですか．全国ナンバーとか，科目別に出るじゃないですか．あれのピアノ（ピアノ版 or ピアノバージョン）だと思っていただければ……陸上競技をやってる人は試合に出るの当たり前，全力疾走する人でタイム測らない人はいないと思うんですよね．ピアノを一生懸命やっていたら試合に出るのは当たり前でしょう．勉強していて実力テスト受けない人はいないでしょう．だから受けてないのが不自然だっていうくらいです．ほかの業界でそんなのあるんですか，一生懸命やっていることで……今は，センター試験も点数は公開される，そういう意味では，ピティナは1970年くらいから，かなりオープンな空気は作ってきたのかな，と思います」

この語りには，日本のピアノ学習者の演奏技術の向上と高級なアマチュアの誕生に，ピティナ・ピアノコンペティションが大きく寄与した背景が明らかにされている．なおピティナ・ピアノコンペティションは，高級なアマチュアの誕生に寄与したばかりでない．現在活躍している若手ピアニストも，このピティナ・コンペティションでの金賞を契機として，世界的なピアノコンクールに挑戦している．先述したように2009（平21）年の「ヴァン・クライバーン国際ピアノコンクール」で優勝した辻井伸行，2021（令3）年の「第18回ショパンピ

アノコンクール」で第4位に入賞した小林愛実などである．ピティナ・ピアノコンペティションを定期テストと位置づけたピアノコンクールの捉え方こそが，延べ3万人というコンペティションの参加者に連なり，それが世界的ピアニストの輩出や，高級なアマチュアの誕生という，欧米を凌ぐほどの現在の日本におけるピアノ文化の成熟をもたらした根幹である．

　以上から，「ピティナ・ピアノコンペティション」は，福田靖子が高度経済成長期終焉以降のピアノ文化に新たな創意を加えたピアノコンクールであり，それは「ヤマハ音楽教室」と同様に「ハイブリッドモダン」のピアノ文化として，日本独自のピアノ文化を創ることに大きく貢献したと考えられる．

　本章では，1980年代以降の日本社会におけるピアノ文化の受容について考察し，高度なピアノの演奏技術を身体化しているにもかかわらず，音楽大学へ進学しない高級なアマチュアたちが増加していることを明らかにした．日本社会では確かに1990年中頃から，就職難等で音楽大学の志願者は減少する．しかしながらそれは，日本のピアノ文化が衰退したのではなく，音楽大学とは別の場でもピアノ文化が醸成されていることを示唆していた．音楽大学の志願者が減少した時期を同じくして，アマチュアを対象としたピアノコンクールが創設され，それに参加する人たちが増加したのである．

　高級なアマチュアの演奏技術は音楽大学進学者と遜色のない場合も多く，そうした演奏技術は，我が子の文化的レベルが高くなることを望んだ親が，子どもに課した課題であった．1980年代以降，バブル期から格差時代という時間の流れの中で，音楽を職業としない高級なアマチュアが誕生したことは，受験競争や女性の社会進出というような日本の社会状況を反映しているものと考えられる．高級なアマチュアは受験勉強に切り替わる前に，ある程度の演奏技術を身体化し，そのうえで必要趣味としてプロの道を進むのではなく，高級なアマチュアとして贅沢趣味にすることを選択したのである．加えて彼らにとってピアノ文化は，勉強と同等の意味を持つ教育の一環だった．日本における高級なアマチュアの演奏技術は，フランス社会を分析したブルデューの贅沢趣味の概念だけでは捉えきれない．「選択的贅沢趣味」と言える．

　一方日本におけるピアノ文化の礎を創ったのは，ヤマハ音楽教室であることは言うまでもないが，現在の欧米にも引けを取らない日本のピアノ文化は，1980年代以降のピアノ文化の受容が，欧米以上に充実したものであった故と

考えられる．その立役者は，PTNA の創設者福田靖子であり，福田が考案した「ピティナ・ピアノコンペティション」はピアノコンクールの刷新を意味した．従来の密室審査を，参加者全員に審査員の採点評を交付する，点数公開性に切り替えた．このピティナ・ピアノコンペティションは，ヤマハ音楽教室によって大衆化した日本のピアノ文化の演奏技術をレベルアップし，高級なアマチュアの誕生に大きく寄与した．高級なアマチュアの誕生に象徴されるこの時期のピアノ文化の成熟は，ピティナ・ピアノコンペティションを抜きにしては語れない．またハイブリッドモダンの観点からも，ピティナ・ピアノコンペティションは重要な意味を持っている．ピティナ・ピアノコンペティションはヤマハ音楽教室と同様に，ハイブリッドモダンとしての，日本独自のピアノ文化を創ったと言えるだろう．

しかしながら，1980 年代以降のピアノ文化は，本章で取り上げた高級なアマチュアの誕生という視座だけで論じられるものではない．この時期はピアノ文化に対する捉え方も多様になり，高級なアマチュアが誕生する一方で，安価なキーボード等により，ピアノ文化に気軽に参入する人々も増加している．今後，1980 年代以降のピアノ文化を社会学的視座から捉えるためには，多様化が進む今日の日本社会に即した議論が不可欠であると考えられる．

第8章
音楽文化の多様化

　高度経済成長期，ピアノ文化はライフスタイルの都市化に伴い注目された．多くの子どもたちがピアノの演奏技術を学び，ピアノ文化は急速に日本社会に普及した．そうした状況の中では，人々にとってピアノ文化の意味と受容の方向性は大方において類似している．すなわちそれは，階層の上昇移動を目的とした「差異化機能を伴う文化資本」としてのピアノ文化であり，子どもたちはそうしたピアノ文化を，情操教育という名目で親の意向に従って学んだ．しかしながら前章で明らかにしたように，1980年代以降になると，ピアノ文化の受容は変容した．その一つは高級なアマチュアの誕生である．彼らは音楽大学への進学を選択しないにもかかわらず，熱心にピアノを学んでいる．ただ日本のピアノ文化は，それだけではない．ピアノ文化の受容を検討する場合，ピアノを熱心に勉強してきた者ばかりに焦点を当てるのは，一面的であろう．なぜならピアノという楽器が社会に普及し，ピアノを弾くことが特別なことではなくなり，ピアノ文化の受容が多様化して初めて，日本社会にとってのピアノ文化の独自の意味が明らかになってくるからである．そのため本章では，まず1980年代以降の日本社会のピアノ文化における，高級なアマチュアとは異なる，もう一つ別の受容を検討したい．

　1980年代以降の日本のピアノ文化をめぐる状況は，果たして高度経済成長期のピアノ文化のように，階層の上昇移動の機能を持った文化資本としての価値を維持しているのだろうか．ピアノ文化が社会全体に浸透した時，次に生じる現象は，ピアノを熱心に学ぶ人たち以外の存在の出現であろう．ピアノ文化を受容している人々は，進んでピアノ文化を肯定的に評価し，ピアノに熱心に取り組む人たちばかりではないはずである．ピアノ文化に対する多様な評価があることが予想されるが，それは一方では，日本のピアノ文化が成熟した所以でもある．本章では，インタビュー調査を用いながら1980年代以降の，高級なアマチュアとは異なるピアノ文化を分析する．そして，その結果をふまえて

「文化資本」の観点から，現在の日本におけるピアノ文化を考察したい．

　一方日本のピアノ文化は，単に人々の音楽リテラシーの獲得を促したばかりでなく，日本人の音楽観にも影響を与えたと考えられる．日本のピアノ文化は「ハイブリッドモダン」として，日本の音楽文化に多様な方向性を提示した．ポピュラー音楽と格式が高いとされてきたクラシック音楽の境界が明確でなくなり，また日本人でありながら敬遠しがちであった日本古来の音楽が再発見されたことなどである．現在の日本の音楽文化は，かつてないほどの多様な顔を見せるようになっている．それは多くの人が，それぞれの価値意識に従いピアノ文化を経験し，音楽文化の垣根が低くなったことによるものと考えられる．本章では，日本独自のピアノ文化である「ハイブリッドモダン」としてのピアノ文化がもたらした，音楽文化の多様性をも考察する．

1.　もう一つのピアノ文化

　戦後日本社会は，本人の努力次第で望んだ学歴や職業を手に入れることができる社会であると信じられてきた．人々は努力すれば名門と言われる大学を出てそれなりの職業に就くことができ，それなりの生活が手に入ると信じていた．そうした認識を背景に，高度経済成長期以降，多くの家庭はピアノを購入し，子どもにピアノを習わせた．ピアノやクラシック音楽は「高級芸術」であり，階層の上昇移動をするための文化資本であると考えられていたからである．その結果，日本社会におけるピアノ文化は普及し，成熟した．ピアノ文化におけるこのような状況は，バブル経済の崩壊にもそれほど大きな影響を受けず継続していたように思われる．なぜならピアノの普及率は 1989 年には 21.9%，1991 年には 23.3%，そして 1994 年にも 23.3% に達し，その後 23% 前後で推移しているからである．もっともピアノは耐用年数が長く，一度購入すると廃棄が困難なため，普及率はそれほど下降するものではない．そのため，普及率に 1994 年以降大きな変化がないということは，ピアノがあまり売れていないということにもなる．とはいえ，「ピティナ・ピアノコンペティション」の参加者は 1994 年には 2 万人を突破しており，その過程において，音楽大学には進学しないものの高度な演奏技術を持ったアマチュアも誕生した．こうしたことから日本経済のバブルが破たんした後も，ピアノ文化は繁栄を維持し，成熟したと考えられる．

しかしながら，そうした高級なアマチュアが誕生する一方で，現代社会では，子どもにピアノを習わせることに無関心な親や，習わせたものの演奏技術の上達をあまり重要視しない親が増加していることも予想される．こうした状況に対してBさんは，ヤマハ音楽教室のピアノ講師という立場から，ピアノ講師は「昔みたいに，さあ先生ですっていう感じではないです．昔は，先生です，ついて来れないならさようならっていう時代だし，私もそういうところで育ってきたんですけど，今はちょっと違います．ピアノの先生は，昔は持ち上げられていたけれど」と語った．Bさんの語りからも分かるように，ピアノ講師に対する意識は，高度経済成長期とはだいぶ異なってきたが，それはピアノ文化をめぐる人々の意識の変化が，ピアノ講師という職業の捉え方にも現れたものと考えられる．高度経済成長期の親たちが持っていたピアノ文化に対する価値観が，現代では大きく異なっているのである．例えば家電量販店で購入できる安価なキーボード等で「音楽教室」に通い，簡単にピアノ文化に参入することも，ピアノ文化に対する価値観の変化の一つである．そうしたなかで，経済的に非常に恵まれて，子どもにピアノを習わせるものの，ピアノ文化をあまり重要視していない人たちもいる．この母親たちは，自身の幼少時にピアノ文化を経験しなかったわけではない．高級なアマチュアは，母親自身がピアノ文化の経験者である場合が多かったが，この母親たちも，高級なアマチュアの母親以上にピアノ文化の経験者である．現在，神奈川県に在住している主婦，Vさんもその一人である．

　Vさんは1961（昭36）年に兵庫県で生まれ，関西の有名私立大学を卒業している．母方の先祖は医者で，祖父は大阪で不動産業を営み，また父親は会社員，弟は医者だという．そしてVさんのご主人は，東京大学を卒業した元銀行マンである．家族は一流企業で働く長女と，都内の有名私立大学に通う次女との4人家族である．以下，インタビュー内の（ ）は筆者による補足．[1]

　「（私がピアノをやったのは）小学校の1年生から，12歳くらいまでかしら．ご近所の先生の所へ，親に言われて．私がピアノを弾く真似をしているから，祖父がこの子はピアノが好きかもしれない，習いに行かせてあげなさいって，

1）Vさんのインタビューは，2015年5月21日に実施した．

うちの母に言ったみたいで．隣の隣にピアノの先生がいらしたから，近いからということでそこに．

　うちの母はお三味線で，叔母は箏，まあ音楽的な素養はなにかある，みたいな家で育ったんです．中学1年くらいまでは（ピアノを）嫌々でやっていました．練習していないのがまるわかりで，（ご近所に住む先生が，ピアノの音が）聞こえてこなかったわね～って．発表会とかも出て，その先生は後で聞くと，音楽大学へ行かれるような生徒さんを教えるような先生で，私みたいな単なるお稽古の生徒を教えるのは好きでなかったみたいです．ずーっと独身だったし．（私の）弟は，なんかヴァイオリンをやっていました．

　私も，娘たちに何かお稽古っていうことで，スイミングとかテニスとか，それで，音楽としてはピアノかなって思って，幼稚園の時から（習わせた）．でも本人たちがあんまり好きそうじゃないなって思ったから，3，4年でやめさせました．引っ越しもあったのよね．戻った時やらせるかっていうと，それこそ中学受験が始まっちゃったから．で，私立の中学に入ったときに，下の子は結局ピアノじゃなくてヴァイオリンやりだして，上の子はフルートやって．

　ピアノは私が弾いていたのを持ってきたんだけど，だーれも弾かないから邪魔だから，勝手に処分しちゃった．でも当時のでは（その当時のピアノとしては）すごく良いものですっていわれて，高くとってもらった．……あたし（ピアノが）あんまり楽しくなかったの，だから（娘たちも）興味なさそうって思って，それで転勤もあって……．

　でもピアノやってたから，楽譜が読めたら楽しいし，押さえたら（ピアノは）音出るし．ヴァイオリンは押さえただけでは音でないし，フルートもね，息を出しただけでは音でないから．だからピアノが，私にとっては一番気楽な音楽なの」

筆者が高級なアマチュアについて話すと，Vさんは次のように語った．

「私の周りに音大行かないのに，真剣にピアノをやっている人なんて，一人もいなかった……（娘たちは，ピアノやったから）ほかの楽器に対する垣根が低くなった．それと，コンサートなんかに連れていって音楽に触れるようにはしてきたかな．でも，今って選択肢が多いのかもしれない昔より．今だった

らダンスとか……音楽系だっていっぱいあるじゃない．選択肢が多いから，みんながみんな，ヤマハのピアノっていかないよね．教養の一つ，まあ，弾けないより弾けたほうがいいかなーって．ちっとも触れないのはつまんないかなあー，っていう感じ．

　ピアノってお母さんの役割多いでしょう．ほとんどお母さんでしょ．送り迎えもそうだし，（ピアノにいくらお金をかけるかなどの）経済的配分だって，全部お母さんが決めるからね．時間的なことだって．私は音楽系のサークルではなく，テニスをやっていたんですけど，そういうとこのお子さん（テニスサークルの友人たちの子ども）って，お稽古ごとの一つでピアノ？　あと管楽器をやらせているとか，お嬢ちゃんだけど．

　昔は経済力が無かったらピアノ出来なかったけど，今は経済力がある故に，あなたたちピアノやらなくてもいいって，そんな感じかな．うちの子たち，どれも中途半端，バレーもやったし，スイミングもやったし，スキーもやったし．子どもたちの意思に沿うように，どこに興味があるかなって言っているうちに……思ったほど才能なかったわ，どこにも．やっぱり蛙の子は蛙みたいな」

Ｖさんは「私の周りに音大行かないのに，真剣にピアノをやっている人なんて，一人もいなかった」と語っている．しかしながらＶさんの親しい友人では，娘さんにピアノを習わせなかった人も，一人もいなかったという．そこでＶさんの友人３人に，どのような意識で娘さんにピアノを習わせていたのか，語ってもらった．

　Ｗさんは，1961（昭36）年，兵庫県生まれでＶさんの友人である．インタビュー当時は，東急東横線沿線の一戸建て住宅に住んでいた．ご主人は実業家で，お子さんに女の子が一人である．Ｗさんの母親はピアノの経験はないが，Ｗさんは母親に言われてピアノを始めたという[2]．

「あの頃はみんなピアノをやっていたので，とりあえずやりましょう，という感じでピアノを買って．小学校高学年になって，中学受験をしたので止め

───────────────

2）Ｗさんのインタビューは，2015年5月28日に実施．

てしまいました．（ピアノは）好きじゃなかったので．最初はお友達とか一緒
にやっていたけれど，引っ越したり，先生が変わったりして．それまではバ
ス乗って通ってましたが，なんとなく自然と止めてしまいました．ピアノは
娘が使っていたんですけど，そのまま．ちゃんと調律してもらって，娘も結
構（ピアノを弾いたが），中学2年くらいで止めてしまって」

──娘さんは，おいくつくらいからピアノをやりましたか

「そうですね，幼稚園くらいから．幼稚園の時に幼稚園のお友達と一緒に始
めて，幼稚園の近くの先生の処へ通って．それも先生がおばあちゃまの先生
で，中学に入るか入らないかくらいの時に，遠いからもう止めるって，新し
い先生の処へ通いました．その先生が，わりとちょっと熱心なというか，男
の先生だったんですけど，それが．もうちょうど年齢的にも微妙な時期じゃ
ないですか，小学校高学年から中学って．それでもう，あんまり行く気がな
くなってしまって．それがまた家とは逆の方向で，わざわざ電車に乗って
行ったりしていたから」

──お嬢様がやっていったのは，お母様の意向ですか？

「本人がやりたいって言って．まあ私もやってたし，一応ピアノもあるし，
ちょっとやってみるかって，そしたらなんか友達が一緒にやるみたいで，だ
から」

──今は，お嬢様自身もピアノを弾かれないのですか？

「ピアノも，そのあと引っ越しをしたんですよ．その時に処分をしました．
ピアノを引き取ってくれるところを探して．2万円くらいで引き取っても
らった．その時，お金を出さなければだめっていう人から，それこそ2，3
万で引き取ってくれるところとか色々あって．引き取りに来てもらって，そ
の上で2，3万もらっちゃったので」

──ご自身は，練習はしましたか？

「私は全然しなかった．多分，まだ娘の方がましだったと思います，ピアノ
に関しては．弾いている感じ見てて，私よりはまだちょっとセンスはあるか
なって．（娘には）『練習しなさいよ』ってくらいの感じは言ったけど，そん
なにね．でもまあ，私よりは練習してたんじゃないかな．私なんかまあ，一
週間に一回くらい，行く前にちょこっと．だから一年中同じ曲弾いていた．
次に進まないし，全然楽しくなかった」

──お嬢様になぜピアノを選んだんですか

「やっぱりなんか自分でやっていたというのと，ピアノが家にあったというのもあるし，ヴァイオリンとかは全然知らなかったし．何か一つくらい習わせたら良いかなっていう時に，一番身近にあって自分も経験してたから，とっつきやすかった，それでしょう」

──Wさんや私（筆者）たちの時代は，身近にピアノがあった時代ではないですよね

「あの頃はなにか，ピアノがあるとステイタスみたいな感じ．それで流行っていたんだと思いますよ．私たちの頃は楽器といえばもうピアノ，ほかに無かったですよね．ヴァイオリンとかはなかったですし．だいいち（ヴァイオリンの）先生がいなかった……今は，とりあえず音楽的なことを一つやるのに，楽器をという時，ピアノをという感じですよね．

　私のお友達のお子さんで，高校から東京芸大（付属高校）に行って，いまウィーンでちゃーんと活躍していて，コンクールとかで優勝していて．そういう人はね，小学校に入った時からめちゃくちゃ上手です．すでにもう本当に上手だった．それでお母様も一生懸命になって，お母様もピアノをやっていたらしいですけど，他の子とは雲泥の差でした．ただそういうセンスがあれば，一生懸命になったかもしれないけど……もうちょっとセンスがあったら，もうちょっとやったかもしれないですけどね，多分……（お嬢さんのお稽古ごとは）水泳やったりとか，あとピアノ，あと体操．（ピアノは）いろんなもののなかの一つ．それで身を立てようとは思っていない，その中で光るものでもあればあれだけど……

　（娘は）ピアノは中2ぐらいまではそうやって．あとは学校が忙しくなるから，もうやらないって，時間が無いと練習できないから．そうするとね，ゆるいおばあちゃま先生だったらまだ良かったかもしれないけど，しっかりした先生だと，練習していかないと何のために来るんだ，ときつく言われちゃったりすると，もう行く気がなくなって．

　私たちの子どもの次の世代は，ピアノをやるかどうか怪しいですよね，ピアノ処分しちゃったしね．私たちの子どもは2代目で，家にピアノがまだあったけど．だから親（＝自分たちの子ども）もピアノやったけど，子どもたち（＝自分たちの孫）はもうピアノは（処分して）無いから，まずは買い揃えなければならないとなると，ピアノやりたいと言えばあれだけど．そんなにステイタス的なものでもないし……うち（の娘）も大学の時，小学校の（教員）

免許をとる時に，ちょっとピアノが弾けないと，とか言われて，ちょっとピアノが弾けなければあれだけど．昔みたいにね，そんなにね，憧れを持つものではなくなっちゃった．弾ける人見たら，かっこいいな，とは思うけど，そこまで弾けたら．でも大変ですものね，そこまでやろうと思ったら」

　次にXさん，Yさんに語ってもらおう．以下のインタビューはVさん，Xさん，Yさんが同席して実施したものである[3)]．
　Xさんは1961（昭36）年，兵庫県生まれで神奈川県に住んでいる．ご主人の仕事の関係で娘さんが4年生の時にイギリスへ渡っている．お子さんは女の子が一人である．

　　──ご自身はおいくつくらいからピアノを始めましたか
「私は，えーとですね，最初なんかオルガンをやって，それからピアノを買ってもらったのが幼稚園の年長さんでしょうかね」
　　──お母様（Xさんの母親）はピアノをやっていらっしゃいましたか
「そういうことはないですけど，どういうきっかけなんでしょう，ただなんだろう，母の憧れもあったのかもしれないですね，自分はしなかったけどやらせてみたい，っていうような．そういうような時代っていうのもあったような．父は理系の人間なので……．
　私ね，つらつらと同じ先生で高校時代までやってましたね．小学校の時に芦屋に引っ越して，その時の音楽の先生がピアノの先生だったんですね，そのご子息様も音大の先生だったりなんかして．（自分が習った）その先生はすごいおじいちゃん先生，その音楽の先生に習ってて．その先生は良いんですけど，その先生が音大はどう？っていう感じで，息子にって（息子に習うように）．
　その先生（息子先生）がすごく厳しくて，それはついていけないなっていう感じで，元々のお父さん先生の方で良いなっていう感じで．でも発表会の前はその息子先生が出てきたりなんかして．その先生が厳しくて，でもその先生が，お父様より先になくなっちゃったんですよね．それで，こっちも引っ越したんですけど，でもなんだかんだで，芦屋までずっと通っていたんですよね．

　3）Vさん，Xさん，Yさん同席のインタビューは，2015年6月12日に実施．

第 8 章　音楽文化の多様化　*233*

　そのうちこっちも部活も忙しくなり，でも何となくお父様先生が好きで
ずっと通っていましたね．でも（自分は）テニスをしていたので，その息子
の音大の先生とかも，テニスをすると手の形が悪くなるから，どっちかだと
か言われて．そこまでの情熱（テニスを止めてピアノを続ける情熱）はないなっ
て，でもせっかくやってきたからって，やってましたね．でもまあ大学（音
大以外）へ行って，でも今は全然弾けないけど．

　娘はね，好奇心の強い子であれもやりたい，これもやりたいっていうタイ
プの．そこそこ水泳とか，何でもやりたいタイプで．まあ一人っ子だったの
で，ピアノはずーっとやってたし，音大とかそういうのは無くて，幼稚園の
お友達のお母様に教えてもらって，幼稚園から……自分のピアノは神戸にお
いてきて，娘のピアノは，友人が転勤かなんかで結構自分が大事にしたピア
ノがうくと（不要になると），じゃあ引き取ろうかって」

――幼稚園から，いくつくらいまで娘さんはピアノをやったのですか？
「それが，うち，娘が 4 年生からイギリスへ行って，それでイギリスへ行っ
たは良いんですけれど，イギリスへ行くと日本人学校へまず，中学受験をし
たいんだと……日本人学校が結構良いと言うので．ロンドンは塾があるから．
それでまあ，色々好きなことをしながら，と思っていたら，途中から娘が英
語の勉強ができる学校へ行きたいと言って．

　日本人学校でも，現地校へ行ってから，日本へ帰ってくる子がいたりして．
そうすると英語がすごくできたりして．クラス別の英語があって，一番のク
ラスはそういう現地校経験者．それで娘がやってみたい（現地校へ行きた
い）って言うんで．

　そういう時に（慶應の）SFC [4] 受けさせたいなって，大学までつながってい
るし，と思って．SFC というのはいろんな資格とかを出すんですよ，こう
いうお免状を持っていますよとか，受験の時にね．こんなことしてきました，
英語はどのくらい能力がって，とか．うちなんかは SFC の英語の子には太
刀打ちできないから 4 教科でやって，あとテニスのあれとか，ピアノも海外
グレード試験っていうのがあるんですね，ヤマハでなくて．例えば王立学院
のグレード試験．で，そのグレード試験，7 くらいまで行くと音大を受験で

4）慶應義塾湘南藤沢高等部のこと．X さんは，帰国生徒枠で娘さんに受験させることを考
　えていたという．

234 第Ⅱ部 憧れが現実に

きる, そういうグレード試験があって, SFCを受験する資格のためにピア
ノをやった……で, 明確な目標があるので, それは面白かったです本人も.
　テーマ曲があって, それで英国人の王立学院に行って, もう何だろう, の
だめカンタービレみたいな世界で. それで (ピアノを) ご披露して, グレー
ドがどんどん上がっていくんですね. そういうのって結構モチベーションに
なって. でも, それでグレードとっても, 日本人は7 (グレード試験の7) が
どんな意味かも (わからない), 後から考えると. でもまあそれはそれで, 海
外で (ピアノを) やるにはモチベーションとか, そういうのには良かったか
なって.
　それでいろいろ目論んだにもかかわらず, SFCは, すごくできたって胸
を張って帰ってきたにもかかわらず落ちてしまって. 塾のなかでは, 娘は確
実といわれていたのに落ちちゃって, 私はどう声をかけて良いかわからず,
あれだけ資格を集めたのに. 逆上がりまで練習したのに……. でも後から聞
くと, 本人は横浜双葉に行きたかったけど, ママたちが慶應近いしって言う
んで, って. でも双葉に行って良かったかな, っていう. 私と一緒で娘は結
構 (ピアノ) やったんですけど, 大学入ってからはテニス一色になっちゃっ
て」
――ピアノは帰国したら全然やらないんですか?
「でもね, 双葉の合唱コンクールとかで弾いてたんです. それでね, 伴奏し
たりとかして, その時もうちのお隣にピアノの先生がいらっしゃるんで,
じゃあ行ってこようかなって……
　でもあんな大きなピアノもう捨てちゃおうかなって思っていたらば, 就活
の時になって, なんか弾きだしたんです. それが, ジブリとか, でも自分は
結構やってきたという自負があったと思うんですけど, いざ弾くと (昔のよ
うには) できないんですよね, ピアノって.
　それでもやっぱり昔とったなんちゃらで, おっ, やるなって思って, 無駄
ではなかったなって. 今は, ピアノは物置, でもたまに開けているんです.
それでジブリの楽譜とか買ってきて, 大学の時の卒業コンパの時にご披露し
てましたね」
――イギリスの人は, ピアノを一生懸命にやっているんですか
「イギリス人? いますよ, だからそのグレード試験に行くと順番に並んで
いるのは外人さんばっかり」

第8章　音楽文化の多様化　235

――日本ですと音大に行かなくても一生懸命ピアノをやっている人が多いんですが，イギリスはどうですか

「どうなんでしょうね．グレードによって，最初の頃のグレードは……最後のかなり高いグレードの時は，時間指定なので（他の人の様子は分からない）」

――ヤマハ音楽教室のようなものはどうですか

「えーとね，私は接しなかったんですが，日本人ソサイエティーがあるので，そこのなかではあるかもしれないですね．イギリスの人たちには，そういうのはないですね．イギリスは家庭教師文化なので先生が来てくださる．英語にしても，クラリネットにしても，先生がいらしてくださって．（我が家では）クラリネットは家で腐っています．イギリスって家庭教師文化．ピアノも多分，教える所どこかにあるんでしょうけども，基本は紹介してもらって家庭教師」

――なぜ娘さんにピアノをやらせたんですか？

「ピアノをどうしてもやってほしいという下心．でも何だろう，楽譜が読めるのはいいなって，それでなんか楽器ができるのは．

　海外にいると，イギリスしかわからないんですけども．クラス（階級）が高くなると音楽でも何でもわかるみたいなところがあったかな．教養の範囲でピアノだけでなくて．階級が上になると，音楽の話もできるし，すごいなっていうのはあった．楽器ができたりとか．でも専門は全然違って」

　Ｙさんは1961（昭36）年生まれで，世田谷区に住んでいる．ご主人の仕事の関係で，娘さんが4歳の時にイタリアに渡っている．お子さんは女の子が一人である．

――ピアノをやっていらしたということをお聞きしたんですが

「あたし自身がもう本当に，ソナチネまで，中学受験で止めた感じですかね，ですから小6．いくつからやっていたんだろう，幼稚園ではやっていたような．私，一時期ヤマハも行ったことがあるんです．ヤマハのオルガン教室も一時行ったんだけど，多分そろそろピアノはやっていたんだけど，ヤマハのオルガン教室には行きたくって，行かせてもらって．

　でもピアノは多分ね，母が何となく口コミで色々聞いてきて，どこの先生が良いとかっていうので，電車に乗って姉と二人で通っていた．うち明石な

んですよ，ピアノはなんか東京（出身）の先生が良いとか言って，わざわざ
そこまで電車に乗って二人で」
──ご自分がやりたくてピアノは始めましたか？
「どうだろう．ヤマハのオルガン教室って，マジックボードで，なんか磁石
でさ．うちの母は，うちの母も（ピアノ）やってたんじゃないかな，おうち
に来てもらってやっていたとかって，昔ね．うちの母がやりたかったって，
続けたかったっていうのもある，母がね．あまりちゃーんと（ピアノのこと
を）聞いたことはないので．戦争で続けられなかったかも．でも結構なんか，
（私の）レッスンを家でやってたから，母が．意外と教育ママだった」
──お嬢様は，ピアノは？
「娘は，4歳になると同時にミラノに行ったんですよ．だからもうその前に
主人が（日本を）出てるので．私は小さい頃に（ピアノを）習わせようという
気はさらさらなくって．（ピアノのレベルが）ゆっくり上がるよりも，ある程
度の年齢に達して，どんどん上がってほしいと思っていたから，絶対自分が
イライラするだけだからって思っていたから，小さい頃からは，無理，無理
と思って．
　それでミラノに行って，ミラノで，（ミラノは）歌の本場で，ピアノではな
いんですよ，歌の本場でピアノの人たちは，伴奏で来てるんですよ，伴奏の
勉強に来てるんですよ．でもいることはいるんですよ．だから日本人でそう
いう伴奏の勉強に来た人たち，留学生がいて，その留学生に教えてもらって
いたんだけど．そのうち，半分永住しているような日本人に変えたんです
よ」
──おいくつくらいからですか
「娘も5歳くらいからやっていたのかなあ．レンタルピアノ，日本人オー
ナーのレンタルピアノ屋さんから借りてやりましたけど．うちの子，左利き
なんですよ．そしたら主旋律をどうしても左で弾いて，だから耳で聞いた音
は左で弾くような感じだったので，うちの娘は，帰国するときにピアノを返
して，だから6年もやってないかな，5年くらいやってたのかな．でも日本
に帰ってきて，両方の実家（ご夫婦の実家）にピアノあるけれども，どうす
るって聞いたら，いらないって．それからは全く．本人も別にやりたいって
言わないし」
──イタリアの人はピアノより歌なんですか

「多分（そうです）．日本って，すっごいピアノに関しては熱心な国．ピアノの発表会も，それこそほんとにイタリアでピアノを，イタリアの先生にピアノを習っているお嬢さんがいて．それでピアノの発表会っていうのを，ちゃんとしたホールみたいなところに聞きに行ったことがあるんですけれども，日本人は飛び抜けてすばらしくって，イタリア人は，もう結構な年かさの女の子が出てきて，聴いたら，あれっ，みたいな．ポロン，ポロンみたいな感じで．お稽古ごとの充実度と熱心さは，日本はすごい．（イタリアでは）ピアノを習っているのはごくごく少数．ひょっとしたら，その子たちは（イタリアでは）すごいのかもわからないけど，でも全体的な平均値は日本の方がずっとずっと上．

（ピアノを）イタリアでやったというのも大きかったかもしれないけれど，（ピアノの導入期は）いわゆるバイエルとかそういうのではなかった」

　Ｖさんを含む4人に共通しているのは，母親が子どもの頃から経済的に非常に恵まれていることである．母親自身が子どもの頃に買ってもらったピアノは，当時としては高品質であり，そのピアノを自分の子どもに与えている場合もあった．さらにそれ程ピアノ文化を重要視していないという点も共通している．Ｖさんは「昔は経済力が無かったらピアノ出来なかったけど，今は経済力がある故に，あなたたちピアノやらなくてもいいって，そんな感じかな」と語っている．むしろ経済的な豊かさが，現代社会においてピアノの高度な演奏技術の必要性を感じさせないようである．

　それでは，なぜそこまでピアノにこだわるのだろう．処分することに抵抗がないようなピアノなら，あえて子どもに習わせる必要はないものと考えられる．この問題に対して今一度Ｖさんたちの語りを見ると，Ｖさんは「ピアノが一番私にとっては気楽な音楽なの．教養の一つ，まあ，弾けないより弾けたほうがいいかなーって．ちっとも触れないのはつまんないかなあーっていう感じ」と語った．Ｗさんは「やっぱりなんか自分でやっていたというのと，ピアノが家にあったというのもあるし．何か一つくらい習わせたらいいかなっていう時に，一番身近にあって，自分も経験してたから，とっつきやすかった，それでしょう」というものである．Ｘさんは「ピアノをどうしてもやってほしいという下心．でも何だろう，楽譜が読めるのはいいなって，それでなんか楽器ができるのは」と語っている．3人とも自身が子どもの頃，「ヤマハ音楽教室」

238　第Ⅱ部　憧れが現実に

ではなく個人の先生につき，恵まれた状況でピアノ文化を経験している．そうした環境に育ったことで結婚後も身近にピアノがあり，ピアノ文化は子どもの時に，一度は経験するものであると認識している．ただ，ピアノを習うことにより，子どもに楽譜を読めるようになって欲しいが，子どもが望まない限り，極めるものでもないと感じている．

　ここで，先述した（第5章）ピアノ講師Eさんが，自身の子どもにピアノを習わせた時のインタビューを紹介しよう．Eさんは昭和26 (1951) 年生まれで，3人の息子を持つ母親である．Eさんは，最初は自身の先生に子どものピアノのレッスンをお願いするが，その後，自ら息子3人にピアノを教えたという．

「私は自分の息子に失敗したから．3人とも結局，ほかの処にあずけたんですけど．（息子にとっては）家にも先生がいるし，向こうに行っても先生がいるし，長男を自家中毒にしちゃったんですよ．結局ね，私の先生の教室に入れたんですけど，家に帰っても練習しようねって．かえってね，スポーツやって（ピアノは）いやだって．　長男はもうね37歳だ……
　うちの息子3か月でやめちゃった．それでそのあと，私は仕方がないので私が教える時に工夫をして，（息子の）お友達が私の教室にいたから，二人で組ませて二人で90分くらい．ほんとにもうお遊びでソルフェージュ教えて，曲を自分で作曲させてそれを一人が練習して，練習をそこでやるという……」
──息子さんはいくつくらいからピアノを？
「4歳でした．4歳の3か月で自家中毒になっちゃったから，そのあとは私が．ただお友達と二人で遊んでるんだか，ピアノやってるんだかわからない．でもそれは，ある意味ではすごくためになる，教えるときには．ソルフェージュ教えるときには．例えば子どもが作曲したのを，一人で弾いて，二人で

5）Yさんは，個人の先生にピアノを習うのと同時に，「ヤマハオルガン教室」にも通っていた．

6）インタビューは，2015年5月28日実施．

7）自家中毒とは，元気だった子どもが急に嘔吐などを繰り返す，中毒症状にも似た症状を言う．原因として肉体的な疲労や精神的ストレスが考えられるという．2〜10歳くらいの子どもがかかりやすい．

弾いて，絶対練習しないから……下の子たちも全部それでやったから．

　下の子たちはソルフェージュ教えて，ピアノが弾けるって，ある程度楽譜が読めて，学校の音楽に近いから困らない．幼稚園に入ってから，頼まれたお子さんで，ちょうどマッチングするお子さんとペア組ませて，90分間ピアノをやったり，ソルフェージュをやったり，聴音もやって，面白かった……（こうしたやり方は）本当に音大へ行くような子は強制できないんですけど．

　2番目（の息子さんは）は32（歳），3番目が29（歳）．3人とも楽器はダメです．歌ったりするのは好きで，偉そうに音程が外れるとか言ってますけど．思春期になって，もうちょっと楽器やっておけばって．もうちょっとピアノ続けておけばよかった，モテたのにって．みんな（3人とも）『エリーゼのために』が，たどたどしく弾けるところで，中学受験になってしまったので，続かなかったんですけど」

　Eさんは，どうしても息子さんにピアノをやらせたかったようである．そのため息子さんが，ピアノが原因で自家中毒になっても，ピアノを止めさせることはなかった．自身がピアノ講師であったために，何とか子どもにピアノを続けさせたいという気持ちになったことは想像に難くないが，そこまでの気持ちはどのような背景からくるのであろう．Eさんは次のように語る．

　「子どもにとってピアノを勉強するって何なんだろう．何のためにピアノをやるんだろう．あのねえ，一つだけ言えるのは子どもたち，リトミックってなんであるかご存知ですか．リトミックって本来は優れた青少年の知育の，青少年の発育のために始められた．それを日本が，ヤマハが利用したから，まるで幼児教育とピアノ教育のような感じなんですが，違うんですよ．本来は青少年の知育を正常に，良い発育をするためにリトミックとか音楽で手足を動かす，楽器はそれなんだと思う．ピアノって，楽譜を見て，演奏して，それを耳できちんと聞いて判断するっていうこの流れがうまくいかないと．ピアノも，ピアノというより音楽教育っていうのは，本来は青少年の正常な知育の発育のためにある．だから日本でもみんなが音楽をきいているっていうのは，ある程度良いのかもしれない」

240 第Ⅱ部　憧れが現実に

　Eさんのいうリトミックとは，スイスの作曲家エミル・ジャック・ダルク
ローズ（1865-1950）によって創案された音楽教育の方法で，精神と身体との一
致調和，自発性と反射性，精神の集中力と記憶力，創造力などを目的としてい
る（『新音楽辞典』1996）．確かにEさんのこの語りは，ピアノ教育に関する正論
である．しかしながら母親としての感情は，別のところにあることは言うまで
もない．Eさんは次のように語った．

「日本もある程度は，今は底上げができてピアノがあるおうちがそんなに珍
しくない．
　ピアノってやろうと思えば庶民でもだれでも参加できて，高級感が漂ってい
るというのがある．それとね，これだけアマチュアのオーケストラが盛んだ
と言うのはね，やはりみんながね，参加したいと思っているんだと思う．だ
から音楽を勉強していないと，楽譜も読めない．ママさんコーラスもすごい
し．やっぱりヤマハと公文だよ……子どもたちの漠然のあれとして，楽器と
かができたとしたら楽しいでしょ．だから，社会的になぜやらせるかって
いったら，やっぱりある程度できたら，良いんじゃないかなっていう漠然と
した思いだけでできると思う．コーラスでもやっぱり，できると楽しいと思
う……親は，自分が楽器ができたらどんなに楽しかっただろうという思いも
あるけど．だから子どもには．
　ところが，やっているといいのかな，年を取ってくると．だから子どもた
ちがもうちょっと頑張れば，弾けるくらいにしておけばよかった．歌でもい
いから．だから楽譜が読めるだけでもすごくいいと思う」

　Vさんたちと同様に，Eさんも子どもに対して「楽譜が読めるようになって
欲しい」という願いが強い．そのため長男が，ピアノが原因で自家中毒になっ
たにもかかわらず，次男，三男に対しても，初歩のピアノ教育を自身で行った．
さらにEさんは，ピアノ講師である母親の思いを語った．

「昔ピアノの先生のところで預かっていた音大出のお母様のお子さん，女の
子で，最初は良いんですけど，やっぱり音大にはいかなかったですね．途中
で反乱起こしちゃって……家でお母様がすごく熱心で，レッスンについてき
ていらっしゃる方のお子さんの方が，音大へ行ったり，色々音楽の道へ入っ

てらっしゃる．親がピアノの先生で，ジュニアっていうのは，やっぱりどこかでこう，何か見えるものってあるじゃないですか．（お母さんは）なんでそんなこともできないのっていうことになってしまう．それでいやだっていうことになってしまう．お母さまが音大の子っていうのは，なんかこう型にはまってしまう，っていうところがありましたね」

　Eさんは，自身がピアノを教える過程で，一般大学を卒業した母親と音楽大学を卒業した母親に対して感じていた思いが異なっていた．ただこの語りはEさん個人の感想であり，母親が音大を卒業している家庭の子ども全てに当てはまる訳ではない．母親が音大を卒業しているが故に，家庭内で小さい頃からピアノを勉強し，その後音大へ進学した子どもはもちろん存在する．しかしながらEさんのこの語りから推測できることは，日本の場合，ピアノにおける家庭内での技術継承は，それほど重要な要素にはならないということではないだろうか．

　以上のインタビューから読み取れることは，Vさんを含む4人の母親は，ピアノを単なる教養としか捉えていないことである．ピアノを学校教育と同様に捉えて，できる限りの教育をするとした高級なアマチュアの母親たちとは，子どもにピアノを習わせる動機が異なっていることが明らかである．しかしながらVさんたちのようなピアノ文化の受容の仕方が，ブルデューの言う文化資本としてのピアノ文化の本来のあり方かもしれない．ただVさんたちは邪魔になったピアノを処分してしまっている．日本の住環境が影響しているのかもしれないが，そこがピアノに対するブルデューの考え方と異なるところであり，ピアノ文化に対する日本独特の意識のあり方だと考えられる．

　一方Eさんが，子どもが自家中毒になってもピアノをやめさせなかった背景は，自身がピアノ講師であることも影響しているが，日本では子どもの教育においてピアノが重要視されていることを意味している．Eさんが語った「ヤマハと公文だよ」という言葉には，日本の親たちが，音楽リテラシーの獲得を目的とした初歩の音楽教育を，子どもにとって欠かせないものとして認識していることも表れている．さらにYさんの「お稽古ごとの充実度と熱心さは，日本はすごい．（イタリアでは）ピアノを習っているのはごくごく少数．ひょっとしたら，その子たちは（イタリアでは）すごいのかもわからないけども，でも

242　第Ⅱ部　憧れが現実に

全体的な平均値は日本の方がずっとずっと上」という語りからは，ピアノ文化は，日本においてはそれを単なる教養として捉える場合においてさえも，西欧以上に深く社会に浸透していることが認められる．

　加えて先述したＶさんの「昔は経済力が無かったらピアノ出来なかったけど，今は経済力がある故に，あなたたちピアノやらなくてもいいって，そんな感じかな」という語りには，現在の日本社会における，ピアノ文化に対する意識が表現されているとも考えられる．ピアノ文化の普及期で，多くの子どもたちがピアノを習っていた時代は，ピアノ文化が経済力や階層の上昇移動の証であったが，日本社会が経済力をつけた現在では，ピアノ文化は上昇移動の証とはならなくなったのである．Ｖさんの語りは，現在の日本社会におけるピアノ文化には，階層との関連性があまり無いことを示唆している[8]．同時にＶさんたちは，ピアノ文化を一度経験すれば良いというように柔軟に捉えているからこそ，ヴァイオリンや管楽器などの楽器も楽しんでいる．Ｖさんたちのピアノ文化に対する意識は，コンクールの出場を目的とするような高級なアマチュアのピアノ文化とは大きく異なるが，多様な音楽文化を享受するという観点においては，高級なアマチュアに全く引けを取らない．こうしたことから現在の日本社会においては，ピアノ文化は，個々人の捉え方次第でその姿を変え，多様な意味合いを持つ文化になっていると考えられる．

2.　ピアノ文化と文化資本

　前章で明らかにしたように，日本のピアノ文化は 1980 年代以降変容した．高度経済成長期の親たちがピアノ文化に感じた「**差異化機能を伴う文化資本**」という意識は，単にピアノ文化を経験するだけでは，もはや期待できなくなったということである．現在のピアノ文化の受容は大別すると，Ｖさんたちのようにピアノ文化を重要視せず単なる教養と位置づけるグループと，高級なアマチュアに代表されるような，高度なピアノの演奏技術の獲得を目指すグループとが存在している．これが意味するところは，Ｗさんの「ピアノやりたいと

8）ピアノ文化はヨーロッパでは出身階級に依存する「正統文化」であり，ブルジョワジーの階級文化であった．日本社会においても従来のピアノ文化のイメージは，高級文化であった．そのため，明確な身分階級が存在しない日本社会においては，戦後の高度経済成長期には，ピアノ文化は社会階層における上昇移動の記号として消費された．

言えばあれだけど，そんなにステイタス的なものでもないし……うち（の娘）も大学の時，小学校の免許とる時に，ちょっとピアノが弾けないと，とか言われて，ちょっとピアノが弾けなければあれだけど，昔みたいにね，そんなにね，憧れを持つものではなくなっちゃった」という語りに代表されるように，ピアノ文化は，文化資本としての差異化機能を持たなくなったということ，すなわち「**差異化機能を伴わない文化資本**」ということである．そこには様々な要因が考えられるが，一番大きな要因は，家電量販店等で簡単に購入できる電子ピアノによって，多くの人が簡単にピアノ（に類似した鍵盤楽器）を弾けるようになったことであろう．

　ヤマハのピアノ講師であるBさんにこうした状況について質問した．Bさんは1980（昭55）年生まれで，国立音楽大学を卒業してピアノ講師になった．ヤマハでは幼児科のグループレッスンではなく，個人のピアノの指導を行っている[9]．

　「今はヤマダ電気でピアノを買う．それもヤマダ電気で，やっぱりピアノという名前を付けているわけですよね．もう電子ピアノとも言えない楽器，だってこのくらいしか鍵盤がない．せいぜい2オクターブ半くらいしか鍵盤がない．それでもですね，お母さんはピアノと言う，ピアノと言っていらっしゃる」
　　――昔の先生方がピアノを教えているのとは違っていますが，それでも生徒さんはお客様？
　「そうです，そうです．だからあまり高飛車には出ないっていうこと，だから昔までの，いわゆるピアノの先生と生徒さんというスタイルとは，きっと違うと思います．（ピアノが）普及したっていうことでしょうね」
　　――皆さんどのくらいの期間，習っていますか？
　「私が見た生徒さんでは，半年でやめる人はいないです，小学校で入れば卒業するくらいまでは続くし」
　　――先生は個人のレッスンでいらっしゃるから，電子ピアノで終わる人はいないですよね
　「そうですね，だんだん」

9）Bさんには2回インタビューを実施した．これは2010年9月9日に行ったもの．

——でもグループレッスンだと，電子ピアノでやってそのまま終わりですか？

「そういう方もいると思います，全然いると思います，普通に．中学生くらいになってもおうちに生ピアノ（アコースティックピアノ）がない方はいらっしゃると思います」

——クラシック音楽を勉強しようかなっていう門口に立つ人は，増えているかもしれない？

「そうですね，クラスの8割くらいの女の子はピアノをやっている．それでもやっていれば，例えばショパンって何なのかとか，作曲家はどんな名前が言えるのかとか，そういう知識程度はつくじゃないですか．それくらいのものかもしれないけど，増えたことは確実ですね」

——ヤマハの音楽教室に入ってくる生徒さんの数はどうですか？

「全体の入会数はぐんと減っているそうです．」

——それは子どもの数が減っているから？

「あとは今の経済状況だと思います．私の生徒さんには，まだ幸い聞いたことはないんですけど，他の先生から聞くとお月謝が払えませんとか，そういう理由で辞めていく方がここ最近は普通にいらっしゃる．ピアノだけはというよりも，ピアノだから止めていく．いらないものから切っていく．それはやっぱり，それだけピアノが気軽に始められるし，気軽に止められるものになったからだと思うんですけど．お勉強は必要な気がするんでしょうね，塾は．だから塾は続けさせるけど，ピアノのお月謝は省きます」

——昔はピアノ習わせるってことで，親の方もステップアップするっていう意識があったじゃないですか，楽器も買わなければならないし．でも今はとりあえずヤマダで買って，音楽教室行って，ですか？

「うん，で，またヤマハとしても，どなたでもどうぞ，っていうのが，きっと一つのキャッチコピーだと思うので」

　戦後人々の暮らしが少しずつ豊かになり始めた頃，母親たちは戦前に自分たちが叶えられなかったピアノを娘のために購入した．月賦販売でピアノが購入し易くなっても，ピアノは高価であり，ピアノあるいはオルガンという楽器がなければピアノ文化を体験することはできなかった．それ故ピアノ文化は高橋が指摘するように，「『大衆層』を支持基盤とする『高級文化』」（高橋 2001：171）であり，文化資本にもなり得た．しかしながら現代では，家電量販店で

安価な「電子ピアノ」やキーボードを入手でき，ピアノのレッスンにも簡単に参入できる．とりあえず「電子ピアノ」を購入し，子どもが将来ピアノを好きになればピアノを購入するが，ピアノがそれほど好きでないならレッスンも止めればよい，その方が経済的損失も少なくて済むと考える親は相当数いるだろう．Ｂさんが感じているように，親にとっても子どもにとっても「それだけピアノが気軽に始められるし，気軽に止められるものになった」のである．現代の日本社会において，子どもにピアノを習わせている親たちは，単に一度はピアノ文化を経験させようと考えている場合が多いものと推測される．それは，高度経済成長期の親たちが感じていた，ピアノ文化をステイタスとして捉える意識とは異なるようである．この限りにおいて一般的なピアノ文化は，もはや「差異化機能を伴わない文化資本」であると言え，こうした状況は日本のピアノ文化の受容における偽りのない姿である．

　しかしながら留意しなければならない点は，その一方で，ピアノ文化を依然としてステイタスのある「差異化機能を伴う文化資本」として位置づけている人々も存在することである．それが前章で明らかにした高級なアマチュアである．高級なアマチュアたちにとって，ピアノ文化は教育の一環として重要な意味を持っていた．ただその背景に，教育という言葉以上のものが潜んでいることが重要である．こうした問題を今津孝次郎は，高学歴社会における大卒者の「地位インフレーション」を土壌とした「超学歴競争」の誕生と捉えている．「超学歴競争」とは，「学歴は学歴として従来通り志向しながら，さらに付け加えて各種能力を早期から獲得しようとする競争」であり，それは子どもたちの様々な『おけいこ塾』通いに象徴される，と今津は述べている（今津 1978：30）．高級なアマチュアにとってのピアノ文化は，現代の日本社会において学歴社会の文脈に組み込まれ，高学歴化社会の中で学歴に加え，更なる差異化を示す「プラスα」となる教育としての側面を持ち合わせているということである．そうした思いは，神奈川県の主婦Ｓさんの「お父さんが，子どもたちの人間としての幅を広げてやりたい，無理のない範囲で可能な教育はするという方針を持っていたんですよね」という語りにも反映されている．なぜなら高級なアマチュアたちの演奏技術は，音楽大学への進学を選択しないにもかかわらず，コンクールの受賞等を目的としたものになっているからである．そこには「階層構造の平準化にともなう生活様式の『画一化』のなかで，少しでも『個性』を追い求め，『中流意識』状況のもとで少しでも地位を上げようとする人々の

246　第Ⅱ部　憧れが現実に

意識」（今津 1978：47）が潜在していることが推測される．そのためピアノの演奏技術のレベルも，愛らしい小品を弾くことを前提とした，西欧の階級文化としてのピアノ文化とは大いに異なる高度なものになっている．その結果，日本のピアノ文化は，一部では厳しい競争を伴う日本的な教育環境の中で獲得されている．現在の日本におけるピアノ文化は，文化的再生産だけで卓越性を得られるほど甘くはないと言っても過言ではない．日本では小さな頃から費用と時間と労力をかけて，必死に獲得した高度な演奏技術でなければ，ピアノ文化が文化資本としての差異化機能を持たないのである．

　ところで日本では，高級なアマチュアにしても，また単なる教養としてピアノ教育を受ける場合も，子どものピアノの学び方は全て母親の考え方に従って行われている．それは前節における V さんの「ピアノってお母さんの役割多いでしょう．ほとんどお母さんでしょ．送り迎えもそうだし，経済的配分だって全部お母さんが決めるからね，時間的なことだって」という語りにも如実に表れている．ベネッセ教育総合研究所は 2009 年に，3 〜17 歳（高 2）の子どもを持つ母親 1 万 5450 人（515 × 2（男女）× 15（学年））に対し，学校外教育活動に関する調査を行っている．[10] さらに片岡栄美が，この調査を基に子どもの芸術活動に対する分析を行った．片岡によると，音楽や芸術に触れる機会を増やしたいと思っている親は，子どもが女子の場合は 94.8％，男子では 88.8％になり，その活動を通して子どもが成長していると感じている親は，女子は 86.4％，男子では 72.8％に上る．芸術活動率の規定要因に関する分析では，子どもが女子で四大・大学院進学まで期待する母親で，かつ母親が大卒の場合，子どもの成長に対する芸術活動の肯定率は 88.5％で最も高くなっている．芸術活動が子どもの成長に有益と考える親は女子の親に多く，それに対して子どもが男子で四大，大学院進学までを期待する母親の場合は，幼児教育を重視しており，男子の芸術活動を「成長」と結びつけている．高学歴高収入の親たちは，特に女子に対して単に学力による学歴上昇だけではなく文化的教養を求めており，高学歴の親たちの女子への教育投資は，学習と芸術活動であることが示された（片岡 2010）．この調査からは，子どもの学校外における芸術活動に

---

10) 第 1 回 学校外教育活動に関する調査 2009 ｜ベネッセ教育総合研究所（benesse.jp）
　　https://berd.benesse.jp/shotouchutou/research/detail1.php?id=3264（2024 年 4 月 24 日閲覧）

は母親の役割が重要であることが認められ，それはVさんの語りとも一致する．ピアノ文化における，母親を含む家族の援助の重要性は，学校教育における比ではないだろう．ピアノ講師のAさんは「家庭環境が一番大事で，家でピアノやりなさいって座らせて，それで，ちっちゃいうちは親が付き合わなければだめじゃないですか．親がそばについてて教えなきゃー．3，4歳だと毎日一人では，先生の注意を守って弾けないでしょ……ピアノなんかも，やっぱりお母さんがある程度までは，きちんとおうちで見てきてくれる子は早く進みますもの」と語っている．ピアノを教える側もまた，家庭における子どもの練習を親がサポートすることを望んでいるのである．

上述のベネッセ教育総合研究所が実施した調査では，週1回以上，子どもと一緒に歌ったり楽器を演奏したりする親は，3〜6歳の幼児全体では58.3%であり，3歳児の親では69.5%に上る．さらに週1回以上，子どもと一緒に家で音楽を聴く親は，3〜6歳の幼児全体では56.8%であり，3歳児の親では64.7%になる（ベネッセ 2009）．ピアノの演奏技術の習得には，家庭での練習が重要であり，家族の協力は欠かせない．そのため現在，日本において高度なピアノの演奏技術を獲得する場合，相続文化資本は特に重要な意味を持つ資本ではないと言えるだろう．ただブルデューが提示した「文化資本」に類する何らかの資本は不可欠であり，それは家族の協力である．私がインタビューをした高級なアマチュアの場合，母親自身も子どもの頃にピアノ文化を経験していたが，たとえ文化的再生産の部分があったとしても，それはごく少ない部分に過ぎず，小さな頃から費用と時間と労力をかけて，母と子で必死にピアノの練習に取り組んでいた．そうして必死に獲得した高度な演奏技術でなければ，現在の日本では，ピアノ文化は文化資本としての差異化機能を持たないのである．

こうしてみると現在の日本における一般的なピアノ文化は，ブルデューが言うところの階級文化としての「差異化機能を伴う文化資本」ではない．日本社会においてピアノ文化が「差異化機能を伴う文化資本」になるためには，ピアノ文化に対する様々な投資，すなわち家族の経済資本，人的資源，時間資源等に代表される多大な家族力が必要である．日本のピアノ文化は，西欧モダンのピアノ文化が日本の文化になって行く過程において，経済の高度成長と社会の高学歴化に伴い，個々人にとって**「差異化機能の有無が異なる文化資本」**になったと考えられる．それは西欧のブルジョワジーが体現していた，出身階級に依存する「正統文化」としてのピアノ文化ではない．日本社会において創ら

248　第Ⅱ部　憧れが現実に

れた独自のピアノ文化なのである．ただ，これまでの考察で明らかにしたように，1980年代以降，日本のピアノ文化は普及と拡散を通して多様化している．安価なキーボードで気楽にピアノ文化に参入する人も存在する一方で，高級なアマチュアが存在している．この場合，エリート校と言われる難関校の出身者たちに備わった「プラスα」としての優れたピアノの演奏技術が，社会の階層化に影響力を持つ素地が大いにあることは否定できない．日本のピアノ文化が高級なアマチュアの出現で，今後，西欧とは異なった日本の学歴社会に即した文脈で，階層文化になっていく可能性は少なくないであろう．

3.　ピアノ文化とハイブリッドモダン

3.1　ピアノ文化の成熟と日本の音楽文化

　西欧では，ピアノ文化を受容することは特定の階級に属することの表象であった．それに対して日本では，ピアノ文化は階層の上昇移動の記号として取り込まれたため，高度経済成長期には音楽教室が普及し，教育システムも充実した．その結果多くの日本人が，音楽リテラシーとも言うべき音楽の基礎能力を持つようになった．1960年以降に誕生した日本の人たちは，子どもの頃にヤマハなど民間の音楽教室で音楽教育を受けている者が多い[11]．そのため日本では，楽譜が読めることは当たり前に感じられるが，それはクラシック音楽の本場である西欧の人たちから見ると，驚くべきことなのかもしれない．フランス人留学生のQさんは「僕の友達の中で，（楽譜読めるのは）少ない．本当に少ない，妻が読めますけど，遅い．ちょっと勉強したんですけどね．日本とバックグラウンドが違いますね．バックグラウンドが違いますから，結果として，私たち若者は楽譜が読めない」と語る．

　さらに音楽教室に代表される戦後日本のピアノ教育は，演奏技術のみならず，ソルフェージュを始めとした総合的な音楽教育を重視しているため，ピアノ文化の経験を持つ子どもは，成長して様々な音楽ジャンルへ拡散している．クラシック音楽の領域では，プロになることを避け高級なアマチュアが増加している一方で，それ以外ではむしろ，ミュージシャン，音楽プロデューサーなどポ

11）1958年改訂の学習指導要領でも，小学校1年生からオルガンを使用した音楽の基礎教育がなされた．

ピュラー音楽に関連する多様な領域で，プロフェッショナルの道を目指す人が少なくない．ピアノ文化の経験者がクラシック音楽に囚われず，ポピュラー音楽を選択してプロフェッショナルの領域に踏み込んでいく状況は，世の中一般に好まれ頻繁に聴かれる音楽の大部分がポピュラー音楽であることを考えれば，想定外の事ではない．これもピアノ文化の成熟がもたらした一つの側面と言えよう．

　一方ピアノ文化の浸透は，人々に音楽リテラシー（音楽の読み書き能力）の獲得を促し，それは何よりも日本人の音楽観全般に影響を与えたと考えられる．なかでもクラシック音楽に対するハードルは，ピアノ教育がもたらした音楽リテラシーの獲得により，戦前とは比べ物にならない程低くなり，クラシック音楽はより身近なものになった．桐朋学園大学音楽学部出身のピアノ講師のAさんによると，音楽大学の志願者は減っているが，クラシック音楽を身近なものとして楽しんでいる人が，特に「歌」の分野で増加しているという．Aさんは「歌は裾野が確実に広がっている，確実に流行っていますよ．合唱団に入っている人たちがソロで歌いたがっている」と語った．

　こうした状況を，声楽家のDさんとピアノ講師Eさんのインタビューから考察しよう．

　父親の勧めで声楽家になったDさんも，一般の人にとりクラシック音楽が身近になったことを感じているようだ．Dさんは次のように語ってくれた．

　「合唱の話なんだけども，ここ（Dさんが住んでいる市）に○○さんっていらっしゃった，音楽界のドンって言われた人．その方が亡くなって，今回ね，その人を追悼するコンサートっていうのがあるらしいんですよ．私は全然分かんないけど，そういう話を聞いて，今回モーツァルトのレクイエムかなんかを，その人のためにやるっていうのを聞いて，始めたら，その集まった人数たるや，すごかったらしいの，やっぱり．合唱広がっているっていうか．……第九を歌う会って，いっぱいあるでしょう．でもあれはどういうもんなんだろうね．ほんとに．みんなで歌えば，怖くないじゃないけど，何とかなっているような気がするんだろうね．カラオケって言えば文化程度が低いけど，声楽って言えばいきなり高級になるものね．……オーケストラをつけたドイツ語の歌？」

——声楽は広がってきている？

「あのお，素人さんで，私の（コンサートで）いっしょに歌ってくれた若い子
も，もう大好きで，合唱やってたんだけども，その音楽大学とか行った子で
はないのね．でも，歌が，好きなんだわね．」

ピアノ講師の E さんも，現在のアマチュアによる参加型の音楽活動について，
驚いている一人である．

「やっぱりみんなが，明治以降何年か経って，自分が演奏する，参加するっ
ていうことに目覚めたのかも．それが社会的な枠組みの中で，ある程度経済
的にも保障されたからうまく来たんだと思う．だってやっぱり，ある程度お
金があるから音楽をするっていうのは，コンクールじゃないんですけど，何
て言うんですか，あれをやると，もう市内（の音楽団体が）ものすごく出てく
るんですよ．アマチュアのね，コーラスも全部．シルバー音楽祭っていうん
ですけど，65 歳以上の．楽器もすごいの．上手だとは言えないんだけども，
ハーモニカとかギターとか．

　だから思うんだけど，団塊の世代くらいから，自分が音楽とか楽器をやる
ことが，ポピュラーになってきている．だからそれが社会の中で，自分のな
かで，オーケストラとか学生時代やってた人は，わりと続けているんですよ
ね，アマチュアで．

　企業戦士は地域に戻った時に，一番入りやすいのはそこかも．だから，昔
ちょっと学生時代にやってたという人たちは，今，アマチュアオーケストラ
をすごい作っているの……それを受け入れる土壌があるの．それが社会的な，
これから先も，一つ一つの分野がそうなる……楽器とかができたとしたら楽
しいでしょ．楽譜が読めて歌えたら楽しいでしょ．そこが，それが今，団塊
の世代たちが戻ってきている場所になっていると思う．

　だからこれから先も，社会的にそういうところを整えてやると，たとえば
だけど，ヤマハで今，「大人のための」ってありますよね．ああいうのに
通っている人たちが，じゃあそれをどうするかっていったら，地域に戻って
そういうオーケストラに入ると思う……他の国ではあまりないでしょ．

　それがなぜ演歌でなくて，クラシックなのかっていう問題もある，高級な．
それとね，ミューザ（川崎市のコンサートホール・ミューザ川崎）ではやらせない

の，演歌は．発表会をやるときに，演歌では聴衆がいないわけ．だってその人の演歌を聞いてくれる人なんていないでしょ．せいぜいどこかのカラオケスタジオの何人かでしょ．ところがクラシックだと，市とかが提供しているから，ママさんコーラスの発表会とか，幸区（川崎市）はすごくて．大勢でできるから，コーラスとか，オーケストラとか．一人でやって，誰が聴きに来るのっていうことになる．ところが合唱だとみんなでできるから．この前もあったんですけど，お客さんはほとんど出場者なんだけど，客席は埋まっちゃうの，ものすごい数で，あと親戚とか，お友達とか．だからミューザでやっても観客がチラホラということはない．埋まっちゃうんです……．

あのね，聞いてほしいの，音楽って特に．だから今音楽をやっている人たちって，発表の場が欲しいんだと思う．発表の場が．こんなこと言うと失礼なんだけど，そんなレベルじゃないよなっていうコーラスでも，結局みんなで出れば怖くない．ピアノだけをやっているとこれじゃーって思うんだけど，楽器でもオーケストラだとみんなで出れば怖くない．

私，実は老人会のコーラスの伴奏をしているの．はっきり言ってね，楽しいのかなって思うときあるんですよ，ただ歌っているんだから．音楽的に言うとそんなに（音程は）ずれないんだけど．歌っている方たちはすごい楽しいらしい，聴いている側も別に点数がつくわけではないから楽しい．すごくこう前向きなのね，出たいわけ，（出場するのは）『いやだわ』っていう感じではない．今のアマチュアの人たちって単純に楽しんでいる」

声楽科のDさん，ピアノ講師のEさんの語りには，現在の日本では数多くのアマチュアの合唱団やオーケストラが存在し，活発な活動を行っていることが如実に表れている．Dさんも，Eさんも，日本人の音楽観が変わったことを明確に感じているようだ．特にEさんは「楽譜が読めて歌えたら楽しいでしょ」と語るように，戦後のピアノ文化の普及が日本人の音楽観に大きな影響を与えたと考えている．

戦後のピアノ文化の浸透で基礎的音楽能力を身につけた人は，自らが参加して音楽体験を求めるようになった．趣味としてのクラシック音楽活動は，従来の聴取中心だけではなく演奏活動という形でも実践されるようになったのである．これは日本のピアノ文化が，民間の音楽教室等による固有の教育システム

で「ハイブリッドモダン」のピアノ文化となり，日本独自のピアノ文化として
広く普及し，多くの人々に音楽リテラシーの獲得を促したことによる一つの結
果である．さらに音楽リテラシーの獲得は，それまでの日本人が，西欧の文化
であるクラシック音楽に持っていた複雑な感情も取り払った．従来の日本では，
クラシック音楽の愛好はもっぱら聴くことが中心であり，それも主には中間層
以上に見られる現象であった．そこには，日本人の舶来崇拝志向とも重なって，
クラシック音楽が憧憬の対象になっているような，あるいは日本のクラシック
音楽の土壌が成熟しきれていないような空気も感じられた．しかしながら現在
においては，日本人の多くは「本場」の人たち以上に音楽の基礎的能力を獲得
し，自由に演奏活動に参加し，楽しむことも増えてきた．クラシック音楽に対
して抱いていたある種のコンプレックスは消え，クラシック音楽はより身近な
文化になったものと言えるだろう．これは，日本のピアノ文化が「ハイブリッ
ドモダン」のピアノ文化として，日本人の音楽リテラシーの獲得に大きく貢献
し，従来は高級とされたクラシック音楽を身近なものにしたからである．

　このように，「ハイブリッドモダン」としての日本のピアノ文化は，日本に
おけるピアノ文化そのものに，欧米以上の普及と成熟をもたらしたことは言う
に及ばず，音楽リテラシーの獲得を促し，日本人の音楽観にも大きな影響を与
えた．

3.2　文化的オムニボアと「軽やかな聴取」

　日本の音楽文化における変容を社会的側面において捉えた時，それは「ハイ
ブリッドモダン」と考えられる．それに対し個人的側面において日本の音楽文
化の変容を捉えると，それは「文化的オムニボア」と考えられる．第2章で言
及したように，文化的オムニボア論は概ね1990年代後半からの音楽文化をめ
ぐる階層論であり，この時期はまた，バブル期を経て音楽文化自体の大きな転
換期であった．

　渡辺は，バブル期にグスタフ・マーラーやエリック・サティの音楽が流行し
たことに注目し，音楽の聴取の仕方が変化したとする．マーラーの曲は，かつ
ては音楽的知識が必要とされる「難曲」とみなされ，あまり聴かれなかった．
バブル期の頃，マーラーの音楽の新しい聴衆になった人々は，コマーシャルを
通じてマーラーを知るようになった人々で[12]，かつての「通」のように高度な音
楽能力を持っているわけではなかった．そうした人々は，ベートーヴェンや

第 8 章 音楽文化の多様化　*253*

モーツァルトなどの音楽ファンのように，全神経を集中して作品の構造を理解
し，また個々の部分を全体と関連させて位置づけながら解釈する「集中的聴取」
のようなことは一切せず，眼前に次々と展開する様々な音のイメージに身をゆ
だねているだけである．このような聴き方は，音楽の精神性を否定するもので
はあるが，それはマーラー・ファンのマーラー音楽との付き合い方であった．
渡辺はこうした聴衆のありようを「軽やかな聴取」とした．そして「軽やかな
聴取」を行う「軽やかな聴衆」が誕生したと結論づけた（渡辺 1998：198-209）．
　サティは 80 年代半ばに「オシャレなクラシック」として爆発的な流行を引
き起こした．多くのピアニストがサティを演奏会で取り上げ，1986 年 7 月に
ワコールアートセンターが主催した，4 人の女性ピアニストの共演による演奏[13]
会のタイトルは，「金曜日はサティ」というおしゃれ感が漂うものだった（日
本戦後音楽史研究会編 2007：153）．サティは実験音楽の先駆者として知られ，『家
具の音楽』で有名であるが，『家具の音楽』は「県知事の執務室の音楽」，「錬
鉄の綴れ織り」，「音のタイル張り歩道」などというタイトルがつけられ，いず
れも短いモチーフの単純な繰り返しによって成り立っている．それは 19 世紀
の音楽のように精神性を強調し，作品全体を統一的に鑑賞するような音楽では
なく，いわば 3GM のような音楽である．渡辺は，サティの音楽が流行するこ
とは，聴衆が作品を「精神的産物」として鑑賞するような「集中的聴取」とは
異なった音楽の聴き方をしていることの表れである，と分析している（渡辺
1998：214）．そしてマーラーとサティの音楽が同時代に流行したことに，集中
的聴取とは異なった音楽の新しい聴き方を見た．それは音そのものとの戯れを
純粋に楽しむ「軽やかな聴取」であり，そうした聴き方をする人々を「軽やか
な聴衆」と呼んだのである．
　「軽やかな聴取」をことさら助長したのは，音楽の消費形態である．聴衆の
音楽に対する消費形態は，1982 年に登場したコンパクト・ディスク（CD）と，
輸入盤の普及により大きく変化した．発売当初，一台 15 万円以上した CD プ
レイヤーは，1985 年には最も安価なものは 5 万円前後にまで下がり，これに
伴いソフトの発売量も 1987 年には LP を超えた．1992 年になると，大手レ
コード会社はアナログ・レコードの発売中止を決定する．また，LP 時代には

12）1980 年代サントリーの一連のコマーシャルでマーラーの『大地の歌』が使用された．
13）神谷郁代，島田璃里，柴野さつき，高橋アキの 4 人．

254 第Ⅱ部 憧れが現実に

値段も高く種類も少なかった輸入盤が，CD 時代になると大量に流通するように
なり，多様な楽曲へのアクセスも可能になった．広いダイナミックレンジを
誇り，LP に比べると格段に取り扱いが楽という特性をもった CD は，オーケ
ストラ音楽やオペラの嗜好をさらに加速させ，CD の時代になって，家庭にお
けるクラシック音楽の聴取は容易になった（日本戦後音楽史研究会編 2007：153-
154）．さらに CD の登場から 40 年を隔てて，CD は減少しダウンロードが増加
するなど，CD 以外の音楽視聴が成長している．こうした「軽やかな聴取」は
「軽やかな聴衆」である若者の流行現象であり，彼らは諸ジャンル間の境界を
越えた音楽を消費している．これは文化的オムニボアであり，現代社会の音楽
文化をめぐる状況である．

　一方輪島は，1990 年代半ば頃からクラシック音楽が有する価値観が変化し，
音楽産業の商業的な要請によって，クラシック音楽と他のジャンルの音楽との
組み合わせという，新たな「ジャンル」が定着したとみている．さらにクラ
シック音楽と諸音楽の境界の「再編成」には，「癒し」という要素が前面化し
ていると指摘する（輪島 2005：185-194）．第 2 章で言及した現代人のこころを癒
す音楽としての CD を紹介する『アダージョ読本』^{では}[14]，クラシック音楽，人
間の声，楽器の音色，環境音・自然音と一緒に，日本の伝統音楽の CD が紹介
されている．そこでは斎藤靖幸によって，「平安朝殿上人の秘曲，三曲，声明，
尺八」の音楽が，「日本人の遺伝子に組み込まれた音の記憶」であるとして，
次のように解説されている．

　　日本民族はもちろん古代から固有の音楽を持ち，各々の時代と社会の中
　　でそれらを育んできた．しかしその一方で五世紀頃から伝来し始めた大陸
　　系の外来音楽も，楽器・楽理・様式・種目などあらゆる面に大きな影響を
　　及ぼし，日本音楽の重要な構成要素として遺伝子の一部に組み込まれて
　　いったのである……しかも面白いのは，様々な異質の文化の混合したハイ
　　ブリッドな文化が築かれただけでなく，個々の特質も消滅せずに保存され
　　存続してきたこと．（斎藤 1996：176）

　日本の文化が，元来は大陸からのハイブリッドであることは周知の事である

---

14) アダージョ（Adagio）とは，クラシック音楽では音楽のテンポを示す言葉．「ゆっくり
　　と」あるいは「ゆるやかに」という意味．

が，音楽も例外ではない．ただ我々は長い間に，そのハイブリッドの音楽を日本の土着の伝統音楽として聴くようになっていた．そしてその一方で，いつしかその音楽とは疎遠になっていた．しかしながら今，「癒し」という特徴のもとに，日本の土着である伝統音楽を様々な音楽ジャンルの一つとして，再発見したのである．それはハイブリッドモダンにおける，土着の再発見である．そして日本固有の音楽が5世紀頃に大陸からの外来音楽によって影響を受けたように，我々が今日，日本の伝統音楽として認識しているその土着の音楽もまた，現代の他の音楽との相互作用によって変化することも否定できない．それが，厚東の言う「土着」はその場所に古来からある不変のものではない，ということであり，ハイブリッドモダンなのである．こうしたハイブリッドモダンの音楽を，人々は軽やかに聴取しているのである．こうしたことから，「軽やかな聴取」と「軽やかな聴衆」が意味することこそが「文化的オムニボア」であり，音楽文化のこうしたあり方が「ハイブリッドモダン」であると考えられる．

　そこでインタビューを基にして，ピアノ文化を通して文化的オムニボア現象とハイブリッドモダンを検討してみよう．ヤマハのピアノ講師であるBさんは，昨今のピアノ文化をどのように感じているだろう．Bさんは，1980年生まれという若い世代であり，大人にピアノの指導もしている．

　　──ポピュラーをやりたいっていう方はいます？　ポピュラーも教えるんですか？
　「ポピュラーをやりたい人，もちろんいますし，そういう人も教えます」
　　──昔では考えられないですよね
　「はい，でもそれだけピアノが身近で気軽になっているので，生徒さんによっては中学生くらいになってくると，クラシックよりもジャズだったりとか映画音楽だったりとか，久石譲の音楽だったりとか，そういうものを弾けるようになりたいって，そっちの方に興味を持つ子もいるし．やっぱりヤマハは，みなさんに向かって窓口があって，その中でコンクールを頑張って，それこそ演奏家目指してとか．音大に行けたらいいなっていう方っていうのは，割合としてはピラミッドの上のほうですよね．そうじゃない方のほうが多いですので」
　　──最近，クラシックだけでなく色々な音楽を全部受け入れるのがハイレベル

だって言う人もいるんですよ

「そうです，そうです」

──そういうの，感じますか？

「あの，逆に，クラシックしかできないと，ピアノの先生は，今はできないと思いますよ．それが本当に，それこそベテランの方になってきて，『これ以上の方しか受け付けません』て言うんなら別ですけど，まだ私くらいの年齢でピアノの先生をしているって考えると，それこそ，お金をもらうためにも自分の中でも対応を広げないといけないので．わたしもそれこそ英語の音楽とか，ジャズとか，ポピュラー音楽とか全然ピアノで興味がなかったし，やってこなかったんですけど，生徒さんのそういう要望があるので，それは勉強しました．何か今の流行りの曲とか，Ｊポップとかですよね」

──先生ご自身そういうのをやっていて好きになりますか，良いなって

「ピアノで弾くならクラシックが良いなって思いますけど，聞く分にはそうですね，まあ，好みなんだろうなって」

──先生はどちらかっていうと，クラシックがメインで良いなって？

「と思いますけど．でも，そこだけに執着してしますと，生徒さんを選ばないといけないので」

──本当にいろいろなジャンルの音楽を，ちゃんと聞いて好きなんでしょうか

「つまみ食いです．……現場はもう，昔からのスタンダードの，そういうものは切り捨てていかないと．好きだって言ってもキッチリ好きなわけではない．その時その時のつまみ食いで，簡単な趣味としてクラシックも良いわ，ジャズも良いわって，だから韓流ブームが来たときは，それが弾けるようになりたいんです，って．冬ソナ，結構いましたよ．色々なレベルに対応して楽譜もありますから．楽器も簡単な鍵盤が手に入りますし，ヤマハはそういう方も受け入れているので[15]」

　クラシック音楽だけを勉強してきたＢさんではあるが，昨今のピアノ講師はクラシック音楽を教えるだけでは務まらないと語っている．全ての人に窓口を開いたヤマハ音楽教室であるという背景もあるが，その語りからはピアノ文化においても，文化的オムニボアと思われる状況が生じていることが読み取れ

15）このインタビューは，2011 年 11 月 25 日に実施したもの．

る．ただそれは一種のつまみ食い状態であり，それぞれの音楽ジャンルを真面目に鑑賞しているとはいえないようだ．ピアノレッスンと言えばクラシック音楽と決まっていた，ピアノに対する従来の意識からは大分かけ離れている．

　Ｂさんは教えることを通して，現代ではピアノ文化の持つ意味が，個人によって根本的に変わってきたことを感じている．ピアノ文化が個人のライフスタイルの中で，多様なスタイルで愛好され，消費されるようになり，ピアノ文化の意味合いが個人レベルで異なってきているのである．その状況は近年流行している「大人のピアノ教室」や，電子ピアノによるピアノ文化への参入からも推測できる．少子化などの影響で子どものピアノ人口が減少しているため，ヤマハなどは大人にターゲットを当て始めている．
　ここで再びヤマハ音楽教室で大人のピアノの指導に当たっているＢさんのインタビューを紹介しよう．

　──音楽人口は減ったんでしょうか？
　「だからヤマハでも力を入れてるのが大人の方のレッスン．お仕事が落ち着いたり，子育てが一段落した方たちのレッスン．すごい増えてます．それ用のテキストもできちゃいました．昔はすごく憧れだった，けど今はもう，そこまで憧れという高望みするものではない．昔憧れを抱いたままお母さんになったり，お父さんになった方たちが，今は，ぽいと来る」
　──全くの初歩からやる人いるんですか
　「いますいます．もう音符が何も読めない人」
　──指が全然動かないでしょ
　「もうこの状態（硬直した状態）ですよね．それが今すごく力を入れています．」
　──教えるのが大変ですよね．子どもより大変じゃないですか？
　「でも，私もそういう生徒さんが楽しみ．趣味の感覚を教えてあげている感じ，クラブ活動……それでまた，そういう人のための楽譜もたくさん出てますから．あのほんとに，弾けない方のためのＪポップの楽譜とか，ウエディングソング集とか，演歌とか，いっぱい色んなものがあるんですよ．映画音楽とかドラマの音楽集とか，そういう楽譜もたくさん出ているので．そういうことをきっかけにピアノをやる方もいるので，それは大人の生徒さんとかで

258　第Ⅱ部　憧れが現実に

すが．音楽との関わり方が，根本的に変わってきたみたいですね．大人の方
はハノンをきっちりやってというよりも，とりあえず曲を弾きたいわけです」[16]

　戦後人々の暮らしが豊かになり始めた頃，月賦販売でピアノが購入し易く
なっても，ピアノは高価であり，ピアノあるいはオルガンという楽器がなけれ
ばピアノ文化を体験することはできなかった．昔ピアノを弾きたかったけれど，
弾けなかったというかつての子どもたちは，大人になって，気軽に好きな曲の
レッスンを受けることができるようになった．Bさんの「それは大人の生徒さ
んとかですが．音楽との関わり方が，根本的に変わってきたみたいですね．大
人の方はハノンをきっちりやってというよりも，とりあえず曲を弾きたいわけ
です」という語りからは，"ピアノ曲＝クラシック音楽"という従来の認識は
現在では通用しないことが読み取れる．それは「軽やかな弾き手」による「軽
やかなピアノ文化の受容」と言えるのではないだろうか．Bさんの語りの背景
には，現在の日本では，ピアノ文化の持つ意味が個人によって根本的に変わっ
てきたと同時に，ピアノ文化の受容においても音楽のジャンルが解体され，ク
ラシック音楽もポピュラー音楽も等価値になった文化的オムニボアの状況が認
められる．

　ピアノ文化における文化的オムニボアという，ピアノ文化に対する人々の意
識変化に呼応するかのように，NHK教育テレビでは大人を対象としたピアノ
のレッスンが，『趣味悠々』『趣味工房』でも度々取り上げられた[17]．NHK教育
テレビの趣味の講座では，以前にもピアノのレッスン講座が放送されていたが，
それはピアノの初心者を対象にしたものではなかった．世界的に有名なピアニ

16）2011年11月25日にインタビュー実施．
17）『趣味悠々』
　　1999年10月-12月「今すぐ始めるお父さんのためのピアノ講座」
　　2002年7月-9月「楽譜が苦手なお父さんのためのピアノ塾」
　　2003年10月-11月「楽譜が苦手なお父さんのためのもっと優しいピアノ塾」
　　2005年6月-8月「秘密のテクニック教えます．かっこよく弾く簡単ピアノレッスン」
　　2006年6月-8月「西村由紀江のやさしいピアノレッスン　世界の名曲を弾いてみよう」
　　2009年6月-8月「指1本からはじめる！　小原孝の楽しいクラシックピアノ」
　　『趣味工房』
　　2010年8月-10月「仲道郁代のピアノ初心者にも弾けるショパン」
　　2011年8月-9月「指1本から始める！　小原孝のピアノでポップスを弾こう」

ストを講師に招いて，モーツァルト，ショパン，ベートーヴェンの曲をレッスンするというような，中級以上の学習者を対象にしたものだった．しかしながら 2000 年頃からは，大人の極めて初心者向けのピアノ講座が企画されている．これまで聴くことしかできなかった人たちにとり，練習などが非常に大変ではあるとはいえ，自分で演奏することは，聴くこととはまた異なった別の楽しみをもたらしてくれる．また大人がピアノに取り組む場合，特に初心者の場合は弾くこと自体を楽しむ自己目的的なものであり，学習する曲もクラシック音楽に限らない[18]．現在ではピアノを習う側ばかりではなく，教える側も様々なジャンルの音楽の価値観を認めなければならないのである．こうしたピアノ文化の受容は，文化的オムニボアとともに，前項で言及したピアノ文化のハイブリッド化による日本人の音楽観の変容と通底するものがあると考えられる．現在の日本のピアノ文化には，「軽やかなピアノ文化の受容」である文化的オムニボア現象が生じている．そしてそれは，日本のハイブリッドモダンとしてのピアノ文化の一面である．

　ところでこうした大人によるピアノ文化への参入を簡単にしたものの一つが，電子ピアノに代表されるキーボード等の存在である．ヤマハは，大人を対象としたキーボードによる音楽教室を，海外でも展開している．例えばアメリカにあるヤマハ音楽教室ではピアノ学習に関し，ヤマハの音楽教育は子どもも大人も，すぐにピアノでポピュラー音楽が弾けるようになり，キーボードによるピアノ学習が革新的であることをうたっている[19]．これはヤマハによる音楽教育システムの整備によって出版されたクラシック音楽に囚われない楽譜類が，津田梅子らが日本人として初めて本格的にピアノを学んだ国，アメリカへ輸出されたことである．ピアノ文化における「文化的オムニボア」現象と，日本のピアノ文化の「ハイブリッドモダン」化が，双方向に影響し結実した結果であると考えられる．

3.3　土着の再発見
　現在我々は，自国の伝統楽器である琴や三味線よりも，西欧の楽器であるピアノの方に親しみを感じる．それは親が子どもに楽器の演奏技術を学ばせる際

18）2011 年 8 月 - 9 月の『趣味工房』で学ぶピアノ曲は，上記のようにポップスであった．
19）http://usa.yamaha.com/music_education/〈2015 年 11 月 2 日閲覧〉

に，ピアノを選ぶ場合が多いことにも表れている．こうした状況は，明治 12 (1879) 年の音楽取調掛の開設による欧米の音楽教育システムの導入を礎に，第二次世界大戦後の義務教育 9 年間での音楽教育や，民間の音楽教室によってももたらされたことは言うまでもない．第 6 章で述べたように，特に戦後日本の音楽教育は器楽教育の必要性が認識され，昭和 22 (1947) 年の第一次『学習指導要領（試案）』においては器楽教育の実施が，さらに昭和 33 (1958) 年に改訂された学習指導要領においては，小学校第 1 学年でも「器楽」の項で「オルガンで，ごく簡単な旋律をさぐりびきする」と明記された．すでに小学校第 1 学年において，オルガンを使用した音楽教育が促進され，多くの子どもたちが民間の音楽教室で学ぶようになった．その結果，人々が触れる音楽も戦後は洋楽一辺倒になり，現在に至ったのである．しかしながら寺内直子は，日本の伝統音楽である雅楽が，最近は，宮内庁出身者やそれ以外の雅楽演奏家の活動によって，広範に大衆に浸透しつつあると述べている（寺内 2010：v）．寺内によると，雅楽の普及は戦前から様々な努力が行われてきたが，戦後，1960 年代以降の普及はレコードや劇場公演を通して今までにない規模で行われ，さらに CD が一般に普及する 1980 年代以降は，過去に例を見ないほどの進展であるという（寺内 2010：242）．そこで本項では，邦楽の中でも雅楽を取り上げ，寺内の言う「雅楽の大衆化」を多側面から検討したい．なぜなら雅楽の大衆化には，ピアノ文化による音楽リテラシーの獲得や，日本人の音楽観の変化などが複雑に絡み合い，それはまさに「ハイブリッドモダン」のピアノ文化による土着の再発見であると考えられるからである．

　第 3 章で言及したように，近代の日本において，西洋音楽の伝習を本格的に行った音楽取調掛で最初に西洋音楽を学んだのは宮内省雅楽局の伶人 8 人であった．彼らには東西音楽の融合による国楽の創生を担う人材養成の意図が込められ，8 人は雅楽の伝統維持と並行して，最初の西洋音楽の受容者として，演奏，作曲，教授など様々な側面で西洋音楽と関わった．彼らは日本の伝統音楽の領域においては，かなり早くから伝統音楽と西洋音楽との両方を知る立場であった．そのため宮中伶人の中には，自らの立場に囚われない活動をする者も現れてきた．寺内は，そうした音楽家の一人として東儀鐵笛（明治 2 〜大正 14 年）の活動を紹介している．寺内によると鐵笛の活動は実演，作曲，執筆の分野にわたるが，実演活動では雅楽の宮廷楽人として篳篥とクラリネットを専門とした．作曲活動では，唱歌，校歌，オペラに作品を残し，執筆活動では多く

の論述を残している．鐵笛は日本の音楽の将来に関し，従来の邦楽は行きつく
ところまで行きつくし，将来的な発展が望めないことや，特に既存の三味線音
楽は，すでにその様式が完成しているため，それ以上の発展は望めないと主張
したという．また鐵笛は，三弦に代わるべき将来の国民音楽は西洋音楽である
ことは明らかで，なかでも複雑な音楽に適している楽器として，ピアノが将来
的には国民的な楽器として普及するであろうことを予想していた（寺内 2010：
21-27）．こうした鐵笛の予想通りに，戦後の高度経済成長期にはピアノが日本
社会に普及し，日本独自のピアノ文化を築き上げてきたのである．

　一方明治 12（1879）年に開設された音楽取調掛において，最初に西洋音楽を
学んだのは宮内省雅楽局の伶人 8 人であったにもかかわらず，東京芸術大学音
楽学部の前身，東京音楽学校に邦楽科が設置されたのは，学校創立から 49 年
目にあたる昭和 11（1936）年になってからである（上原 1988：317）．その後新制
大学への移行期には邦楽科廃止論もあったが（吉川 1997），昭和 24（1949）年の
東京芸術大学音楽学部設置の翌年，昭和 25 年に音楽学部に邦楽科が設置され
た[20]．そこでは三味線音楽，邦楽囃子，箏曲，尺八，能楽，能楽囃子，雅楽など
が教授され，演奏家が養成されてきた．また邦楽には家元制度があり，家元の
子弟は芸術大学の出身でなくても演奏家として活動してきた．さらに 1966 年
には日本の伝統芸能の振興のために，東京の三宅坂に国立劇場[21]が開場し，邦楽
が上演されてきた．中でも雅楽は国立劇場の公演における重要なジャンルと位
置づけられてきた（寺内 2010：175）．このように邦楽は，戦後も様々な形でそ
の活動が続けられてきたが，一般的には，特別に邦楽に興味を持たない限り，
日本人は自国の音楽を聴く機会が少なくなっていた．しかしながら 1990 年代
に入ると，テレビなどのメディアに雅楽が頻繁に登場するようになった．寺内
は，こうした現象の立役者が，元・宮内庁楽師の東儀秀樹（1959～）であると
いう．

　寺内はマスメディアにおける東儀の表象が，東儀自身の現代的でおしゃれな
ビジュアル的要素であるとして，それが雅楽の持つ「高貴さ」に「現代的な
かっこよさ」を付け加えているとしている．さらにこの「高貴さ」が宮廷，皇

20）http://www.geidai.ac.jp/department/music/traditional_japanese_music（2024 年 4 月 27
　　日閲覧）
21）2023 年に建て替えを計画し，現在は閉場している．

室と結びつく雅楽の歴史から担保されるものであり，それは民衆の心の奥に存在する，高貴で雅なものへの憧憬を刺激していると分析している．また東儀の音楽の特徴は，宮内庁の「明治撰定譜」に基づく古典や，すでに知名度の高いメロディーや東儀自身のオリジナル曲を，本人の篳篥にシンセサイザーを加えて編曲したもので，雅楽というよりも雅楽の楽器や旋律を借用した西洋ポップスであると定義している．そして東儀のコンサートに来る観客の 90％が 30〜40 歳代の女性であることから，「オシャレ」な「イケメン」が奏でる，少し変わった，しかし心地よい音楽が，日常に飽きている主婦を，しばし悠久の歴史を秘めた「高雅」な世界に誘ってくれると述べている．一方寺内は，東儀が宮内庁楽部を辞めフリーの音楽家になったことで，雅楽の正統的伝承とは決別したことや，彼自身の音楽には雅楽以外の要素が大きな比重を占め，古典の雅楽とは音楽的構造や様式の差異があることから，東儀のコンサートに訪れる観客のうち，どれくらいの人が古典雅楽のファンとなるのか疑問であると指摘している．そうは言っても寺内は，国立劇場の雅楽公演が近年は満席になることが少なくないことを考えると，間接的にせよ「東儀効果」は表れているかもしれないと述べている（寺内 2010：242-251）．

　寺内の上述の指摘は，今日の日本社会における雅楽の普及に対する，有意義な議論であることは言うまでもない．しかしながら「オシャレ」な「イケメン」が奏でる，少し変わった，しかし心地よい音楽，という要素だけで国立劇場における雅楽公演が継続的に満席になるであろうか．雅楽の人気が東儀の人気だけに依存するものならば，人気というものは一過性のものであり，雅楽の大衆化には繋がらないと考えられる．むしろ今日の雅楽の普及の背景には，東儀のビジュアル的要素というよりも，「ハイブリッドモダン」としてのピアノ文化の影響を認めない訳にはいかないのである．

　本章第 1 節において，V さんが「うちの母はお三味線で，叔母は箏，まあ音楽的な素養はなにかある，みたいな家で育った」と語ったように，戦前の日本では，今とは比べようがないほど「邦楽」は盛んであり，日本の音階による旋律は日常の一部であった．一方西洋音楽は，一部の少数派の音楽であり，西洋の音階による西洋音楽は多くの人々にとっては新しい未知の領域であった．しかしながら戦後の学校教育や，民間の音楽教室によるピアノ文化の普及と成熟は，我々日本人をして，西洋音楽の音階を内面化してしまった．日本人にとっては，西洋音楽のスタイルこそが日常の音楽となり，その結果，音楽に対する

感覚が欧米の人々と変わらなくなっていた.

　こうした問題に，ピアノ講師のEさんは興味深い話を語ってくれた.

　「後になって分かったことなんですが，日本人のリズム感って，星影のワルツっていうのは日本人のリズム感なんです.アクセントのつけ方も.きよしこの夜も全部そうでしょ.邦楽の先生たちが，危機感があるんですって，日本人のリズム感が変わってしまうって.子どもの歌で『マルモのおきて』っていう歌があるでしょ.あれ聞いたことあります？　あれは完全に西洋のリズム感.ちびまる子ちゃんは違うでしょ.ピーヒャラ，ピーヒャラって.邦楽の先生たちは，このままでは日本の音楽が続かないって」

　Eさんの語りは日本人のリズム感に関するものである.赤いバイエルでピアノを習い始めた私には，「星影のワルツが日本人のリズム感」という意味が良く分からなかったが，西洋音楽が移入されるまでの日本の音楽は2拍子系で，3拍子の音楽はなかったため，日本人は3拍子のリズムが苦手だと言われていたようである.佐々木隆之は音楽知覚認知心理学の観点から，民族や文化によってリズムの感覚が異なることがあるようで，3拍子の音楽である『星影のワルツ』に日本流の手拍子を入れると，1拍目，3拍目，2拍目，1拍目，……と奇妙なことになると指摘している.[22]　これはすなわち，『星影のワルツ』は3拍子ではあるが，●○●/○●○/●○●/○●○/……と，2拍子で拍をとることを意味していると考えられる.そこでこうした曲が他にないか調べてみると，戦前の曲には同様な曲を見ることができ，日本の古き良き歌とされる唱歌『青葉の笛』[23]（明治39（1906）年の「尋常小学唱歌第四学年上」に掲載）や『故郷』（大正3（1914）年の「尋常小学唱歌6」に掲載）などがこれに当たるようである.これらの曲を2拍子で歌ってみると，強弱のリズム感はあまり感じられないが納

22）宮城学院女子大学　心理行動科学科【心理学コラム】2010年7月27日のコラム.
　　https//www.mgu.ac.jp～shinri/?p=218）（2024年2月27日閲覧）
23）平安末期の源平合戦「一の谷の戦い」を題材にした唱歌.義経の奇襲後，若き平家の公達で笛の名手平敦盛は，逃げ遅れて源氏の熊谷直実に打ち取られたが，敦盛の腰には「青葉の笛」（平家物語では「小枝」と呼ばれる笛）が残った.直実は「早朝の戦場で聞こえていたのはこの笛だったのか」と無常を感じ，後に出家したという平家物語の有名な悲劇.

得する感もある．試しにこれらの曲を３拍子のリズム●○○／●○○／●○○
……で歌うと楽しい曲になってしまい，平家の公達の雅で哀れな感じや，故郷
に対する郷愁があまり感じられなくなってしまう．邦楽に馴染んだ人たちや民
謡などを好むお年寄りには，西洋的な３拍子の強弱弱（●○○／●○○）のリズ
ム感よりも，強弱のリズムがあまり感じられない２拍子の拍のとり方（日本人
のリズム感）の方が自然なのかもしれない．しかしながら，戦後の音楽教育を
受けた一般的な人たちは，西洋音楽の３拍子のリズムを感じる方が自然である．
旋律に関しては，「星影のワルツ」は長音階のヨナ抜き旋法（５音階），ちびま
る子ちゃんの主題歌「おどるポンポコリン」は長音階４拍子（２拍子の感覚で拍
が打てる）で，ともに西洋の音階から成る旋律である．日本人は，ピアノ文化
による音楽リテラシーの獲得により，和声付きの西洋音楽を，欧米の人々に引
けを取らないくらいに内面化し愛好しているのである．

　ピアノ文化による音楽リテラシーの獲得は，ジャンルの垣根を取り払って高
級音楽であるクラシック音楽を身近なものにしたように，神社や皇室と関係の
ある宮廷音楽という認識があり，少し格式の高いイメージがある雅楽に対する
隔たりの意識も変えた．そうした背景が，東儀秀樹の登場を契機として，日本
人に自国の音楽である雅楽を再発見させた．すなわち欧米の人々と同様の音楽
に対する感覚を持った日本人が，日本の楽器や日本の音階から成る旋律による
高級な香りのする音楽を，新鮮な感覚で聞き入った．それ故に，たとえ東儀が
出演しない国立劇場における雅楽公演でも満席になると考えられる．加えて東
儀の音楽は，本人の篳篥（笙と笛を加えることも多い）にシンセサイザーを加えて
編曲したものもあり，これは東儀がピアノ文化の経験者であることで実現でき
るプログラムでもある．先述したように寺内によると，こうした東儀の音楽は，
雅楽以外の要素が大きな比重を占めているため，雅楽の正統的伝承とは決別を
意味し，雅楽奏者としてのレッテルを活用している東儀のアイデンティティに
は矛盾があるとされている（寺内 2010：246-248）．しかしながら東儀の音楽活動

24）明治以降，日本で使われた５音による音階で西洋音階の４番目と７番目の音が無い．ヨ
　　ナ抜き長音階はドレミソラになり，ヨナ抜き短音階はラシドミファになる．戦前は軍歌
　　などに多く，現在でも演歌などに使われる．ヨナ抜き長音階はドボルザークの『新世界
　　より』など，世界中で使われている．

25）東儀秀樹は雅楽器だけではなく，ピアノやキーボード，シンセサイザー，ギターなどの
　　楽器も演奏する．

と，そこから派生した状況は，「ハイブリッドモダン」のピアノ文化がもたらした，土着の再発見に大きく貢献したものと考えられる．

　このように，今日の雅楽の大衆化は，日本におけるピアノ文化が「ハイブリッドモダン」として，戦後多くの人々に音楽リテラシーの獲得を実現し，日本人の音楽観に影響を与えたことに由来する，日本の伝統音楽の再発見である．悠久の歴史を秘めた「高雅」な世界に誘ってくれる雅楽の大衆化は，「ハイブリッドモダン」のピアノ文化がもたらした土着の再発見に他ならない．

　本章では，1980 年代以降の日本の音楽文化の多様化について考察する上で，その一つとして，ピアノ文化をそれほど重要視せず，単なる教養と捉えている人々の意識を明らかにした．日本のピアノ文化は，1980 年代以降は普及の段階から成熟の段階に入ったと考えられるが，それはクラシック音楽としてのピアノの演奏技術の獲得に熱心な人ばかりに支えられるものではない．ピアノ文化を単なる教養，あるいは一度は経験するものとして捉えてピアノ文化を受容する人々の存在も無視することはできない．むしろそうした人々のピアノ文化に対するあり方こそが，日本のピアノ文化の真の姿であることも否定できない．そうした人々にとり，ピアノ文化は高度な演奏技術の獲得を目的とするよりも，多様な音楽を享受する一つの手段であった．それは日本のピアノ文化が，個々人の捉え方次第で多様な意味合いを持つ文化になったことの証であると言える．またそれは「文化資本」の観点においても同様で，日本のピアノ文化は，西欧モダンのピアノ文化がハイブリッドモダンのピアノ文化として，独自の変質を遂げたことにより，個々人にとって「差異化機能の有無が異なる文化資本」になったのである．現在の日本社会において，ピアノ文化が差異化機能を伴う場合があったとしても，それはヨーロッパのブルジョワジーが体現していた，出身階級に依存する「正統文化」としてのピアノ文化ではない．家族力を総動員した結果創られた，独自のピアノ文化なのである．

　さらに日本のピアノ文化は，ハイブリッドモダンのピアノ文化として日本固有の文化になって行く過程において，多くの人々の音楽リテラシーの獲得を可能にした．それは人々に参加型の音楽活動をもたらした．加えて多様な音楽文化を多様な形で多くの人々が楽しむことで「軽やかな聴取」が，またピアノ文化においては「軽やかなピアノ文化の受容」が出現した．こうした状況は，近年ブルデューの「文化資本」概念に関連して取り上げられている，幅広い文

ジャンルを経験するなど，文化的な多様性や寛容性を示す「文化的オムニボア」と考えられる．文化的オムニボアはまた，日本の伝統音楽である雅楽の再発見をもたらし，これは日本の音楽文化におけるハイブリッドモダンである．

　現在，日本の音楽文化はジャンルという垣根が解体され，人々はすさまじいスピードで消費される音楽を，特別な違和感もなく聴き入っている．個々人が，それぞれのライフスタイルに適合した音楽文化とのかかわり方を実践しているのである．そうした多様な音楽文化との多様な関わり方は，戦前や，戦後においても高度経済成長期には認められなかった現象である．その根底には，モジュールとして西欧から移入されたピアノ文化が，「ハイブリッドモダン」の日本独自のピアノ文化として機能した一面がある．現在の日本におけるピアノ文化は日本固有のピアノ文化に変質したものであるが，そうした変質は今後も繰り返され，日本の音楽文化全般に影響を及ぼしていくものと考えられる．

終　章
日本のピアノ文化
――誕生と創造の軌跡――

1.　歴史社会学的視座から見たピアノ文化

　本書は，約 140 年に及ぶ日本のピアノ文化の受容を，P. ブルデューの「文化資本」概念と厚東洋輔の「ハイブリッドモダン」概念という理論的枠組みを用いて，歴史社会学的視座から考察した．考察の前提として日本におけるピアノ文化の受容を，「ピアノ文化の萌芽期」（＝ピアノ文化が日本に移入された明治期から第二次世界大戦の終了まで），「ピアノ文化の普及期」（＝戦後から高度経済成長期を含む 1980 年頃まで），「ピアノ文化の成熟期」（＝1980 年代から現在まで）の三期に区分した．

　楽器としてのピアノは 18 世紀初頭，イタリアのフィレンツェで誕生し，その後 19 世紀にアルプス以北の西欧でピアノ文化が花開いた．19 世紀の西欧では，クラシック音楽が美学的観点から「精神性」に関わる側面を強調して自らを「高級芸術」として位置づけたが，そうした中でピアノは，産業によって富を得たブルジョワ階級の台頭によって「近代家族」の象徴となり，女子教育には欠かせないものとしてジェンダー化した．ピアノは富の蓄積と生活形態の水準を象徴する指標機能を持つものとなった．

　ピアノはフィレンツェで誕生した後，ヨーロッパで改良され世界中に輸出された．そうした過程をハイブリッドモダンの議論から考察すると，楽器としてのピアノは鉄鋼業の躍進と関連して，最新の科学技術を応用したスタインウェイによって規格化され，世界中に輸出されたことになる．スタインウェイによって規格化されたピアノは，高度な移転可能性を秘めていたため，楽器としてのピアノのみならず文化をも伴い，グローバリゼーションの過程でモジュールとして日本へも移入されたのである．

1.1 ピアノ文化の萌芽期

日本は明治維新を契機として文明開化に対応する政策が推進され，音楽文化も新しく生まれ変わらねばならなかった．明治政府は西洋音楽の摂取に踏み切り，その後日本の音楽教育は西洋音楽一辺倒に傾いていった．それは19世紀の西欧において，美学的観点から高級芸術になったクラシック音楽の価値観を，日本では高等教育機関が公認したことを意味していた．加えて高等教育機関が公認したことは，日本においてピアノ文化を含むクラシック音楽が，「文化資本」となる要因になったということでもある．一方ピアノは明治13（1880）年から，日本の公の音楽教育機関で組織的に学ばれるようになったが，明治初期はピアノは輸入品であったため，上流階級の限られた人々と高等教育機関で学ぶ人々以外は，ピアノ文化を受容することはできなかった．しかしながら明治後期になると国内におけるピアノの販売台数も上昇し，民間においても一部の富裕層はピアノ文化を受容するようになった．

明治初期に日本に移入され，限られた人々にのみ受容された西洋音楽は，第一次世界大戦終結後は次第に，経済的にゆとりのある一般庶民にも普及するようになった．その背景には，都市人口の増加と人々の生活構造の変化に起因する都市家族の誕生があった．ただこの時期の都市家族が受容した音楽文化は，必ずしも西洋音楽に限定されるものではなかった．明治期までの長い間，日本社会に根付いていたのは，箏や三味線のような日本の伝統音楽である邦楽であり，そうした音楽文化は，西洋音楽が移入されたからといって，すぐに衰退した訳ではなかった．ピアノと箏では，第一次大戦勃発前後までは経済的にゆとりのある家庭の娘を表す記号として大差がなかった．1920（大正9）年頃からは箏のポジティブなイメージが薄れて，それまで受容されていた日本の伝統文化は，次第に西洋的な文化に移っていった．この頃は，都市家族といわれる新中間層が登場して都市文化の担い手となり，女学生の間では，階層文化であるピアノの人気が高くなった．

戦前のピアノ文化の受容の実情を見ると，「客体化された文化資本」としてのピアノの所有は，経済的要因だけでは不可能であり，親側のハビトゥスである「自分の子どもに対する教育的まなざし」，すなわち「身体化された文化資本」がなければ，所有の対象となることはなかった．子どもがピアノを弾けるということは，他の家庭とは異なるという差異化作用を意味することでもあった．こうした日本のピアノ文化の受容を，「ハイブリッドモダン」の視点から

終　章　日本のピアノ文化　　*269*

検討すると，戦前は，新中間層の人々が西洋の生活様式を採り入れて都市的な生活を営み始めた過程で，生活を豊かにするものとして，ピアノ文化を受け入れることが増えてきたが，まだピアノ文化の受容における日本の独自性はあまり見いだせない．西欧においても日本においても，ピアノ文化受容の根底にあるのは「良き妻，良き母」になるための教育，という思想であった．

　一方，高等教育機関に通う男子学生ではクラシック音楽を愛好する者が多く，彼らはファンとして聴衆層を形成していた．昭和戦前期は，ドイツから輸入された「教養」概念が大学や旧制高校を支配していた時代で，ドイツ的教養主義に支配された学生らは，ベートーヴェンの音楽を中心として愛好していた．学生たちにとっては，クラシック音楽の愛好は知識と教養を示す指標であり，さらに高等教育機関で成功する有利な戦略であった．ただ学生らは大学から離れるとクラシック音楽から離れる傾向があると思われていたが，実際には，学生たちのクラシック音楽の愛好はハビトゥスになって，戦後の都市家族の音楽文化の受容に影響を及ぼした．

1.2　ピアノ文化の普及期

　「ピアノ文化の普及期」は，第二次世界大戦後から始まる．戦前に誕生した都市家族は，昭和20年代中盤（1950年代）以降はその姿と性格が変容した．家族内での性別役割分業など都市家族の性格が全国的に一般化し，それに伴い親の子どもに対するまなざしの変化が起こり，子どもが家庭の中心になっていった．

　戦後いち早くピアノ文化を受容したのは，戦前，ピアノ文化に憧れを持ちながら受容できなかった女性たちであった．そうした女性たちは，戦後，生活に余裕ができると自身の娘にいち早くピアノを購入し，習わせた．昭和20年代に生まれた娘たちは，情操教育というよりも母親の夢の具現者としてピアノ文化を受容した．ピアノは豊かさを象徴する文化資本であり，階層の上昇移動を企図する記号であった．一方戦後の音響機器の発達やラジオ・テレビの普及により，家庭内では，ピアノ文化の受容とともにクラシック音楽も聞かれるようになった．そうした状況は，父親主導のものによって行われたが，それはピアノ文化が母親主導であったことと対照的である．その背景には，戦前の高等教育機関の男子学生によるクラシック音楽の愛好があった．戦前にクラシック音楽を愛好した男子学生は，戦後になり，クラシック音楽から離れたわけではな

かった．彼らのクラシック音楽に対する愛好はハビトゥスとなり，家庭内で相続文化資本として，父親が自ら子どもたちに伝えたのである．またそれは，その家庭を支配する文化的雰囲気をも規定していた．

　高度経済成長期になるとピアノの普及率は伸び，ピアノ文化は大衆化への道を歩む．その背後には，人々の差異化と均質化を望む複雑な心理が潜んでいた．ただ高度経済成長期のピアノ文化は，民間の音楽教室によって大衆化した，と言われるが，日本のピアノ文化が大衆化して普及するのは高度経済成長期中盤以降，すなわち昭和30年代後半から40年代である．そしてその背景には「ヤマハ音楽教室」に代表される民間の音楽教室があった．

　ヤマハ音楽教室の誕生には，戦後日本の義務教育における音楽教育も大きく影響した．学校の音楽教育は，戦前は唱歌中心であったが，戦後になると音楽を総合的に学習することが目的とされ，そうした状況を認識した当時の日本楽器の社長川上源一は，音楽教育の新しい方法とシステムを自ら切り開くために，ヤマハ音楽教室を開設した．ヤマハ音楽教室は，高度経済成長期の中盤から飛躍的に拡大する．その要因として，学習指導要領に鍵盤楽器を弾くことが目標として加えられたことと，幼稚園会場の開設に加え，グループレッスンによる音楽の楽しさと月謝の低額化，個人の音楽能力を明示するグレードというヤマハ独自の資格システムなどが挙げられる．ヤマハ音楽教室の拡大は，これまで限られた層の文化だと認知されていたピアノ文化を，情操教育として一般社会の人々に地域差無く開放した．ここにヤマハ音楽教室の意義がある．またヤマハ音楽教室は，音感教育に重点を置いた音楽を楽しむ指導方法により，音楽リテラシーを社会に浸透させた．その結果，ヤマハ音楽教室で総合的な音楽力を身につけた子どもたちは，成長して様々な音楽ジャンルへ拡散していった．

　ヤマハ音楽教室を始めとした民間の音楽教室は，高度経済成長期のピアノ文化の普及をもたらしたが，それは一方では女性に新しい生き方を提示した．日本のピアノ講師の数は昭和40年代後半から増加するが，その要因は高度経済成長期にピアノを学んだ女性たちが，結婚しても続けられる職業として，時間的な融通が利くピアノ講師を選択したことが大きい．ピアノ文化が「制度化された文化資本」としての音楽大学進学に繋がり，卒業後はピアノ講師として，女性の雇用を創出し就労機会を増加させたのである．ヤマハ音楽教室による高度経済成長期のピアノ文化の普及には，全国の音楽教室を核として，ピアノを購入し，演奏技術を習得してさらにそれを教授する，という循環が上手く機能

終　章　日本のピアノ文化　　*271*

したことも，大きく影響している．ピアノ教育の基盤整備が整ったのである．
　また一般社会の人々に地域差無くピアノ文化を普及させたヤマハ音楽教室は，歴史的視座から捉えた場合にも重要な意味を持っている．明治期に空間移転によって移入されたピアノ文化は，ヤマハ音楽教室を契機としてハイブリッドモダンのピアノ文化になったからである．大衆的ハビトゥスをもつ川上が，ピアノ文化に土着的方法論に根差した解釈を加え，独自の音楽教育システムに基づく音楽教室という新機軸を見出したのである．「教室」という手法は，日本特有の土着的方法と言える．加えてその音楽教室は海外展開も果たした．すなわち日本のピアノ文化は，西欧モダンのピアノ文化から，「ハイブリッドモダン」としての日本独自のピアノ文化に変質したのである．
　現在の日本におけるピアノ文化は，ピアノ文化先進国である西欧を凌ぐほどの成熟度を示しているが，その礎を築いたのは，高度経済成長期のヤマハ音楽教室によるピアノ文化の普及である．「文化資本」の観点からも，また「ハイブリッドモダン」の観点からも，ヤマハ音楽教室は日本のピアノ文化にとって非常に重要な意味を持っている．高度経済成長期におけるヤマハ音楽教室こそ，西欧とは異なる日本独自のピアノ文化を創った要因の一つである．

1.3　ピアノ文化の成熟期

　1980年代頃から，日本におけるピアノ文化は新たな展開を見せるようになった．クラシック音楽が差異を表す記号として消費され，ピアノ文化は以前にもまして身近なものになったのである．ただそれは，音楽大学への進学者の増加には繋がらなかった．むしろ1990年代後半からは，音楽大学への進学者は減少した．その要因には，ピアノ講師が女性にとって魅力的な職業でなくなったことがあげられ，それは音楽を職業とした場合の経済的困難さや，1985（昭和60）年の男女雇用機会均等法の制定による大卒女性の社会参加の促進が及ぼした結果であった．しかしながら音楽大学への進学者の減少は，日本のピアノ文化が衰退したのではなく，音楽大学とは別の場でもピアノ文化が醸成されていることを示唆していた．音楽大学の志願者が減少した時期を同じくして，「ピティナ・ピアノコンペティション」を始めとする，アマチュアをも対象としたピアノコンクールが創設され，それに参加する人たちが増加した．高度な演奏技術を持ったアマチュア，すなわち「高級なアマチュア」の誕生である．
　高級なアマチュアの演奏技術は音楽大学進学者と遜色のない場合も多く，彼

らの演奏技術は，我が子の文化的レベルが高くなることを望んだ親が子どもに課した課題であった．ブルデューは，必要性への距離の大きさから「必要趣味」と「贅沢趣味」という概念を提示したが，高級なアマチュアにとって高度なピアノの演奏技術は，自らが選択した「選択的贅沢趣味」と位置づけられ，それは勉強と同等の意味を持つ教育の一環だった．

　現在の日本のピアノ文化は西欧にも引けを取らないレベルに達しているが，それは PTNA の創設者福田靖子が考案した「ピティナ・ピアノコンペティション」によるところが大きい．ピティナ・ピアノコンペティションは全国300 か所で予選を行い，さらに従来の密室審査を，参加者全員に審査員の採点評を交付するという，点数公開に切り替えた．これにより地方に居住するアマチュアのピアノ学習者でも，気軽にコンクールに参加して採点評を手にすることが可能になり，それはピアノの演奏技術に対する地域差の解消に貢献した．こうしたことからピティナ・ピアノコンペティションは，ヤマハ音楽教室によって大衆化した日本のピアノ文化の水準を向上させ，高級なアマチュアの誕生に大きく寄与した．またハイブリッドモダンの観点から捉えると，ピティナ・ピアノコンペティションはピアノコンクールの刷新であり，ヤマハ音楽教室と同様に，ハイブリッドモダンとしての日本独自のピアノ文化を創ったと言える．

　一方 1980 年代以降は，高度なピアノの演奏技術の獲得に固執せず，ピアノ文化を単なる教養，あるいは一度は経験するものとして捉える人々も多くなってきた．そうした人々にとってピアノ文化は，多様な音楽を享受する一つの手段であり，それは日本のピアノ文化が，個々人の捉え方次第で多様な意味合いを持つ文化になったことを意味していた．また高級なアマチュアが誕生したことで，従来のように単にピアノを弾けるだけでは，ピアノ文化は「差異化機能を伴った文化資本」とはならなくなった．西欧モダンのピアノ文化がハイブリッドモダンのピアノ文化として，独自の変質を遂げたことにより，日本のピアノ文化は，個々人にとって「差異化機能の有無が異なる文化資本」になったのである．現在の日本社会において，ピアノ文化が差異化機能を伴う場合があったとしても，それは西欧近代のブルジョワ階級の人々が体現していた，出身階級に依存する「正統文化」としてのピアノ文化ではない．家族力を総動員した結果創られた，独自のピアノ文化なのである．

　日本のピアノ文化は，ヤマハ音楽教室によってハイブリッドモダンのピアノ

文化として日本独自の文化になったが，その過程において，多くの人々に音楽リテラシーの獲得を実現した．それは人々に参加型の音楽活動をもたらし，さらには多様な音楽文化を，多様な形で楽しむ「軽やかな聴取」や，またピアノ文化においては「軽やかなピアノ文化の受容」の出現をもたらした．こうした状況は，近年ブルデューの「文化資本」概念に関連して取り上げられている，「文化的オムニボア」現象と考えられる．文化的オムニボアはまた，日本の伝統音楽である雅楽の再発見をもたらし，これは日本の音楽文化における「ハイブリッドモダン」と考えられる．

　現在日本の音楽文化はジャンルという垣根が解体され，人々は，すさまじいスピードで消費される音楽を特別な違和感もなく聴き入っている．個々人がそれぞれのライフスタイルに適合した音楽文化とのかかわり方を実践しているが，そうした多様な音楽文化との多様な関わり方は，戦前や，戦後においても高度経済成長期には認められなかった現象である．その根底には，モジュールとして西欧から移入されたピアノ文化が，ハイブリッドモダンの日本特有のピアノ文化として機能した一面がある．現在の日本におけるピアノ文化は，西欧モダンのピアノ文化が日本特有のピアノ文化に変質したものであるが，そうした変質は今後も繰り返され，日本の音楽文化全般に影響を及ぼしていくものと考えられる．

　以上から，日本のピアノ文化は，西欧モダンのピアノ文化を単に受け継いで来ただけではない．明治期に移入した西欧モダンのピアノ文化に，新機軸を見出し創意に富んだ手法で受容した日本独自のピアノ文化である．

2. ジェンダーの視点から見たピアノ文化
——女性の束縛と解放——

　ピアノは「市民社会」の成立とともに，女性にふさわしい楽器とされるようになった．ピアノ文化が誕生した西欧では，18世紀後半以来，ピアノを弾くことは良家の子女が身につけるべき教養であった．しかし近代市民社会においては，女性の音楽教育は，一定の水準に達することが必要とされるも，その水準を超えてしまうことは歓迎されなかった．限度を超えた家庭外における女性の音楽活動は，夫にとっては，休息の場である家庭が居心地悪いものとなり，

さらには子どもたちの世話をする人もいなくなってしまう，という理由からである．こうした女性の音楽教育論は，同時代の女子教育をめぐる議論に起因している．この時代の女子教育論は，幸福な中流の若き女性像は「妻と母」であり，女性の領域は家庭にあるとしていた．女性は，家庭外で「戦う性」とされた男性のサポート役であり，それが家庭全体を慈しみと喜びであふれたものにし，延いては国家にも有用だ，というのである．それは当時のブルジョワ階級の人々における，性差に関わる価値観であった．

またピアノは，18 世紀末から 19 世紀に登場した「近代家族」の象徴でもあった．「近代家族」は，父親を頂点とした性別役割分業が進み，主婦が誕生して子どもが家族生活の中心になっていく．息子や娘の理想的なあり方が求められ，その過程で女子教育とピアノが結びつき，子女のピアノ教育熱を煽りたてた．さらにピアノは，女性が家庭の良き主婦になるための役割をも担っていた．ピアノに向かうと行儀のよい姿勢をとり，練習によって女性を家庭内に拘束することが可能な上に，忍耐を要する練習は服従の精神を植え付けることができる，という理由からである．加えて結婚持参金としてのピアノとそれなりの演奏技術は，経済的に恵まれた良家の子女として，その女性が家庭生活を築くにふさわしい能力と市民的規範を身につけていることを示唆していたのである．

こうしたなかで大いに好評だったのが，ポーランド出身の作曲家テクラ・バダジェフスカ（1834-1861）による『乙女の祈り』である．この『乙女の祈り』は，ポーランドで出版された後に，パリでたちまち人気を博し，ヨーロッパのみならずアメリカなどでも刊行され，まさに一世を風靡した．『乙女の祈り』は幸せな結婚生活を夢見た若い女性が，男性にアピールしながら弾いたサロン音楽と言われている．楽曲は 5 小節目から 12 小節目にかけての 8 小節がテーマとなる変奏曲で，オクターブと分散和音のみで構成され，ペダルによる残響を非常に効果的に使用し，哀しみや華やかさを演出している．またこの曲は，見た目にも乙女としての点数を稼ぐ箇所，いわゆる見せ場が曲の中間に用意されている．曲の中間では，テーマは低音部，伴奏となる和音は高音部になるが，ここは乙女の切なさを物語っていると思われる祈りのような旋律が，右手と左手を交差して優雅に演奏され，視覚的にも男性へのアピールポイントとなる．『乙女の祈り』は，ピアノを弾かない人から見れば難しそうに見える曲だが，オクターブが届きさえすれば，全体を通して譜読みと演奏技術はそれほど難し

くなく，これも男性を超えてはならないという当時求められた女性像であった．
　以上のように，男女の役割が明確化されたジェンダー化された社会のなかで，ピアノは推奨されるべき女子教育の一つとなったのである．西欧近代におけるピアノは，市民社会の要請に呼応した楽器であった．

　一方，邦楽が土着的伝統の文化であった日本に，ピアノ文化が移入されたのは明治前期であった．当初ピアノ文化に触れることができたのは上流階級に限られていたが，明治後期以降は，一般においても経済的に恵まれた人々は西欧モダンのピアノ文化に魅了され，生活を豊かにするものとして次第に受け入れるようになっていった．そうした状況において，日本のピアノ文化は女子教育における「良妻賢母」思想と結びつき，女学生の間で人気となった．舶来文化であるピアノ文化は，「教養ある女性」の象徴の一つとして，良妻賢母教育と共存していたのである．
　良妻賢母思想による教育目的とは，女の生き方を妻や母であることに限定させるものであり，その理想論は，女性が家庭全体を慈しみに溢れたものにすることが，家庭の幸福のみならず国家の命運も左右する，というものであった．家庭内に限定する女性の役割を，家庭の外に拡大する意味でナショナリズムと結びつけ，国家に貢献する国民として女性を位置づけたのである．ここからは，戦前日本の良妻賢母思想に基づく女子教育観と，中流の若き女性像を「妻と母」とした西欧近代における女子教育観は，類似していることが分かる．それは女性に国家の命運がかかっているという建前で，女性の役割を家庭内に限定することである．
　戦前の日本の少女小説を見ると，ピアノは慈悲深い母のイメージと結びつけられていることが分かる．文学作品や少女雑誌に表れた女性とピアノの関係性を見ると，ピアノを弾く未婚の女性のイメージはおとなしく，自らの意思を表明することなくピアノを弾いている．反対にヴァイオリンを弾く女性は，自らの人生を選択し自立して生きていくイメージである．そのためピアノを弾く山の手の女性たちは，自立よりも従順さをイメージさせるものであり，結婚に際しての商品価値はヴァイオリンを弾く女学生に比べて高かった．ピアノはヴァイオリンとは異なり，形態からくる移動の不自由さがあり，少女たちを家庭か学校に囲い込み，その上，長時間の練習を必要とする．日本においてもピアノは，女性を家庭に縛り付けておくための格好の教養であり，ピアノを弾く女性

は「良妻賢母」を連想させたのである．加えて居間におかれたピアノは一家団欒の象徴であり，同時にそれは，ピアノを購入できる父親の経済力を示すことでもあった．

　こうしてみると戦前の日本におけるピアノ文化は，西欧近代のピアノ文化と通底するものがある．ピアノが西欧では中流の，日本においては都市新中間層の家庭における団欒の象徴であったこと，そして何よりも女子教育の振興の過程でピアノが普及したことである．一度設置すると移動が困難なピアノは，演奏技術の習得に要する時間的拘束もあるため，出歩かないで家庭を守るというイメージを演出し，そのイメージが，結婚市場においては女性にとって有利に働いた．西欧においても日本においても，女性の本分は家庭にあり，女性が家庭を守ることに国家の命運がかかっているという女子教育論のもとで，ピアノは結婚市場において女性の商品価値を高める機能を有していたのである．

　ただそれは見方を変えれば，ピアノは女性を家庭内に縛り付ける楽器でもあったということになるだろう．西欧での本分をわきまえた女性，日本での良妻賢母，というピアノを弾く女性に対する好意的な論評や結婚市場での高評価は，ピアノが女子教育という名目により，女性を都合よく家庭内に閉じ込めたことで成立した．ピアノは，女性を家庭に束縛する役割を担ったといえよう．

　しかしながらここで留意したいことは，日本におけるピアノ文化受容の背景には，女学生に限らず一般の人たちをも含めた日本人女性の，西洋文化に対する憧れがあったということである．しかもそれは，閉ざされた家庭という内なる世界から，外の世界への憧れであった．すなわち戦前の日本におけるピアノ文化は，単に女性を家庭内に縛り付けただけではなく，むしろ束縛とは真逆の解放感をも女性に与えた．大正15年生まれのOさんは，少女時代の思いを語ったインタビューで，お琴とピアノに憧れを持ったが，「お琴よりはピアノの方がね．和音がでる楽器って，だって日本の楽器にはないでしょう．和音に憧れたよね．」と語っている（第4章第3節）．Oさんは，買えたであろうオルガンも買ってもらえず，さらに兄たちは上級学校に進学したにもかかわらず，女は勉強する必要はない，という雰囲気の家庭に育った．Oさんにとり，ピアノから出る和音の響きは西洋そのものであり，自身の意識を，閉塞感を覚える家庭から外の世界へ解き放ってくれる憧れの響きだったのである．ピアノで演奏される旋律とハーモニーに，自由と解放感を覚えたといえるだろう．

　また日記を記した女学生は（第4章第3節），ピアノを一番の楽しみとして

終　章　日本のピアノ文化　　*277*

「めいった気持ちを引き立て，かなしみを忘れさせ，淋しさをまぎれさせる．そして心のなかにやさしさとたのしさをみたすもの」，と記している．さらに「学校を出た時のことを考へるといやになる．着物を着て帯を締めて，お茶やお花に毎日をすごす．やはり出来るならもう少し学生生活がしたい」と嘆いている．この女学生にとり，「心のなかにやさしさとたのしさをみたすもの」はピアノであり，それは心の自由を意味していると考えられる．ピアノに向かっている時間だけは，女学生の意識は囲い込まれてしまう家庭から外の世界へ向けることができたのである．それ故女学生は，着物を着て帯を締めてお茶やお花をしながら家庭に縛り付けられる女学校卒業後の日常を考えると，気が滅入るのだろう．

　このように，戦前の日本のピアノ文化は，西欧近代のピアノ文化と共通性を有してはいるが，西欧近代のピアノ文化とは趣を異にする．戦前の日本のピアノ文化は，女子教育という建前の下に，表面的には女性を都合よく家庭内に束縛する役割を担ったが，その一方で，良妻賢母的規範に縛られた日常や閉塞感を覚える家庭から，束の間の自由と解放を感じさせてくれる文化であったと考えられる．

　女性を家庭内に囲い込んだピアノ文化の様相は，西欧では19世紀後半から，日本では第二次世界大戦後に変化する．西欧では，良家の子女の嗜みとして認知されていたピアノ教育は，次第に女性の専門職として認められるようになり，音楽学校のピアノ科は多数の女性が占めるようになった．女性のピアノ人口が増加し，クララ・シューマンなど女性ピアニストも輩出した．ピアノの女性教師の割合も上昇したが，女性のピアノ教師は身分の保障はされず，レッスンに見合う報酬も得られなかった．ピアノは，嗜み，躾として女性を家庭内に縛り付けたとはいえ，結果的には女性の社会進出を促したのである．

　日本のピアノ文化も，戦後は女性の社会進出を促す手段となる．しかしながら，ピアノ文化は元来西欧から移入された文化であるため，日本のピアノ文化が戦後に辿った過程には日本特有の事情があった．

　これまで，日本のピアノ文化は，戦後は民間の音楽教室によって大衆化されたと言われてきた．確かに戦前は主に都市新中間層の子女に受容されたピアノ文化は，戦後は次第に大衆層に普及していく．しかしながら戦後のピアノ文化は，一括りに「ピアノ文化の大衆化」と言える状態ではなかった．敗戦とその

混乱期からの復興があり，そうした過程の中でもピアノ文化は人々の生活から忘れ去られることなく，次第に受容されるようになっていた．戦前にはピアノ文化を経験できなかった女性たちが母となり，生活に余裕ができると自身の娘にいち早く，「夢」であり「憧れ」であったピアノを購入して習わせたのである．こうした例は特殊なものではなく，昭和20年代に生まれた女性たちは，母親の夢の具現者としてピアノ文化を受容した．この当時のピアノには，戦時下に抑圧された青春を過ごし，戦後になりようやく心を解き放たれ，平和と豊かさを享受できるようになった女性たちの思いが込められていたのである．

　戦後日本におけるピアノ文化の普及は，「ヤマハ音楽教室」を抜きにしては語れないが，音楽教室の誕生には義務教育における音楽教育が大きく影響している．昭和22（1947）年6月に公表された第一次『学習指導要領（試案）』では，戦前は唱歌中心であった音楽教育が，器楽教育が重視されるようになった．そうしたなかヤマハは，従来の歌唱指導のみだった学校教師には器楽指導は困難であろうという予想の下に，器楽教育指導講師団を編成して全国の学校を訪問し器楽教育を実践したのである．この活動は，後の「ヤマハ音楽教室」の母体である「ヤマハ音楽実験教室」の誕生に繋がった．さらに昭和33（1958）年に改訂された学習指導要領では，鍵盤楽器を弾くことが学校の勉強の一部となった．

　しかしながら，西欧のように演奏技術を家庭内で伝達するハビトゥスが無い日本では，ピアノの演奏技術は，主に家庭外の教育機関で習得する必要があった．人々はピアノの指導者を欲したのである．こうして女性は情操教育としてピアノを学び，その後音楽大学に進学してピアノ講師としての職に就く道が開けた．急速に拡大成長した「ヤマハ音楽教室」などの，楽器メーカーによる各地の音楽教室に所属するピアノ講師となった者も少なくない．日本の音楽家の数の変遷を国勢調査で見ると，昭和45（1970）年には，音楽家の総数に対して女性の占める人数が男性のそれを上回り，昭和50（1975）年には女性の占める人数はさらに増加し，昭和55（1980）年には女性の数が男性の約2.5倍に達している（図6-1）．また昭和45（1970）年，昭和50（1975）年，昭和55（1980）年における音楽家の年齢別（20～40代），及び性別を見ると，30歳代，40歳代に比べ20歳代の音楽家が多く，さらにそれは昭和50（1975）年から昭和55（1980）年にかけて著しく増加している（図6-2）．これは昭和30年代から40年代にかけての高度経済成長期にピアノ文化が普及し，それに伴い若い音楽家，

すなわち女性のピアノ講師が急速に増加したことを示している（図6-3）.

　ピアノが普及した高度経済成長期，ピアノ文化は階層の上昇移動の機能ばかりではなく，ブルデューの言うところの「制度化された文化資本」としての音楽大学進学という選択肢を提供し，さらには女性の雇用を創出し就労機会を増加させた．女性が職業を持ち社会進出する道筋を示したのである．日本女性の労働力率は，M字型カーブといわれることがあるが，1985年の『男女雇用機会均等法』制定以前の女性は，出産，子育てで退職する者が多く，育児が一段落した後の復職は困難であった．その点ピアノ講師は時間的融通も利き，出産後の復職も比較的容易なため，就職市場が限られていた当時の女性の職業として人気があった．当時の女性たちは，ピアノ教育こそ女性が生涯にわたり携わることが可能な職業と捉えていた．現在音楽大学の教員や，地方の著名なピアノ講師の多くが女性で占められているのはその証左であろう．ピアノ講師は既婚女性でも続けることが可能で，従来の，結婚した女性は仕事を辞めるという考えに追従しない職業になった．このことは，女性を家庭内に束縛したピアノが，女性を家庭内から解放する突破口となったことを意味している．

　以上のように，ピアノ文化の受容をジェンダーの視点から見ると，女性とピアノの関係性が時を経て大きく変容してきたことが認められる．大きな流れの中で捉えると，ピアノは西欧においても日本においても，当初は女子教育論の下で女性を家庭に囲い込む役目を担わされたが，結果的には女性の社会進出を促す手段の一つともなったのである．

3. 階層文化としてのピアノ文化
——「文化資本」概念から——

　ピアノ文化は西欧において誕生し普及した．19世紀西欧の上流階級的な意識を持つことを望む新興のブルジョワ階級の人々にとって，ピアノを持ち子女にそれを習わせることは，自尊心を大いに満足させることだった．ピアノを持つことは客間を持つことと同義であり，ピアノはその客間の最大の装飾品として，ビーダーマイヤー調のしゃれた家具と同様に，その姿を見せる道具であった．ピアノは新しい近代家族の象徴となり，子女へのピアノ教育熱を煽り立てた．ピアノは，富の蓄積と生活形態の水準を象徴する指標機能を持つものであった．しかしながら，そうした階級に属さない人々はピアノ文化に参入する

ことはなく，それ故西欧においては，ピアノ文化は「文化資本」として位置づけられ，階級文化であった．

　西欧社会におけるピアノ文化のあり方は，戦前の日本においても同様であった．明治期，日本にピアノが移入された当初は，ピアノという楽器を所有できたのは上流階級であった．その後ピアノは，上流階級に属さない人々にも徐々に所有されるようになったが，それは一部の富裕層に限定され，昭和期になってもピアノを所有できたのは，経済的に恵まれたいわゆる都市の新中間層であった．ピアノのお稽古に通うことができたのは限られた層であり，ピアノ文化は紛れもない階層文化であり，文化資本としての機能を持っていた．

　しかしながらピアノの階層文化としての機能は，戦後になり次第に変化する．高度経済成長期に入り，「ヤマハ音楽教室」に代表される民間の音楽教室は，ピアノ文化を大衆層にまで普及させた．ピアノの割賦販売も導入され，ピアノは急速に大衆層に浸透した．その背景には，戦前は手が届かなかった舶来文化に対する庶民の憧れと，ピアノ文化が文化資本としての機能を果たす土壌があった．ピアノを習うことで音楽大学への進学，ピアノ講師という進路が確保でき，ピアノは「制度化された文化資本」としての機能を持っていたのである．加えて，差異化と均質化を望む人々の複雑に入り組んだ心理も，高度経済成長期のピアノ文化の大衆化に影響を及ぼしたと考えられる．依然として決して安くはないピアノを所有し子どもに習わせることは，階層の上昇移動の機能を持ち，また自らの生活水準を他者に示したいという庶民の願望でもあったに違いない．多くの人々は，「差異化機能を伴う文化資本」としてピアノ文化を受容したのである．ただ同時にその背後には，上昇移動に乗り遅れたくない，皆と同様にピアノを購入し子どもに習わせたい，という均質化を希求する心理が強く働いていたことも見逃してはならないだろう．ピアノ文化の受容をめぐる差異化と均質化の入り混じった心理も，ピアノ文化の大衆化を促進した．その結果，高度経済成長期のピアノ文化は，文化資本としての機能はまだ保たれてはいたものの，大衆層を支持基盤とするようになったことで，階層文化としての意味合いは次第に薄れていったと考えられる．すなわち支持基盤である大衆層は，階層文化として受容してはいたが，その本質においては従来のピアノ文化に備わっていた階層文化としての意味は，希薄になってきたと言える．そして日本社会におけるこうしたピアノ文化のあり方は，高度経済成長期終焉以降は更に変化していく．

終 章 日本のピアノ文化　*281*

　日本社会は 1980 年代になると，前半は第二次オイルショック，後半はバブル経済の発生と拡大，そして 1990 年代初頭のバブル崩壊という大きな変動を経験する．こうした状況において，ピアノ文化の持つ意味合いはそれまでとは異なり，ピアノ文化は日本特有の受容のされ方を示すようになった．それは，高度経済成長期終焉以降，従来のピアノ文化に備わっていた文化資本としての機能がほとんど失われたことである．その主な理由として，第一に，高度経済成長期には「制度化された文化資本」として，多くの女性のピアノ学習者が望んだ，音楽大学へ進学しピアノ講師になるという道が，価値を持たなくなったことがあげられる．1985（昭和 60）年に男女雇用機会均等法が制定され，大卒女性の社会参加が促進されたことで，ピアノ講師は次第に女性にとって魅力的な職業とは言えなくなった．第二に，アコースティックピアノに代わる多様な鍵盤楽器が安価で入手できるようになり，ピアノ文化の受容が簡単になったことである．こうしたことからピアノは誰もが自由に選択できるお稽古ごととなり，階層文化としての意味は持たなくなった．加えてピアノ文化は，たとえ文化資本としての何らかの価値を持っていたところで，一般的には「差異化機能を伴わない文化資本」になってしまった．戦前から高度経済成長期頃まで保たれていた，文化資本としての差異化機能を失った．従来のように単にピアノを所有している，趣味としてピアノを弾けるといった類のものでは，差異化の指標にはならなくなったのである．

　しかしながら同時期に，依然としてピアノ文化を「差異化機能を伴う文化資本」と位置づける人々が現れてきた．音楽大学進学やプロの演奏家を目指さないにもかかわらず，高度なピアノの演奏技術を持った「高級なアマチュア」が誕生したのである．彼らは普通大学へ進学したにもかかわらず，ピアノコンクールを糧として音楽大学進学者と変わらないほどの演奏技術を獲得している．さらに高級なアマチュアの家庭では，ピアノと勉強を同程度の比重を持つ教育の一環として捉えている．そのため高級なアマチュアの多くは，いわゆるエリート校と呼ばれる大学の在籍者や卒業者である．彼らは一流大学へ進学し，同時に「身体化された文化資本」として優れたピアノの演奏技術を獲得している．

　ピアノの普及率は 1980 年代から急速に伸び，アップライトピアノは 1980 年代には，もはや特別な高級品としての性格は無くなった．そしてこの頃から，グランドピアノを購入する家庭が増加してきた．グランドピアノはアップライトに比べ，より豊かな表現力を備えている．そのためピアノコンクールで良い

成績を収めるには，グランドピアノでの練習が必須であると言われ，高級なアマチュアの多くはグランドピアノを所有する家庭でピアノを学んできた人たちである場合が多い．ピアノが普及し始め「高嶺の花」であった頃は，1か月の実収入に対しアップライトのピアノの価格は3倍くらいであった．グランドピアノも現在は，勤労者世帯の1か月平均実収入の約3〜4倍である．こうしたことから，高級なアマチュアの誕生を後押ししたものの一つが，親の経済的状況であることは言うまでもない．

　現在の日本におけるピアノ文化の受容は，高級なアマチュアと，高度な演奏技術の獲得を望まずに単なる趣味としてピアノ文化を受容している人々が混在している．そのためピアノ文化の持つ意味合いはそれぞれによって異なり，日本におけるピアノ文化は，個人にとって「差異化機能の有無が異なる文化資本」になったと考えられる．そうしたなか，高級なアマチュアにとってのピアノ文化は，「差異化機能を伴う文化資本」としての意味を持っているとは言うものの，その差異化の基準が以前に比べて遥かにレベルアップしている．加えて高級なアマチュア自体が，ピアノの演奏技術以外にも際立つ差異化機能を持っている．そのため高級なアマチュアとしての差異化の指標は，エリート校と言われる学歴に，プラスαとしての優れたピアノの演奏技術であり，差異化の基準が著しく格上げされている．こうしたことから高級なアマチュアは，日本社会の階層化に影響力を持つ可能性を秘めているものと考えられる．

　日本社会は明治期以降，それまでの身分や出自による武士を中心とした支配層は無くなった．そのため階級は存在しないと言われている．特に現在の日本社会はメディアの影響で，服装や食生活など可視化できるものには，あまり出身階層による差は認められない．音楽の好みや，スポーツ，レジャーといった文化的な活動も，出身階層よりもメディアの影響の方が大きい．また可視化できない学歴や言葉遣いにおいても，現代の日本では出身階層による著しい差はないものと考えられる．しかしながらピアノは，習得し始めた時期の早さや学習の内容が，歴然と演奏技術の差に直結する．すなわちそれは「身体化された文化資本」の差でもある．そのためエリート校と言われる難関校の出身者たちが，自らの学校歴に備わった「プラスα」として優れたピアノの演奏技術を獲得していることは，「身体化された文化資本」を長い時間をかけて獲得したことの証明である．加えてそれは，教育やピアノ文化に対する様々な投資や，家族の協力と本人の努力により，身体化した文化資本でもある．そうした文化資

本は，誰もが簡単に身体化できるものではない．そして何より高級なアマチュアは音楽大学出身者でないからこそ，彼らが獲得した高度な演奏技術である「身体化された文化資本」がステイタスとなる．その意味において，高級なアマチュアは序列的な機能を持ち，日本社会の階層化に影響力を持つ素地があることは否定できないだろう．すなわち日本のピアノ文化は，高級なアマチュアの出現によって，今後，西欧とは異なった日本の学歴社会に即した文脈で，階層文化になっていく可能性を持っていることを示唆している．

ピアノは19世紀西欧において，上流階級的な意識を持つブルジョワ階級の人々の客間の最大の装飾品であり，彼らにとってピアノを持ち子女にそれを習わせることは優越感を抱かせることだった．高級で難しいピアノという楽器を身近において，それを弾きこなすことは，経済的にも文化的にも一定の水準が不可欠となり，否が応でも差異化機能が伴ってくる．それ故に，西欧においてピアノは富の蓄積と生活形態の水準を象徴する指標機能を持っていた．ピアノが持つそうした意味合いは，日本においても同様である．ピアノは，客間の装飾品となり得るほどの豪華な「客体化された文化資本」であり，獲得に長い時間を要する「身体化された文化資本」が組み合わされることによって，はじめて楽器として機能する．誰もがピアノ文化に参入できるようになっても，楽器としてのピアノが持つ指標機能は少なからず保たれている．そのためピアノは日本社会において，差異化を示す格好の文化的財になり得るのである．したがってグランドピアノを所有できるような家庭で育ち，音楽大学ではなく，いわゆるエリート校に進学しながらも高度な演奏技術を持つ高級なアマチュアが，高級芸術であるクラシック音楽を演奏するという状況が，差異化機能を伴ってくることは不可避であろう．このように，高級なアマチュアは日本社会の階層化に影響力を持ち，さらにピアノ文化は，今後，西欧とは異なった日本の学歴社会に即した文脈で階層文化となる可能性を秘めている．

4. ピアノ文化における川上源一と福田靖子
――「ハイブリッドモダン」概念から――

4.1 川上と福田の業績

本書においては，日本におけるピアノ文化をブルデューの「文化資本」概念と，厚東洋輔の「ハイブリッドモダン」概念を用いて考察してきた．その結果，

日本のピアノ文化の発展において，多大な役割を果たした二人の人物が浮かび上がった．一人は，日本におけるピアノ文化の普及に貢献した日本楽器（現ヤマハ株式会社）の社長，川上源一（1912-2002）であり，もう一人は，ピアノ文化の普及後の演奏技術の向上をもたらした全日本ピアノ指導者協会（略称ピティナ＝PTNA）の創立者，福田靖子（1933-2001）である．この両者の業績無くして，日本のピアノ文化は今日のような成熟した状況を迎えることはなかったと言っても過言ではない．そこで，日本のピアノ文化の歴史における川上と福田の存在意味を今一度考察したい．

　ピアノ文化は，元来は西欧モダンの文化であり，その西欧においてピアノ文化は，家庭文化に組み込まれて親から子へ伝えられてきた．とりわけ娘にピアノを中心とした音楽教育を授けることは，ブルジョワ階級のハビトゥスであった．そのためこのようなハビトゥスを持たない階級の人々は，ピアノの演奏技術を習得することはないし，もちろんピアノを購入することもなかった．ピアノ文化に参入することは決してないのである．それ故に西欧においては，ピアノ文化は文化資本としての価値を持っていた．

　一方日本におけるピアノ文化は，明治期に移入された舶来文化である．そのため演奏技術は家庭外の教育によって獲得しなければならなかった．その上ピアノという楽器自体も高価であるため，ピアノ文化は高度経済成長期頃までは階層文化であり，文化資本としての役割を担っていた．しかしながらこうした状況は，「ヤマハ音楽教室」によって変化した．楽器メーカーによる家庭外のピアノ教育機関が，ピアノ文化を大衆層が支持する文化として普及させていったのである．その意味においてヤマハ音楽教室は，日本のピアノ文化に決定的な影響を与えたと言える．そしてこのヤマハ音楽教室の創設において，最も重要な役割を演じたのが，高度経済成長期に日本楽器の社長を務めた川上源一である．

　楽器メーカーの経営者としての川上が注目に値するのは，川上が楽器を販売するだけではなく，その演奏技術を教える音楽教室を考案したからである．音楽教室はピアノなどの楽器演奏をする人口を増大させ，結果的に楽器の売り上げを増加させた．川上による音楽教室は，その目的は楽器の売り上げを伸ばすことにあると批判されることはあった．しかしながら客観的にみると，日本におけるピアノ文化の歴史においては大きな変革であった．日本における戦後のピアノ文化の普及は，川上源一という，いわばピアノの演奏においては全くの

終　章　日本のピアノ文化　　*285*

素人の考案の下に成し遂げられた．川上がこのような手法を考案した背景には，川上自身が持っていた音楽的ハビトゥスが，自身が属した新中間層のそれではなく，大部分が大衆層のハビトゥスと共通していたという事情があったからと指摘されている．確かに川上が持っていた大衆的な音楽ハビトゥスは，ヤマハ音楽教室の創設に直接的に影響している．しかしながら川上が持っている新中間層のハビトゥスも，間接的にヤマハ音楽教室の創設に影響を及ぼしていることは否定できないだろう．川上が併せ持つ新中間層のハビトゥスとピアノ文化に対する大衆的ハビトゥス，この二つのハビトゥスが日本のピアノ文化，延いては音楽文化全般に影響を及ぼしたと考えられる．

　川上の新中間層出身というハビトゥスは，何よりも西欧におけるピアノ文化の普及の限界を鋭く察知した．西欧社会のピアノ文化が，大衆にまで広範に普及したものではないため，ピアノ文化自体の成長に限界があることを感じ取ったのである．すなわち西欧のピアノ文化は家庭内で伝達されるが，それは限られた階級内での継承・伝達であるため，文化としての普及と成長が多くは望めないのである．ピアノ文化に対するハビトゥスは欠いてはいたが，文化資本が豊富で西洋文化に親和的な戦前の新中間層出身であるが故に，昭和 28（1953）年の海外視察において，サンパウロで現地駐在員の家庭に招待され，晩餐後に家族によるコンサートが披露された時，「日本の家庭でこのようなふれあいがあるだろうか．音楽は鑑賞することはできても，ごく一部の人たちのほかは，とても演奏にまでは参加することができないのではないか」と感じたのである．川上が戦前の新中間層出身でなければ，終戦後 10 年未満の昭和 28 年時点で，こうした感想を持たなかったであろう．文化資本に恵まれた新中間層の出身だからこそ，文化に対する五感が鋭かったと考えられる．その結果，楽器メーカーの社長である川上は，ピアノ文化を西欧社会のように限られた層ではなく，広く大衆層にまで普及させるために，演奏技術を大衆的に普及させることが不可欠であるという考えを持ったのである．

　こうした川上のピアノ文化に対する思いは，西欧モダンのピアノ文化を，日本的思考の枠組みで解釈し，そこにヤマハのオリジナリティーを加えるという考え方に至った．その背景には川上の音楽に対する大衆的ハビトゥスが影響している．ピアノ文化に対するハビトゥスが大衆的だったが故に，日本の大衆層に適合する音楽教育のシステムを考えついたのである．従来ピアノを習う時には必ず通過しなければならなかった，ピアノ教師と生徒という一対一の堅苦し

さや敷居の高さは，大衆層にとっては敬遠したいものである．川上はピアノを習う時のそうした煩わしさを払拭した．階層文化であったピアノ文化の教育に，大衆層が子どもに特殊な技能を習得させるために通わせる「そろばん教室」や「書道教室」といった，学校外教育の場である「教室」という手法を取り入れたのである．音楽教室という手法は，従来は限られた層の文化であったピアノ文化を一般社会に開放した．さらに音楽教室の拡大に伴い，ピアノ文化は地域差がなく普及していった．その結果日本におけるピアノ文化は，西欧をはるかにしのぐ速度で普及したのである．

ヤマハ音楽教室によるこうしたピアノ文化の受容は，ピアノ文化の文化資本としての機能を希薄にしていった．日本においても戦前は限られた人たちの文化資本だったピアノが，急速に大衆層にも手に入る文化資本になったのである．こうしたピアノ文化の受容における地域的拘束の解消は，その後の日本の音楽文化に影響を与える音楽リテラシーを社会に浸透させたことを意味するものでもある．川上が持っていた新中間層のハビトゥスとピアノ文化に対する大衆的ハビトゥス，このどちらが欠けていても川上の偉業は成し遂げられなかった．

全日本ピアノ指導者協会（略称ピティナ＝PTNA）の創立者，福田靖子は，ヤマハ音楽教室の創設者である川上源一と同様に，日本のピアノ文化において重要な役割を演じている．しかしながらピアノ文化に関する社会学分野の研究において，福田が注目されることはこれまで無かった．その要因として，1980年代からの日本のピアノ文化がほとんど研究の対象になっていないことがあげられる．1980年代以降の日本におけるピアノ文化は，ヤマハ音楽教室によってピアノ文化が大衆化した後の時期であり，音楽大学への進学者も次第に減少傾向を辿っている．また少子化などの影響で，ピアノ学習者の数も，ピアノ文化が普及した高度経済成長期ほどではない．しかしこの時期はピアノ文化が成熟した時期でもある．そこには福田が考案した「ピティナ・ピアノコンペティション」が大きく影響している．それ故に福田を考察することは，日本のピアノ文化の研究には不可欠である．福田は，川上とは異なる立場から日本のピアノ文化を見ていた．福田が，高度経済成長期終焉以降のピアノ文化とどのように関わろうとしていたのかを明らかにすることは，1980年代以降のピアノ文化を検討する上で重要である．

西欧ではピアノ文化が普及した当初は，平易で愛らしい曲が弾ければ充分だ

終 章 日本のピアノ文化 *287*

とされていた．それは日本のピアノ文化の受容においても同様であった．しかしながら高度経済成長期のピアノ文化の普及拡大により，その様な演奏レベルでは文化的卓越性を得られなくなり，ピアノ文化の文化資本としての効力は減少した．現在の日本のピアノ文化は，優れた演奏技術を所有しなければ差異化や文化的卓越性は得られず，ましてや文化資本としての効力を発揮することはない．そうしたピアノ文化の変化の要因の一つが，福田靖子によって 1977 年に第 1 回「PTNA ヤングピアニスト・コンペティション」として開催された「ピティナ・ピアノコンペティション」である．

　福田靖子の音楽的なハビトゥスは，大衆的な音楽ハビトゥスの川上とは全く異なっている．正規の音楽教育を受けている福田の視線は，一般大衆ではなく，ピアノ学習者に向けられた．しかしその視線はピアニストのものではない．福田は東京学芸大学専攻科を修了して音楽家の教員として勤務したため，その視線は教育者のものであった．それを如実に表しているのが，ピティナ・ピアノコンペティションの審査における採点評の交付である．従来のピアノコンクールは，どの段階においても密室審査が慣例であり，各人の採点評を本人に手渡すというコンクールは存在しなかった．福田はこうしたコンクールのあり方に風穴を開けた．コンペティションとは言うものの，ピアノ学習者の技術力向上を主眼としていた．さらにピティナ・ピアノコンペティションは全国 300 か所で予選が行われるため，地方に居住するアマチュアのピアノ学習者でも気軽にコンクールに参加し，採点評を手にすることが可能になる．そのためピアノの演奏技術に対する地域差の解消が期待できる．ここにピティナ・ピアノコンペティションのオリジナリティーがあり，それはピアノコンクール界の革新であった．

　ピアノ教育者としての福田が考案したピティナ・ピアノコンペティションのこうした手法は，高度経済成長期終焉以降の日本のピアノ文化において，着実に成果を上げたと考えられる．現在，音楽大学への進学者は確実に減少しているが，それは決してピアノ学習者の演奏レベルの低下を引き起こしてはいない．むしろ日本における平均的なピアノ演奏技術は向上していると言える．しかも音楽大学に進学しないピアノ学習者の演奏レベルが，音楽大学進学者以上のレベルである場合が少なくないのである．こうした「高度な演奏技術を持ったアマチュア＝高級なアマチュア」が増加している背景には，ピアノの学習途上の者にとって，ピティナ・ピアノコンペティションというピアノコンクールでの

受賞歴が，音楽大学進学に匹敵するくらいの，あるいはそれ以上の比重を持って存在していることもある．またピティナ・ピアノコンペティションは，ピアニストの辻井伸行が11歳で金賞を受賞したように，現在ではピアニストを志す者の登竜門にもなっている．こうした意味において「ピティナ・ピアノコンペティション」は，「ヤマハ音楽教室」とは異なった意味合いで，日本のピアノ文化に大きな影響を与えたと言えるだろう．

　PTNA によるピティナ・ピアノコンペティションは，バブル期を経て急激に参加者を増加させた．それは一方ではヤマハ音楽教室と同様に，コンペティションはコンクールの受賞だけが目的となり本来のピアノ学習が疎かになる，といった批判がある．しかしながら現在の日本における，音楽大学進学者が減少したにもかかわらずピアノ学習者の演奏技術が向上している状況は，ピティナ・ピアノコンペティションを抜きには語れない．ピティナ・ピアノコンペティションが大きく寄与した結果と言えるだろう．たとえ批判があろうが，「ピティナ・ピアノコンペティション」の意義はまさしくここにある．現在ではピティナ・ピアノコンペティション以外にも，様々な多くのピアノコンクールが存在している．これは，福田が先鞭をつけた，コンクールを取り入れたピアノ文化が，広く受け入れられるようになった証でもある．

　戦後の日本におけるピアノ文化は，川上源一と福田靖子という二人の人物によって方向づけられたと言ってもよいだろう．現在の日本におけるピアノ文化が，単なる西欧モダンのピアノ文化の模倣ではなく，日本独自のピアノ文化であると考えられる背景には，川上と福田の業績があることは否定できない．

4.2　川上と福田の視点

　戦後の日本におけるピアノ文化は，川上源一と福田靖子という二人の人物によって方向づけられた．しかしながら二人のピアノ文化に対する視点は，決定的に異なっていた．川上の視線は高度経済成長期の一般大衆に向けられ，福田のそれは高度経済成長期が終焉した1980年代以降のピアノの学習者に向けられたものだった．それはピアノの一般教育と専門教育という違いにつながるが，それだけでは決して捉えきれない様々な問題を含んでいる．問われてしかるべきは，両者が，当該時期の日本社会やピアノ文化をどのように認識していたのか，また両者によってもたらされた日本特有の音楽教育システムの誕生は，日本のピアノ文化にとっていかなる意味を持っているのかであろう．

終　章　日本のピアノ文化　*289*

　西欧では「ヤマハ音楽教室」のような，家庭外における初心者向けのピアノ教育機関は存在しない．また一つの楽器メーカーが，その国の音楽文化自体を左右するような影響力を持つという事例も海外ではあり得ない．一方世界各国で行われているピアノコンクールを見る限り，「ピティナ・ピアノコンペティション」のように全国300か所で予選を行い，予選段階から各人に採点講評を手渡すコンクールもない．ヤマハ音楽教室もピティナ・ピアノコンペティションも，川上と福田が日本の音楽文化，さらには日本のピアノ文化の現実を前に考案した，日本社会に適合したオリジナリティーに富む手法に他ならない．

　ヤマハ音楽教室の創設は，川上の海外視察が大きく影響している．川上が海外視察を行った昭和28（1953）年は，敗戦の混乱期を脱し，全国人口に対する市部人口の割合も戦前を上回り（昭和25年には戦前と同じくらいの4割弱に回復している），専業主婦が増加して都市家族が一般化した時代である．人々が暮らしの中で，映画や音楽などの文化に目を向ける余裕も生まれていた．当然川上は，子どもに対するまなざしが戦前とは大きく異なり，家族の生活が子ども中心で営まれるようになってきたことを感じていただろう．そうした時期に川上が海外視察で目にした光景は，当時の日本の人々の生活をはるかに超える文化的なものだった．ただ川上は新中間層出身故に，家族コンサートを披露する日本人駐在員の，音楽文化の香りが豊かな生活に単に驚いただけではなかった．日本の現状を憂い，そうした音楽文化を日本にも広めたい，否，日本の人々も求めているはずだと感じた．それが「ヤマハ音楽教室」という日本独自の新機軸の誕生に繋がり，日本社会にピアノ文化が急速に普及する契機となった．

　一方高度経済成長期終焉以降に登場した福田は，ヤマハ音楽教室によるピアノ文化の普及で，ピアノ文化が大衆化して誰でも参入できる文化になったものの，ピアノ文化の大衆化が，必ずしも全国的な演奏技術の向上に結びついていないことを見抜いた．また福田は自身の母親から「教育は高きに流れる」という教えを受け継ぎ，さらに文化の動きに対する鋭い眼識を持っていた．福田は，ピアノ文化が大衆化したからこそ，演奏技術の向上のために優れた指導が不可欠であることを感じ取ったものと考えられる．福田は，高度経済成長期を経て日本社会が豊かになり，人々が同質性を求めたそれまでとは異なり，新たな差異を求めて，より高度な文化や教育を受け入れることを予測していたのだろう．それ故に福田は，「教育は高きに流れる」という言葉を基本精神として，ピアノ指導者のために「全日本ピアノ指導者協会＝PTNA」を創設し，指導に重点

を置いたピティナ・ピアノコンペティションを考案した．福田も川上同様に，ピアノ文化における日本独自の新機軸を，ピアノ指導を主眼としたコンペティションに見出した．その結果，日本のピアノの演奏技術は向上した．特に現在の日本における，音楽大学進学やプロの演奏家を目指さないアマチュアの演奏技術の向上は，目を見張るものがある．それは何よりも福田が創設したPTNAとピティナ・ピアノコンペティションがもたらしたものであると考えられる．現在の日本社会におけるピアノ文化の受容は，多くの人がピアノ文化を階層の上昇移動の記号として捉えていた時期を脱し，ピアノを趣味活動の一つとして選択した人々が，演奏技術の向上を目指すようになったことを示している．それは，日本のピアノ文化が成熟したが故のことであり，福田は日本のピアノ文化の成熟に大きく寄与したのである．

　川上の誕生から約20年後に福田は誕生している．ピアノ文化が普及した高度経済成長期が約20年の間であったことを考えると，二人の誕生における20年の隔たりは，日本におけるピアノ文化の普及のための20年であり，日本のピアノ文化の発展の牽引役を，川上から福田に引き継ぐための時間だったと思われてくる．福田は自著で，「文芸の動き（歴史）をみると，エリートのあいだで盛んになったものを，すごく易しい平俗な動きにして広める．広まった中から，またエリートが生まれる．すなわち先駆者がいて，それを大衆に広める人がいて，初めて歴史に残るものになる」（福田 2002：213-214）と記している．これは高度経済成長期終焉以降の日本社会とピアノ文化を鋭く察知し，日本独自のピアノコンペティションを考案した福田の思考の原点だろう．福田は，大衆化した後の日本のピアノ文化において，自らに課せられた使命を感じ取っていたものと考えられる．

　現在の日本のピアノ文化は，ピアノ文化の本場である西欧を凌ぐほどの成熟を迎えている．そうした状況は何よりも，川上と福田が「ヤマハ音楽教室」と「ピティナ・ピアノコンペティション」という新機軸を打ち出したことによるものである．両者の働きにより，西欧モダンのピアノ文化は日本独自のピアノ文化となった．それはハイブリッドモダンとしてのピアノ文化が，日本に誕生したことでもある．川上の登場で，それまで階層文化であり文化資本としての機能を持っていたピアノ文化は大衆化し，文化資本の機能は薄れていった．しかしながら福田の登場で，その文化資本としての機能が希薄になったピアノ文化は，個人にとって「差異化機能の有無が異なる文化資本」になった．こうし

た西欧とは異なるピアノ文化の姿は，日本独自のピアノ文化の姿であり，ハイブリッドモダンとしてのピアノ文化である．

　このように，高度経済成長期に登場したのが新中間層のハビトゥスと，大衆的な音楽ハビトゥスを併せ持った川上源一であったからこそ「ヤマハ音楽教室」が開設されてピアノ文化が普及し，さらにピアノ文化の普及後に登場したのが，ピアノ教育者の福田靖子であったからこそ「ピティナ・ピアノコンペティション」が考案された．両者におけるそれぞれの時代を的確に捉える視点が，西欧モダンのピアノ文化を，日本独自のハイブリッドモダンとしてのピアノ文化に変容させた大きな要因と言っても良いだろう．戦後日本のピアノ文化を，ハイブリッドモダンとしての日本独自のピアノ文化に方向づけたのは，川上源一と福田靖子である．その意味において，ハイブリッドモダンとしてのピアノ文化の原点は，川上による「ヤマハ音楽教室」と，福田による「ピティナ・ピアノコンペティション」である．

あ と が き

　私がピアノを習い始めたのは，２年保育の幼稚園に入って直ぐの頃である．当初練習は足踏みのオルガンだったが，間もなくピアノに変わった．私にとってピアノがある日常の風景は，高度経済成長期の初期，畳敷きの茶の間でピアノを弾いていた頃のものである．練習は嫌いだが楽しい曲を弾くのは好きで，『カッコウワルツ』（ヨナーソン作曲）の様な簡単な曲をよく弾いていた．小学校５年生の頃，父はだいぶ大掛かりな家の増築をし，我が家は畳中心の生活から食空間と就寝空間が分離した，いわゆる都市型ライフスタイルに変わった．当然のごとくピアノは応接間に移動した．当時の応接間のインテリアは，テレビのホームドラマのセットのように何処も同じで，テーブルの上に重そうな灰皿が置かれた応接セットが必ずあり，壁には仰々しい額に入った絵が掛かっていた．音楽をレコードで聞いていた時代なのでステレオがある家や，女の子がいる場合はピアノを設置している家もあった．こうした応接間は，昭和30年代後半になると地方でも時々見かけた．

　実家の応接間もほぼ同様で，応接セットのテーブルの上には，古くて艶がなくなった黒い輪島塗の煙草盆セットが置いてあった．部屋の一角には黒いアップライトピアノがあり，母が作った白いレース編みが掛けられていた．家はその後何度か増改築したが応接間はそのままで，家具調のステレオがオーディオセットに変わった以外は，両親が存命の間は変わることはなかった．両親が他界したため荷物の整理で時々実家へ帰るが，時が止まったような応接間に入りピアノを目にすると，ピアノをめぐる様々な日々が思い出され処分する決心がつかなかった．

　そうしたなか私は，「ヤマハに返そうヤマハのピアノ」というキャッチコピーを目にした．それは中古ピアノの買取りや引き取りを行う，「ヤマハピアノサービス」という会社のものだった．対象となるのはヤマハのアップライトピアノ，グランドピアノに限られるが，ピアノを処分するのではなく生まれた場所に返すということばに，私は心が癒される思いがした．「ヤマハに返そう」ということばに救われ，実家の「眠っているピアノ」の引き取りはヤマハピアノサービスに依頼した．査定額はもちろんゼロだったが，たとえ引き取り料金

が発生したとしても，ピアノをヤマハに返す以外の選択はなかった．引き取り当日は，大きなトラックに乗せられた，両親との思い出が詰まったピアノを，「実家に帰りなさい」という気持ちで見送った．これが我が家のピアノ史・第1章である．

第2章は，息子とピアノに向き合った日々である．息子がピアノを始めたのは2歳の頃だったと思う．ソルフェージュを教えようと思い，大きな五線紙に音符を書きピアノで弾いてあげると理解した様子だったので，私のピアノ教育熱にスイッチが入ってしまった．16年後，息子は本書の「はしがき」に記したように，音楽大学受験の直前に進路変更をしたが，その時の私は，息子が自ら進路を決めたので落胆や憤りはなかった．ピアノを止めてからの息子は毎日寝てばかりで，さすがに不安になったが3か月後に何とか大学に合格した．東京に行ってからは自分の意思で音大生マンションに入り，博士課程に入るまでは再びピアノを弾いていた．ピアノを嫌いにならずに練習を再開したことに，ピアノを強制してきた母親として救われた気持だった．

我が家のピアノ史・第3章は，この4月に2歳になった女の子が主役になる予定である．孫は，音楽を学んだ父親と，美術を専攻した母親の血を受け継ぎ，毎日母親と一緒に好きな音楽を聴いて歌ったり，絵を描いて遊んでいる．「きらきら星変奏曲」と「トルコマーチ」が特に好きで，父親が弾いてくれると手をヒラヒラさせながら体を揺らし，全身で音楽を楽しんでいる．通っている幼児バレエ教室は，音楽に合わせて体を動かすので本当に楽しいようだ．彼女が将来，「小さい時からピアノを学んで良かった」と言ってくれるように仕向けたいが，息子にしたような練習を強制することはできない．「抱っこ」と言って甘える小さな女の子を，有無を言わさずピアノの前に座らせることは，今の私には無理である．我が家のピアノ史・第3章が，どのようになるかは主役次第である．祖母としては，彼女が音楽や美術に親しみ丈夫に育ってくれることを願っている．芸術を愛し健康であれば人生は豊かになる，と私は信じている．彼女が豊かな人生を送ってくれることが，何よりの望みである．そしてその傍らにピアノがあれば，嬉しい．

本書は，2016年3月に慶應義塾大学大学院社会学研究科に提出し，10月に審査に合格した博士論文を基にしているが，書籍化にあたっては，修士論文や博士号の学位取得後の研究をも含めて加筆修正した．

あとがき　295

　本書の基になった博士論文執筆の過程では，特に現在は慶應義塾大学名誉教授でおられる御三方の先生方に，修士及び博士課程を通しての6年間にわたり本当にお世話になった．心よりお礼を申し上げたい．博士課程の指導教員を引き受けてくださった元経済学部教授の矢野久先生には，論文執筆過程では多くのご教授を賜り，矢野先生がいらっしゃったからこそ，不肖の弟子である私の博士論文が完成したと言っても決して過言ではない．また学位取得後にも私の疑問や度々の相談に応じてくださり，この度の出版に際しても多大なご尽力を頂いたことに加え，多くのアドバイスを賜った．矢野先生にはどれ程の謝意を申し上げても，決して充分とは言えないと思っている．元法学部教授の有末賢先生には，特にインタビュー調査と都市社会学のご教授を賜った．有末先生には学位取得後も気にかけていただき，研究に関する有意義なアドバイスはとても心強かった．元文学部教授の浜日出夫先生には，社会学理論のご教授を賜り，博論執筆時にはゼミ以外の時間にもご指導いただいた．御三方の先生方に，改めて深く感謝申し上げたい．

　本書の完成には他にも先生方に大変お世話になり，心より感謝を申し上げたい．慶應義塾大学名誉教授で元経済学部教授の柳沢遊先生，同理工学部教授の栗田治先生には，学位取得後の勉強会やゼミで，有意義で貴重なアドバイスをいくつも頂いた．そのおかげで研究への意欲を持ち続けることができた．同志社大学教授の石井香江先生には，本書出版へのお力添えを頂いた．ピティナの専務理事・福田成康先生，ピアニストで桐朋学園大学付属「子供のための音楽教室」「水戸教室」の講師でもある金内三恵子先生にも，大変お世話になった．福田先生には，ご多忙中にもかかわらずインタビューに応じていただき，その上様々な貴重なご意見を賜った．金内先生は，私が博論執筆中に悩んでいた時には背中を押してくださり，さらには色々なご意見やアドバイスに加え相談にも乗ってくださった．また本書は，ピアノ文化に対する語りが何よりも重要で，インタビューに応じてくださったピアノ講師と主婦の方々，そして留学生や社会人の方々に，この場を借りて心よりお礼を申し上げたい．皆様のご協力が無ければ，本書を完成することはできなかった．

　本書の背景には，息子にピアノを指導してくださった先生方と触れ合った，かけがえのない日々がある．小学校時代にお世話になった郡山市の佐久間智子先生は，息子が初めて本格的に師事した先生である．手が小さかった息子に丁寧に教えてくださり，息子にとってはピアノには厳しく，そして色々なことを

話せる優しい先生だった．中学校時代は，現 洗足学園音楽大学名誉教授の杉本安子先生にご教授いただき，様々なことを体験させてもらった．イタリアで行われた青少年のための国際ピアノコンクールへも参加し，これが縁で，高校時代は 2024 年 1 月にお亡くなりになったピアニストの江戸京子先生に師事することになった．初めて江戸先生の所へご挨拶に伺う際には，杉本先生も一緒に足をお運びくださり，本当に有難く感じた．江戸先生は，音楽家になるために必要なことを色々教えてくださり，息子がオーケストラと共演した時にはゲネプロにも付き添ってくださった．江戸先生との日々は，息子にとっては，普通の高校生ではとても経験できないような貴重な日々であったことは申すまでもない．江戸先生の下では，お母様で桐朋学園の名誉教授でもあった故江戸弘子先生と，その門下生である金内三恵子先生に大変お世話になった．尊敬すべき先生方とのこうした体験が本書に繋がったことは言うまでもなく，お世話になった先生方に心より感謝する次第である．

　本書の完成には，夫と息子夫婦の協力もある．特に息子のパートナーは，同じ主婦として私を気遣い，多岐にわたりフォローしてくれた．本当に感謝している．

　そして最後に，晃洋書房の山本博子さんに心よりお礼を申し上げたい．私の博士論文を読んで出版へご尽力いただいたこと，書籍化する際の様々なご助言，さらに万事にわたって私の身になり考えてくださったこと等，大変お世話になった．山本さんとの打ち合わせは，時には音楽について語り合うなど，本当に楽しい時間でもあった．山本さんのおかげで，私のこれまでの研究を一冊の本として完成させることができた．この場を借りて，深く感謝を申し上げたい．

　　2024 年 6 月

本 間 千 尋

初 出 一 覧

　本書は，これまで発表してきた論文が元になっている.
　論文のタイトルと初出は以下のとおりである.

序　章　書き下ろし
第1章　「戦後日本におけるクラシック音楽に関する研究——文化資本としてのクラ
　　　　シック音楽と近代的聴衆の崩壊」(『三田学会雑誌』106巻，第2号，慶應義
　　　　塾経済学会，111-133.）2013年7月
第2章　書き下ろし
第3章　「戦後日本におけるクラシック音楽に関する研究——文化資本としてのクラ
　　　　シック音楽と近代的聴衆の崩壊」(『三田学会雑誌』106巻，第2号，慶應義
　　　　塾経済学会，111-133.）2013年7月
第4章　「戦後日本におけるクラシック音楽に関する研究——文化資本としてのクラ
　　　　シック音楽と近代的聴衆の崩壊」(『三田学会雑誌』106巻，第2号，慶應義
　　　　塾経済学会，111-133.）2013年7月
第5章　「日本におけるピアノ文化の普及——高度経済成長期大衆化を中心として」
　　　　(『人間と社会の探求　慶應義塾大学大学院社会学研究科紀要』第74号，
　　　　2012年，33-54.）
第6章　「日本におけるピアノ文化の普及——高度経済成長期大衆化を中心として」
　　　　(『人間と社会の探求　慶應義塾大学大学院社会学研究科紀要』第74号，
　　　　2012年，33-54.）
第7章　「1980年代以降のピアノ文化——ピアノ文化の繁栄と高級なアマチュア」
　　　　(『人間と社会の探求　慶應義塾大学大学院社会学研究科紀要』第78号，
　　　　2014年，85-107.）
　　　　「大規模コンペティションデータを用いた戦後ピアノ教育の基礎的解析」
　　　　(『生産研究』第68巻，第4号，2016年7月，東京大学生産技術研究所，
　　　　17-20.
第8章　「戦後日本におけるクラシック音楽に関する研究——文化資本としてのクラ
　　　　シック音楽と近代的聴衆の崩壊」(『三田学会雑誌』106巻，第2号，慶應義
　　　　塾経済学会，111-133.）2013年7月書き下ろし
終　章　「戦後日本におけるピアノ文化の受容と独自性——川上と福田の思想を中心
　　　　として」(『総合人間学研究』第14号，2020年5月，総合人間学会，1-14)

参 考 文 献

赤林英夫，2010，「バブル経済以後の学校教育と教育政策」内閣府経済社会総合研究所企画・監修，樋口美雄編『労働市場と所得配分』慶應義塾大学出版会，287-317.

秋永雄一，1991，「文化のヒエラルヒーと教育の機能」，宮島喬・藤田英典編『文化と社会』有信堂高文社，21-34.

芥川龍之介，1968，『現代日本文學大系　43』芥川龍之介集，筑摩書房.

青木成樹，2002，「旺盛な競争精神」，竹内宏編『「浜松企業」強さの秘密』東洋経済新報社，93-115.

青木保・川本三郎・筒井清忠・御厨貴・山折哲雄編，2000，『近代日本文化論8　女の文化』岩波書店.

Ariès, Philippe, 1960, *L'enfant et la Vie Familiale sous L'ancien Régime,Seuil*.=1980，杉山光信・杉山恵美子訳『〈子ども〉の誕生』みすず書房.

有末賢，1999a，「民衆の生活世界――都市民族と都市文化」，藤田弘夫・吉原直樹編『都市社会学』有斐閣ブックス，139-155.

有末賢，1999b，『現代都市の重層的構造』ミネルヴァ書房.

Ashton-James, Claire E., Kostadin Kushlev, Elizabeth W. Dunn, 2013, "Parents Reap What They Sow: Child-Centrism and Parental Well-Being," *Social Psychological and Personality Science*, 4(6)：1-8.

ベネッセ教育総合研究所，「第1回学校外教育活動に関する調査　調査報告書　2009年」http://berd.benesse.jp/berd/center/open/report/kyoikuhi/webreport/index.html（2024年4月24日閲覧）

Bourdieu, Pierre, 1979, *La Distinction: Critique Social du Jugement*, Edition de Minuit.=1990a，石井洋二郎訳『ディスタンクシオン：社会的判断力批判（Ⅰ，Ⅱ）』藤原書店.

Bourdieu, Pierre, 1979, Les trois états du capital culturel［article］. *Actes de la recherche en sciences sociales*. Vol. 30, pp. 3-6. L'institution scolaire. =1986,「文化資本の三つの姿」『アクト No. 1』日本エディタースクール出版部，18-28.

Bourdieu, Pierre, 2004, *Esquisse pour une auto-analyse "Ceci n'est pas une autobiographie"* = 2011，加藤晴久訳『自己分析』藤原書店.

ブルデュー，ピエール，1990b，加藤晴久編『ピエール・ブルデュー――超領域の人間学』藤原書店.

Bryson, Bethany, 1996, "Anything but Heavy Metal": Symbolic Exclusion and Musical Dislikes." *American Sociological Review*, 61: 884-899.

クロスリー，ニック，2008，西原和久監訳『社会学キーコンセプト』新泉社.

ダラ・コスタ，マリアローザ，1986，伊田久美子・伊藤公雄訳『家事労働に賃金を ―― フェミニズムの新たな展望』インパクト出版会.

Di Maggio, Paul, 1982, Culutural capital and school success: The impact of status culture participation on the grades in the US high schools, *American Sociological Review*, 189-201.

Di Maggio, Paul and J. Mohr, 1985, "Cultural capital, educational attainment and marital selection," *American Journal of Sociology*, 90, 1231-1257.

Di Maggio, Paul and Toqir Mukhtar, 2004, "Arts Participation as Cultural Capital in the United States, 1982-2002: Signs of Decline?," *Poetics*, 32: 169-94.

永藤清子・田島栄文，2010，「昭和初期における娯楽・旅行費への家計支出」『甲子園短期大学紀要』No.28，23-29.

榎一江，2012，「近代日本の児童労働――年少労働者の保護と供給をめぐって」『大原社会問題研究所雑誌』No.646，16-31.

遠藤宏，1991，『明治音楽史考』音楽教育史文献・資料叢書 第五巻，大空社.

フェリス女学院大学 2012 年度入学案内パンフレット.

「学習指導要領の一覧」 国立教育政策研究所教育研究情報データーベース　https://erid.nier. go.jp/guideline.html（2024 年 4 月 27 日閲覧）

Georg, Werner, 2004, "Cultural Capital and Social Inequality in the Life Course," *European Sociological Review*, vol.20, no. 4, 333-344.

五味康祐（1981）『五味康祐音楽巡礼』新潮社。

浜田陽太郎，1966，「農村における母親の役割」『教育社会学研究』21 集，14-26.

濱中義隆・米澤彰純，2011，「高等教育の大衆化は何をもたらしたのか？」，佐藤嘉倫・尾嶋史章編『現代の社会階層 1　教養と格差』東京大学出版会，281-295.

ハーカー，R./C. マハール/C. ウィルクス編，1993，滝本往人・柳和樹 訳『ブルデュー入門――理論のプラチック』昭和堂.

橋本和孝，2005，「豊かな生活と消費社会」，藤田弘夫・浦野正樹編『都市社会とリスク』東信堂，105-127.

橋本健二，2018，「戦後日本の農民層分解と農業構造の転換」，2015 年 SSM 調査報告書 3，吉田崇編『社会移動・健康』，227-252.

ホフマン，フライア，阪井葉子・玉川裕子訳，2004，『楽器と身体――市民社会における女性の音楽活動』春秋社.

Holt, Douglas B., 1998, "Does Cultural Capital Structure American Consumption?," *Journal of Consumer Research*, 25: 1-25.

本田由紀，1998，「教育意識の規定要因と効果」，1995 年 SSM 調査シリーズ 11，苅谷剛彦編『教育と職業：構造と意識の分析』，179-197.

本田由紀，2000，「教育ママの存率事情」，藤崎宏子編『親と子　交錯するライフコース』ミネルヴァ書房，159-182.

本間千尋，2012a，「日本におけるピアノ文化の変容——クラシック音楽の歴史社会学的考察」2011 年度慶應義塾大学社会学研究科修士論文．

本間千尋，2012b，「日本におけるピアノ文化の普及——高度経済成長期の大衆化を中心として」『慶應義塾大学大学院社会学研究科紀要』第 74 号，33-54．

本間千尋，2013，「戦後日本におけるクラシック音楽に関する研究——文化資本としてのクラシック音楽と近代的聴衆の崩壊」『三田学会雑誌』106 巻 2 号，111-133．

本間千尋，2014，「1980 年代以降のピアノ文化——ピアノ文化の繁栄と高級なアマチュア」『慶應義塾大学大学院社会学研究科紀要』第 78 号，85-107．

本間千尋・本間裕大，2016「大規模コンペティションデータを用いた戦後ピアノ教育の基礎的解析　Basic Analysis of Piano Culture After World War Ⅱ Using Big Size Piano Competition Data」『生産研究』第 68 巻第 4 号，東京大学生産技術研究所，17-20．

堀内敬三，1991，『音楽五十年史』音楽教育史文献・資料叢書 第四巻，大空社．

深谷昌志，1990，『増補　良妻賢母主義の教育』黎明書房．

福田和也，1998，「近代日本人と『山の手』という意識」，岩渕潤子・ハイライフ研究所山の手文化研究会編『東京山の手大研究』都市出版，133-148．

福田靖子，2002，『音楽万歳——働いて働いて，そして働いた』ショパン．

福本康之，2000，「日本におけるベートーヴェン受容Ⅰ——昭和 2 年のベートーヴェン没後 100 年祭」『音楽研究所年報』第 13 集，国立音楽大学，75-92．

福本康之，2001，「日本におけるベートーヴェン受容Ⅱ——明治大正期の音楽雑誌の記事から」『音楽研究所年報』第 14 集，国立音楽大学，115-134．

福本康之，2002，「日本におけるベートーヴェン受容Ⅲ——昭和 2 年（没後 100 年祭）以降のベートーヴェン」『音楽研究所年報』第 15 集，国立音楽大学，155-168．

福本康之，2003　「日本におけるベートーヴェン受容Ⅳ——戦時体制（第二次世界大戦）下の状況」『音楽研究所年報』第 16 集，国立音楽大学，183-198．

福沢諭吉，1878，『家庭叢談』慶應義塾出版＝中村敏子編，1999，『福沢諭吉家族論集』岩波書店．

飯田和子，1998，「＜音楽＞で教えられるものは何でしょう」『ムジカノーヴァ』9 月号，音楽之友社，34-38．

今田高俊編，2000，『日本の階層システム 5』東京大学出版会．

今津孝次郎，1973，「胎動する教育意識」『社会学評論』No.112，30-48．

稲垣恭子，2007，『女学校と女学生　教養・たしなみ・モダン文化』中公新書．

井上俊・伊藤公雄編，2010，『近代家族とジェンダー』社会学ベーシックス 5，世界思想社．

井上好人，2008，「幼児期からのピアノレッスンによって身体化された文化資本のゆくえ」『人間科学研究』金沢青陵大学人間科学会，1-6．

伊澤修二，山住正巳校注，1971，『洋楽事始』平凡社．

石井洋二郎，1993，『差異と欲望』藤原書店．

石川晃，2008，「都道府県別女性の年齢（5 歳階級）別出生率　および合計特殊出生率：

2007」『人口問題研究』第 64 巻第 4 号，厚生労働統計協会，80-85.

石塚優，2005，「出生率低下を文化変容から見る試み──高度経済成長期において」『北九州産業社会研究所紀要』3 月号，79-95.

岩淵明男，1988，『ヤマハ新・文化創造戦略』株式会社ティービーエス・ブリタニカ.

岩堀安三，1976，『ヤマハ・異次元の経営』ダイヤモンド─タイム社.

岩井八郎，1998，「女性のライフコースの動態」，1995 年 SSM 調査シリーズ 13，岩井八郎編『ジェンダーとライフコース』，1-29.

藤山宏，1986，『ワイマール文化とファシズム』みすず書房.

神澤志摩，1999，「趣味選択の一形態──幼少期におけるピアノレッスンの導入スタイル」『成城文藝』166 号，57-33.

片岡美美，1995，「現代女性にとっての文化資本の意味──文化資本の転換効果に関する実証的研究」『関東学院大学文学部紀要』76，103-128.

片岡栄美，1997，「家庭の文化的環境と文化的再生産過程および現代日本の文化構造──1995 年 SSN 全国調査データにみるわが国の文化的再生産過程」『関東学院大学文学部紀要』81，187-237.

片岡栄美，1998a，「文化の構造と文化消費社会の社会的特性──文化活動の諸類型と社会的階層の対応関係を中心に」，1995 年 SSM 調査シリーズ 18，片岡栄美編『文化と社会階層』，87-112.

片岡栄美，1998b，「文化弁別力と文化威信スコア──文化評価の構造と社会階層」，1995 年 SSM 調査シリーズ 18，片岡栄美編『文化と社会階層』，249-261.

片岡栄美，1998c，「地位形成に及ぼす読書文化と芸術文化の効果──教育・職業・結婚における文化資本の転換効果と収益」，1995 年 SSM 調査シリーズ 18，片岡栄美編『文化と社会階層』，171-191.

片岡栄美，2000，「文化的寛容性と象徴的境界」，今田高俊編『日本の階層システム 5　社会階層のポストモダン』東京大学出版会，181-220.

片岡栄美，2003，「『大衆文化社会』の文化的再生産」，宮島喬・石井洋二郎編『文化の権力─反射するブルデュー』藤原書店，101-135.

片岡栄美，2008，「芸術文化消費と象徴資本の社会学──ブルデュー理論から見た日本文化の構造と特徴」，『文化経済学』6 巻 1 号，文化経済学会，13-25.

片岡栄美，2010，「解説・提言 1　子どものスポーツ・芸術活動の規定要因──親から子どもへの文化の相続と社会化格差」『ベネッセ教育総合研究所　学校外教育活動に関する調査』（2024 年 4 月 24 日閲覧）.

片山裕之，1998，「導入期の教則本と併用曲集を効果的に使うには？」『ムジカノーヴァ』2 月号，音楽之友社，42-43.

加藤玄生，2006，『蓄音器の時代』ショパン.

加藤善子，1996，「音楽「界」の構成に関する分析──近代日本における音楽家の学歴」『日本教育社会学会大会発表要旨集録』48，129-130.

参 考 文 献　*303*

加藤善子，1997，「『「芸術」鑑賞者の成立』――近代日本における「芸術」」『日本教育社会学会大会発表要旨集録』49，119-120.

加藤善子，1998，「『「芸術」としての西洋音楽』芸術的趣味としてのクラシック音楽の成立――職業音楽家・愛好者形成の一側面」『日本教育社会学会大会発表要旨集録』50，189-190.

加藤善子，2000，「近代日本における西洋音楽の「聴衆」――西洋音楽は階級文化たりえたのか」，大阪大学大学院人間科学研究科編『人間科学研究』2，129-141.

加藤善子，2003，「「芸術」の概念を作り出した学生たち――クラシック音楽の愛好スタイルから見る西洋文化の受容」『大学史研究』19，32-45.

加藤善子，2005，「クラシック音楽愛好家とは誰か」，渡辺裕・増田聡ほか『クラシック音楽の政治学』青弓社，143-174.

加藤義信，1991，「子どものとらえ方の歴史」，日下正一・加藤義信編『発達の心理学』学術図書出版社，1-24.

川上源一，1977，『音楽普及の思想』財団法人ヤマハ音楽振興会.

川上源一，1979，『狼子虚に吠ゆ　私の履歴書』日本経済新聞社.

経済企画庁調査局，1959-2004，『家計消費の動向』大蔵省印刷局.

北川純子，2008a，「オーケストラとその後の音楽」『現代日本社会における音楽』放送大学教育振興会，58-71.

北川純子，2008b，「音楽から見る現代日本社会」『現代日本社会における音楽』放送大学教育振興会，192-205.

北川純子，2008c，「吹奏楽の広がり」『現代日本社会における音楽』放送大学教育振興会，33-43.

吉川英史，1997，『三味線の美学と芸大邦楽科誕生秘話』出版芸術社.

国立音楽大学ホームページ　http//www.kunitachi.ac.jp（2011 年 11 月 8 日閲覧）

厚生労働白書（18）平成 18 年版.

厚生労働省，2009，「平成 20 年版　働く女性の実情」．hrrp://www.mhlw.go.jp（2024 年 2 月 20 日閲覧）

厚東洋輔，2006　『モダニティーの社会学――ポストモダンからグローバリゼーションへ』ミネルヴァ書房.

厚東洋輔，2011，『グローバリゼーション・インパクト』ミネルヴァ書房.

小山静子，1991，『良妻賢母という規範』勁草書房.

九条武子，1920，『金鈴』竹伯会.

黒沢隆朝，2005，『図解　世界楽器大辞典』雄山閣.

許光俊，2011，『世界最高のピアニスト』光文社.

前間孝則・岩野裕一，2001，『日本のピアノ 100 年――ピアノづくりに賭けた人々』草思社.

増井敬二，1980，『データ・音楽・にっぽん』，民主音楽協会民音音楽資料館.

『明治事物起源事典』1968，至文堂.

皆川勇一，1967，「農村人口の再生産力」『日本人口の構造と変動　下』第 101 号，国立社会保障・人口問題研究所，75-82.

宮島喬，2000a，「社会の文化的再生産と変動」，宮島喬編『講座社会学 7 文化』東京大学出版会，189-215.

宮島喬編，2000b，『講座社会学 7』東京大学出版会.

宮島喬・藤田栄典・志水宏吉，1991，「現代日本における文化的再生産過程」，宮島喬・藤田英典編『文化と社会』有信堂高分社，153-204.

宮本百合子，2001，2003，『宮本百合子全集』，第 13 巻（2001），第 15 巻（2003），新日本出版社.

水野宏美，2001，「近代の家族生活とピアノ文化」『哲學』106，三田哲學會，59-91.

文部省『学生生徒生活調査』上・下，昭和十三年十一月実施（発行年不明）.

持田良和，1998，「家庭の文化資本の時代的背景に関する考察」，1995 年 SSM 調査シリーズ 18，片岡栄美編『文化と社会階層』，192-204.

村井重樹，2012，「ハビトゥス論の現代的課題——集団から個人へ，あるいは統一性から多元性へ」『哲學』128，三田哲學會，87-108.

牟田和恵，1996，『戦略としての家族——近代日本の国民国家形成と女性』新曜社.

『ムジカノーヴァ』1998 年 9 月号，2000 年 9 月号，2002 年 9 月号，音楽之友社.

内閣総理大臣官房広報室，各年版，『国民生活に関する世論調査』.

中川清，2000，『日本都市の生活変動』勁草書房.

中井美紀，1998，「既婚女性の社会階層と文化的活動および文化的環境——ライフコースアプローチによる文化資本の蓄積パターンの析出」，1995 年 SSM 調査シリーズ 18，片岡栄美編『文化と社会階層』，217-234.

中村紘子，1988，『チャイコフスキー・コンクール——ピアニストが聴く現代』中央公論社.

那須壽編，1997，『クロニクル社会学』有斐閣アルマ.

夏目漱石，1966，『漱石全集』第 13 巻，第 14 巻，岩波書店.

日本楽器製造株式会社編，1977，『社史』文方社.

日本戦後音楽史研究会編，2007，『日本戦後音楽史 下』平凡社.

西原稔，1995，『ピアノの誕生』講談社.

西原稔，2010，『ピアノ大陸ヨーロッパ』アルテスパブリッシング.

西川祐子，2000，『近代国家と家族モデル』吉川弘文館.

荻山正浩，2008，「戦前日本の児童労働と労働供給——紡績女工の年齢，賃金，需給状況」，『千葉大学経済研究』，23-3，83-117.

岡崎文規，1948，「都市人口の発展」『人口問題研究』第五巻，第十・十一・十二号，国立社会保障・人口問題研究所，1-9.

大前敦己，2002，「キャッチアップ文化資本による再生産戦略——日本型学歴社会における『文化的再生産』論の展開可能性」『教育社会学研究』第 70 集，165-184.

『音楽大学 学校案内』1969，1971〜1973，1990，1999，2003，2006，2012，音楽之友社.

『音楽芸術』1986 年 9 月号，11 月号，音楽之友社.

大角欣矢，2011，「東京音楽学校史の可能性と課題」，津上智美・橋本久美子・大角欣矢，『ピアニスト小倉末子と東京音楽学校』東京芸術大学出版会，vi - xiv.

王維亭，2020，「日本における中産階級の生成と発展——明治から今現在まで」『千葉大学人文公共学研究論集』41 号，118-130.

小塩さとみ，2008，「日本で響く世界の音楽」『現代日本社会における音楽』放送大学教育振興会，179-191.

落合恵美子，1989，『近代家族とフェミニズム』勁草書房.

『Our Music』281 号，2009，社団法人全日本ピアノ指導者協会.

Peterson, Richard A., 1992b, "Understanding Audience Segmentation: From Elite and Mass to Omnivore and Univore," *Poetics*, 21: 243-258.

Peterson, Richard A., 1997, "The rise and fall of highbrow snobbery as a status marker," *Poetics*, 25: 75-92.

Peterson, Richard A. and Albert Simkus, 1992a, "How Musical Tastes Mark Occupational Status Groups," in M. Lamont and Marcel Fournier, eds., *Cultivating Differences: Symbolic Boundaries and the Making of Inequality*, Chicago IL: University of Chicago Press: 152-186.

Peterson, Richard A. and Roger M. Kern, 1996, "Changing Highbrow Taste: From Snob to Omnivore," *American Sociological Review*, 61: 900-907.

ピティナ・ピアノホームページ http//www.piano.or.jp（2024 年 2 月 3 日閲覧）

ラ・フォル・ジュルネ・オ・ジャポン「熱狂の日」2011 公式サイト http//www.lfj.jp（2011 年 12 月 17 日閲覧）

ルソー，ジャン・ジャック，平岡昇編，1966，『世界の名著 第 30 巻 ルソー』中央公論社.

斎藤靖幸，1996，「日本人の遺伝子に組み込まれた音の記憶」，吉松隆編『アダージョ読本』音楽の友社，176-178.

坂本麻美子，2002，「稽古する娘たちの明治日本と西洋音楽」『富山大学教育学部紀要』No. 56：61-68.

佐々木啓子，2012，「近代日本における都市中上流階級の階層文化と教育——その理論的検討と歴史社会学的分析枠組みの提示」『電気通信大学紀要』24 巻 1 号，19-29.

佐藤俊樹，2000 『不平等社会日本』中央公論新社（中公新書）.

沢山美果子，1990，「教育家族の成立」『〈教育〉——誕生と終焉』藤原書店，108-131.

政府統計の総合窓口 http//www.e-state.go.jp（2024 年 4 月 25 日閲覧）

洗足学園音楽大学大学案内パンフレット

瀬地山角，1996，『東アジアの家父長制——ジェンダーの比較社会学』勁草書房.

『新音楽中辞典 楽語』1996，音楽之友社.

供田武嘉津，1996，『日本音楽教育史』音楽之友社.

Sullivan, Alice, 2001, "Cultural capital and educational attainment," *Sociology*, 35, 893-912.

菅野博史，2007，「ポストモダン再考」『帝京社会学』第20号，55-70.

鈴木幹子，2000，「大正・昭和期における女性文化としての稽古事」『近代文化論8　女の文化』岩波書店，48-71.

周東美材，2011，「書物のなかの令嬢──『趣味大観』にみる昭和初期東京における音楽」『東京音楽大学研究紀要』35号，57-78.

高橋一郎，2001，「家庭と階級文化──中流文化としてのピアノをめぐって」，柴野昌山編『文化伝達の社会学』世界思想社，156-174.

高坂健次編，2000，『日本の階層システム6 』東京大学出版会.

武田晴人，2008，『高度成長』シリーズ日本近現代史⑧，岩波書店.

高田真理子，2001，『文学部をめぐる病い──教養主義・ナチス・旧制高校』松籟社.

武石みどり，2009，「明治初期のピアノ──文部省購入楽器の資料と現存状況」『東京音楽大学研究紀要』33，1-21.

竹内洋，1999，『学歴貴族の栄光と挫折』，日本の近代12，中央公論新社.

竹内洋，2003，『教養主義の没落──変わりゆくエリート学生文化』中央公論新社（中公新書）.

武内清，1989，「日本の母子関係は変わったか」『教育社会学研究』第44集，91-97.

玉川裕子，1998，「お琴から洋琴（ピアノ）へ　山の手令嬢のお稽古事事情」『音楽芸術』56（12），70-76.

玉川裕子，2008a，「『ピアノを弾く女性』というジェンダー表象──近代日本の場合」『ジェンダーと表現──女性に対する暴力をなくすためのもう一つの視点からの試み』2007年度フェリス女学院大学学内共同研究報告書，23-36.

玉川裕子，2008b，「ドイツ市民社会における音楽文化のジェンダー化」『ドイツ研究』第42号，15-26.

田中智晃，2011，「日本楽器製造にみられた競争優位性──高度経済成長期のピアノ・オルガン市場を支えたマーケティング戦略」『経営史学』第45巻第4号，52-76.

田中智晃，2021，『ピアノの日本史──楽器産業と消費者の世界』名古屋大学出版会.

寺内直子，2010，『雅楽の〈近代〉と〈現代〉──継承・普及・創造の軌跡』岩波書店.

テレコム・サウンズ編集，2003，『輝くひとみたち，そして音楽　TBS「こども音楽コンクール」50周年記念』TBSラジオ＆コミュニケーションズ.

"The World Book Dictionary", 1979, by Doubleday & Company, Inc.

桐朋学園大学音楽部ホームページ　http//www.tohomusic.ac.jp（2024年1月8日閲覧）

統計局ホームページ/第20章 家計　http://www.stat.go.jp（2024年9月29日閲覧）

『東京芸術大学百年史』，2003，音楽之友社.

東京芸術大学ホームページ　http://www.geidai.ac.jp（2024年4月27日閲覧）

東京音楽大学大学案内2012.

都村聞人，2008，「家計の学校外教育費に影響を及ぼす要因に変化──SSM-1985・SSM-2005データによる分析」，2005年SSM調査シリーズ6，中村高康編『階層社会の中の

教育現象』，109-126.

鶴川一郎，1998，「新しい地平を拓くコンクール　第3回日本アマチュア　ピアノコンクール」『ムジカノーヴァ』9，音楽之友社，74-75.

中央教育審議会 初等中等教育分科会（第43回）議事録配布資料　http//www.mext.go.jp（2024年9月29日閲覧）

上原一馬，1988，『日本音楽教育文化史』音楽之友社.

上前淳一郎，1982，『狂気ピアノ殺人事件』文藝春秋（文春文庫）.

上野千鶴子，1990，『家父長制と資本制』岩波書店.

上野千鶴子，1994，『近代家族の成立と終焉』岩波書店.

歌川光一，2013，「戦前期における理想的女子像の『伝統/近代』を捉える視点としての『音楽のたしなみ』──研究動向にみる可能性と課題」『学習院大学研究年報』60，191-211.

若林幹夫，2005，「距離と反復 クラシック音楽の生態学」，渡辺裕・増田聡ほか『クラシック音楽の政治学』青弓社，213-242.

渡辺秀樹，1999，「戦後日本の親子関係　養育期の親子関係の質の変遷」，目黒依子・渡辺秀樹編『講座社会学2 家族』東京大学出版会，89-117.

渡辺裕，1998，『聴衆の誕生──ポスト・モダン時代の音楽文化』春秋社.

渡辺裕・増田聡ほか，2005，『クラシック音楽の政治学』青弓社.

輪島裕介，2005，「クラシック音楽の語られ方」，渡辺裕・増田聡ほか『クラシック音楽の政治学』青弓社，175-211.

Weber, Max, 1921 → 1972, *Die rationalen und soziologischen Grundlagen der Musik*, Tübingen; J.C.B. Mohr（Paul Siebeck）. =1967, 安藤英治・池宮英才・角倉一朗訳『音楽社会学』創文社.

Weber, William, 1977, "Mass Culture and the Reshaping of European Musical Taste 1770-1870," *International Review of the Aesthetics and Sociology of Music*, vol.8-1, 5-21.

Weber, William, 1975, *Music and the Middle Class: The Social Structure of Concert Life in London, Paris, and Vienna between 1830 and 1848*, London: Croom Helm=1983, 城戸朋子訳『音楽と中産階級──演奏会の社会史』法政大学出版局.

ホイットニー，クララ，一又民子訳，1976，『クララの明治日記（上）明治八年八月三日〜明治十一年九月十八日』講談社.

ヤマハ・ホームページ　製品情報　http://jp.yamaha.com（2013年9月26日閲覧）

安田寛・北原かな子，2001「明治四十年前後津軽地方における洋楽需要に関する考察」『弘前大学教養学部紀要』第85号，91-98.

山村賢明，1989，「現代日本の家族と教育」『教育社会学研究』第44集，5-27.

山崎信子，2006　「近代日本における〈家庭教育〉──明治期にみられる『主婦』の位置づけの変遷」『創価大学大学院紀要』28，173-192.

横田尚俊，2005　「豊かさの代償──環境問題」，藤田弘夫・浦野正樹編『都市社会とリス

ク』東信堂，205-231.

横山文野，2002，『戦後日本の女性政策』勁草書房．

米沢彰純，1998，「クラシックコンサートに集う人々──文化活動と市場の日本的あり方」，1995 年 SSM 調査シリーズ 18，片岡栄美編『文化と社会階層』，133-143.

吉松隆編，1996，『アダージョ読本』音楽の友社．

人 名 索 引

〈ア 行〉

芥川龍之介　*112*
アリエス，フィリップ　*64, 89*
伊澤修二　*65-71*
石井洋二郎　*21*
ヴェーバー，マックス　*43, 65, 67*

〈カ 行〉

川上源一　*147, 149, 150, 154, 155, 171, 174,*
　　176, 177, 220, 270, 284, 286, 288, 289, 291
金原善徳　*150, 151, 155, 157*
九条武子　*78*
久野久子　*81, 82*
幸田延　*76, 164*
厚東洋輔　*10, 40, 42-44, 67, 68*
五味康祐　*116*

〈サ 行〉

斎藤秀雄　*166, 176*
シューベルト　*140*

〈タ 行〉

チェルニー，カール　*62*
津田梅子　*40, 69, 70, 75, 76*
寺田寅彦　*79*
東儀秀樹　*264*

〈ナ 行〉

永井繁子／瓜生繁子　*69, 70, 75, 76*

夏目漱石　*79, 100*

〈ハ 行〉

ピーターソン，リチャード　*47, 48*
ブーニン，スタニスラフ　*185, 186*
福沢諭吉　*90*
福田靖子　*193, 220-224, 272, 284, 286-289,*
　　291
ブルデュー，ピエール　*3, 10, 20, 28, 37, 47,*
　　106, 175, 208
ベートーヴェン　*115-118, 120, 140, 269*
ヘミング，フジコ　*186*
ホイットニー，クララ　*76*

〈マ 行〉

宮本百合子　*80*
メーソン，ルーサー・ホワイティング　*40,*
　　69, 71, 75, 76
モーツァルト　*60, 62*
森本覚丹　*117*

〈ヤ 行〉

山田耕筰　*117*
山葉寅楠　*157*
ユンカー，カール・ルートヴィヒ　*62*
吉田秀和　*186*

〈ワ行〉

渡辺裕　*41, 60*

事 項 索 引

〈ア 行〉

憧れ　　105, 106, 113, 134, 135, 276, 278, 280

アップライトピアノ　　213, 281

アマチュア　　206

アマチュア対象のピアノコンクール　　195

一億総中流　　124, 137

移転可能性　　43-45, 67, 68, 84, 267

岩倉使節団　　40, 69, 75

英語　　92, 95, 97, 100

SSM 調査　　3, 49

FM 放送　　138

エリーゼのために　　131, 203, 204

エレクトーン　　155, 178

演奏技術　　217

演奏技術の向上　　222, 284, 289

お稽古ごと　　137, 153, 176, 187

オシャレ　　182-184

乙女の祈り　　65, 68, 131, 133, 134, 203, 204, 274

オルガン　　65, 152, 158, 260

音楽教育　　70, 74, 147, 148, 152, 157, 159, 179, 260, 270

音楽教室　　148, 152-154, 158

音楽公論　　2, 117

音楽大学　　165, 169, 171, 188, 189, 197, 207, 214, 278

音楽大学志願者の減少　　188, 190-192, 195, 197

音楽取調掛　　59, 70-72, 75, 164

音楽取調ニ付見込書　　71, 72

音楽評論　　120

音楽評論家　　117

音楽リテラシー　　147, 179, 248, 270, 286

音楽リテラシーの獲得　　249, 252, 264

〈カ 行〉

階級分類作用　　20, 28

階層の上昇移動　　136, 269, 280

階層文化　　85, 91, 101, 119, 248, 268, 280, 283

解放感　　276

雅楽　　72, 260, 261, 264, 273

雅楽の大衆化　　260, 262, 265

核家族　　88-90

核家族化　　124, 125

学習指導要領　　148, 149, 179, 270, 278

獲得文化資本　　36

学販ルート　　157, 158

楽譜　　68, 173

学歴社会　　248

学制　　71

家族の協力　　247

家族力　　38, 247, 265, 272

家庭音楽　　64

軽やかなピアノ文化の受容　　258, 259, 265, 273

カワイ音楽教室　　152

河合楽器　　152

冠コンサート　　183

キーボード　　227, 245, 259

規格化　　45, 67, 68, 70, 267

器楽教育　　149, 152, 156, 157, 159, 260, 278

客体化された文化資本　　3, 23, 25, 106, 135, 145, 268

キャッチアップ文化資本　　36, 37

旧制高校や大学生などの学生　　114

旧制高等学校と旧制大学　　114

旧中間層　　88

事 項 索 引　　311

教育　　64, 89, 91, 101, 211, 223
共益商社　　157
教室　　176, 177, 179, 271, 286
教養　　142, 172, 229, 241, 265, 272
「教養」概念　　115
教養主義　　115
均質化　　136, 146, 270, 280
近代家族　　64 84, 89, 90, 267, 274
近代家族の象徴　　279
空間移転　　47, 70, 176
空間的移転　　40, 44, 54, 107, 171
空間的移動　　44
クラシック・ブーム　　181, 186, 187, 207
クラシック音楽　　28, 41, 48, 60, 71, 74, 86,
　　112, 114, 138, 139, 141, 142, 145, 163, 172,
　　183, 184, 268, 269
クラシック音楽の愛好　　118, 120, 144–146,
　　269
クラシック音楽の愛好家　　114
クラシック音楽の愛好者層　　114
クラシック音楽の大衆化　　142
クラシック音楽文化　　144
クラシック音楽を愛好した（男子）学生
　　115, 116, 146
グランドピアノ　　201, 202, 213, 214, 216, 281,
　　282
グループレッスン　　153, 173, 179, 270
グレード　　154, 179
グローバリゼーション　　42, 43, 45, 67–69, 84,
　　267
軍楽　　70
軍楽隊　　70, 75
稽古ごと　　101, 102
経済資本　　19, 22, 25–27, 214
結婚市場　　111, 112, 276
月賦　　131
月賦販売　　131
鍵盤楽器　　152, 156, 157, 179, 270, 278, 281

高級音楽　　61
高級芸術　　41, 60, 61, 74, 84, 267, 268
高級なアマチュア　　197, 207, 208, 211, 212,
　　214, 216, 217, 222–225, 245, 271, 272, 281,
　　282, 287
高級なアマチュアの母親　　210
高級文化　　135, 184, 244
合計特殊出生率　　124
高等教育機関　　115, 118–120, 144, 268
高等教育機関の学生　　116, 118, 145
高等女学校　　101, 108, 109
高度経済成長期　　121, 122, 125, 126, 128, 130,
　　136, 165, 176, 180, 271, 284, 288
高度経済成長期終焉以降　　181, 183, 189, 281,
　　286, 287, 289
小道具　　183, 184
子ども　　64, 89, 90
子供のための音楽教室　　160, 161, 176

〈サ　行〉

差異　　183, 184
差異化　　19, 135, 136, 146, 208, 211, 245, 270,
　　280, 283
差異化機能　　246, 283
差異化機能の有無が異なる文化資本　　247,
　　265, 272, 282
差異化機能を伴う文化資本　　197, 242, 245,
　　247, 280–282
差異化機能を伴わない文化資本　　197, 243,
　　245, 281
差異化作用　　24, 100, 106, 119
差異化と均質化　　136
財団法人ヤマハ音楽振興会　　154
採点講評　　194, 221
採点評　　221, 224
採点評の交付　　287
才能教育　　160, 161, 177
サラリーマン　　88

参加型の音楽活動　*250, 265, 273*
サントリー　*182*
サントリー・ホール　*182*
３拍子　*263, 264*
ジェンダー化　*84*
時間的移動　*44*
支配階級　*29, 30*
社会進出　*277, 279*
出生率の変化　*122*
ジュニア・オリジナルコンサート　*155*
趣味　*20-23, 31, 142, 208, 211, 212, 282*
唱歌中心　*149, 179, 270, 278*
上昇移動　*19, 135-137, 146, 171, 242, 248, 279, 280*
情操教育　*82, 131, 136, 137, 171, 270, 278*
上流階級　*19, 76, 78, 79, 83, 268, 280*
女学生　*86, 92, 101, 268*
女学生文化　*109-111*
女学校　*105*
職業意識　*169, 170*
女子教育　*64, 84, 107, 108, 111, 267, 274-276*
女子教育観　*109*
女子教育論　*63*
（女性の）新しい生き方　*164, 171, 179*
女性の社会参加　*281*
女性の社会進出　*277, 279*
女性のピアノ講師　*165, 279*
女性ファッション誌　*183*
女性を家庭生活に縛り付ける機能　*107*
Chopin のエチュード　*217*
処分　*216, 228, 230, 231, 237, 241*
庶民階級　*30*
人口動態の変化　*122*
新興ブルジョワ階級　*41*
身体化された文化資本　*3, 23-25, 100, 106, 118, 119, 135, 214, 268, 281*
新中間層　*86, 88, 90, 91, 101, 102, 104, 111, 115, 119, 130, 174, 268, 276, 280, 285*

スタインウェイ　*66, 67, 84, 267*
ステイタス　*214, 231, 245, 283*
成熟期　*181*
精神性　*61, 84, 267*
贅沢趣味　*208, 211*
製鉄業　*66, 84*
正統的趣味　*31*
正統的文化　*37*
正統文化　*247, 265*
制度化された文化資本　*3, 23, 26, 147, 171, 180, 187, 188, 270*
性別役割分業　*64, 88-90, 107, 119, 125, 130, 269*
西洋音楽　*70, 72, 79, 84, 113, 260, 262-264, 268*
西洋文化　*88, 91, 92, 101*
戦間期　*85, 86, 88*
専業主婦　*125, 126, 135*
選択的贅沢趣味　*212, 223, 272*
全日本学生音楽コンクール　*193, 206, 216*
全日本器楽教育研究会　*149, 157*
全日本ピアノ指導者協会　*193, 284, 289*
相続文化資本　*36, 144, 146, 247, 270*
束縛　*276, 277*

〈タ　行〉

第１次産業　*122*
第２次産業　*123*
第３次産業　*123*
大衆化　*146*
大衆層　*135, 136, 244, 286*
大衆層のハビトゥス　*175*
大衆的ハビトゥス　*176, 285*
大衆の趣味　*31*
卓越化　*208*
男子学生　*86, 114, 120, 146, 269*
男女雇用機会均等法　*190, 281*
団欒の象徴　*111*

事項索引　313

地域差　*164, 179, 216*
蓄音機　*113, 114, 144*
父親　*126-128, 142, 144, 146, 269, 270*
中間階級　*24, 30*
中間的趣味　*31*
超学歴競争　*245*
津田英語塾　*92, 100*
津田（津田塾大学）　*93*
定期テスト　*222, 223*
ディスタンクシオン　*3, 20, 22*
テイスト　*20*
低俗音楽　*61*
電子ピアノ　*245*
点数公開　*272*
点数公開性　*221, 224*
伝統音楽　*255, 260, 265, 268*
ドイツ　*115, 116*
ドイツから輸入された「教養」概念　*120*
ドイツ的教養主義　*116, 120, 269*
東京音楽学校　*59, 73, 74*
特約店　*153*
都市化　*145*
都市家族　*85, 88, 90, 122, 125, 268, 269*
都市雇用者階級　*86, 88*
都市中間層　*83*
都市文化　*91*
土着　*44-46, 255*
土着的思考　*171*
土着的伝統　*44*
土着的な論理　*175-177*
土着的方法　*176, 177*
土着の再発見　*255, 260, 265*

〈ナ　行〉

内生的伝統　*44*
ナショナリズム　*107, 108, 275*
２拍子　*263, 264*
日本楽器　*147, 152, 154*

日本独自のピアノ文化　*10, 47, 171, 177, 179,*
　180, 223, 224, 266, 271-273, 288, 290, 291

〈ハ　行〉

場　*22*
バイエル　*71, 162*
ハイブリッド　*46*
ハイブリッドモダン　*10, 40, 41, 43-45, 47,*
　54, 55, 83, 148, 171, 172, 177, 179, 180, 222,
　223, 252, 255, 259, 262, 265, 266, 271, 291
舶来文化　*110, 135, 171, 176, 284*
博覧会　*67*
母親　*134, 135, 144, 246, 247*
母親の憧れ　*133, 232*
ハビトゥス　*20, 21-23, 27, 100, 106, 118-120,*
　144, 174, 270, 285
バブル期　*183, 186*
半構造化形式　*11*
万国博覧会　*45, 68*
ピアノ　*64, 65, 67, 68, 75, 76, 82, 92, 93, 96,*
　101, 102, 104-107, 111, 112, 132, 134, 135,
　235, 261, 268, 279, 283
ピアノ〈界〉　*181, 197*
ピアノ教育の基盤整備　*180, 271*
ピアノ講師　*147, 170, 171, 187, 190, 208, 227,*
　270, 271, 278
ピアノコンクール　*197, 203-205, 207, 221,*
　224, 272, 287
ピアノサークル　*195, 197, 198*
ピアノ殺人事件　*185*
ピアノの（世帯）普及率　*134, 136, 137, 270*
ピアノの普及　*144, 164*
ピアノ文化の基盤整備　*171*
ピアノ文化の成熟　*224, 290*
ピアノ文化の成熟期　*11, 13, 181, 187*
ピアノ文化の大衆化　*121, 136, 146, 280*
ピアノ文化の普及　*145, 147, 180, 188, 271,*
　284

ピアノ文化の普及期　*11, 13, 121*
ピアノ文化の萌芽期　*11, 13, 59*
必要趣味　*208*
ビティナ（PTNA）　*193, 194, 199, 206*
ビティナ・ピアノコンペティション　*193,*
199, 200, 216, 217, 220-224, 271, 272, 286,
287, 289-291
ファッション　*206*
ブーニン・シンドローム　*185, 186*
服従の精神　*64, 274*
婦人画報　*183, 184*
「プラスα」として優れたピアノの演奏技術
282
ブルジョワ階級　*62, 63, 66, 84, 107*
プレモダン　*41-43*
文化資本　*3, 10, 19, 21, 22, 27, 39, 74, 84, 106,*
135, 138, 142, 144, 145, 164, 197, 211, 244,
268, 269, 280
文化資本論　*28*
文化的オムニボア　*48, 51, 54, 252, 254, 255,*
258, 259, 273
文化的オムニボア論　*47, 53*
文化的再生産　*23, 27, 246*
文化的再生産論　*28*
文化伝播　*44, 47, 54, 68*
弁別作用　*21, 32*
邦楽　*53, 261-263, 268*
ポストモダン（ポスト・モダン）　*40-42, 44*
ポピュラー音楽　*155, 156, 163, 249*

〈マ　行〉

まなざし　*106, 119, 121, 128, 130, 135, 144,*

145, 213, 269
三木楽器　*78, 82, 157*
ミセス　*183*
見せびらかしの消費　*136*
メセナ活動　*183*
メディア　*45, 68*
モジュール　*45, 47, 70, 84, 267*
モダニティ　*45, 46*
モダン　*41-45*

〈ヤ　行〉

山の手　*88, 91, 99-101, 132*
ヤマハ　*149*
ヤマハオルガン教室　*153*
ヤマハ音楽教室　*147, 151-153, 158, 161-163,*
171, 177, 179, 180, 187, 217, 223, 270, 271,
278, 284, 286, 289, 291
ヤマハ音楽実験教室　*136, 151*
「YAMAHA」（ヤマハ）ブランド　*157, 159*
洋楽の摂取　*73*
幼稚園　*158*
幼稚園会場　*153, 158, 179, 270*

〈ラ・ワ行〉

ライフスタイル　*2, 184*
ラジオ　*113, 114*
ラジオ放送　*113*
良妻賢母　*101, 107, 109-111, 275*
良妻賢母思想　*107-109, 111*
良妻賢母主義　*110*
労働人口の変化　*122*
和音　*106, 276*

《著者紹介》

本 間 千 尋（ほんま　ちひろ）

1974 年　共立女子大学文芸学部日本文学コース卒業
2017 年　慶應義塾大学大学院社会学研究科博士課程修了（博士　社会学）
2017 年〜2019 年　慶應義塾大学理工学部　准訪問研究員

ピアノと暮らす
──日本におけるクラシック音楽文化の受容と展開──

2025年1月30日　　初版第1刷発行　　　＊定価はカバーに
　　　　　　　　　　　　　　　　　　　　表示してあります

著　者　本　間　千　尋ⓒ
発行者　萩　原　淳　平
印刷者　田　中　雅　博

発行所　株式会社　晃　洋　書　房

〒615-0026　京都市右京区西院北矢掛町7番地
電話　075(312)0788番代
振替口座　01040-6-32280

装幀　安藤紫野　　　　　　印刷・製本　創栄図書印刷(株)

ISBN978-4-7710-3884-4

JCOPY　〈(社)出版者著作権管理機構　委託出版物〉
本書の無断複写は著作権法上での例外を除き禁じられています.
複写される場合は,そのつど事前に,(社)出版者著作権管理機構
（電話 03-5244-5088, FAX 03-5244-5089, e-mail: info@jcopy.or.jp）
の許諾を得てください.